高等学校信用管理专业主要课程系列教材

信用管理学

XINYONG GUANLIXUE

吴晶妹　韩家平　主编
卢亚娟　刘红霞　副主编

高等教育出版社·北京

内容简介

信用管理学主要阐述了信用的内涵、信用管理与社会和经济的关系，介绍了信用管理行业的现状与发展、信用数据与技术，论述了社会信用体系的构成与运行机制，介绍了信用管理在金融、工商与消费领域的发展，以及行政监管与社会监督的作用与必要性。

本书适合作为高等院校经济金融类专业，尤其是信用管理专业的教材及政府机构、企业、事业单位的培训教材，也可以作为感兴趣的读者了解信用体系与信用管理的基础性读物。

图书在版编目(CIP)数据

信用管理学/吴晶妹,韩家平主编. --北京:高等教育出版社,2015.8(2025.8重印)

ISBN 978-7-04-043395-1

Ⅰ.①信… Ⅱ.①吴… ②韩… Ⅲ.①贷款管理-高等学校-教材 Ⅳ.①F830.51

中国版本图书馆CIP数据核字(2015)第166329号

策划编辑	郭金录	责任编辑	郭金录	特约编辑	谢　丽	封面设计	张　楠
版式设计	童　丹	插图绘制	尹文军	责任校对	刘娟娟	责任印制	高　峰

出版发行	高等教育出版社	咨询电话	400-810-0598
社　　址	北京市西城区德外大街4号	网　　址	http://www.hep.edu.cn
邮政编码	100120		http://www.hep.com.cn
印　　刷	固安县铭成印刷有限公司	网上订购	http://www.landraco.com
开　　本	787mm×1092mm　1/16		http://www.landraco.com.cn
印　　张	18.25	版　　次	2015年8月第1版
字　　数	370千字	印　　次	2025年8月第6次印刷
购书热线	010-58581118	定　　价	45.00元

本书如有缺页、倒页、脱页等质量问题，请到所购图书销售部门联系调换

物 料 号　43395-00

高等学校信用管理专业统编教材
编写委员会名单

总 前 言

信用是市场经济运行的前提与基础。信用的发展，是根植于现代市场经济发展规律中的。实践证明，市场经济越发达，社会越进步，越要求信用及信用活动规范化发展；同时，社会也必须做出相应的信用管理制度安排。市场经济越发达就越要求诚实守信，越要求有序的信用交易。欧美等发达国家顺应了发展趋势，建立了信用管理体系，形成了信用环境与信用秩序，发挥了信用活动的作用，有力地促进了经济发展。广大的发展中国家当前也普遍出现了信用活动加速发展的趋势。

随着我国市场经济的快速发展，信用交易规模逐步扩大，市场结构逐渐优化，信用关系日益普遍并且独立存在，社会对信用观念、信用行为已达成普遍共识。人们对信用管理法律与制度的呼声日益强烈，对信用管理活动及行业发展的认知日益广泛。

市场正在逐步建立以信用为标准进行资源配置的管理体系，社会正在逐步实现以信用为标准的新型运行机制。信用资本已经成为市场主体的财富，信用经济时代已经到来。在市场及社会的呼唤中，信用管理应运而生，信用管理也必将大有作为，这是市场分工与社会管理不断进步的必然趋势与结果。

信用管理是一个门类复杂的行业，它涉及了经济学、管理学、社会学、信息学、统计学等多个专业领域。从国内外目前的实践情况看，信用管理专业的应用领域越来越广泛，从金融授信的信用风险控制、商务贸易的客户信用风险管理到政府的日常监管；从资本市场信用评级、电商平台授信赊销到个人信用评分，几乎覆盖了市场的方方面面以及各个市场主体的行为活动。市场对信用管理人才的需求存在多样性、多层次和多领域的特征，对人才的要求也日益提高。

信用管理人才匮乏已成为国际性问题，我国更加突出。信用管理人才的供应不能满足信用体系建设的需求。随着信用体系建设的不断推进，对信用管理理论水平和人才水平的要求也越来越高。在经济全球化背景下，我国的信用体系建设也应具有全球性视角。这就要求我国的信用管理专业要不断加快、深化并国际化发展。

党和政府高度重视新兴学科的建设。在我国社会信用体系建设中，信用管理教育的地位也十分重要。国务院发布的《社会信用体系建设规划纲要（2014—2020 年）》提出"加快信用管理专业人才培养"，"加强信用管理学科专业建设。把信用管理列为国家经济体制改革与社会治理发展急需的新兴、重点学科，支持有条件的高校设置信用管理专业或开设相关课程，在研究生培养中开设信用管理研究方向。开展信用理论、信用管理、信用技术、信用标准、信用政策等方面研究"。

2014 年 3 月 1 日，在"上海市信用研究会成立大会暨首届'诚信上海'信用创新论坛"上，吴晶妹教授代表中国人民大学财政金融学院信用管理专业倡议成立"中国信用管理教育联盟"，已经开设信用管理专业的各高校轮流召开信用管理学科建设研讨会，共同编写全国信用管理专业统编教材。

2014 年 4 月中旬，为满足信用管理高等教育与社会培训需要，高等教育出版社专门成立了国内首套信用管理专业统编教材编委会，中国人民大学吴晶妹教授担任编委会主任，开始了统编教材的筹备工作，确定了教材编写的宗旨、编写标准、对作者的要求以及相关教材的编写分工、进度安排等。基于信用管理学科在国内的发展现状和教学需求以及信用管理行业的最新形势，编委会对本系列教材的研发提出了以下几点构想。

第一，总体定位是"引领国内信用管理专业发展潮流，具有长久生命力的样板教材"。资源形态以"品牌教材+数字化资源+网络课程"为主。其中，品牌教材包含以下要素：引领新的教改潮流，满足新形势教学需求，反映最新教学成果，具有长期生命力；数字化资源尽量包含文本、资源库、网络内容、教学课件、录制网络课程等要素。

第二，采用双主编制，每本教材由高校信用管理专业的教授担任第一主编，信用管理业内资深专家、具有多年从业经历的著名机构高管等担任第二主编，在教材编写团队的构成上实现理论与实践的有机结合，并以此作为本系列教材在组织管理上的支撑。

第三，编写体例迎合教学需求，与时俱进，各章有章前导言、知识结构图、专业名词、本章小结、思考题、案例分析、延伸阅读等栏目，并且通过二维码技术将纸质教材与数字化资源实现互联，从而丰富教学手段，提升学习兴趣，拓宽视野。

第四，注重教材的理论基础性与实践应用性相融合，在强调基本概念与专业术语的同时注重对实践应用情况的思考，要求相关基本知识与延展阅读等内容具有启发性、广泛性，以此适应信用管理专业发展快、变化大、应用领域广的特点与市场对人才的需求。

2014年6月7日，全国首届信用管理教育发展研讨会在中国人民大学举行。作为会议的一项重要内容，信用管理专业统编教材的编写工作正式启动，来自全国各地近20所高校的信用管理专业教师参加本套教材编写。6月8日，统编教材大纲审定会在高等教育出版社举行。会议决定成立信用管理专业统编教材秘书处，设在中国人民大学吴晶妹教授信用管理工作室，高等教育出版社首席编辑郭金录先生负责项目总协调。

2014年11月8日，信用管理专业统编教材中期工作会议在广东金融学院召开。编委会成员就教材编写情况进行了深入交流。会后，各位主编对初稿进行了认真修改和完善，历经两次统一修改和多次单独修改，全套教材最终编写完成并定稿。

本系列教材汇集了来自全国近20所高校几十位高校教师的教学研究成果和来自信用管理业界十几位专家的从业经验，而且凝聚了高等教育出版社相关编辑和统编教材秘书处人员的辛勤工作。

感谢教育部金融学专业教学指导委员会副主任委员李健教授、高等教育出版社文科事业部主任汤悦编审、副主任张冬梅编审对本系列教材的大力支持、指导与建议。感谢编委会成员、业界专家和参编作者们的积极参与和辛劳付出。

作为开创性的全国首套高校信用管理专业统编教材，本系列教材还存在着很多不足之处，敬请广大读者和教师批评指正。

信用管理专业统编教材编委会

2015年6月

前言

从全球来看，信用管理正逐渐从银行管理、企业管理、社会行政管理等领域独立出来，成为一个新兴行业。信用管理已经成为了市场经济结构的一个重要组成部分，同时也是现代经济发展中社会分工的必然产物，是社会管理水平的新高度，是社会文明进步的标志。

信用管理专业的发展是信用经济发展和信用体系建设双重因素推动的产物。信用管理专业研究信用活动与社会信用管理制度的发展规律、信用法律规律、信用政策、信用管理技术、社会综合信用管理体系建设等，为社会新兴的信用管理需求培养管理与技术服务人才。信用管理专业的应用领域宽泛，发展前景广阔。

信用管理学科是创新性的综合学科，集中覆盖经济活动与社会秩序治理，涉及社会与经济生活的方方面面，管理知识与技术应用性较强，因此，我们培养的信用管理人才应该是具有创新能力的、有技术水平的专业化人士，是集经济学、社会学、法学与管理学知识于一身的复合型人才，拥有扎实的经济理论基础，掌握计量经济分析和数理统计方法以及财务分析与软件运用技能，在信用分析与管理等方面具有深厚的理论基础和较强的应用能力，能够在国家政府部门、企事业单位、科研机构、信用中介机构中胜任信用管理相关职位。

党中央和我国政府高度重视社会信用体系建设，现在社会信用体系的建设在全国各地进入到实施阶段，从中央到地方的各个政府部门和有关机构都亟须制定和完善与当前社会经济环境相适应、与各部门具体情况相符合的信用制度与政策，并加速推进其落实与实施，需要大量的信用管理创新人才。

不管是从经济发展角度还是从社会秩序与信用关系发展角度来看，控制信用风险、建立人与人之间的信任关系都是21世纪的新挑战，信用管理为解决信用风险控制问题和社会信任关系重建问题提供技术应用支持，即通过制定信用风险管理流程、信用调查和征信评级，提高信用主体的诚信意识、履约能力与履约意愿，降低人们之间的信用交易风险，使社会信用关系在透明、公平的基础上重新建立起来。

《信用管理学》作为信用管理专业的基础理论教材，其主要内容是介绍本专业的基础知识与基本理念，主要教学任务是引导学生入门，引发学习兴趣，培养学生对专业的基本认识与热爱，开启对本专业所涉及的社会热点、难点、重点问题的思考与讨论。在课程结束时，学生们能带着一大堆问题、怀着无比的自豪与热爱、期盼着下一步的专业课程学习，这是我们《信用管理学》教材与授课期望的最好境界。

《信用管理学》秉承高等学院信用管理专业统编教材的编写要求，在介绍基础概念与基本原理时，辅以大量知识链接、延展阅读、案例等，希望给读者以启发与思考空间，并尝试性地回答了一些在我国社会信用体系建设与信用管理实践中经常遇到的问题。全书共六章，参加本书编写的人员如下：第一章信用管理的产生与发展，吴晶妹；第二章社会信用体系，吴晶妹；第三章信用管理行业，韩家平；第四章信用管理涵盖的领域，卢亚娟；第五章信用管理的行政监管与社会监督，刘红霞；第六章信用管理数据环境与技术支撑，肖振宇。

在本书即将出版之际，感谢高等教育出版社，感谢信用管理专业统编教材编委会，感谢教材编写秘书处，感谢本书的所有作者。

信用管理仿佛是一个朝气蓬勃的少年，信用管理学是这个少年年轻的心，稚嫩、美好。我们期望、我们努力，祈祷这个少年茁壮成长。

吴晶妹

2015 年 5 月于中国人民大学

目　录

第一章

信用管理的产生与发展

章前导言

随着市场经济的不断发展，交易规模的不断扩大，信用在经济中的地位逐渐凸现出来。从最古老的赊销，到常见的银行信贷，再到与现代科技紧密结合的 P2P 借贷，信用以丰富多彩的方式出现在我们的生活中。信用的内涵是什么？信用属于经济范畴还是社会范畴？信用与诚信、信任、信誉的关系和区别是什么？信用作为一种资本，应该怎么衡量它的价值，怎样对它进行管理？信用管理与经济和社会的关系是什么？由于思考的角度不同，涉及领域的不同，不同主体对于上述问题都会有不同的答案。

专业名词

信用　信用资本　三维信用　诚信度资本　合规度资本　践约度资本
信用主体　信用客体　信用条件　信用载体　信用内容　信用方式
商业信用　银行信用　政府信用　消费信用　民间信用　租赁信用
国际信用　证券信用　信用管理　征信　评级　信用保险　信用保理

本章知识结构导图

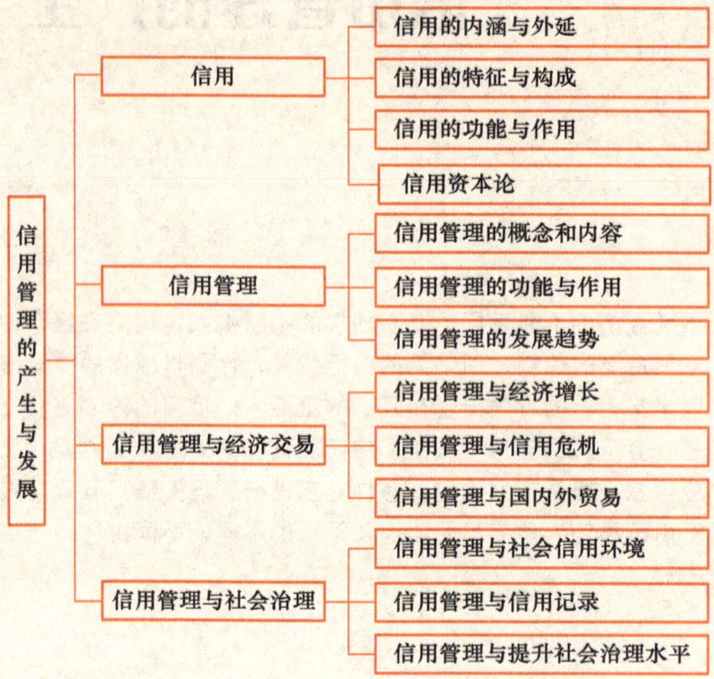
信用管理的产生与发展
信用
信用的内涵与外延
信用的特征与构成
信用的功能与作用
信用资本论
信用管理
信用管理的概念和内容
信用管理的功能与作用
信用管理的发展趋势
信用管理与经济交易
信用管理与经济增长
信用管理与信用危机
信用管理与国内外贸易
信用管理与社会治理
信用管理与社会信用环境
信用管理与信用记录
信用管理与提升社会治理水平

第一节 信用

在现代经济中，信用变得越来越重要，但到底什么是信用却似乎变得越来越不清楚。重视信用、维护信用、管理信用、防范信用风险、防止信用危机、建设社会信用体系……一切皆需从认识与理解信用的概念开始。

一、信用的内涵与外延

什么是信用？信用是经济的还是社会的？不同主体从不同角度出发，在不同领域都会有不同认识。有人说信用是人们的精神追求和道德规范，有人说信用是人与人之间相互信任的社会关系，也有人说信用是有条件让渡货币或商品以获得未来偿还和利息的一种经济交易活动，既是经济的也是社会的。

（一）什么是信用

信用(Credit)是获得信任的资本。信用是其拥有者社会关系与经济交易活动的价值体现。信用由意愿、能力与行为结果构成。信用最终通过社会关系的声誉、经济交易的授信额度、行为记录与评价等表现出来。

信用是信用拥有者在社会关系、经济交易等活动中以自己的意愿、能力、行为获得他人信任而实现的价值。获得信任的标志或结果就是获得机会、形成社会关系、达成信用交易。

信用拥有者即信用主体，也即政府、企业、自然人。信用是信用主体的一种资本，是一种价值实现，是一种财富，可交易、可度量、可管理，有社会价值、经济价值、时间价值。

信用是一种资本。在现代社会中，资本是人们拥有的各种财富的总和。信用是新被确认的财富，是资本的新生构成。信用作为资本存在，是人类社会进步的表现，是社会经济运行方式从以自然资源为主导向以知识智慧为主导转变的标志。

在现代经济中，资本不再仅仅由实物财富构成，除了土地房屋、劳动力，还由各种各样的非实物财富构成，比如知识、信用等。因此，在现代市场经济条件下，在衡量经济主体资本构成与资本总量的时候，就会去考察和度量他们的实物资本、知识资本、信用资本等。

说到财富，人们往往忽略了信用资本这种无形的财富。信用资本同样是人们财富总和的一部分，就像土地、房屋一样，给人们带来利益，实现人们的预期目标。与其他财富相比，信用资本带给人们的利益更大、更多样化，既包括经济利益，比如资金等，也包括社会利益，比如信誉等。

信用是一种资本，是资源和财富。如何才能拥有这种资本？信用主体具备诚信道德的基础素质，就拥有诚信度资本；信用主体遵守社会行为准则的要求和制度规则的约束，就拥有合规度资本；信用主体在经济交易中达成信用交易，履行契约规定，就拥有践约度资本。信用主体具备三个维度的所有资本，就拥有信用总资本，就拥有这种资源和财富。

在现代信用经济中，社会与市场既按传统的真实资本配置资源，又按信用资本配置资源，以达到资源配置公平、有效的最优状态。从这个意义上说，信用已经成为一种生产要素，与劳动力、土地、资本、技术、信息等共同参与社会资源配置，并在一定程度上持续提高社会资源的配置效率，形成社会生产力，促进经济增长。

延伸阅读

芝麻信用分——让信用等于财富

2015 年 1 月 28 日上午消息，市场化运作的征信机构——芝麻信用日前开始在部分用户中进行公测，首推芝麻信用分，直观地呈现用户的信用水平。这也意味着中国自此有了首个个人信用评分。

芝麻信用分是芝麻信用对海量信息数据的综合处理和评估，主要包含了用户信用历史、行为偏好、履约能力、身份特质、人脉关系五个维度。

芝麻信用所覆盖的网民群体，很多是传统征信机构未能覆盖到的“草根”人群，如未有过借贷、未申请过信用卡的人，学生群体、蓝领工人、个体户、自由职业者等。“芝麻信用通过他们方方面面的行为轨迹数据，利用大数据技术和数据分析模型评估出其信用等级，可以让征信覆盖到尽量多的人群，是对已有征信系统很好的补充，具有一定普惠性质。”芝麻信用的相关业务负责人说。

芝麻信用业务拓展负责人认为，信用是整个社会的基础设施，芝麻信用会被应用到生活的方方面面。据透露，公测期间芝麻信用已与租车、租房、婚恋、签证等多个领域就合作进行了洽谈，并将很快试验性地对外提供服务。

资料来源：新浪科技，国内首个个人信用评分：芝麻信用分启动公测，http：// tech. sina. com. cn/i/2015-01-28/doc-ichmifpx5845857. shtml。

（二）信用有广义与狭义之分

广义的信用，即获得信任的资本，是社会与经济领域的综合，包括三部分内容，即诚信资本、合规资本、践约资本。诚信资本主要是指信用主体的诚信道德、文化理念、精神素养等基础素质；合规资本主要是指信用主体在社会活动中遵守社会行政管理规定、行业规则、民间惯例的水平与能力；践约资本主要是指信用主体在信用交易活动中的成交能力与履约能力。社会信用体系建设，对应的就是这种广义的信用，就是要进行诚信道德文化建设、社会活动管理合规建设、经济交易践约建设。这个范畴的信用，对应的是社会全面健康发展。只有加强此范畴下的信用建设，才能促进社会全面健康地发展。

每一个信用主体不一定同时、同水平具备这三种资本，例如，有的人诚信资本特别高；有的人根本就没有诚信意识，信用资本缺失或为“零”；有的人尽管诚信素质差，但为了某种目的，也能表现得具备践约资本，可以遵守交易规定，履行合同，践约承诺；有的人在经济交易上违约，践约资本缺失，但在社会活动中，能遵守社会各方的管理规定，具有合规资本等。诚信、合规、践约三个维度之间相互支撑、相互影响，又相互转化，只有同时具备三个维度的资本，才能全面拥有信用总资本。

狭义的信用，即获得交易对手信任的经济资本，主要包括在金融借贷、有价证券交易、商业贸易往来等交易活动中，信用主体所表现出来的成交能力与履约能力。人们常说的信用风险管理，国际上流行的信用风险管理模型与流程、银行信用风险管理、企业信用风险管理等，都是这个范畴。狭义的信用，对应的是市场，是为经济交易服务的。

更狭义的信用，即信用是获得金融借贷交易对手信任的经济资本，主要是指在银行借贷活动中，信用主体所表现出来的获得借贷的能力与按时还款、履约的能力。一般人们所说的信用都存在于以偿还为条件的交易活动中。这是最早的、最基础的对信用的认识，对应的是借贷市场与借贷关系，是为借贷交易双方服务的。

现代信用的三部分构成分别表现为几个不同的方面，并主要体现在三个不同的社会领域：诚信，主要体现在道德、文化领域；合规，主要体现在社会活动领域；践约，主要体现在经济交易领域。因此，人们往往从不同的侧面认识信用，但这样只能认识某一方面的信用，由此人们感觉信用多角度、多侧面。

（三）信用的外延

有人认为诚信、信任、信誉等都是一种狭义的信用，这是不对的。其实，诚信是信用的构成之一，无论是广义的信用还是狭义的信用，都必须以诚信为基础；换句话说，诚信是任何广义与狭义信用的构成内容之一，是信用的组成部分，是信用本身。信任、信誉是信用的外延，而不是信用本身。

1. 诚信与信用

诚信是一个基础概念，是道德理念和社会文化对人们精神和心理的基本要求，是人类生存发展过程中朴素的本性需求，它维系着社会主体的基本道德准则和文化底线，并可以归结为一种精神和原则。所谓诚信，讲的是做人、做事最起码的基本原则和道理，强调诚信"要"有自觉性和主动性。例如，做人讲诚信、做事要诚信，要"说到做到，信守诺言，有诺必践"。

诚信虽然也抽象地泛指信用的一般意义——守信，但它往往泛指道德和社会文化，是人们参与社会活动的思维方式、行为的基本准则和价值观。在现代文明社会的发展过程中，诚实守信一旦成为文化，就会变成对自身、对公众、对社会的一种负责精神，使信用文化渗透到企业商品的质量、设计、造型、装潢、商标、包装、广告和营销方式等全过程之中，融入生产、流通、分配、消费等社会经济生活的各个环节。因此，诚信更基础，更具有社会化意义。

信用是获得信任的资本。诚信是拥有这种资本的最基本素质，是最基本的精神和原则。当人们关心或强调这种基本素质和精神原则的时候，就会使用诚信这个概念。诚信也是一种资本，但它只是信用这种资本当中的一个组成部分，所以诚信不等于信用。

在人们的传统认识中一直存在一种误解，认为诚信是个大概念，诚信大于信用，如图 1-1 所示。其实，这种观念把信用看小了，把信用只当作信用经济交易范畴的一个概念，忽略了它精神和原则的基本素质层面以及社会关系交往层面；与此同时，人们还认为诚信是用于精神层面、社会关系层面和经济交易层面，所以就会认为诚信大而信用小。现在，我们就是要纠正并且将信用还原为一种资本，它是一个很大的概念，这种资本由诚信资本、社会交往资本、经济交易资本构成，如图 1-2 所示。

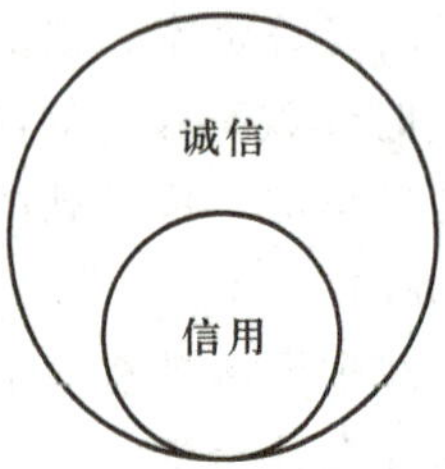

图 1-1

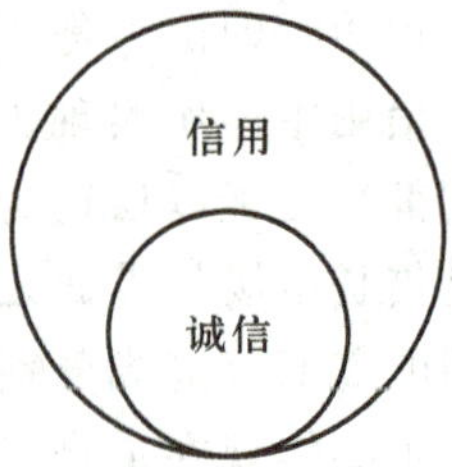

图 1-2

2. 信任与信用

信任是社会学的研究范畴，与社会制度、法律法规密切相关，它的极端社会表现就是社会上人与人之间的信用危机。

信用是获得信任的资本。信任就是拥有或者可能拥有这种资本的核心证明。信用这种资本是抽象的、无形的，需要从多个角度进行分析和评价，当人们关心某主体是否具有信用这种资本的时候，最简单、最直接的方法就是看这个主体是否能获得信任。获得信任就意味着拥有或可能拥有信用这种资本。信任是信用最简单、最直接的能力证明，也是一种最简捷、最通俗的衡量方法。所以，社会大众在谈论信用这个资本时，或谈论社会交往能力和经济交易能力的时候，就会使用这种最简单的语言，即信任。信任程度的高低在某种程度上可以并不严谨地表述为信用资本的大小。

信任是信用应用的一个侧面，它只是拥有或可能拥有信用资本的一种证明，这种关系并不完全确定，只是一种可能性，即信任度的高低并不能真正衡量或完全等同于信用资本的大小。因为在现实生活中，确实有下述情形存在：某人暂时获得了信任，并形成了社会交往或达成经济交易，但他并不守信践约，因而他最终并不拥有信用资本。所以，信任并不等于信用。

3. 信誉与信用

信誉是在诚信和信用得到广泛应用的社会当中，人们共同追求的社会形象或综合评价。信誉是主体在长期社会交往和经济交易活动中，以自身良好的诚信度获得社会或交易对手的信任，进而拥有的一种信用品牌、一种信用标志，通俗地讲就是口碑或者声誉。信誉能使主体从“一般信用”升华为现代市场经济运行中一种重要的资本形态，成为一个企业、一个地区乃至一个民族的精神财富和价值资源。微观主体的信誉可以为其带来更大的市场份额，可通过资产评估转化为价值计入无形资产。

所有主体都拥有信用，即都拥有获得信任的资本，只是多少不同而已，但并不是所有的主体都拥有信誉。信誉只在少部分主体中存在，这部分主体长期以诚信基本素质为约束，维护社会形象和践约经济交易。拥有信誉的主体，表明他已经拥有了信用这种资本，并且在以往长期的社会交往和经济交易活动中得到了社会的认可，获得了交易机会，并且能够履约，其资本价值已经被确认和实现。因此，拥有信用并不一定拥有信誉，但具有信誉则表明主体一定拥有信用。人们在判断主体是否拥有信用的时候，也往往以该主体是否拥有信誉作为最直接、最简单的判断标志。

当人们关心交易对手、被谈论对象是否长期守信，是否拥有这种品牌、这种标志，是否具有良好的社会形象及综合信用评价的时候，就会使用信誉这个概念。此时，人们关心的其实是信用这种资本是否被社会认可，是否已经在社会中具有配置资源的资格，社会是否已经接受其信用资本，而不是关心这种资本的多少和价值的高低。

二、信用的特征与构成

（一）信用的特征

信用的特点与信用的实质属性密不可分。信用作为一种经济性、社会性的虚拟资本，具有归属性、标志性、传散性和社会性等特点。

1. 信用的归属性

信用作为资本，当然要有明确的归属，要有清晰的所有权。信用是有名有姓的。我们经常说某人信用好、某企业信用好，信用就像是人、企业等微观经济主体经济活动的身份证。

信用的归属性表现在两个方面：信用有所有权，信用是私有的。

信用拥有明确的所有权。企业的信用所有权，就像其他资本所有权一样，是企业的财产，既是无形资产的一部分，也影响实体资产，体现在债权债务交易的记录中。个人的信用所有权是私有的，是神圣不可侵犯的。个人的信用所有权，既体现在自己的信誉资产中，也表现在自己的债权债务交易中。无论是企业，还是个人，信用所有权，应像其他资产所有权一样，受到法律的保护，对其造成的任何侵害，都要承担后果，要负法律责任，要赔偿。

在现代市场经济中，信用的归属性特点表现得越来越明确，并且应用性越来越强。以此出发，我们就可以理解征信活动存在的基础，即征信活动的理论基础源于现代信用的特点，源于信用的归属性。我们为什么能够征信，因为每个人的信用不同，并且不同的信用属于不同的人，这种强烈的信用归属性，可以使我们根据信用识别每个不同的人。就像根据相貌，我们可以分辨出张三、李四、王五一样，根据每个人的不同信用活动记录及其信息综合，我们就可以同样识别出张三、李四、王五。从这个角度说，信用就是我们的另一张身份证。

这张身份证也有代码，有编号，是我们个人信用身份的唯一识别标志。信用身份证不是别人赋予的，而是我们自己在信用行为和活动中的表现不断累积，被记录、被采集，是我们为自己制作的身份证明。在市场经济比较成熟的征信国家或地区，比如美国，企业或个人的身份识别编码不仅可以作为信用身份的象征，而且可以借助这个编码，按照不同的权限，进入庞大的信用数据库查询信用信息。目前，我国的企业和个人信息也已经积累到一定规模，在中国人民银行的征信系统、地方政府的信用数据平台、地方高新技术园区等区域性信用信息数据库中，企业和个人也可以顺利查询信用信息，识别信用身份。信用这张身份证的功能越来越强大、越来越完备。正是这个特点，才使信用这种资源与财富能被确立并发挥功用。这种资源与财富为政府、企业、院校、各种团体和个人等各自拥有，社会各界有必要维护自己的信用，培育与增加自己的信用资源与财富。信用的标志性与所属性是企业与个人诚实守信的利益基础，是追求信用的动力源，是形成良好的社会信用环境与信用秩序的内在力量。

2. 信用所有权的私有性

信用的所有权是私有的。信用资本是信用主体拥有的，是占有性的，是有明确所属关系的。从经济学角度讲，与实物资本一样，信用资本是有明确所有权的。信用主体拥有的信用资本就是该信用主体拥有的私有财产，是神圣不可侵犯的，是受到法律保护的。

企业的信用资产是企业总资产的一部分，与实物资产一样，应该得到充分的尊重和保护，任何有损于企业形象、企业品牌等的行为，其性质就如同损毁企业的厂房、破坏生产流水线一样，应该受到法律的制裁。法律的基础和原则是一样的，只是具体的法律名称和条款有所区别。比如侵害厂房、生产线的条款在经济法里有所规定，损害企业形象和品牌的条款则会写进将来的信用法律法规里。

个人的信用资产是个人财富的一部分，与个人实物资产、个人收入一样有隐私性，是神圣不可侵犯的私有财产。任何损害个人信誉、个人信用关系等的行为，其性质就像侵占个人的汽车、房屋等实物资产一样，应该受到法律的制裁。成熟的社会管理制度，应该包括对个人信用资产的确定和法律保护的范畴。

政府的信用资产与政府拥有的财产一样，是政府总资产的一部分，是政府私有的。从这个角度上来讲，与企业和个人一样，政府作为社会信用主体，它的信用资产就是它自己创造和拥有的，是私有的，是别人不能侵害的，也是别人不能占有的，是受到法律法规保护的。任何污损政府信用形象、损害政府信用资产的行为，是违背社会对信用资本公认的理念，是社会不能容忍的，同样要受到法律的制裁。

认识到了信用资本私有性这个实质，就可以理解和解释：为什么人们在对信用主体进行信用评价和信用交易时，那么强调信用主体的信用记录、信用信息的隐私性、秘密性？正因为信用资本的这种私有性，并且企业、个人、政府，每个信用主体的信用资本都有这种私有性，所以每个信用主体自己的信用记录、信用信息等都构成其资本价值的一部分，都要在法律许可的范围内，在信用主体认可的范围内，在社会共识下，享受法律法规对这种隐私的保护。

延伸阅读

我国法律对信用信息的保护情况

我国自2013年3月15日起施行《征信业管理条例》，在条例中对信用信息的采集和使用，特别是个人信用信息的采集和使用做了详细的规定，以保护个人隐私。第三章征信业务规则中，涉及相关内容如下：

第十三条　采集个人信息应当经信息主体本人同意，未经本人同意不得采集。但是，依照法律、行政法规规定公开的信息除外。企业的董事、监事、高级管理人员与其履行职务相关的信息，不作为个人信息。

第十四条　禁止征信机构采集个人的宗教信仰、基因、指纹、血型、疾病和病史信息以及法律、行政法规规定禁止采集的其他个人信息。

征信机构不得采集个人的收入、存款、有价证券、商业保险、不动产的信息和纳税数额信息。但是，征信机构明确告知信息主体提供该信息可能产生的不利后果，并取得其书面同意的除外。

第十五条　信息提供者向征信机构提供个人不良信息，应当事先告知信息主体本人。但是，依照法律、行政法规规定公开的不良信息除外。

第十八条　向征信机构查询个人信息的，应当取得信息主体本人的书面同意并约定用途。

但是，法律规定可以不经同意查询的除外。征信机构不得违反前款规定提供个人信息。

第二十条　信息使用者应当按照与个人信息主体约定的用途使用个人信息，不得用作约定以外的用途，不得未经个人信息主体同意向第三方提供。

资料来源：《征信业管理条例》(国务院令第631号)。

3. 信用的标志性

(1) 信用标志的基础

信用有标志性，主要是指信用主体的信用记录、信用行为等综合信用信息应该用最简单明了、最容易流传的方式和符号标识出来，以便社会了解该信用主体的信用状况。信用主体是有差别的，每个信用主体的信用记录又是复杂多样的，信用信息是很庞杂、零散、无序的，要了解信用主体的信用程度与信用水平，需要一定的时间，需要一定的信息搜集，需要一定的信息整理，甚至需要专业知识与信用管理技术。这不是社会公众自己能做的事情，或者更准确地说，社会公众做这样的事情是不经济的。这应该是社会化的工作，应该由社会分工解决，应该由一部分人专门做这件事情，为社会提供这种信用标志性服务。

信用标志需要以信用记录为基础，需要社会多方努力，一般由能够拥有信用记录的机构提供这种服务。这种服务的主要做法是：把多种多样的信用主体，按照一定的信用管理理念分类；把庞杂、零散、无序的信用信息，按照一定的目的与用途分类整理；把多种多样的信用记录、信用行为等，按照一定的规则区分界定。然后用某种数理、统计方法或建立各种分析模型，把这些整理好的综合信用信息加以处理，形成一个确定的结果，并用简单的符号表示这种结果。这种结果可能是分数，也可能是级别，比如张三信用500分，李四信用680分；甲企业信用A级，乙企业信用B级等。信用主体的信用状况被标志出来，信用主体的基本信用价值即被确定。信用主体被社会确定的信用价值形成信用资本，并可以发挥资本作用。

(2) 信用标志的社会表现

信用标志的方法与机构是多种多样的，不了解的人几乎无法区分，但是实际上都与对信用概念本身的理解与认识有关，并且无外乎三大类。

第一类：行业协会或自律组织。这些机构掌握着企业诚信度方面的信用信息和行为记录，为了加强行业内的诚信自律，对会员企业的信用信息归类整理，用明确的符号标志出每个会员的信用状况，有的可能用A、B、C类字母表示，有的可能用1、2、3等数字表示。行业协会或自律组织的这种做法是科学的，其理论基础是基于现代信用的标志性特点的，有理论根据，有社会需求，是正确的做法。

这种做法特别符合中国现阶段经济发展和社会信用体系建设的实际。社会上有了这种信用标识，行业自律组织规范会员企业的信用行为，督促会员企业树立自身的信用形象，就有了可供操作的工作手段，从而使整个行业的信用秩序得到有效改善，会员企业的发展环境得到极大净化。同时，可在行业内部产生一种示范和引导效应，带动更多的会员企业注重自身诚信建设，确立本企业的信用品牌。

第二类：政府职能部门。政府职能部门拥有信用主体合规度方面的基础信用信息和违规记录，为了更好地、更有效地监管，政府职能部门以信用信息为基础，以信用分类为手段，开展信用分类监管。它们整理信用信息，对自己分管的信用主体按监管要求进行分类，区分信用等级，用标志性符号记录下来，一方面用于自己分类监管，按信用程度不同，对监管对象区别对待；另一方面，将分类后的情况、合规程度等信用标志结果，有选择地向社会发布，比如“黑名单”，以此为社会公众提供了解和查询的渠道和平台。这种标识不仅使政府提高了效率，也为社会公众提供了公共服务。

政府职能部门的信用标志活动，是在信息时代，政府利用信用信息发挥监管职能，提高监管效率，提供监管服务的有效手段。从信用管理理论上看，政府职能部门的信用标志活动，其理论基础基于现代信用的标志性特点；从社会信用管理实践角度看，毫无疑问，政府职能部门的信用标志活动，是信用监管活动的重要组成部分。政府职能部门把信用主体的具体信用标志结果提供给社会，以这种信用公共服务产品的推广与流行，强有力地约束了社会信用主体的信用行为，培育和强化着信用主体的信用理念。政府职能部门的信用标志活动，有利于信用交易活动健康有序进行，有利于社会信用环境改善。

第三类：授信机构与第三方信用服务机构。银行、担保、保险等主要授信机构，在与客户交易的过程中，获得客户践约度方面的信用信息，而且这些机构也更关心客户的经济履约能力。它们为了达成交易，实现经济利益最大化，首先就要对客户在践约方面的信用状况进行判断，通过可识别的、有明确含义的符号标志出来，便于自己的客户管理和授信决策。

这些信用标志，与经济交易直接相关，通过科学、严谨的数理、统计方法明确区分信用主体的经济信用状况。经过信用交易实践的检验，这种标志更具有科学性，应用范围更具体，每个标志符号的针对性更强。授信机构甚至能够准确测算出每个标志等级或分数对应的授信额度分布区间，直接指导授信活动和实务操作。这些授信机构的标志性活动，已经逐渐成熟，已经技术化、制度化和程序化，在理论上形成信用管理专著，如《银行信用风险管理》《企业信用管理》；在教育与培训中形成相应的、专门的信用管理应用课程，具体应用于相应的实践活动。

第三方的信用服务机构，专门从事信用主体的征信和评级工作，信息来源更为丰富，掌握的信用主体信用记录更加全面，能够标志出信用主体的综合信用状况，为社会提供该信用主体的基本信用情况和标志。信用服务机构作为第三方独立的中介机构，信用标志活动的社会性特点非常突出。这些机构发布的信用标志结果，有的服务于资本市场，有的服务于信贷市场，有的满足区域信用服务需要，有的满足一般社会公众需要，甚至有些时候，政府职能部门、行业自律组织、授信机构等主体也会参考第三方信用服务机构发布的标志结果，充分体现了这种标志活动和标志结果的社会性。

在理论上，这种标志活动形成了专注的研究领域，《征信技术》《资信评级》等都是对这一标志活动的成熟研究体系；在实践中，征信和资信评级技术迅猛发展，服务领域、标志方法、专业培训等在深度和广度上极大扩展，不断提高着这种标志的科学性和公正性。第三方信用服务机构的信用标志活动以专业化、客观性、社会化的服务方式，为广大投资者服务，成为市场经济的有效组成部分。

（3）信用标志的作用

信用标志活动应市场经济下信用交易需求、社会信用环境需求而产生，并随着市场经济的发展而发展，其特点与职能随着市场经济的要求而不断演进和深化。在市场经济发展的初级阶段，人们要求建立诚信度，要求培养社会基本信任关系，要求改善社会信用环境。这个阶段，人们强调诚信，强调遵守规范，还没有过多地关注经济交易信用，只要求对信用主体的基本信用状况加以反映。所以，这个阶段的信用标志活动应以信用信息记录为主，应注意信用信息的归集和整理，并能够采用简单、通俗的符号标志信用记录的结果，以满足社会公众的基本信用标志需求。

我国目前就处于这个初级阶段，行业自律组织、政府职能部门等都在开展信用信息的采集和分类、信用行为的记录和公示，这些都是信用标志活动必要的基础性工作。现在，有些行业自律组织、政府职能部门已经基于这些记录开始进行信用标志，并且已经把标志结果公告给社会。这说明，我国信用管理已经起步，正在按照应有的轨迹，健康合理地发展。

美国等发达的征信国家或地区，信用标志活动已经发展到高级阶段，社会基本信任关系已经建立，信用环境和秩序已经相对完善，人们在此基础上，更加关注利用信用资本实现经济交易，获得经济利益。所以，高级阶段的信用标志活动，以信用信息的记录为基础，建立能够预测信用风险、推动信用交易的信用风险度量模型，揭示交易对手的信用风险，预测交易对手的违约概率，真正帮助信用主体规避信用交易的风险，提高交易的成功率。与美国相比，我国社会对信用标志活动的要求还没有普遍发展到这个程度，需求和目的是不完全一致的，所以盲目学习美国、盲目照搬一些信用模型，无益于我们的实践活动。

延伸阅读

世界三大著名资本市场评级机构为标准普尔(Standard & Poor's Rating Services)、穆迪(Moody's)和惠誉(Fitch Ratings)，它们使用字母评级符号(如“AAA”至“D”)表达对信用风险相对水平的意见。其表现方式具有相似之处，并被中国评级机构所借鉴。

其中，标准普尔评级符号及其所反映观点如表 1-1 所示：

表 1-1　标准普尔评级符号及其所反映观点

符号	含　义
AAA	偿还债务能力极强，为标准普尔给予的最高评级

续表

符号	含　义
AA	偿还债务能力很强
A	偿还债务能力颇强，但还债能力较易受外在环境及经济状况变动的不利因素影响
BBB	有足够还债能力，但若在恶劣的经济状况下其还债能力可能较脆弱
BBB-	市场参与者认为的最低投资级评级
BB+	市场参与者认为的最高投机级评级
BB	相对于其他投机级评级，违约的可能性最低。但持续的重大不稳定情况或恶劣的商业、金融、经济条件可能令发债人没有足够能力偿还债务
B	违约可能性较“BB”级高，发债人目前仍有能力偿还债务，但恶劣的商业、金融或经济情况可能削弱发债人偿还债务的能力和意愿
CCC	目前有可能违约，发债人须倚赖良好的商业、金融或经济条件才有能力偿还债务。如果商业、金融、经济条件恶化，发债人可能会违约
CC	目前违约的可能性较高
C	提交破产申请或采取类似行动，但仍能偿还债务
D	发债人未能按期偿还债务

注：“AA”级至“CCC”级可加上加号(+)和减号(-)，表示评级在各主要评级分类中的相对强度。

资料来源：标准普尔官方网站，http://www.standardandpoors.com/en_AP/web/guest/home。

4. 信用的传散性

信用具有传散性特点，主要是指信用由信用主体拥有，信用水平的高低、信用价值的大小，由信用主体自我决定，由其自身的行为表现，但信用的影响并不完全受信用主体自我控制。这就好比人的名声一样，名声好坏是由自己的行为决定的，但是流芳千古，还是遗臭万年，不是由人自主决定的。“人过留名，雁过留声”是社会自然决定的。人是社会性的，是群体性的，人的信用必然会在人群中被传播，被议论，被评价。俗话说“哪个人前不说人，哪个人后不被人说”，人们茶余饭后议论的话题很多，诚信、信任、信誉等信用的一切，自然在其中。这是人性的特点。

信用的传散，形式多种多样，渠道也千变万化。可能是政府有组织进行的，也可能是民间自发的，更可能是社会公众无序进行的。总之，信用的传散是社会各界广泛参与的，是多元化的，谁都被传散，谁都传散别人。整个社会通过信用传散形成信用主体互相约束、互相监督的制约机制。其实这种机制就是失信惩罚机制，从这个角度说，信用的传散性就是社会建立失信惩罚机制的理论基础。

信用的传散性以信用的归属性和标志性为基础，在现代社会中越来越突出。或者换句话说，信用的归属性确定了这个信用行为究竟是谁做的——如果是张三干的，他到底干了什么；信用的标志性进一步确定了性质和结果——如果张三干的这件事，是不诚信的，只是获得信用最低分数45分，不及格。然后，人们就更加方便地议论张三了：张三不讲诚信，别和张三打交道……在现代社会中，由于信用管理制度的确立，信用管理技术的发展，信用的归属性和标志性被人们接受，并且广泛应用，信用将会被社会广泛传散。理解了这一点，就可以理解和解释为什么在现代社会信用信息被重视，有价值，信用信息的结果需要社会共享。

从具体的金融角度说，信用是货币的一部分，正在流通着。例如，各种各类的商业票据、有价证券等都具有货币的性质，是更广义的货币，都在现代社会广泛使用与流通。从更广泛的角度说，信用作为一种名誉、一种标志、一种品牌，就像货币一样具有财富性，有价值，能携带，可以储藏，可以交换，因此，可以并且正在社会上流通着、传散着、流传着。

正是基于这个特点，在现代信息社会，借助通信系统与计算机系统，信用信息得以广泛地公开和散播。这种被公开和散播的良好的信用信息是一种无形财富，可以用来借钱还钱、买汽车、买房子等。

信用的传散性是现代信用特点理论的一部分，我们刚刚总结出这个理论，是我们理论研究的落后与苍白，其实在实践中早已被广泛应用，已经有很多的具体社会实践活动。最典型的，比如行业组织之间交换、互通信用信息，政府直接发布“黑名单”，银行将不偿还贷款的借款人姓名、电话号码等直接登在报纸上，法院把判决后拒不执行的被告人信息直接公布在网站上等，这些都是信用传散性的典型社会实践活动。

信用的传散性是约束信用主体信用行为的一个重要社会方式，有利于社会信用环境的不断改善，有利于信用交易的顺利达成，可以降低信用交易风险，提高信用交易效率，使信用更好地发挥其资本的功能与作用，发挥信用应有的价值。

5. 信用的社会性

信用的社会性，主要是指人们在建立信用关系的过程中，互相影响，随波逐流，形成了群体行为，信用主体有追求自我信用社会化表现的特点。比如，即使有些信用主体自我诚信意识很强，诚信度很高，也非常愿意自觉遵守社会行政信用监管和行业惯例，也愿意承诺践约，遵守交易契约，但是，当自己做到这些的时候，并没有获得对手的应有认可，没有得到社会应有的肯定和评价。相反，那些不守信用的人，不遵守社会行政信用监管和行业惯例，也不愿意承诺践约，遵守交易契约，他们没有受到应有的惩罚，社会也没有形成这种惩戒机制。这样，遵守信用的人没有得到奖励，可能还会因此损失一部分利益，这些人就会逐渐向不守信用的人看齐，也会借助不守信用的方式，为自己牟取经济利益。整个社会就会形成一种效仿不守信用的集群效应，人们的道德心理追求就会倒向不诚信、不信任、不守约的一面。正如老百姓所说的“学好不易，学坏三天”“好人难当”等。

信用的社会性，除了上述比较典型地表现在社会一般交往过程中，还集中体现在经济活动、信用交易领域。比如，银行住房按揭贷款，有些贷款不能偿还，原因很多，有银行管理的问题，有法律约束的问题，有监管制约的问题等，其实最主要的是消费者本身。很多消费者在申请住房按揭贷款的时候，并没有很好考虑自己的还款能力，大家申请，我也去申请，几乎形成全民按揭的阵势，大有“天塌大家顶着”的局面。一旦经济环境恶化，个人收入受到影响，偿还贷款就成为非常困难的事情，拖欠银行贷款就成为普遍的现象。这种情况不仅在中国存在，在国外也是如此，美国的次贷危机就属于这种情况。

信用的社会性，与人们的从众心理直接相关。人们作为社会群体的一部分，都有从众心理，所谓“法不责众”，是这种心理的一个很经典的应用概括。

信用的这种心理现象与心理活动直接受到社会信用意识、信用历史与文化、诚信道德观念与传统、信用行为惯例等的影响。信用的社会性具有浓重的人文色彩，体现着人文、社会的一切规律与特征，而这一切将最终体现人与人之间的社会关系。这种社会关系最终构成了整个社会运行的信用环境，成为人类社会有序发展的基础。正因为信用具有这样的社会性，信用制度才会成为社会制度的重要组成部分，信用才会受到全社会的关注与重视。

也正因为这一点，我们应该深刻地认识到宣传信用、诚实守信、加强信用管理等信用问题，不仅涉及经济领域，还涉及道德文化传统、法律、社会制度、经济发展、政府职能等多个领域，是个复杂的社会性工程。

政府作为社会公众的代言人，作为社会的管理者，对一切具有社会性的行为，都负有引导、监管，甚至行政制裁与法律处置的责任与权力。信用突出的社会性，使政府对信用负有必需的监管责任。政府必须引导社会公众树立正确的信用意识，培养良好的信用行为，培育健康的社会信用环境，形成有序的社会信用秩序。政府对社会不良信用行为必须打击，对良好的信用主体及其信用行为，则要褒扬。

如果政府不做这些，就是在信用监管上的不作为，这个社会就缺乏应有的信用管理，后果我们已经尝到了。所以，现在有人议论说“信用是市场的事，政府不应管信用”；也有一些政府职能部门对社会信用建设持观望态度；有更多的政府职能部门官员，觉得信用关系到诚信，与经济建设无关，所以觉得宣传宣传就罢了，并不真正下大力气去抓信用建设，并没有把信用建设作为常规行政管理制度落实到日常的行政监管中。这些都是不对的，政府在市场经济建设中必须狠抓信用建设，应发挥政府职能部门在社会信用体系建设中的作用。

（二）信用的构成

1. 信用的结构

一般意义上的信用结构是指信用活动过程中所形成的各种信用要素、信用形式、信用类型的构成状态。信用的基本结构则是指经济交易活动中所产生的信用行为和信用关系内部各要素及其结合状态，其构成要素主要包括信用主体、信用客体、信用条件、信用载体、信用内容、信用方式等。

(1) 信用主体

信用主体是指信用行为发生的当事者双方，即具有各种民事行为能力的经济主体(包括自然人和法人)。其中，转移资产、提供服务的一方为授信者(债权人)，接受的一方为受信者(债务人)。在有的信用交易中，如抵押贷款，同一主体既是授信者，又是受信者，而在大多数交易中，授信者与受信者是相互分离的。授信人通过授信取得一定的权利，即在一定时间内向受信人收回一定量货币和其他资产与服务的权利，而受信人则有偿还的义务。

(2) 信用客体

信用是通过一定经济交易行为的发生来实现的，就应当有被交易的对象，即信用客体。这种被交易的对象是授信方的资产，既可以是有形的，如商品、货币等，也可以是无形的，如各种服务。如果没有被交易的对象，就不会有经济交易行为的发生，也不会有信用。

(3) 信用条件

信用条件包括时间间隔和承诺。信用意味着资产和服务的转移或者所有权和使用权的暂时分离，这就需要确定一个时间间隔，没有时间间隔，授信方无从授信并取得权力和利益，受信方也难以获信并践约，契约也难以订立，当然信用关系也就难以确立。时间间隔使得信用关系中内含不确定性因素的影响，容易诱发风险，为了减少信用风险，需要一方对另一方作出某种承诺，如还本付息的承诺、售后服务的承诺、品质保证的承诺等。

(4) 信用载体

信用及信用关系在交易中是通过信用载体反映出来的，没有载体，信用关系无所依附，信用行为无从规范，信用难以维持。信用载体可以是内化在交易行为中的价值准则，也可以是带有非正式契约性质的口头承诺或者格式化的各种信用工具；可以是抽象的，也可以是具体的。有的表现为口头信用，如血缘关系、个人权威性品质以及口头协议等，授、受信双方以诚实、信誉、信任为保证条件，明显包含道德和心理因素而以个人品质和能力为基础，具有人格化特点。有的表现为书面信用和挂账信用等具体物化形式。书面信用反映在凭证上，如信用流通工具、契约文书、发票等；挂账信用反映在账簿上。授、受信双方也需要依靠诚实、信誉、信任等条件，但其效力主要源于书面凭证的法律效力，通常以货币来计量，具有价值化特点。

(5) 信用内容

在信用关系中，授信方以自身财产为基础授予对方信用，受信方则以契约或承诺为保证而取得信用。在信用行为发生过程中，授信方取得一定权利，受信方则承担着相应的义务，没有拥有的权利和承诺的义务便没有信用。因此，信用内容的实质就是信用关系各方权利和义务的内容。

（6）信用方式

信用方式指信用交易的具体表现形式，是信用活动的条件、过程及形式的集合表现。主要有借贷、商品赊销、分期付款、预付货款、延期付款、经销、代销、包销、委托、代理、担保、抵押、租赁、信托等。不同的信用方式各有其相应的信用载体。

总的来说，每一个特定的信用行为，都是由特定信用主体在一定的信用条件下借助某些信用载体转移信用客体的行为，这种转移过程表现为一定的信用方式并形成特定的信用内容。

2. 信用的种类

根据主体和变现形式的不同，信用可以分为许多方面。信用的种类很多，根据信用活动的主体和表现形式不同，可分为商业信用、银行信用、政府信用、消费信用、其他信用等。

（1）商业信用

商业信用是指企业之间以赊销商品和预付货款等形式提供的信用。这种信用的具体表现形式很多，如赊销商品、委托代销、分期付款、预付订金、按工程进度预付工程款、延期付款等。商业信用具有以下主要特点：是在以营利为目的的经营者之间进行的，是经营者互相以商品形式提供的直接信用；商业信用的规模和数量有一定限制，是经营者之间对现有的商品和资本进行再分配，不是获得新的补充资本。商业信用的最高界限不超过全社会经营者现有的资本总额；商业信用有较严格的方向性，往往是生产生产资料的部门向需要这种生产资料的部门提供，绝不能相反，因此，商业信用范围有局限性，一般只在贸易伙伴之间建立；商业信用容易形成社会债务链，在经营者有方向地互相提供信用的过程中，形成了连环套的债权债务关系，其中一环出现问题，就会使整个链条断裂，出现类似三角债的问题；商业信用具有一定的分散性，且期限较短。

（2）银行信用

银行信用，就是银行和各类金融机构以货币形式向社会各界提供的信用。银行信用具有以下特点：银行信用是以货币形态提供的间接信用，不受方向制约，不受数量限制，范围广、规模大、期限长；信用性强，具有广泛的接受性，一般来说，银行是信誉最好的信用机构，它的很多债务凭证具有最广泛的接受性，被视为货币而充当流通手段和支付手段；信用的发生集中统一，可控性强，社会资金以银行为中心集散，易于统计、控制和管理；以银行为中介，中断债务链，在促进经济活动的同时，稳定经济发展。

（3）政府信用

政府信用是指政府以债务人身份，借助于债券等信用工具向社会各界筹集资金的一种信用方式。政府信用的主要特点：目的单一，旨在借款，是调剂政府收支不平衡的手段，是弥补财政赤字的重要渠道；用途单一，旨在公共事业建设，取之于民，用之于民；信用性强，信用风险小，安全性高；日益成为调节经济的重要手段。目前，世界各国政府信用有增无减，日益扩大。

(4) 消费信用

消费信用是指经营者或金融机构向社会消费者提供的用以满足其消费所需的信用。消费信用的主要特点：扩大需求，提高消费，刺激经济发展，缓解消费者有限的购买力与不断提高的生活需求之间的矛盾；是有利的促销手段，可开拓销售市场，促进商品生产和流通；给经济增加了不稳定的因素，容易造成需求膨胀。

(5) 其他信用

除上述四种信用形式之外，还存在其他一些信用形式，它们不能归到这四种信用形式中，应予单列。这些信用形式主要包括民间信用、租赁信用、国际信用、证券信用等。

民间信用也称民间金融，泛指非金融机构的自然人、企业及其他经济主体之间以货币资金为标的的价值让渡及本息还付。它是适应民间各经济主体之间为解决生产、经营、投资、生活等各方面的资金需求而产生的一种信用形式。

租赁信用是一种古老的信用。传统租赁是以获得出租物的使用价值为目的，由出租人和承租人双方以一定的契约和报酬为前提的租赁信用形式。随着租赁范围的扩大，租赁业务中的经济纠纷时有发生，传统租赁已不再适应商品经济发展的需要。与传统的租赁方式相比较，现代租赁不仅有业务范围更加广泛的特点，更重要的是与融资结合在一起，并通过专门的机构——融资公司来操作，使企业在获得设备使用权的同时，也取得了经营业务所必需的资金，从根本上克服了传统租赁的范围狭窄、选择空间小、规模有限的弊端，使之成为企业筹资的一条非常重要的渠道。

国际信用即国际信贷，是指国际借贷关系，是信用的各种形式在地域上的发展和扩大。其主要表现形式是国际商业信用、国际银行与国际金融机构信用、政府间信用。

证券信用，是指经营者以发行证券的形式向社会筹集资金的一种信用方式。这种信用的主要表现形式是生产销售型企业、商业金融机构向社会发行债券、股票和股票配股。

三、信用的功能与作用

如今，在全球范围内，信用的地位越发重要；在我国，随着市场经济发展的不断深入，社会征信信用意识水平明显提高，信用对于经济发展的影响也越发明显。无论是2008年由美国次贷危机引发的全球金融危机，还是之后的欧洲债务危机，或是中国未来经济的发展，信用都在其中扮演着重要角色。那么信用具体有什么功能和作用呢？

（一）信用是资格与手段

信用是获得信任的资本。信用是对“信”的广泛应“用”，获得信任，使用信任，实现生产或生活便利，有了信用就有了实现这种便利的资本。信用资本的功能与作用就是使资本的所有者，即信用主体，获得各种便利的资格与手段。

首先，信用资本是一种资格，是在社会交往与经济交易中的一种水平象征。拥有信用资本，才能获得社会认可，才能与社会进行正常的交往，形成一定的社会关系，达成一些信用交易。拥有信用资本越多，表明信用主体获得社会认可的程度越高。正因为信用资本具有资格功能，所以在很多情况下，社会就会对信用资本进行评价，实际上就是在确定这种资格的大小和高低，目的就是要以信用资本的高低作为门槛，确定某种资质。比如，银行信贷授信要评价申请人信用，要确定他的信用价值，以决定是否授信和授信多少，这实质上就是首先决定他是否有被授信的资格，然后再根据其信用资本水平的高低决定授信额度的多少。再如，政府职能部门对被监管人按信用状况分类，实施分类监管，信用良好的信用主体可以享受免检、绿色通关等多种便利，体现了信用主体具有这种资格，表明他与众不同的信用水平。

其次，信用资本是一种手段，提供无实物资本参与经济交易和社会资源配置的可能性。在传统经济条件下，人们拥有土地、设备、厂房、资金等，才能开展生产，达成交易，获得经济利润。具有实物资本似乎已经成为人们参与经济交易和社会资源配置的必备前提条件，否则就将“出局”。然而在信用经济条件下，人们凭借自身积累的信用资本，也可以完成融资、生产、销售等经济活动，获取相应的经济利润。我们以前经常批判的“空手套白狼”，其本身并没有错，这些人正是认识到信用资本可以作为一种资源加以有效利用，看到了信用资本能够作为一种手段完成资金融通和价值增值，才成功套取“白狼”。这在某种意义上也是一种先见之明，是对信用功能充分认知的表现。这里的关键在于，这些人利用信用资本这种手段，成功套取“白狼”之后，是否仍然坚守诚信交易、承诺践约的基本准则。

如果人们能够坚持这种基本准则，并且不断提高自我约束力，那么信用资本这种手段的作用就发挥到了极致，“空手套白狼”将可能一直良性持续下去。这些人就是有效利用信用资本手段的先进典型。反之，如果违背了诚信原则，不能够继续以诚相待，这种“空手套白狼”的事情也就成为昙花一现，难以形成良性的循环。

（二）信用是社会资源配置的依据之一

基本经济学理论与相应的管理制度安排告诉我们，社会财富与资源是以资本配置方式进行的，然而以资本配置资源容易造成贫富两极分化——富人更容易获得资源，穷人缺乏话语权与参与权，富人越来越富，穷人越来越穷，贫困阶层会不断扩大，社会财富将越来越集中于少数富人手里。

信用制度与信用建设很好地解决了这种方式带来的弊端。信用经济是以人为本配置社会财富与资源，富人和穷人只要有信用，就有平等地参与竞争的权利与享受社会资源、平等发展的机会，在一切不变的条件下，可以最大化地提高社会公众的综合福利，特别是可以提高平民参与社会财富与资源配置的机会，在很大程度上有利于消除贫富差距，弱化社会矛盾，提高社会综合福利，促进社会和谐发展。

信用资本作为一种手段使人们能够参与社会资源配置，这体现了一种社会公平。信用可以与土地、资金、房屋、劳动力一样，作为人们的财富象征，在市场上获取参与交易的机会。人们可以凭借信用资本实现自己的目标，参与社会资源配置的手段更加多元化，每个人都可以利用自身最优势的财富，获取自己最需要的社会资源。在这样的环境中，“不以出身论英雄”，穷人越穷，富人越富的局面将被打破。穷人照样可以通过不断积累自身的信用财富，获得社会交往和经济交易必需的资源，实现心中的梦想。整个社会也向着更加和谐、公平、人性化的方向迈进。

信用是虚拟资本，社会发展赋予了人们拥有这种社会人文资本的机会，用一套新的制度和办法让每一个人都能积累和提升自己的这种资本，并以此公开、公平地参加社会人文资源与自然资源的分配。以前，社会资源的配置，主要针对的是自然资源，主要运用的方式是以实体资本的多少分配，当然，实体资本的范围也日益扩大，从土地、厂房、机器到劳动力。在信用经济条件下，社会资源配置的领域不仅包括自然资源，还要涉及社会人文资源，主要运用的方式与配置的依据不仅要有实体资本，还要有信用资本。

在现代经济中，有信用的人或企业，就会获得更多、更好的机会，获得更多的社会资源与自然资源，而缺乏诚信道德，或违反社会信用规则的企业，就算该企业很著名、实体资本很强，具体的信用交易都不违约，但只要发生了诚信道德缺失的事件，社会就不会容许该企业的存在，市场也淘汰该企业，该企业再没有资格参加资源配置了。

在现代信用经济中，信用资本是社会资源配置的新依据与新方式。作为资源配置的新依据，信用资本比实体资本来得更直接，有时能发挥一票否决的作用。没有信用，就没有一切。可见，信用资本是社会资源配置最好的选择：解决了没有统一、社会公认的手段配置社会人文资源的问题，丰富和扩大了社会资源配置领域与手段；补充和调节了仅以实体资本配置资源的不足与漏洞。从实质上看，这是虚拟资本的积极作用，毫无疑问，信用的发展会极大地促进社会进步与经济的健康发展。

延伸阅读

美国公民的社会安全号与信用分数

在实践中，不同国家或地区有不同的信用制度建设与发展路径。在美国，公民没有身份证，有的是社会安全号(SSN)，只要有工作，就可以申请 SSN，公民进行各种经济活动，比如就业、领取工资、缴税、借贷、租赁等都要使用这个号码。社会安全号原本是美国 20 世纪 30 年代建立社会安全网时，为便于给工作者和退休者积累和发放社会保障津贴而设立，后来，许多个人信息与它挂钩，包括收入、交税、犯罪情况等，当然它也捆绑着信用信息。如果信用好，就会容易找工作，贷款时的利率和首付款比例也都会较低。而一旦有了污点，今后的生活就会困难重重。不讲信用，在美国的信用制度和体系中就没法生存。

例如，A 先生原本有非常好的信用记录，信用分数在 700 分以上。去年，他打算趁抵押贷款利率低的机会，对住房抵押贷款申请“再融资”，以减轻利息负担。但当他查看信用报告时，惊讶地发现信用分数下降了近100分，原来，他有一笔不到200美元的医疗账单未付，他正与保险公司就这笔账单该由谁负责闹纠纷，医疗机构把这笔账交给了讨债公司去催讨。讨债公司发出催款单后没有收到回音，就把账单寄给信用调查公司，导致他的信用分数降低许多。按照规定，这么低的分数是不能得到贷款的。还好，他在律师的帮助下，解决了这一纠纷，信用“污点”得以洗清。

四、信用资本论

（一）信用的实质是资本

1. 信用是虚拟资本

信用是获得信任的资本，其实质是虚拟资本，是信用主体自身拥有、社会或他人赋予的人文资本。在社会活动与经济交易中，人们一般都会对所交往的信用主体遵守信用的意愿、承诺践约的能力、已有的信用行为给予一种综合判断，这种判断实质是一种价值判断，以此价值判断为基础，人们决定授予该信用主体某种机会、某笔商业交易、具体的融资金额。所以信用是有价值的、虚拟的社会人文资本。

信用，作为一种虚拟资本，符合一般虚拟资本的特点，也满足一般虚拟资本与实体资本的基本关系：信用虚拟资本与实体资本并行，即信用这种虚拟资本是以信用主体的实体资本为基础的。这主要表现在两个方面：一方面，信用主体若没有自身实体资本的支持，很难获得他人信任，拥有信用虚拟资本。从这个角度说，信用主体所拥有的实体资本的大小，将直接决定或影响其信用虚拟资本的多少。另一方面，信用虚拟资本的价值最终将通过实体资本的增长体现出来，即信用是虚拟资本，它自身不能创造实际价值，信用主体只有把自身的信用虚拟资本附加在实体资本中、体现在社会活动中、植入实际的经济交易里，才能实现信用虚拟资本的价值。也就是说，信用主体所拥有的实体资本及其有效运用，是信用虚拟资本价值存在并实现的前提。

2. 信用资本是独立的

信用虚拟资本与实体资本分开运行，即信用虚拟资本独立于实体资本之外，独自运行。这种独立主要表现在两个方面：

一方面表现在信用虚拟资本有自己独立的范畴，主要是信用主体的诚信资本与合规资本活动所涉及的范围，是信用主体的诚信道德、文化理念、精神及在社会活动中遵守社会管理的行为。从微观上说，这是信用主体的信用资本水平，从宏观上说，这是一个国家或地区信用资本的社会发达程度，具体体现在社会综合信用文化与环境中，这些是超越了实体资本的。

另一方面表现在信用虚拟资本有自己独立的运行规律。诚信资本、合规资本、践约资本的运行规律主要涉及人类文明与进步、社会制度与管理水平、信用交易规模与规则，这些均与信用主体的心理、行为、水平有关，任何实体资本的运行规律，如价值运动与价格波动理论，都不能描述微观信用主体的特征与宏观信用环境与秩序的影响因素。信用有自己的运动规律。

（二）信用资本的决定因素

信用是资本，当然是有价值的。信用的价值最终是由社会决定的，社会要有相关的评价机构进行各种信用评价活动。社会信用资本评价是多元化的，大体可以分为公共性、非公共性和准公共性信用资本评价。

1. 信用资本的形成与积累由信用主体决定

信用主体既是信用资源的拥有者，也是信用资源和财富的生产者、创造者和维护者。信用财富的大小取决于信用主体对信用的追逐、对信用的认识以及对信用行为的自我控制力和实现力。信用这种资源、财富，也像自然资源与财富那样，在不同的经济主体、在每一个人身上不均等地分配，或大或小。只是信用的这种不均等，可以由自身决定，而不像自然资源与财富那样，更多是由出身、地位等非自主因素决定。

信用这种资源和财富一直存在于每个主体体内，只是现在被主体们逐渐认识到了，也被社会逐渐认识到这是资源，是财富，可以开发和利用，可以凭着这种资源和财富参与社会的交易、分配等。有些主体先认识到了，这一部分人就先有了信用的意识、概念与行为，他们的资源就先被利用起来了。

信用资本(CC,Credit Capital)是信用主体拥有的财富。信用资本只能由信用主体自我决定，自己拥有。与实物资本相比，信用资本不能赠予，不能继承，不能转让，不能购买，只能靠信用主体自己生产、创造和维护。信用资本随着信用主体的存在而存在，如果信用主体消失了，那么信用资本的应用价值也就不存在了。

2. 信用资本的最终价值由社会决定

信用资本这种资源和财富是信用主体拥有的，每个人拥有多少不同，那么这笔资源和财富的价值量究竟有多大，不能由拥有者自我评定，而是由社会第三方或管理机构来界定，或直接购买和交易这笔资源和财富的交易方来决定，所以社会要有相关的评价机构，要进行各种各样的信用评价活动。

信用资本的价值由社会评价，这种评价大体有三类：第一类是评价信用资本的经济价值，进行信用交易风险评价，衡量的是违约概率与风险损失的大小；第二类是进行社会规则和秩序的评价，即合规性评价，衡量的是信用主体遵守政策规定和法律法规的守信情况；第三类是进行诚信道德和信用基本素质的评价，即诚信度评价，衡量的是信用主体是否具备诚信意识和精神原则。这三种评价都是社会需要的，都是客观存在的，都是为社会服务的，它们各有侧重，互相补充，构成信用资本价值评价的全部，为市场经济的成熟与完善及其多元化、为信用主体发挥信用资本作用、发现和确定信用资本价值，提供了一种机制。

每个主体拥有的资源和财富都是由他自主创造的，大小是不同的，并且有时大，有时小，从社会上来看是不规则的，因主体不同而千差万别，这种资源和财富很难在社会上实现其价值，会产生相应的分类、加工机构，比如对信用信息处理和加工的报告类机构，它们把不同信用主体生产创造的不同规则的信用资源和财富，按照一定的原则分类并报告给社会，提供给需要交易的机构，比如说银行。

这种资源和财富是主体生产开发创造的，是可以拿来在社会上交换的。那么，社会就形成围绕着信用资源和财富进行定价、分类、加工、交易的各种机构，形成相应的管理体系和产业链。

（三）信用资本的定价

信用资本是信用主体私有的。信用资本的评价是由社会进行的，这种社会信用资本评价是多元化的。所谓多元化社会信用资本评价，就是指评价主体多元化、评价目的多元化、评价结果应用多元化。无论怎样多元化，归根结底，从性质上划分，大体上可以分为三大类：公共性、非公共性与准公共性。

1. 公共性信用资本评价

凡是评价目的是出于社会管理需要的，评价行为对社会产生影响的，评价结果用于社会的，这些评价活动都属于公共性信用资本评价。评价过程应该公开透明，包含评价结果在内的报告与公告等就是公共产品。属于这类的，大体上包括诚信度评价和合规度评价。具体来说，行业协会、商会、联盟等民间组织开展的诚信评价；政府职能部门开展的信用监管评价就属于这个类别。这类评价往往是用于社会对信用主体的综合判断，是信用的一种综合形象反映，是社会信用监督的一部分，是社会对信用资本存在、信用资本价值认可的一种方式。

2. 非公共性信用资本评价

凡是评价目的是出于自己管理需要的，评价行为不会对社会产生直接影响的，评价结果用于自己授信和管理的，这些评价活动都属于非公共性信用资本评价。其评价过程没必要公开，也不应该要求被公开，其评价结果就是非公共产品，是自用的商业性产品。属于这类的，大体上包括银行信贷授信管理中对客户的信用评价；企业信用销售中对客户的信用评价；担保公司、信用保险机构等在提供担保和信用保险服务时对客户的信用评价；等等。这种评价活动不属于社会信用监督范畴，其实质是自我信用风险管理和控制，是授信主体对客户是否拥有信用资本、客户信用资本高低、信用资本价值大小确认的一种方式。

3. 准公共性信用资本评价

这一类是备受人们争议的。这类的信用资本评价活动主要包括信用中介机构的信用评级活动。比如资信评级机构、征信报告机构、资信调查机构的信用报告、信用评价活动。它们与行业协会、政府职能部门等开展的信用评价有本质的区别，不是诚信度、合规度的社会综合信用评价，不用于社会信用监督；与银行信贷授信、企业信用销售的信用评价活动也有本质区别。

这种准公共性信用资本评价活动的准公共性体现在以下三个方面：第一，它评价的目的与行业协会、政府职能部门的信用评价不同，它不是为社会公共监督、组织自律、行政监管服务的，所以它不具有完全的公共性。第二，它的评价结果的用途与银行信贷授信、企业信用销售的信用评价不同，它不是为了自我信用风险管理和控制，所以它不具有清晰的非公共性。第三，它的评价目的和评价结果具有社会影响，影响社会公众的投资判断和选择，甚至投资行为本身。例如在债券发行过程中，资信评级机构对发债主体和债项的信用资本价值评定级别高，债券发行规模就会扩大，在二级市场上的交易就会更加活跃。美国的次贷危机，正是由于资信评级机构对信用衍生工具的信用资本价值评定级别很高，才出现二级市场频繁交易，规模无限扩张的危机。所以，它具有一定程度的公共性。

资信评级机构、征信报告机构、资信调查机构等信用评价机构，作为客观、独立的第三方，作为市场经济的中介组织，科学、合理、客观地发现和评价他人的信用资本价值，是其机构存在的必然，是这种机构的功能与作用，是市场经济中信用交易、信用资本定价的一个重要组成部分，是被社会需要的，是应该被认可的。这种信用资本评价活动从中介组织的角度，发现信用主体的信用资本价值，并且客观地定价，为社会认识信用主体是否存在信用资本及信用价值大小提供参考和依据，为社会提供了信用资本的价值参考，所以是一种不完全具备公共性质的准公共性产品。

认识到信用资本公共性和非公共性的实质，就可以理解和解释：为什么人们总是争论信用资本评价产品的性质，有人说它是公共的，有人说它是商业的。这实质上就是把信用资本本身的属性与信用资本评价的性质混为一谈。其实，信用的实质是资本，资本具有天然的私有性。但信用资本评价活动及其产品确实存在着公共性的可能，就像我们前面所说，有公共的、非公共的和准公共的之分。

案例分析

宜信公司是一家集财富管理、信用风险评估与管理、信用数据整合服务、小额贷款行业投资、小微借款咨询服务与交易促成、公益理财助农平台服务等业务于一体的综合性现代服务业企业。截至2014年9月，其业务覆盖全国133个城市(含香港)，48个农村地区，为客户提供全方位、个性化的普惠金融与财富管理服务。

宜信创建于2006年，总部位于北京，以普惠金融P2P小额信贷业务起家。P2P(Peer to Peer,或 Person to Person)小额信贷是一种个人对个人的借贷行为，最早由孟加拉国尤努斯教授提出，是一种出借人和借款人之间通过某种形式实现直接借贷的一种商业模式。在中国，宜信是最大的P2P小额信用借款平台，也是中国最大的专业财富管理机构之一。其中P2P小额信贷撮合额已超百亿元，累计服务超过100万个小微企业主、农户和学生，并且拥有自主研发的针对该人群的信贷技术和评分卡。

在公司理念方面，宜信坚持人人有信用，信用有价值。每个人都是有信用的，信用与财富的水平并不挂钩。你给予他们信任和尊重，他们会加倍地返还予你。大多数人的内心都是美好的，他们愿意去改变自己，关键是要配以完备的诚信教育，并要让大家认识到，信用也是一种无形资产，信用是有价值的。个人可以通过信用价值的释放，获得信用贷款，实现自己的理想。

在产品创新方面，宜信不断推陈出新。在原有面向不同人群的 P2P 产品（精英贷、薪薪贷、助业贷等）基础上，2009 年，宜信推出公益理财产品——宜信公益助农平台“宜农贷”，致力于促成城市富裕人群向贫困农户提供小额信用贷款，帮助贫苦农户改善生产和生活。2011 年 8 月成立“信翼小微企业服务平台”，致力于帮助小微企业进行能力提升，促进小微企业长远可持续发展。还在 2012 年 12 月 21 日成立“小微企业信贷服务中心”，从小微企业主的实际经营情况出发，不以营业执照、纳税记录、银行流水等作为硬指标；而是用基于现金流的微贷分析技术，结合小微企业主所在的行业、地域、季节、用款计划等要素，为他们提供资金解决方案。2012 年，宜信针对城市白领一族推出互联网借贷咨询服务平台——宜人贷，满足习惯使用互联网及移动互联网等新技术手段的城市白领，让他们通过互联网就能够轻松方便地获得资金的帮助，并先后开发了面向有车客户和有房客户的抵押类借款服务，面向有农机租赁和美容设备租赁需求客户的租赁服务。2013 年 2 月，宜信获得证监会颁发的基金销售牌照，致力于为大众富裕阶层提供基金及其相关理财产品的立体服务。

2013 年 11 月，宜信成立大数据创新中心，致力于打造国际国内领先的金融云平台。大数据创新中心采用扁平化管理，最大限度地发挥员工的积极性和创造性，加快产品的研发速度。

第二节

信 用 管 理

一、信用管理的概念和内容

（一）信用管理的概念

信用管理是社会经济管理体系的重要组成部分，也是信用的一个重要方面，是指各经济主体（包括政府、一般意义上的企业、金融机构、个人以及专业的信用管理机构）为了实现信用活动的目的、维持信用关系的正常运行、防范或减少信用风险而进行的收集分析征信数据、制定信用政策、配置信用资源、进行信用控制等管理活动。信用管理在今天已经成为社会有序化发展不可或缺的内在规律和重要功能。信用管理是为达到预期目标而进行的一系列活动，因此信用管理必须具有明确的目标性，同时还必须广泛地应用现代科技新成果，如网络技术、预测、概率论等。需要指出的是，信用管理已不再只是企业管理的一部分，也不只是专业的信用管理机构才会涉及的问题，信用管理的主体应该涵盖了所有的经济主体，信用管理渗入了经济生活的各个领域、各个方面。

（二）信用管理的内容

1. 政府的信用管理

政府一般定位为国家的代表、行使国家职能的权力机构或公共产品的提供者。具体到信用领域，政府是数据开放的推行者、契约执行的监督者、行业监管的实施者、不良信用行为的惩罚者，还是中央银行体系的建设者、国家信用的主体。这些职能的发挥，表明政府已成为一个信用管理主体，而且是非常重要的一个信用管理主体。其重要性主要体现在具有较高的权威性、较强的外部性，扩散作用快，影响范围广。

美国的联邦贸易委员会是美国国家信用管理的主要机构。美国在《公平信用报告法》等法律法规中已做出规定，政府在国家信用管理体系中的主要职责是：消费者信用保护类法律法规的执行机构；制定和修订信用类特定法规的主要提案机构；确保受有关法律规范的企业运营的安全稳定；向社会报告违法并造成消费者实质伤害的不公平或欺诈交易等。

党的十六大报告明确提出要“健全现代市场经济的社会信用体系”，2003 年，国务院“三定方案”明确赋予中国人民银行“管理信贷征信业，推动建立社会信用体系”的职责。2008 年，国务院将中国人民银行职能调整为“管理征信业，推动建立社会信用体系”。经过几年的努力，中国人民银行牵头建设的全国统一的企业和个人信用信息基础数据库已经初步建成，在经济和社会中开始发挥积极作用。

2014 年 6 月 27 日，国务院发布《社会信用体系建设规划纲要（2014—2020 年）》（以下简称《纲要》），明确到 2020 年，基本建立社会信用基础性法律法规和标准体系，基本建成以信用信息资源共享为基础的覆盖全社会的征信系统。《纲要》目标具体，可实现，任务、工作重点及示范工程明确，站在理论前沿的高度上，以国际化的视野对未来我国社会信用体系建设做了全面的战略部署。

《纲要》创新性地提出信用监管，在目标、原则、重点领域、支撑体系中都明确提出了政府的作用与监管的职责，对中央及职能部委、地方政府及委办在社会信用体系建设中应该发挥什么样的作用都进行了一些具体描述。主要包括征信系统建设、诚信文化建设、奖惩机制建设、推动信用服务业发展等。《纲要》中明确提出“对推进不力、失信现象多发地区、部门和单位的负责人实行行政问责”。“各级人民政府要根据社会信用体系建设需要将由财政负担的经费纳入财政预算予以保障。”此外，《纲要》中对政府的政务信用以及公务员自身诚信建设都做了具体的规划要求。

2. 企业的信用管理

企业信用管理有广义与狭义之分。广义的信用管理是指企业为获得他人提供的信用或授予他人信用而进行的管理活动，其主要目的是为筹资或投资服务。狭义的信用管理是指信用销售管理，其主要目的是提高产品和企业的竞争力、扩大市场占有份额。

传统的企业信用管理具有客户的档案管理、客户授信以及应收账款管理三大基本功能，是通过制定信用管理政策，指导和协调内部各部门的业务活动，对客户信息进行收集和评估，对信用额度的授予、债权保障、应收账款回收等各交易环节进行全面监督，以保障应收账款安全和及时收回的管理。

在新经济以后，随着现代通信技术的发展，企业的信用管理部门又多了一项新的功能，即“利用征信数据库开拓市场”的功能。各大企业的征信数据库开始具备数据快速分类检索的能力，可以向客户提供及时的数据库检索服务。

3. 金融机构的信用管理

关于金融机构的信用管理，后面章节将作具体介绍。在此，仅以银行的信用管理为例阐述金融机构与非金融机构信用管理的异同。人们一般会认为银行的信用管理同其他公司的信用管理是有区别的。实际上，虽然两者的机构设置和管理职能不同，但是在处理信用管理方面，银行和其他的企业面临着同样的问题。

首先，所有的机构组织都具有自己的信用政策、都有各自考察申请者信用情况的处理程序和体系。相对于银行而言，其他企业处理客户信用申请的频率不高，但是它们也有自身的信用考察和评估机制。不同的地方在于，银行拥有一批专业人员，主要依靠银行内部的信用评估；而其他企业一般利用外部的信用资源，例如通过信用咨询机构获取所需的信息。

其次，监督客户账目的方式也不一样。例如，供应商可以检查每一个客户的货款支付记录；而银行则往往只对客户账户的收支及余额进行监督。

除此之外，银行和其他企业管理信用的方式也是不相同的。例如，为保证货款的及时收回，商品供应商必须建立相应的程序，包括：开出发票、回收账款、追查未付款人。而银行时刻关注客户现金账户的借方余额，以确定借款人能否及时归还借款。一般只有在涉及客户同其他银行的交易或者是客户账户中的余额不足时，才有必要追查未付款人。

银行和供应商要求客户提供的信用担保形式也存在差别。银行一般要求借款人以固定抵押或者浮动抵押的方式将自身的财产作为借款担保，或是要求第三方提供担保。而且，即使有了借款担保，如果银行仍然认为风险很大，也有权收取较高的利息费用来弥补风险成本。

供应商也必须力求得到货款支付的担保。但是，供应商要求的担保形式同银行的不一样，例如，保留货物所有权的条款、信用证、信用保险及代收账款等措施。

虽然存在着上述区别，但是在信用管理，特别是信用政策的制定过程、信用评估以及信用监督方面，金融机构和非金融机构是相同的。能够意识到这一点，是非常重要的。

4. 个人信用管理

个人信用也就是消费者信用，是金融机构或者消费品生产企业提供给个人的信用。个人信用的发展使得一对一的信用关系转化为多对一的信用关系，由此推动了市场交易的发展，使消费者可以“花明天的钱，享受今天的生活”，还可以为消费者提供创业机会，帮助消费者应付突发事件等。由此可见，消费者信用是比消费信用涉及面更广的一个范畴。个人信用管理也即消费者信用管理，是指个人对自身信用活动加以管理，以达到信用活动的目的，维持与其他经济主体之间信用关系的正常运行。常见的信用消费方式主要包括信用卡消费、购物卡消费、信贷消费和分期付款购物等。

近年来经济不景气，日本不少年轻人要通过助学贷款完成大学学业。文部科学省下属的日本学生支援机构设立了两种名为“奖学金”的助学贷款。从 2008 年开始，日本学生支援机构作为会员加入全国银行个人信用信息中心，学生在申请助学贷款时必须同意“与个人信用信息处理相关”的条款，否则无法获得助学贷款。如果毕业后连续 3 个月不还款，该信息将被登入黑名单。相关会员企业将把当事人列入“经济信用低”，当事人不能申办信用卡，或其信用卡将无法继续使用，网购以及银行取款也可能受到影响。

5. 专业信用管理机构的信用管理

专业的信用管理机构以及整个信用管理行业是以征信产品和征信服务为生产对象的，其中征信产品主要包括企业征信、消费者个人征信、资产调查和评估、评级、市场调查，征信服务主要包括商账追收、信用保险、国际保理、信用管理顾问、票据查证。

自 20 世纪 80 年代以后，信用管理行业在技术上取得了重大发展，企业的评级调查和市场调查已成为信用管理行业的主要发展方向，信用管理行业中的信用管理公司主要通过向客户提供定性的征信产品来解决客户问题，满足客户需求。90 年代以来，信用管理行业中的大型企业开始转变其传统的以提供信息及分析产品为主的服务方式，开始强调客户服务、由浅入深的信用管理顾问服务，即所谓从对客户问题的征信产品解决方案到信用管理服务解决方案的全程服务。

国外比较著名的专业信用管理机构有邓白氏（http://www.dnb.com）、标准普尔（http://www.standardandpoors.com）、穆迪（https://www.moodys.com）和惠誉（http://www.fitchratings.com）等。其中，邓白氏集团是历史最为悠久的企业资信调查类的国际信用管理公司。现阶段，全球重要的评级业务基本集中在标准普尔、穆迪、惠誉手中，它们的寡头垄断地位也使其拥有影响世界经济发展态势的能力。三大评级机构业务覆盖范围见表 1-2。

表 1-2　三大评级机构业务覆盖范围

标准普尔	穆迪	惠誉
美洲 EMEA 亚太地区	北美 EMEA 亚太地区 拉丁美洲和加勒比地区	北美 EMEA 亚洲/大洋洲 拉丁美洲

注：EMEA：欧洲、中东和非洲。

国内信用管理行业起步较晚，比较著名的有中诚信国际信用评级有限公司(http://www.ccxi.com.cn)、联合资信评估有限公司(http://www.lianheratings.com.cn)、大公国际资信评估有限公司(http://www.dagongcredit.com)、东方金城国际信用评估有限公司(http://www.dfratings.com)、上海新世纪资信评估投资服务有限公司(http://www.shxsj.com)等。

二、信用管理的功能与作用

（一）信用管理是现代企业管理的核心内容之一

在买方市场条件下，企业要想获得市场竞争力，提供信用销售服务是必不可少的途径之一。但是信用销售作为一种信用活动，必然存在信用风险。如果企业能够建立完善的信用管理制度，就可以有效地控制信用风险，保障自身的权益，提高信用活动的效率，保障信用交易的顺畅进行。在企业决定是否对客户授信之前，首先要对客户信息进行收集和分析，解读征信机构的客户信用报告，利用信用分析模型对客户的信用级别进行科学判断。这些信用管理活动能够大大降低信息不对称的程度，使企业对授信对象有一个比较全面的和准确的判断，筛除评级差的对象，使信用风险在信用活动的最初阶段就得到根本性的控制。再通过应收账款的监控、信用风险转嫁、拖欠账款追收等信用管理活动，就能够大大地降低信用交易损失，提升企业管理水平，使企业敢于授信，有能力管好风险，在市场竞争中占据有利地位。

（二）信用管理为科学的信用风险管理提供支持

信用风险管理是信用管理的有机组成部分，但是信用管理不限于信用风险管理，信用管理还包括征信和评级等内容。信用风险管理是在具体的信用活动中进行信用管理所使用的主要手段之一，它的发展和完善对于信用管理的科学化具有重要的意义。

只要有交易对手，就有违约风险和信用风险，任何金融活动都不例外。除了银行重视信用风险以外，证券交易商也越来越重视信用风险，信用风险管理在金融交易中的重要性日益突显。随着证券市场和衍生金融工具交易市场的迅猛发展，证券投资者所面临的结算风险和交易对手风险也越来越突出，迫切要求对证券交易中的信用风险进行具体的衡量和有效的管理。

信用风险量化管理是信用风险管理的一个重要发展趋势。JP 摩根在 1997 年推出的 Creditmetics 信用计量模型中就充分利用了信用评级体系的作用。模型的基本思想就是信用风险取决于债务人的信用状况，而企业的信用状况可以由被评定的信用等级表示。因此，信用计量模型认为信用风险可以说直接源自企业信用等级的变化。在假定信用评级体系是有效的前提下，信用计量模型的基本方法就是利用评级公司提供的评级数据进行信用等级变化分析，以此度量信用风险的大小。一个有效率的信用管理体系可以积累和披露大量的有价值的信用信息，可以丰富对违约风险的防范方法和对违约对手的惩戒方法，为信用风险管理的发展提供支持。

（三）评级促进资本市场功能的正常发挥

评级是现代信用管理活动的重要组成部分，在现代信用活动中发挥着重要作用。深化金融改革的主题之一，就是要大力发展直接金融，以改变信用过分集中于国家银行的社会资金流动格局，形成新的投融资体制。资本市场在社会资源配置中发挥着重要的作用。但是这种功能的发挥需要很多外部条件的支持。其中很关键的一条就是中介机构能够作为第三方进行公开公正的信息披露，执行社会监督的重要职能。中介机构中的评级公司对上市公司和发行的债券等金融工具做出公正的信用等级评定，揭露投资风险，提高投资透明度，防止欺诈行为，维持市场秩序。作为一种重要的社会监管力量，其监管范围更广、弹性更大、包容性更强，比政府监管部门的监管更加市场化，是政府监管的有益补充。

此外，评级已成为进入国际市场的必要通行证。一般债务发行人如果只是向当地投资者发行债务，可能并不需要评估，但是，如果准备进入国际市场，在国际资本市场上发行债务，那么，由于知名度没有那么响亮，信誉影响没有扩散那么远，国际投资者对自己就不会很了解，因此，评级就变得极为重要了。特别是在以外币发行债务时，就更需要得到国际承认的评级等级，目前，这已成为国际融资的惯例。而对债务发行主体来说，评级可以扩大投资者范围，因此可以降低筹资成本。例如，一个中等规模的欧洲公司通过国际评级则可以进入日本筹集资金，这往往比在国内投资会得到更有利的条件。从宏观上说，这说明评级有利于提高资本市场的效率，使资金得到有效的配置。最重要的是，评级活动可以为投资者指路，使投资者在金融创新中不断增多的、五花八门的金融工具面前，有来自专业机构的信用评价作为参考信息，可以有效地规避信用风险，促进社会投资的扩大，有利于经济发展。

（四）信用管理为金融机构的管理创新提供新思路

首先，银行信贷管理水平的提高对于保障整个社会信用活动的效率具有重大意义。新巴塞尔协议允许符合条件的银行采用内部评级系统，确定资产风险权重和最低资本充足要求。而内部评级系统正是一种建立在信用管理理论基础上的金融管理创新，它需要以科学的信用信息处理方法、评级和信用风险计量方法等信用管理技术为基础。当然，考虑到成本、资料来源的限制等问题，评级公司的外部评级会继续发挥作用，拥有内部评级系统的银行的一部分业务仍然会委托专业的评估公司去做，而对于目前还没有能力建立内部评级系统的银行而言，外部评级是重要的参考。此外，信用管理为坏账的管理提供新的方法和手段。信用管理有利于提高银行对不良贷款的盘活能力和债权资金的回收能力。银行对不良债权的处置不应该以卖为主，更不能仅仅依靠准备金冲销，这种管理思路会极大地蚕食银行的获利能力，可以由信用管理部门借助信用服务机构和资本市场的力量来完成。

其次，信用管理为金融服务创新奠定基础。无论是银行还是证券公司等其他非银行金融机构，都需要提高开发客户和关系营销的能力。充分利用征信数据库挖掘客户信息，向优质客户提供包括信用结算方式等便利在内的全套服务，能够大大提高金融机构服务的针对性和吸引力。信用管理是金融机构进一步改进服务的重要手段。

（五）个人信用管理是提高生活质量的重要手段

在现代信用经济社会中，个人要立好信用、用好信用、管好信用。首先，个人要非常重视自己的信用记录，维护良好的信用记录，修正不良记录的污点，争取更高的信用评分，这能给自己的就业、借贷和投资活动带来极大的便利和实惠。其次，个人要学会理财，充分利用自己已经建立的良好信用，开展信用活动，把一生中不同年龄段的收入进行合理配置；积极拓宽投资渠道，积累个人财富，保持一定的消费水平，提高生活质量。同时，要加强信用活动的管理。再次，要合理负债，实现债务和收入的良性循环，避免陷入个人债务危机而导致破产。最后，对授信资产要加强监控，实时了解债务人的信用状况变化，保障自身的权益。

三、信用管理的发展趋势

现代信用活动的蓬勃发展，对信用管理提出了更高的要求，使信用管理的发展呈现出新的趋势。

（一）资本市场信用建设成为大势所趋

证监会已于2012年7月颁布《证券期货市场诚信监督管理暂行办法》，对充实诚信法律规范、健全诚信监管与约束机制有重要意义。由此，我国资本市场信用体系建设拉开序幕。目前，加快推进资本市场信用体系建设是大势所趋，深刻认识信用资本的实质，创新建设一套信用监管制度，为投资者创造良好的信用环境成为首要目标。

资本市场的信用体系建设有利于实现市场准入的一致管理，通过统一建立征信档案、实施标准化的信用评级，规范资本市场监管体系的有效运行。还有利于科学实施准入后的日常分类监管。通过综合上市公司、公开债务发行者的准入前信用情况以及准入后在市场中的表现记录和投资者评价情况等，对资本市场开展分类监管。

从银行同业征信到资本市场公开征信。我国资本市场信用信息建设起步晚、发展慢，数据管理基础薄弱，而我国社会公众和国际投资者对此的需求水平很高。中国人民银行已有的信贷征信系统无法提供公开市场投资者普遍关心的社会信任关系相关信息与评价，需要建立资本市场信用信息征信系统，整合信用信息，公开信用信息，逐步实现资本市场的信用信息资源共享，树立资本市场投资者的信心。

资本市场信用体系建设的核心是信用资本及其相关产品交易应用体系的构建，解决的是信用交易服务的问题：实现信用定价；以定价后的信用资本进行融资，为中小企业信用融资开拓新的渠道与市场；进行信用资本买卖，实现资产流动；吸引社会投资拓展投资领域与投资产品；通过有形的信用资本交易市场向社会展示信用是有价值的；为企业间三角债、应收账款提供交易与买卖的市场。

延伸阅读

我国信用评级市场状况

中国信用评级行业诞生于20世纪80年代末。2005年，中国人民银行推动短期融资券市场建设，形成了中诚信、大公、联合、上海新世纪和远东五家具有全国性债券市场评级资质的评级机构。2006年后，上海远东因“福禧短融”事件逐渐淡出市场。经过20多年的发展和市场洗礼，目前规模较大的全国性评级机构只有大公、中诚信、联合、上海新世纪4家。

2006年，美国评级机构开始了对中国信用评级机构的全面渗控。2006年，穆迪收购中诚信49%股权并接管了经营权，同时约定七年后持股51%，实现绝对控股。同年，新华财经公司收购上海远东62%的股权，实现了对该机构的直接控制。2007年，惠誉收购了联合资信49%的股权并接管经营权；标准普尔也与上海新世纪开始了战略合作，双方亦在商谈合资事宜。这样，目前我国四家全国性的信用评级机构除大公始终坚持民族品牌国际化发展外，其余已经或正在被美国控制。

为了在我国资本市场评级中发出不同的声音，2010年8月，由中国银行间市场交易商协会代表全体会员出资设立中债资信评估有限责任公司（China Credit Rating Co., Ltd.），它是国内首家以采用投资人付费营运模式为主的新型信用评级公司。

资料来源：中研网，我国信用评级市场现状分析，http://ccn.mofcom.gov.cn/spbg/show.php?id=10393。

（二）企业设立专门的信用管理部门，实施系统全面的信用管理

设立信用管理部门，聘任高水平的信用经理已经成为欧美发达国家近二十年来企业普遍流行的趋势。在企业经营管理体系中，信用风险管理属于一种交叉性和综合性的管理领域，涉及企业的计划、采购、生产、营销、销售、财务等各个环节。以前由销售部门或者财务部门承担的信用管理职能已经远远不能满足企业信用活动的发展要求，而且两者在信用管理方面存在严重缺陷。一般而言，销售部门看重销售额的扩大，在高报酬的销售激励机制带动下，业务人员往往滥用其信用管理权力，不顾客户的评级水平，盲目扩大信用规模，提高销售量，给企业造成巨大的信用风险。实践证明，仅靠财务部门也不能有效地控制信用风险，这是因为财务部门并不了解客户背景和交易状况，无法对信用风险做出准确的判断，也无力承担收账工作。一般财务人员常以会计核算为主，在信用管理和风险控制上同样缺乏专业知识和经验。

现代系统全面的信用管理模式是销售、财务与信息管理的综合性解决方案，通过信用管理职能的增加，将企业的销售、财务和信息管理工作有机地结合起来，从而实现企业整体的经营管理战略目标，是集客户评级管理制度、内部授信制度、应收账款管理制度和信用风险转嫁制度等于一体的综合管理制度。

（三）消费者信用管理全方位渗透

现代社会，信用正从道德理念转化为具体的行为规范，从抽象的文化变成有价值的资本，并正以一定的信用行为结果兑换信贷资金、工作岗位、合作机会等。信用信息系统的建立使每位公民都拥有一个可以唯一识别的“信用号码”，从而为市场经济的参与者提供全面、客观的信用信息。

俗话说，“人无信不立”。从制度上来看，西方发达国家在市场经济发展过程中，逐渐建立了一套覆盖较为全面的信用信息记录体系，促进了信用交易的发展和良好信用环境的形成。信用信息记录体系的完善程度已经成为市场经济成熟程度的标志之一。信用信息系统记录是对个人的信用信息进行采集、整理、保存、加工，并向信息使用者提供的活动，其主要功能与作用是为银行等授信机构、政府部门、合作者、用人单位等提供参考依据。

目前，中国人民银行征信中心建设初具规模，设立的目的之一是建设、运行和管理全国统一的企业和个人信用信息基础数据库和动产融资登记系统。目前实际上只是以金融信贷的信用信息为主，未来可能会扩展到证券、保险、信托等各种金融信用交易信息，甚至还应包括个人信用信息，包括收入、交税、犯罪情况等。例如美国，如果信用好，就会容易找工作，贷款时的利率和首付款比例也都会较低。而一旦有了污点，今后的生活就会困难重重。

因此，未来人们将会更加重视个人信用，自觉维护个人信用水平，消费者信用管理的地位也会大幅上升。

（四）信用管理行业得到迅速发展

除了企业、金融部门等信用活动主体纷纷设立独立的信用管理部门外，围绕着这些实体信用活动部门活动的信用信息管理与服务行业，包括征信公司、评级公司等也得到了迅速发展。它们以社会实体信用活动为基础，以公共部门、金融部门、企业为主要客户，以经营并销售信用信息与信用产品、提供专业化和社会化的信用服务为手段，适应市场分工的要求，成为现代信用活动的重要组成部分。商账追收、信用保险和保理、信用担保等公司的年营业额达到上百亿元，显示出信用专业服务旺盛的市场需求。

此外，信用产业链正在形成，整个信用管理行业的市场化进程将会逐渐推进。未来的信用服务行业既可以有公共机构，也可以有私营机构，业务对象可以具体针对企业或者个人，但不论做什么，都应遵守市场原则，公平竞争，优胜劣汰。信用服务中介机构是市场经济发展、社会分工深化的产物，是信用体系的有效组成部分。它们按照现代企业制度建立，依据市场化原则运作，以独立、客观、公正的原则为市场提供产品与服务，为企业授信、雇主用工、投资合作、贸易融资等商业活动提供决策信息，是市场所需要的新兴现代服务业。

（五）广泛运用现代科技新成果

现代信用管理的进一步发展需要利用现代高科技技术和科学的数理统计计量方法。如征信活动需要利用网络技术收集信息，利用统计方法对数据进行整理加工，利用数据库技术储存信息并有效地提供利用；评级和信用风险管理活动需要利用现代经济计量方法的成果和预测方法等。现代信用管理是借助计算机完成，信用管理流程多以计算机管理系统的形式实现。

无论是信用风险管理还是应收账款规模控制，都日益要求量化，能够用数学模型和计算方法对风险大小或应收账款合理规模进行精确的计算或预测，提高信用管理的科学性。

2014 年 9 月 2 日，国家发展和改革委员会与中国人民银行联合召开“全国社会信用体系建设”工作会议，中国人民银行副行长潘功胜表示，作为征信业的管理部门，央行对大数据公司进入征信市场持开放态度，预计不久将有大数据公司进入征信市场。他特别提到了大数据的应用，尤其表达了对阿里、腾讯等互联网大企业的欢迎态度。

未来是网络征信的时代。网络征信是传统征信的业态升级，是对传统征信的彻底改革。传统征信的牌照式经营模式主要是“小数据”，以金融交易为核心，集中分析财务数据，一般只有几十个数据项，数据获取渠道比较狭窄和固定。而基于网络行为大数据的非专业型、去牌照化的网络征信，通过云计算和大数据，以海量数据刻画信用轨迹，描述综合信用度，主要表达信用行为状况，主要用途是判断可信程度、开展社交往来、授予机会以及预测信用交易风险和偿还能力。一切皆信用，信用是资本。网络征信的内容、技术手段、数据特征和分析判断的评估方式、评估模型、主要内容与方向甚至主要结论都会发生根本改变。

大数据的运用在初始研发投入之后，随着数据的不断积累和拓展，可以大幅度降低公司运营成本，拓展客户群体，使得公司能够精准抓住每个客户、潜在客户和普通访问者的行为特征、风险偏好等，为公司下一步营销和服务提供信息支撑，真实关联客户需求与个性化业务，拓展客户群体。此外，还能发现和整合客户的碎片化信用需求，同时海量的琐碎信息也能多维度地反映个人或企业的真实信用状况。

第三节

信用管理与经济交易

一、信用管理与经济增长

信用对经济的贡献与影响有目共睹。新经济下，信用活动与宏观经济运行的相关性日益增强。将信用作为重要经济变量纳入宏观经济分析是应该且必然的。那么，从何入手呢？

本节拟从信用总规模与经济增长入手，探索并论证信用总规模与经济增长之间的相关性，试图寻找信用总规模与经济增长之间确定的量的关系。

研究的主要路径是：首先界定信用总规模与经济增长的内涵与外延，整理与分析这两个量在不同国家的数据，然后分析两个量之间的关系，寻找并总结变化规律。

（一）关于信用总规模：五国比较①

信用总规模是我们能够量化的、最广义的信用交易的规模。具体地说，它是国内各个部门——包括政府部门、金融部门、非金融企业部门和居民部门信用规模的总和；是各类信用工具——包括债券、贷款、商业赊购款、货币、存款余额的合计；涵盖了能够计量的全部信用交易。因为信用交易都会形成一定的债权、债务关系，会在交易主体资产负债表的资产或负债方体现出来，因而，在数量上，我们用信用主体的负债计量信用规模。

其中，政府部门的负债包括中央政府和地方政府发行的政府债券余额，商业赊购应付款项，向中央银行或金融机构的借款和透支；金融部门负债即货币与准货币的合计；非金融企业部门负债包括公司债券，非金融企业向金融机构的借款和抵押，企业商业赊

① 五国比较部分的全部数据与图表摘自：吴晶妹．现代信用学．2版．北京：中国人民大学出版社，2009。

购应付款等；居民部门负债包括商业企业、金融机构提供给个人的消费信贷等。

从美国(1959—2000年)、德国(1991—1999年)、日本(1989—1999年)、法国(1995—1999年)、韩国(1975—2000年)五个国家的数据实证情况看，可以得出以下基本结论：

从长期看，信用总规模的增长率呈上升趋势；信用总规模的增长趋势呈指数增长；各国上升的速度和稳定程度有所不同，新兴市场经济国家或不成熟的市场经济国家较成熟的速度要快，经济衰退的国家其信用总规模也增长缓慢。

1. 美国的信用总规模

图1-3显示了从1959年至2000年，42年间，美国每年的信用总规模及其发展趋势。图中横坐标轴代表年份，纵坐标轴代表信用总规模。其中信用总规模具体地包括货币存量M_3、公开市场票据、政府债券、公司债券、外国债券、银行贷款、其他贷款、抵押、消费信贷，不包括公司股票和共同基金。

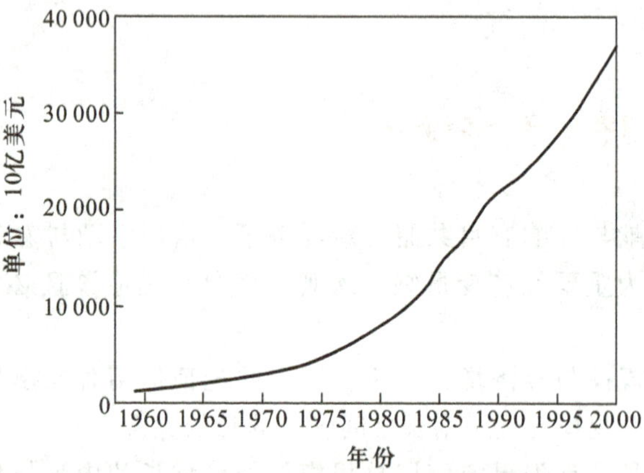

图1-3　美国总信用规模

资料来源：board of governors of federal reserve system, Flow of fund accounts annual flow and outstanding L2 a1955—1964、a1965—1974、a1975—1984、a1985—1994、a1995—2000, money stock H6，经整理绘制。

从图1-3可以看出，1959-2000年，美国未清偿信用总额逐年上升，由1959年的13 986亿美元，增长至2000年的373 007亿美元，42年增长了359 021亿美元，大约增长了26倍。就其增长趋势看，信用总规模呈指数增长，其增长曲线为：$y=1\,135.3e^{0.087\,9x}$，长期看，信用总规模的增长率呈上升趋势。

观察德国、日本、韩国、法国的信用总规模发展的历史轨迹，可以发现和美国大体相同的规律。

2. 德国的信用总规模

德国自1991年以来，信用规模也是逐年增长的，从1991年到1999年，德国信用总规模从115 596亿德国马克增长到249 369亿德国马克，年均增长8.92%，与美国同期相比，德国信用总规模的增长速度更快一些（见图1-4）。

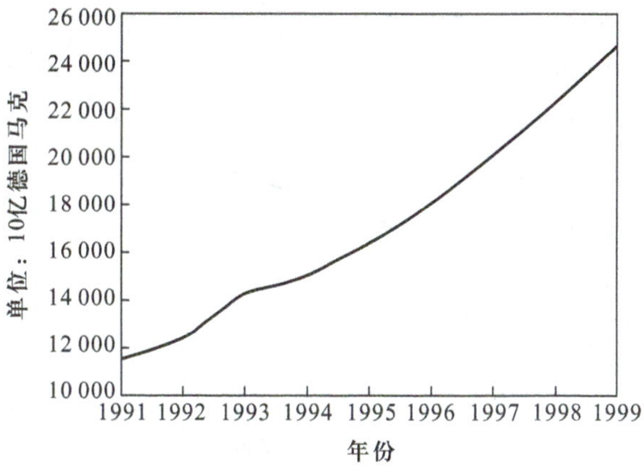

图 1-4 德国信用总规模

资料来源：www. bundesbank. de Deutsche Bundesban Financial accounts for Germany 1991 to 1999 table Ⅴ, table Ⅶ, 经整理绘制。

3. 日本的信用总规模

日本自1991年以来，信用规模也是逐年增长的，从1989年到1999年，日本信用总规模从45 057 072亿日元增长到57 984 473亿日元，年均增长2.12%，日本这一时期信用总规模的增长速度比美国同期增长速度慢得多，比美国任何一个10年的增长速度都要慢（见图1-5）。

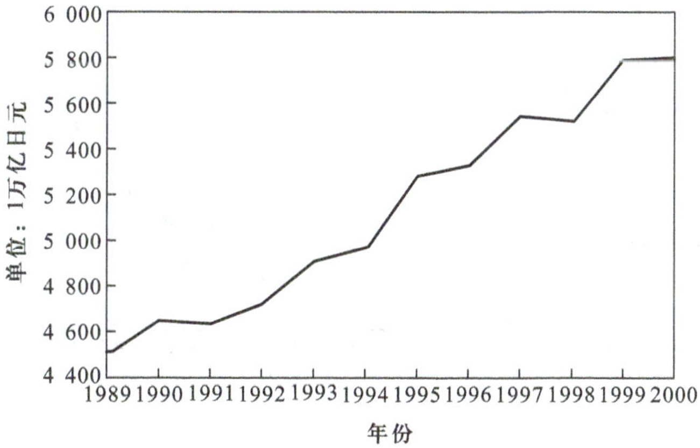

图 1-5 日本信用总规模

资料来源：Bank of Japan financial account。

4. 法国的信用总规模

法国自1991年以来，信用规模也是逐年增长的，从1995年到2000年，法国信用总规模从8 616 591百万欧元增长到15 854 137百万欧元，年均增长10.67%，这个增长速度比美国同期的增长速度快，比美国任何6年的增长速度都快（见图1-6）。

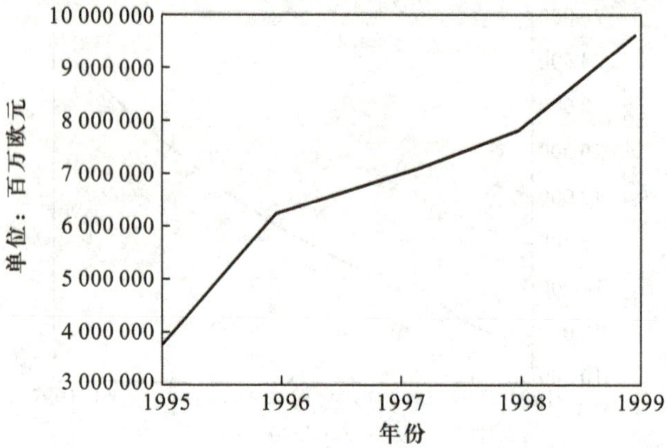

图 1-6　法国信用总规模

资料来源：Banque de France financial accounts；definitive balance sheet；liabilities and net financial assets 1995、1996、1997、1998、1999、2000。

5. 韩国的信用总规模

韩国自 1976 年以来，信用规模也是逐年增长的，从 1975 年到 2000 年，韩国信用总规模从 27 471.1 亿韩元增长到 3 530 964.4 亿韩元，年均增长 20.54%，这个增长速度是美国同期的增长速度的 2 倍以上(见图 1-7)。

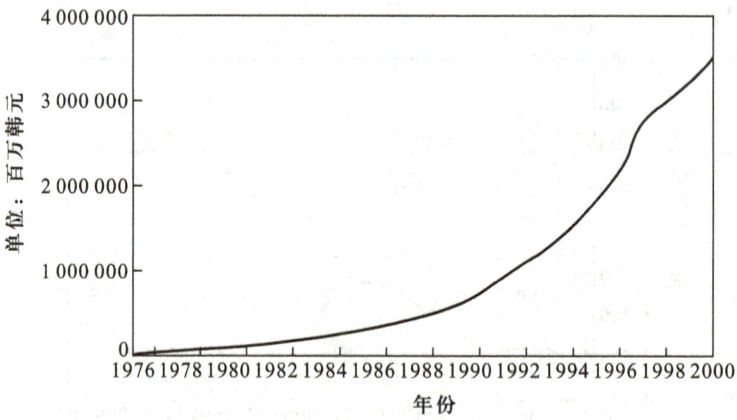

图 1-7　韩国信用总规模

资料来源：韩国资金流量表 1975—2000，总债务（total liability）。

比较而言，各国信用总规模的发展趋势都是逐年上升的，上升的速度和稳定程度有所不同。在增长速度上，按照同期比较，德、法、韩三国的信用总规模增长速度都比美国快，只有日本相反。以 1995—2000 年为观察期，信用总规模增长最快的是韩国，增长速度最慢的是日本。

（二）关于经济增长：四国比较

经济增长变量，在本节中以 GDP 水平代表。

GDP 即国内生产总值(Gross Domestic Productivity)，是指一个国家或地区所有常住单位在一定时期内(通常为 1 年)生产活动的最终成果，即所有常住机构单位或产业部门一定时期内生产的可供最终使用的产品和劳务的价值。国内生产总值能够全面反映全社会经济活动的总规模，是衡量一个国家或地区经济实力，评价经济形势的重要综合指标。

GDP 这一指标又有名义 GDP 和实际 GDP 之分。名义 GDP 是以当年价格计算的 GDP，实际 GDP 是以不变价格(基年价格)计算的 GDP。在本节的分析中，选择实际 GDP——以 1996 年价格计算的 GDP 水平——作为产出和经济增长的总量指标，即排除了价格因素造成的 GDP 的增长。

从美国(1960—2007 年)、德国(1980—2007 年)、日本(1970—2006 年)、韩国(1980—2007 年)四个国家的数据实证情况看，可以得出以下基本结论：

各国 GDP 水平不一定都增长；增长线或呈指数型或呈对数型；从长期看，呈指数型增长的潜力高于呈对数型增长的潜力。

1. 美国 GDP

图 1-8 显示了美国 1960—2007 年，每年的 GDP 水平，图中横坐标轴表示年份，纵坐标轴表示各年的 GDP。从图形可以看出，1960—2007 年，美国的 GDP 水平是逐年上升的，从 1960 年的 526.4 亿美元，增长到 2007 年的 13 807.5 亿美元，约增长了 25 倍。美国 GDP 的增长曲线是指数型的，增长速度越来越快。

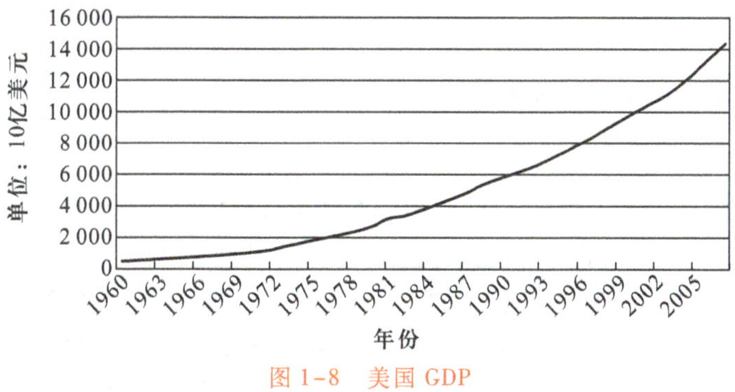

图 1-8　美国 GDP

资料来源：U. S. Department of Commerce；Bureau of Economics Anaylisis，经整理绘制。

我们再来看看德国、日本、韩国的 GDP 增长曲线。

2. 德国 GDP

和美国相比，德国 GDP 的增长曲线更像一条对数曲线，时间越靠后，经济增长速度越平缓，但依旧是呈现增长趋势的。用对数曲线对德国的 GDP 进行模拟，相关系数达到

0.99，可以看到，1991年，德国GDP规模是26 476亿德国马克，到1999年达到了38 772亿德国马克，增长了46.44%，年均增长4.33%，比美国同时期的年均增长速度5.02%慢些（见图1-9）。

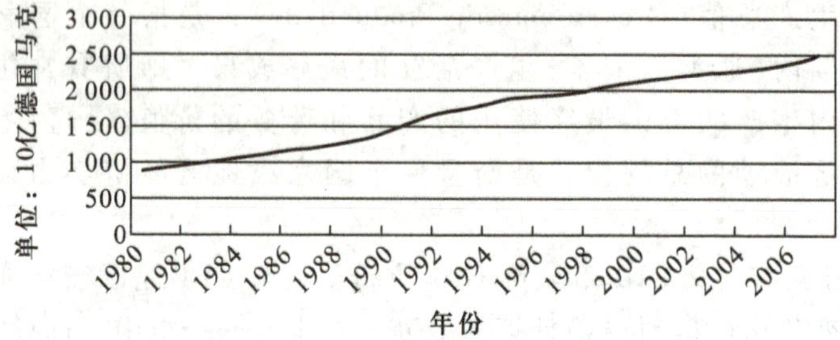

图1-9　德国GDP

资料来源：www.stats.oecd.org，经整理绘制。

3. 日本GDP

日本是我们考察的所有国家中唯一出现GDP下降的国家，其经济衰退从1997年开始，GDP连续3年下降（见图1-10）。

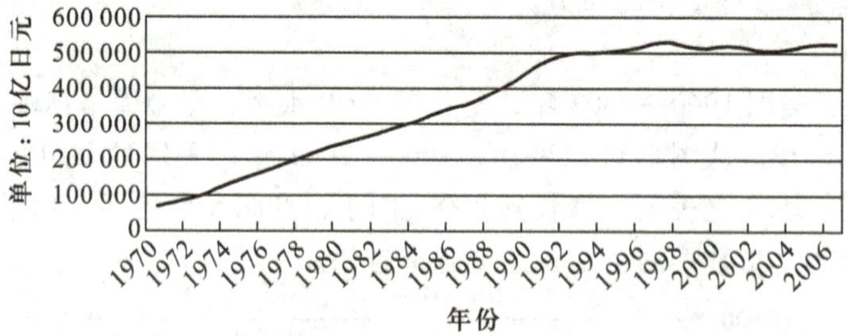

图1-10　日本GDP

资料来源：www.stats.oecd.org，经整理绘制。

4. 韩国GDP

韩国的GDP增长曲线与美国十分相似，呈现指数型增长。从1980年到2007年，其GDP规模增长了23倍多，年均增长速度达16.67%（见图1-11）。

根据上面的观察，我们可以说大多数国家GDP是趋向逐年增长的，在我们选择的4个国家中只有日本出现了GDP规模的下降。在增长速度方面，各国有所不同，基本有2种情况，即指数型增长和对数型增长。呈指数型增长的美国、韩国经济增长的未来增长速度和潜力要高于呈对数型增长的德国。

（三）信用总规模与GDP：四国比较

以上对信用总规模和选定的经济增长指标都分别进行了定义，并观察了不同国家信用总规模和GDP的历史发展情况。在这部分，把二者放在一起，考察信用总规模与GDP

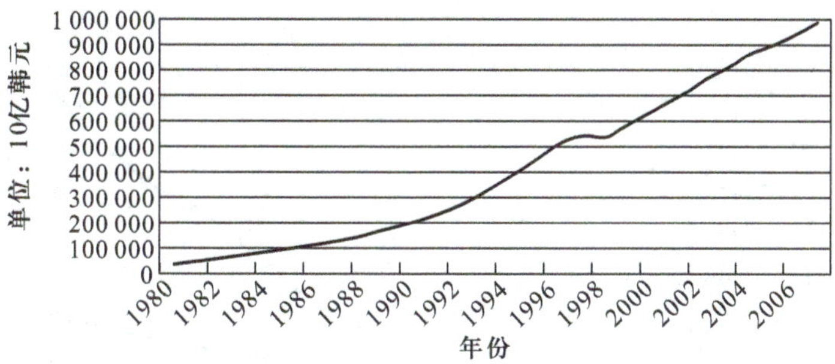

图 1-11　韩国 GDP

资料来源：www. stats. oecd. org，经整理绘制。

增长曲线之间的关系。通过观察美、德、日、韩4个国家的情况，可以发现各国信用总规模与GDP的关系具有较为明显的规律性。由于信用总规模与GDP的数据年份不能完全吻合，故选取二者均可获得的数据年份，进行对比分析。

基本结论：

大多数国家信用总规模都要高于GDP规模；信用总规模的增长速度比GDP增长速度快；各个国家信用总规模与GDP规模的差距是不同的，且落差很大。

美国信用总规模与GDP同方向变化，均持续增长；信用总规模年均增长速度是GDP年均增长速度的1.5倍以上；20世纪70年代以前，信用总规模和GDP的增长速度几乎完全同步，80年代以后，信用总规模的增长速度快于GDP，且这种趋势在新经济中正在加剧。

信用总规模同GDP的比实际上是经济信用化率。该比率反映一国信用发展与经济发展的匹配程度，标志其经济信用化程度与信用化进程。该指标超过100，属于信用过度，低于1.5，则是信用不足，合理区间是3～7，7.5是信用危机的警戒值。

1. 美国信用总规模和GDP

图1-12中，上方曲线为美国信用总规模，用AC(aggregate credit)表示，下方曲线为美国GDP水平。

从图1-12中，可以发现信用总规模和GDP的增长变化之间有如下规律：

(1) 美国从1959年到2000年，这42年间，信用总规模与GDP同方向变化，均持续增长。

(2) 从结果看，从1959年到2000年，信用总规模增长了26倍，年均增长61.9%，同期，GDP仅增长了19倍，年均增长45%。信用总规模年均增长速度是GDP年均增长速度的1.5倍以上，比GDP增长快得多。

(3) 从过程看，可以观察到，20世纪70年代以前，信用总规模和GDP的增长几乎完全同步，二者几乎呈1∶1的增长，图形显示为两条曲线大致平行；而从1970年起，信用总规模和GDP的增长曲线开始分离，信用总规模曲线开始变陡，GDP曲

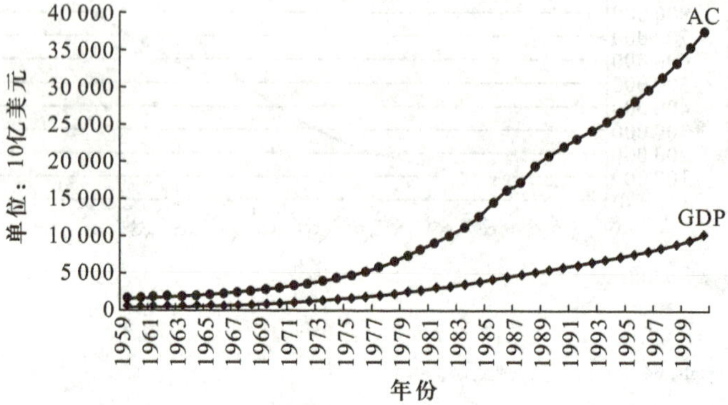

图 1-12　美国信用总规模和 GDP

资料来源：根据美联储 1945—2000 年 Flow of fund accounts annual flow and outstanding a1955—1964、a1965—1974、a1975—1984、a1985—1994、a1995—2000 L2，F6，money stock H6 和 Bureau of Economic Analysis 数据整理绘制。

线则相对平缓，二者之间的差距逐年扩大；到了 80 年代以后，特别是进入 90 年代、新经济以后，这一差异变得非常显著了，反映在图形上，两条曲线之间的距离已经相当明显，到了 2000 年，信用总规模与 GDP 的差距达到 29 万亿美元以上，超过 1970 年二者差异的 14 倍。

（4）从趋势上看，信用总规模增长速度还在加快，GDP 则增长平稳，信用总规模和 GDP 之间的差距继续扩大的势头还没有停止。

2. 德国信用总规模和 GDP（见图 1-13）

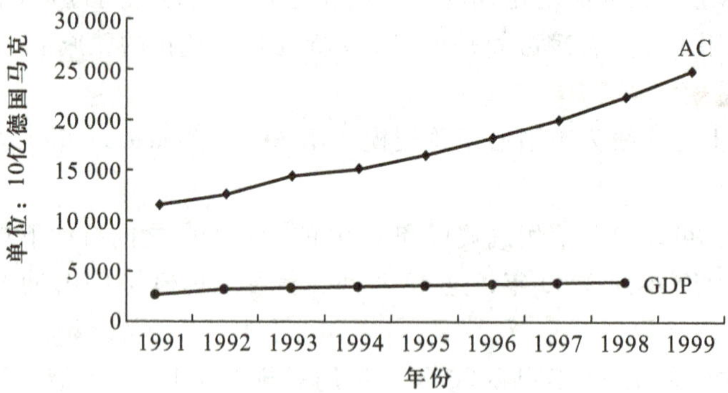

图 1-13　德国信用总规模和 GDP

资料来源：www. bundesbank. de Deutsche Bundesban Financial accounts for Germany 1991 to 1999 table Ⅴ, table Ⅶ，经整理绘制。

3. 日本信用总规模和 GDP(见图 1-14)

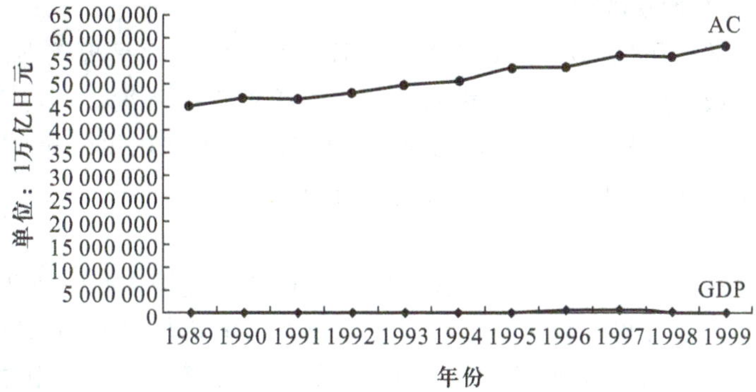

图 1-14　日本信用总规模和 GDP

资料来源：Bank of Japan financial account。

4. 韩国信用总规模和 GDP(见图 1-15)

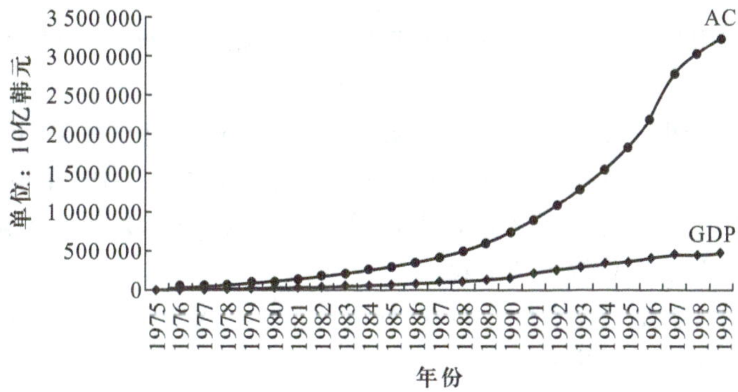

图 1-15　韩国信用总规模和 GDP

资料来源：韩国资金流量表 1975—2000。

所选取的四个国家，信用总规模都要高于 GDP 规模，而且，信用总规模的增长速度比 GDP 增长速度快。但各个国家信用总规模与 GDP 规模的差距是不同的。有两种情况，一种信用总规模很高，而 GDP 总规模较低，信用总规模与 GDP 的比都相当高，超过 100，像日本的 GDP 规模相对信用总规模来说，几乎可以认为是零。在图形上接近横坐标轴；另外一种，像美国、德国、韩国，它们的信用总规模与 GDP 的比例都只有一位数。

(四) 信用对经济增长的拉动作用

从以上的分析，可以发现，新经济下，信用总规模与 GDP 之间，存在着较为密切的联系，GDP 的增加往往伴随着信用总规模的扩大，或者说信用总规模的扩张往往会带来 GDP 的提高。

以下将以美国数据为样本，对与信用规模和 GDP 水平相关的经济变量作相关分析、一元线性回归分析和弹性分析，进一步考察这两个经济变量相互关联的密切程度，及信用规模的冲击对 GDP 增长的作用。

因为我们分析的信用规模和 GDP 均属非平稳序列，它们都呈现较强烈的趋势性，这些序列的非平稳性或趋势性，会影响我们的分析结果的准确程度，可能造成伪相关或伪回归。为了消除序列非平稳带来的统计的误差，我们选取各信用规模和 GDP 的一阶差分，即信用规模的年增长额和 GDP 的年增长额进行分析。

1. 信用总规模与经济增长

在研究信用总规模与经济(GDP)的关系时，我们选择美国 1960—2000 年的数据，分三步进行分析，首先通过相关分析，考察信用总规模年增长与 GDP 年增长之间是否存在相互依存的关系；进一步，对两组数据进行因果关系检验，研究信用总规模年增长与 GDP 年增长两个变量，是否存在因果关系，谁是因谁是果，是单向因果关系，还是互为因果；最后，估计回归方程，量化地考察两个变量之间的关系。

（1）相关分析。计算信用总规模增长额与 GDP 年增长额的相关系数。结果发现如下初步结论。

初步结论：信用规模年增长量与 GDP 年增长量的相关系数是 0.9199，二者呈强正相关关系。信用规模增长速度与 GDP 增长速度一致。

（2）因果关系分析。相关分析的结论证明了信用规模年增长量与 GDP 年增长量之间存在较强的正相关关系，但我们还不知道信用规模年增长量与 GDP 年增长量之间的因果关系是什么，即究竟信用总规模是因，信用总规模的变化引起 GDP 变化；还是 GDP 是因，GDP 的变化引起信用总规模的变化。

因此，我们采用数量经济学中 Granger 检验的方法，检验信用总规模与 GDP 的因果关系，检验结果显示在表 1-3 中：

表 1-3　信用总规模与 GDP 因果关系检验

Lags：1			
假设	F-Statistic	Probability	结论
信用总规模变化不引起 GDP 变化	10.759 3	0.002 27	不拒绝
GDP 增长不引起信用总规模变化	7.782 22	0.008 29	不拒绝

资料来源：该表选择了美国 1946—2000 年信用总规模和 GDP 数据，数据取自 board of governors of federal reserve system，Flow of fund accounts annual flow and outstanding L2 a1955—1964、a1965—1974、a1975—1984、a1985—1994、a1995—2000，使用计量经济学软件 Eviews 计算。

根据检验的结果，既无法拒绝信用总规模变化不是引起 GDP 变化的原因，也无法拒绝 GDP 增长不是引起信用总规模变化的原因，这说明信用总规模的变化与 GDP 的变化具有双向因果性，即信用总规模的变化会引起 GDP 的变化，同时，GDP 的变化也会反过来影响信用总规模的变化。

（3）回归分析。了解了信用总规模与 GDP 的相关及因果关系后，我们进一步进行回归分析，以前一期的信用总规模和前一期的 GDP 作为解释变量，当期的 GDP 作为被解释变量，用最小二乘法进行一元线性回归的方法，估计 GDP 对信用总规模的回归方程，量化考察信用总规模对 GDP 的影响。

得到的方程是：

$$DGDP = 0.235\ 300\ 543\ 4 \times DAC + 38.755\ 305\ 46$$

$$(14.649\ 77) \qquad S.E. = 64.139\ 62 \quad D.W. = 1.796\ 673$$

方程中 DGDP 表示某年 GDP 较上年增长的值，DAC 表示同年信用总规模较上年的增长额。

方程说明，信用总规模多增长 1 亿美元，将带动 GDP 平均多增长 2 353 万美元。

2. 信用形式与经济增长

虽然信用总规模与产出有较为密切且稳定的关系，但各类信用与产出之间的关系不尽相同，对产出的作用也不一样。因此，下文将按在前文中分析的信用结构，研究不同的信用层次与 GDP 之间的关系。

我们仍沿用以上对信用总规模与 GDP 关系的分析方法，以美国 1959—2000 年的年度数据为样本，分析各类信用层次与经济增长之间的关系。

（1）金融部门信用、非金融部门信用与经济增长

美国金融部门、非金融部门信用与经济增长的相关性见表 1-4。

表 1-4　美国金融部门、非金融部门信用与经济增长的相关性

信用主体	与 GDP 增长的相关系数
金融部门	0.815 1
非金融部门	0.915 3

资料来源：表中数据使用美国 1946—2000 年金融部门、非金融部门信用总规模和 GDP 数据计算得来，数据取自 board of governors of federal reserve system, Flow of fund accounts annual flow and outstanding L2 a1955—1964、a1965—1974、a1975—1984、a1985—1994、a1995—2000。

相关结果显示，金融部门、非金融部门信用与 GDP 都呈强正相关关系，相比之下，非金融部门信用与 GDP 的相关性强于金融部门信用与 GDP 的相关性。

为了分别考察金融部门、非金融部门信用对 GDP 的作用与影响，我们将信用总规模的增长分解为金融部门信用规模增长和非金融部门信用规模增长两部分，建立二元线性回归模型，因为金融、非金融部门信用规模之间存在较强的相关性，为了消除共线性的影响，我们首先用金融、非金融部门信用规模对信用总规模进行回归，然后用其代替信用总规模加入回归方程：

$$DGDP = 0.183\ 091\ 383 \times MD + 0.249\ 828\ 997 \times CRD + 37.991\ 345\ 65$$

式中，MD 表示金融部门信用规模增长额，CRD 表示非金融部门信用规模增长额。

方程说明，美国非金融部门信用规模多增加 1 亿美元，GDP 平均多增长 2 498 万美元；金融部门信用规模多增长 1 亿美元，GDP 多增长 1 831 万美元。回归结果显示出，美国非金融部门信用规模比金融部门信用规模对 GDP 的影响大。

采用同样的方法对中国1987—2000年，金融部门信用、非金融部门信用与GDP的关系进行研究，相关分析结果显示如表1-5所示。

表1-5 中国金融部门、非金融部门信用与经济增长

信用主体	与GDP的相关系数	与GDP增长的相关系数
金融部门	0.981 4	0.325 4
非金融部门	-0.924 7	-0.475 2

资料来源：表中数据使用中国1986—2000年金融部门、非金融部门信用总规模和GDP数据计算得来，金融部门信用规模数量上等于广义货币M_2，1985—1998年数据取自《中国金融年鉴》(1992—1999)经济、金融统计资料“货币概览”；1999—2000年数据取自中国人民银行网站 www.pbc.gov.cn 报告与统计数据“货币概览报表”1999年、2000年；非金融部门信用规模数值上包括银行贷款、企业债券和国债余额，银行信贷数据1985—1998年数据取自《中国金融年鉴》(1992—1999)经济、金融统计资料“货币概览”；1999—2000年数据取自中国人民银行网站 www.pbc.gov.cn 报告与统计数据“货币概览报表”1999年、2000年。企业债券和国债数据取自《中国金融年鉴》1993—2000“全国有价证券发行兑付情况”表，表中所示数据为银行贷款余额、企业债券余额和国债余额的合计数。

中国的结果与美国差别很大，中国金融部门与GDP呈现较强的正相关，相关系数达0.981 4，而与GDP增长额的相关性并不强，相关系数只有0.325 4；中国非金融部门与GDP呈强负相关，相关系数为-0.924 7，与GDP增长额负相关，但相关性也较弱，相关系数为-0.475 2。

建立金融部门信用、非金融部门信用对GDP的二元线性回归模型，得到方程：

$$GDP=0.475\,296\,205\,5\times F-0.885\,209\,332\,4\times NF+18\,970.918\,52+[AR(7)=-0.976\,3]$$

$$(5.376)\qquad (-1.232\,927)\quad S.E.=2\,909.42\quad D.W.=1.82$$

方程中F表示金融部门信用规模；NF表示非金融部门信用规模。方程采用了迭代的方法对自相关进行了修正，修正以后，DW值为1.815，方程可靠，方程在0.05的显著性水平下通过T—检验和F—检验。

方程结果表明，中国金融部门信用规模增长1亿元人民币，GDP增长4 753万元；非金融部门信用规模增长1亿元，GDP下降8 852万元。

(2) 政府信用、非金融企业信用、消费者信用与经济增长

非金融部门信用按照信用负债主体不同，分为政府信用、非金融企业信用、消费者信用。

分析路径之一：和分析信用总规模与GDP关系时一样，进一步的分析还要看看各信用主体信用余额增长情况与GDP增长情况之间的相关性。结果显示在表1-6中，由此可以得到如下基本结论：

表1-6 美国政府、非金融企业、消费者信用与经济增长

信用主体	年变化与GDP变化相关系数
非金融企业	0.887 563 334 064
政府	0.275 056 905 404
消费者	0.921 496 527 344

资料来源：board of governors of federal reserve system, Flow of fund accounts annual flow and outstanding L2 a1955—1964、a1965—1974、a1975—1984、a1985—1994、a1995—2000。

美国非金融企业和个人信用规模的扩张与 GDP 都有较强的相关关系，可以说，非金融企业和个人信用增长快时，GDP 增长也比较快，或者说当 GDP 快速增长时，非金融企业和个人信用规模也会较快地扩张；而政府信用规模扩张与 GDP 增长的相关性很弱，也就是说，GDP 增长快时，政府信用规模不一定都有相应快速的增长。或者说在政府信用规模增长时，GDP 没有相应规模的增长。

分析路径之二：为了了解政府信用、非金融企业信用、消费者信用对 GDP 的具体效应，以美国 1960—2000 年的数据为样本，将前面的二元线性回归方程进行扩展，将非金融部门信用规模增长替代为政府信用规模、非金融企业信用规模和消费者个人信用规模，建立各层次信用规模对 GDP 的多元回归方程，得出：

$$DGDP = 0.1057341916 \times DB + 0.1320379513 \times DG + 0.5795525201 \times DP - 0.04119710717 \times DF + 51.09444369$$

其中：*DB* 代表非金融企业信用增长额、*DG* 代表政府信用增长额、*DP* 代表消费者信用增长额。

初步结论：美国消费者信用对 GDP 的拉动作用最强，其多增长 1 亿美元，平均拉动 GDP 多增长 5 796 万美元；政府信用多增长 1 亿美元，会拉动 GDP 多增长 1 320 万美元；非金融企业信用对 GDP 的拉动作用最弱，其每多增长 1 亿美元，将拉动 GDP 多增长 1 057 万美元。

3. 信用工具与经济增长

按照信用工具类型进行划分，主要信用工具包括银行贷款、商业应收账款、消费信用、政府债券、公司债券。

我们继续采用与以上分析相同的分析方法，考察各主要的信用工具规模及变化情况对 GDP 的影响。表 1-7 为根据美国 1959—2000 年数据计算出的各信用工具规模及其变化与 GDP 及其变化的相关系数，并计算 GDP 对各信用工具规模变化的弹性。

表 1-7　1959—2000 年美国信用工具与经济增长

信用工具	信用工具余额与 GDP 的相关性	信用工具年增长与 GDP 的相关性	信用工具年增长与 GDP 年增长的相关性
银行贷款	0.997 9	0.883 8	0.313 0
公司债券	0.964 7	0.875 3	0.287 9
应收账款	0.997 1	0.812 0	0.221 3
消费信用	0.994 9	0.744 4	0.338 6
政府债券	0.977 5	0.176 1	0.270 1

资料来源：board of governors of federal reserve system，Flow of fund accounts annual flow and outstanding L2 a1955—1964、a1965—1974、a1975—1984、a1985—1994、a1995—2000。

从上述分析数据中，可以得出以下结论：

（1）无论是信用总规模，还是各类信用的规模，都与 GDP 水平有极强的相关性。在 GDP 水平低时，信用总规模和各类信用规模通常也都比较低；GDP 水平高时，信用总规模与各类信用规模也比较高。

（2）信用总规模、各类信用的增长与 GDP 的相关关系有差异。但总的来说，除了政府信用外，各类信用的增长与 GDP 都具有较强的相关性，即除了政府信用外，GDP 水平高时，信用总规模和各类信用规模才有较快速的增长。

（3）信用总规模、各类信用规模的年增长额与 GDP 的年增长额没有表现出明显的相关关系。

延伸阅读

“逆向选择”和“道德风险”的差别

逆向选择，指的是这样一种情况，市场交易的一方如果能够利用多于另一方的信息使自己受益而对方受损时，信息劣势的一方便难以顺利地做出买卖决策，于是价格便随之扭曲，并失去了平衡供求、促成交易的作用，进而导致市场效率的降低。逆向选择问题来自买者和卖者有关车的质量信息不对称。在旧车市场，卖者知道车的真实质量，而买者不知道。这样卖者就会以次充好，买者也不傻，尽管他们不能了解旧车的真实质量，但知道车的平均质量，只愿按照平均质量出中等价格，这样一来，那些高于中等价格的上等旧车就可能会退出市场。接下来的演绎是，由于上等车退出市场，买者会继续降低估价，次上等车会退出市场；演绎的最后结果是，市场上成了破烂车的展览馆，极端的情况一辆车都不成交。

道德风险是 20 世纪 80 年代西方经济学家提出的一个经济哲学范畴的概念，即“从事经济活动的人在最大限度地增进自身效用的同时做出不利于他人的行动”。或者说是：当签约一方不完全承担风险后果时所采取的使自身效用最大化的自私行为。道德风险亦称道德危机，通常由信息不对称问题引起。

二、信用管理与信用危机

2008 年的美国次贷危机以及欧洲债务危机实际上都是影响巨大的信用危机。信用资本的高风险性与系统性以及信用管理水平决定了信用危机的可能性与必然性。

（一）信用资本是高风险资本

信用的风险性特点，主要源于信用的实质，即信用是一种资本，更是一种虚拟资本。

人们在社会交往、信用交易中建立起了信用，并发挥信用资本的作用，实现其信用资本价值。在这个过程中，交往的双方要不断认识对方是否有信用资本；信用资本价值有多大；应该与他交往到什么程度。对这些问题的回答与事实有差别，就会产生风险。比如，有时因信息不对称、信用主体掩盖不利的信用信息，会影响我们的判断，风险就会出现，损失的可能就出现；有时因我们对信用信息的理解和认识不到位、分析技术和信息管理水平还不够，不能准确量化或科学判断对方的诚信度及信用价值，风险性也会显现。这种风险通常通过信用活动的时间间隔表现出来。

一般而言，社会信用活动可以分成两大类：

一类是属于经济活动的信用行为。一个完整的经济活动下的信用行为必然包括两个重要的环节，即承诺与兑现。承诺在先，履约兑现在后。这实际上属于契约行为，是一种制度安排。只有全部的交易活动完成以后，并经过一定的时间间隔，才能知道足否兑现以及兑现的程度，才能了解信用活动的具体结果。正是因为信用具有时间间隔性，才使得信用活动天然具有风险性。正是基于此，信用管理行业才蓬勃发展，信用管理、征信与信用记录、资信评估、信用风险测评、信用风险防范等新型信用管理活动应运而生。

另一类是属于非经济活动的信用行为。这类信用行为以文化、道德、传统、惯例等作为基本前提，诚实守信是核心内容，不用具体约定，可以没有任何契约，但是人家都知道应该怎样去做，怎样才算是有信用。这类的信用行为没有具体的时间要求和界限，它时时刻刻地约束一切机构与自然人，它需要时间的检验，并且时间间隔可长可短。这种约束与随时可能发生的检验，是良好的社会信用环境的基本保障。

信用的风险性特点已经被人们普遍认识，并且从实践中不断开发出用于信用风险判别和预测的数学模型，信用风险管理技术日渐成熟，信用风险管理制度和程序日益完备。基于对信用风险性的认识而发展起来的信用风险管理研究、信用风险度量技术、信用风险管理培训等，是信用研究领域最为健全的分支之一。

在理论上，有信用风险度量理论、度量方法和技术演进的研究，有银行、企业、消费者的信用风险管理研究，如信用风险度量理论与方法、银行信用风险管理、消费者信用管理等；在技术上，有信用风险度量、衍生工具定价等评估模型，如营运资产模型、Z-Score 模型、KMV 模型以及吴氏三维信用度量理论模型等；在教育和培训上，有高校的信用管理本、专科教育和职业培训体系。

（二）信用资本的风险是系统性、社会化的

风险就是损失的可能性。系统性风险就是系列、连续损失的可能性。系统性风险的显著特征就是风险很容易溢出和传散，所有的直接、间接参与者都会受到损失，损失是惨重的、普遍性的，几乎没有例外。信用资本的风险就具备了这些特征，美国次贷就是最好的例证。

20 世纪以来最大的金融危机还在蔓延，危机的源头是美国的次贷，即次级抵押贷款。

美国抵押贷款市场按借款人信用条件划分为两个层级：优惠级(Prime)，其信用评分一般存660分以上；次级(Subprime)，信用评分一般在620分以下。次级借款人的信用条件与特点是无稳定收入，无财产证明文件，债务负担重，次贷利率为10年内可调整利率，比一般利率高。次贷在美国人口高度集中和经济不发达的地区很受欢迎，属高风险、高收益的抵押贷款产品。

次贷的贷款机构依据的是房产价值，而非借款人的偿债能力。谁贷款都行，只要买房子。贷款机构在业务操作中，一方面，手续上无须资金证明、无须偿还能力证明，无首付或首付低于6%；另一方面，没有按有关法律规定向借款人披露贷款利率风险。实际上，当利率变动幅度很大时，很多贷款人无力负担月供，只得卖掉住房或停止还款。

次贷的借款人，在房价上涨诱惑、房贷条件宽松、手续不严格的情况下，都纷纷申请，滥竽充数，不讲信用。有资料表明，假收入证明很普遍，90%的贷款人高报个人收入5%以上，60%的借款人虚报收入超过实际收入一半以上，德意志银行直接称此贷款为“骗子贷款”。

从此次金融危机我们可以看出，金融机构的信用风险管理不尽如人意。有人一直认为，信用说到底，就是信用交易，就和交易双方有关，以为银行等授信人自己管好即可，它们自己会考虑成本与收益而进行信用管理，与社会、政府无关。但实践告诉我们，银行等授信人的信用管理很局限，经常期望利润而轻视风险，特别是当风险成为系统性、群体性、市场化的时候，金融机构完全无能为力。

这次美国金融危机的实质就是信用危机，而信用危机的实质就是信用资本被高估。这是一个系统性的过程，是一个不断扩大、深化、蔓延的过程，在此过程中，没有人、没有机构能幸免。这是全局性的，由忽视诚信和高估信用资本引发。这种高估的信用资本风险不能通过任何形式再分散和转嫁，全社会都在高估，而且已攀升到一定程度，风险积累到不断分散，从而这种虚拟资本的泡沫只能靠破灭来了结不合理的一切。

（三）现代信用危机的发生是必然的

现代信用危机是信用过度扩张的过程，是从货币金融领域发起，扩展到实体经济，进而蔓延至全社会的过程。首先涉及银行等金融机构及资本市场，然后影响商业、企业及贸易市场，最后波及所有社会公众，影响社会环境，恶化社会秩序。

现代信用危机的主要表现是大批银行等金融机构倒闭、企业倒闭，企业家及高管们自杀，广大投资者受损，消费者无消费能力，社会公共福利下降，政府忙着救“火”，财政注资重要金融机构等，社会信任关系遭到严重破坏，人类的诚信文化与道德理念及社会管理规则与制度遭到挑战，社会全面反思。21世纪之初的美国信用危机就是一个很好的例子。

现代信用危机首先会发生在发达国家，发生在经济繁荣期，然后会蔓延全球，导致经济萧条，因为只有发达国家才会使信用虚拟资本生产过剩。他们自认为社会制度完美、社会文明进步、社会管理先进、风险模型科学，经济快速发展可以支撑一切交易价格的上涨，很容易过分乐观、过分高估社会信用资本，使信用资本交易远远大于实体资本交易与经济增长水平，其中高估的、过剩的就是社会诚信水平与社会管理水平。

所以，有人问，为什么美国危机了，而我们没事？看来，这个问题不难回答。这一点，广大发展中国家，在谨慎、如履薄冰的发展中，不会犯这样的错误。信用资本生产不足，信用虚拟资本价值没有完全体现在社会活动与经济交易中，是广大发展中国家的通病。

现代信用危机的一般原因是信用虚拟资本的生产过剩。从微观上说，主要是授信人高估信用主体的诚信资本、社会活动合规资本、经济交易践约资本；从宏观上说，主要是整个社会乐观地高估公众的诚信与合规水平及践约能力，使信用资本总水平在过度虚拟中形成泡沫，信用交易总规模过度膨胀。最终，将从某种信用最被高估的交易产品上开始，泡沫破灭，所有信用交易产品价格暴跌，所有授信活动剧烈收缩，债权债务关系恶化，社会活动违规、经济交易违约现象普遍，社会诚信缺失。

所以，现代信用危机的过程就是信用资本泡沫破灭、信用价值回归的过程。现代信用危机过后，被危机洗礼的整个社会将会重新认识信用，并面临着诚信道德重建、合规管理制度改革、授信践约管理方法与手段改进等新问题。

实际上，现代信用危机正体现了虚拟资本的消极影响。高估的信用虚拟资本独立于、远远大于实体资本，这会使国民经济、社会环境与秩序发生动荡和混乱。信用危机，说到底，就是一种社会现象，这种社会现象是由某种普遍的集体行为导致，这种集体行为的实质就是无视诚信道德，违背社会基本规则，违反社会管理规定，不履行社会责任和义务，不履行交易约定与承诺。

信用危机发生的根源是社会不能正确评价信用资本，或根本没有建立起信用资本的社会评价体系。而这个问题的根源是社会还没有正确认识信用，没有把信用作为独立的、全新的、综合的社会问题来对待。

理论已告诉我们，信用是有价的；实践已告诉我们，信用价值的判断是全球性的新问题，我们没有老师，中国和美国的起点一样。我们都要从研究信用资本的运动规律开始，到社会活动的信用规则、信用监管规定、授信风险管理办法、法律约定、信用记录、信用评级……这都是社会信用体系建设的内容。

延伸阅读

2008 年美国金融危机的爆发过程

美国政府希望通过房地产来解决伊拉克战争导致的美国国债、财政赤字和贸易赤字放大的问题。其在 2000 年前后就做出了选择，号召美国人买房。美联储也采取了宽松的货币政策，不断降息，贷款利率很低，用房地产拉动美国经济，让美国经济继续保持繁荣。

一是商业银行放出次级贷款。

开始是信用级别高的人买房，后来优质客户越来越少，生意不好做，商业银行通过放宽审批条件，提高贷款利率的方式，让信用级别不那么高的人也能买房。

二是商业银行把次级债卖给投资银行。

借款人信用质量不高使商业银行承担着全部风险。而一旦房价下跌，买房人还不上钱，房子也不值钱了，银行就会面临巨大的亏损。这样商业银行就把所有的房贷集中在一起，形成了一种按揭证券(MBS)，将次级贷的风险从商业银行转移到投资银行。

三是投资银行打包再卖给全世界。

投资银行购买这些按揭证券后，就开始设计金融衍生产品，它们也打了一个包，变成次级债券——债务抵押债券(CDO)，卖给投行的大客户，将次级债就卖到了全世界。

四是为次级债上保险。

为了打消投资者购买投资银行次级债券的顾虑，投资银行就设计了一款新产品——信用违约掉期(CDS)，这样买次级债的投资者如果担心风险的话，还可以买信用违约掉期，让保险公司承担一部分风险。这样次级债就大大方方地卖向了全世界。

可是就在美国资本集团和美国政府金融战争取得重大成功的时刻，却发生了一系列的金融危机事件：美国财政部宣布接管房利美公司和房地美公司，美国联邦储备委员会促使摩根大通银行收购了贝尔斯登，美国第四大投资银行雷曼兄弟控股公司申请破产保护……美国金融危机的爆发，使美国包括通用、福特、克莱斯勒三大汽车公司等实体经济受到很大的冲击，实体产业危在旦夕。美国金融海啸影响到了全世界。

资料来源：杨家旭．2008年美国金融危机爆发的过程及诱因分析．百度百科．

杨家旭．颠覆主流经济学4：2008年国际金融海啸的来龙去脉．http：// tieba. baidu. com/p/2215216698。

三、信用管理与国内外贸易

（一）信用管理在国内外贸易中的应用

信用管理在进出口贸易方面的应用主要包括信用保险和信用保理。

1. 信用保险

信用保险是在出口贸易或相关经济活动中发生的，它是以在商品赊销和货币借贷中的债务人的信用作为保险标的，以债务人到期不能履行其契约中的债务清偿义务为保险事故，由保险人承担被保险人(债权人)因此遭受的经济损失的赔偿责任的一种保险。信用保险与财产保险、人身保险和再保险并称为四大保险业务。

信用保险的主要任务是对工商企业和个人的资信状况进行调查、分析和评估，并在长期跟踪调查研究的基础上为客户提供信用保险，帮助他们最大限度地将公司的信用风险降至最低点。

在现代国际贸易中，非信用证结算方式已在不少发达国家和发展中国家的出口贸易中广泛采用，并且比重呈逐渐增加的趋势。在这种背景下，出口商如果一味坚持信用证结算方式，势必会将自己置于不利的竞争位置。但采用灵活多样的收汇方式，出口商承担的风险又太大，比如存在买方商业信用风险等问题。如果购买信用保险就可以有效地解决类似问题。因此，在非信用证结算方式盛行的现代国际贸易中，信用保险成为规避信用风险的有效工具之一。

信用保险包括出口信用保险、政治风险保险和消费信贷保险等。出口信用保险，是以出口贸易和海外投资中的外国买方信用风险为保险对象、以出口企业在执行出口合同中应当享有的合法权利为保险标的的信用保险。出口信用保险是最常见的信用保险形式，它以国际贸易中来自一国买方的风险为保险对象，针对由于进口商的原因造成的经济损失进行保险。按照出口合同中规定的信用期限不同，出口信用保险业务分为短期出口信用保险和中长期出口信用保险两大类。短期出口信用保险使用期限在 180 天以内，如 D/P（付款交单）、D/A（承兑交单）、O/A（挂账）等方式的出口，短期出口信用保险可以帮助出口商确保收汇、出口融资和进行买家调查。中长期适用于信用期在 1 年以上，一般不超过 10 年的出口信用保险。出口信用保险人拥有强大的信息资源。它可以随时检查出口商买方的业务量、信用等级，使得出口商更多地了解其新客户和潜在的商业伙伴。一旦出口商某个买方的财政状况恶化，保险人会立刻通知出口商。出口信用保险的保险责任包括商业风险及政治风险。商业风险包括买方无力偿付债务或破产、买方拒收货物并拒付货款、买方拖欠货款；政治风险包括买方国家禁止或限制汇兑、买方国家撤销进口许可证、买方所在国或货款须经过的第三国颁布延期付款令、战争、暴乱或革命、被保险人和买方均无法控制的非常事件等。

政治风险保险，也称投资保险，其目的是鼓励本国企业“走出国门”投资设厂、承包工程，刺激本国金融机构向“走出国门”的国内企业给予信贷支持，并且改善国内投资环境，吸引外商投资。与一般商业保险不同，投资保险有着鲜明的政策性，是各国政府鼓励企业在海外投资建厂的扶持政策之一。政治风险保险一般承保以下风险：征收风险（指投资所在地政府采取、批准、授权或同意的对投资实行的强行征用、没收、国有化、扣押等行为，这些行为使投资方无法建立或经营投资企业，或者剥夺、妨碍其作为投资者的权益）；战争风险（指投资所在国发生的战争、内战、恐怖行为以及其他类似战争的行为）；汇兑限制风险（指当地政府实施的限制投资者把当地货币兑换为可自由兑换货币的措施，或者使投资者必须以远离市场汇率的价格才能将当地货币兑换为可自由兑换货币的措施）；政治性违约风险（指当地政府非法地或者不合理地取消、违反、不履行或者拒绝承认与投资者签订的与投资相关的特许权协议、优惠措施协议等的行为）。

在消费信贷保险业务中，投保人为借款人，被保险人为贷款银行。借款人缴纳一定的保费后，信用保险公司就可以补偿银行在从事消费信贷业务中的损失，既可以保证银行资产的安全，又对刺激消费具有积极作用。在一些征信国家或地区，商业银行的消费信贷和保险公司的信用保险相互配合，以扩大各自的业务，规避风险，共同发展。在法国，仅国家人寿保险公司就向800万借款人提供借款保险；在美国，消费信用保险被认为是最大的保险市场。美国的金融机构在进行个人消费信贷运作时，一般还要求借款人进行人寿保险和抵押贷款保险。

从1984年起，由于意识到出口信用保险的重要性，外经贸部就曾提出开办信用保险的建议。到1989年，在外经贸部、中国人民银行、国务院机电办等部门的推动下，按照国务院的指示精神，中国人民保险公司成立信用保险部，开始承办出口保险业务。1994年，刚成立的中国进出口银行也获准承办出口信用保险服务，形成了我国出口信用保险两家办的局面。十几年来，两家机构有力地支持了我国外经贸的发展，特别是机电出口的发展，但由于缺乏出口信用保险的立法保障和专门机构，以及一些企业出口贸易风险意识比较薄弱，出口信用保险的作用远未得到充分发挥。2000年，我国出口信用保险承保的出口额仅占当年出口总额的1%左右，投保企业数不足出口企业的8%。

2002年，中国出口信用保险公司挂牌成立，成为我国首家专业出口信用保险机构，原来的两家信用保险部门停止信用保险业务，全部由中国出口信用保险公司一家单独继续承做。中国出口信用保险公司的成立标志着我国出口信用保险业进入了一个崭新的发展时期。

2. 信用保理

保理是保付代理的简称，是卖方与保理商间的一种契约关系，主要是为赊销方式而设计的一种综合性金融服务。它是指保理商从卖方那里买进以买方为债务人的应收账款，并提供贸易融资、商业资信调查与评估、销售分户账管理、应收账款催收以及信用风险控制与坏账担保的综合性售后服务。当卖方与买方处于不同国家(或地区)时，这项业务则称为国际保理。

一般的保理机构提供的保理业务包括：

(1) 为卖方(或出口方)融通资金，包括贷款和预付款；

(2) 管理销售分类账并履行关于应收账款的其他财务处理责任；

(3) 收取应收账款；

(4) 承担买方(债务人)无力支付而造成的损失。

与信用保险业务不同，保理服务是一种债权转让交易。保理商通常采用立即付款方式购买企业的应收账款，使企业能够及时获得所需的流动资金。同时，保理商通过收取一定的费用从中盈利。保理是由保理商提供的一种承担销售商信用销售时购买商到期拒绝付款的信用服务，为销售商提供了一种信用保障。保理业务的适用范围为：

(1) 以信用付款条件销售(出口)并有融资需求的供货商；

(2) 希望与客户建立长期业务往来，避免利用价格为竞争手段的厂商；

（3）希望减少库存成本、紧急订单成本的厂商；

（4）每笔信用证的交易金额小，希望节约开证成本的厂商；

（5）有良好的销售机会，但买方(进口商)拒绝开信用证条件的出口商；

（6）希望解决账务管理和应收账款追收的困扰，避免还账损失的企业。

近年来，随着国际贸易竞争的日益激烈，国际贸易买方市场逐渐形成。出口商为了扩大商品出口，占领国外市场，除了利用商品质量、价格、售后服务等竞争手段外，还改变传统的信用证结算方式，采用了一些比较灵活的支付方式，以增强竞争力，如采用赊销、承兑交单等方式。但是，赊销和承兑交单客观上增加了出口商的收汇风险，不利于出口商的资金周转。由于国际保理业务能够很好地解决赊销中出口商面临的资金占压和进口商信用风险的问题，因而日渐流行。

国际保理是对传统保理业务的延伸，二者的区别主要体现在服务范围由国内拓展到国际。这里我们介绍国际保理业务的流程，因为相比起来，国内保理业务更为简单。虽然各国保理业务的侧重点不同，但大致程序类似。

在国际保理中，共涉及 4 个当事人，即出口商、进口商、出口保理商和进口保理商。具体业务程序可细分为以下步骤：

（1）出口商寻找有合作前途的进口商；

（2）出口商向出口保理商提出需做保理的需求并要求为进口商核准信用额度；

（3）出口保理商要求进口保理商对进口商进行信用评估；

（4）如进口商良好，进口保理商将为其核准信用额度；

（5）如果进口商同意购买出口商的商品或服务，出口商开始供货，并将附有转让条款的发票寄送进口商；

（6）出口商将发票副本交给出口保理商；

（7）出口保理商通知进口保理商有关发票详情；

（8）如出口商有融资需求，出口保理商付给出口商不超过发票金额 80% 的融资款；

（9）进口保理商于发票到期日前若干天开始向进口商催收；

（10）进口商于发票到期日前向进口保理商付款；

（11）进口保理商将款项付出口保理商；

（12）如果进口商在发票到期日 90 天后仍未付款，进口保理商做担保付款；

（13）出口保理商扣除融资本息及费用，将余额付出口商。

保理业务集企业资信调查与评估、应收账款的管理与追收、贸易融资及信用风险担保于一身，不仅为卖方彻底免除了在销售过程中账款拖欠的风险，而且通过资金融通和应收账款管理，加快了企业的资金周转，给企业的销售管理和财务管理带来明显的改善。特别是在国际贸易中，如果采用“双保理”的形式进行，即在出口地和进口地分别有保理商来从事保理业务，还可以克服买卖双方由于各国商业和法律习惯的不同，以及时间、地点、语言上的差异造成的困难，给贸易双方带来更多的好处：

（1）增加买卖双方交易机会。由于采用了保理方式，买卖双方就可以放心地采用赊销方式或延期收汇方式，因而大大增加了双方的交易机会。

（2）买卖双方的信用风险得到了有效的控制。保理公司不仅负责买方的资信调查，而且承担买方的信用风险，这样就使出口方收汇有了保障，避免了坏账损失。

（3）节约费用和成本。由于避免了卖方的出口信用保险费用以及不需要买方支出开具信用证或保险金等其他结算费用，这样就大大降低了买卖双方的交易成本。

（4）简化了进出口贸易手续，节省了时间，提高了效率。

（5）更为重要的是，提高了买卖双方资金的周转速度，扩大了营业额，因而也就增加了买卖双方的利润。这是因为对于买方来说，由于采用赊销方式，减少了流动资金的占用时间；而对于卖方来说，由于可以提前得到保理商的预付货款，用于扩大再生产或进货，因而提高了资金使用率。

虽然采取保理方式有其显著的优势，但这并不是说，凡是信用销售都应该采取保理方式，因为采取保理方式是需要支付一定费用的。保理服务费用由以下几项构成：

（1）服务佣金。保理公司一般向出口商收取每张发票面值的1% ~2%的保理费。具体比例，取决于以下5个因素：保理服务的总成交额、付款方式及信用期限、平均每张发票面值、出口的国家/市场、产品种类。

（2）买方资信调查费。保理公司要对进口商商业资信进行调查和评估，从而确定进口商的信用额度。因此，保理公司对出口商提出的每项信用额度申请，都收取少量资信调查费。

（3）银行转账费用。保理公司到期收到货款后，一般通过银行转给出口商，银行收取一定比例手续费。此外，出口商需要融资并由保理公司垫支货款时，还需要支付利息，一般按银行贷款利率计算。

所以，是否采用保理方式，完全取决于支付的保理费与运用保理方式而带来的风险降低所产生的收益的平衡，取决于运用保理方式与运用其他方式收益的平衡。

（二）信用管理对国内外贸易的作用与影响

目前我国的信用保险业务主要包括出口信用保险、消费信贷保险等。我国的保理业务同样取得了一定的进展。中国银行与FCI(国际保理商联合会)会员间的业务往来完全通过FCI开发的保理电子数据交换系统进行，实现了作业无纸化，提高了业务效率，降低了业务风险。中国银行目前已与美国、德国、英国、法国等国家和地区的近50家保理公司签署了国际保理协议，业务遍及五大洲。

信用管理有利于出口商选择灵活的贸易支付方式，促进交易的达成，推动国内外贸易的繁荣发展。同时，尽可能地解决交易双方信息不对称问题，最大限度地降低信用风险。在这个基础上，将能较大程度地提高国内厂商出口竞争实力。

第四节

信用管理与社会治理

一、信用管理与社会信用环境

一般认为，一个国家或地区社会经济发展的速度与质量、经济发展总水平取决于其经济基础、科学技术水平。其实，现在无数事实证明还取决于其社会环境、社会秩序与文化进步程度，更取决于其社会制度与管理体系安排的合理性与科学性。

（一）社会信用环境的内涵

社会信用环境是一个比较宽泛和模糊的概念，我们难以给出清晰的定义，下面先来看看其所包含的主要内容。社会信用环境首先包括与信用交易相关的规范信用交易主体行为的法律、政府管理制度、信息公开制度等信用制度。这里的法律法规要比第一层次的基本原则更为具体，对于信用交易中出现的各种复杂情况更有针对性。显然，信用制度不能被单纯理解为法律和法规条文，更关键的是这些成文的法律规章的实际落实情况。没有发挥作用的法律法规在很大程度上形同虚设。除了规则之外，社会信用环境还包括人们的信用意识、有关信用的行为习惯以及社会对各类信用服务的需求等方面的内容。其中，信用的行为习惯和对信用服务的需求可通过多种手段去培育。美国在这方面的经验值得我们借鉴。美国州和联邦的监管当局已经把债券评级渗入到对多种金融机构的监管条例之中。例如，银行和储蓄机构持有的任何一个债务人发行的非投资等级债券不允许超过其资本与盈余之和的10%。抵押类债券或外国债券必须被评为AA级以上才可以作为保证贷款的担保。根据美国全国保险经济商协会(National Association of Insurance Commissioner,NAIC)制定的条例，一家保险公司的持有组合中只有A级以上债券才可获得最小的资本金要求。美国各级政府或行业组织所提出的要求，在很大程度上促进了社会对信用服务的要求，为美国的经济体系创造了相对令人满意的信用环境，信用产业也逐渐蓬勃发展起来。

下面，将从四个方面介绍构建社会信用体系的措施，这也正是社会信用环境的主要内容。

一是制度建设，包括法律制度和监督制度，其中法律制度建设中首先要重视立法，营造信用法律体系；其次在立法过程中要注意协调各方关系，避免出现“空白地带”或“多头管理”；此外要加强法制教育和法制宣传，营造人人守信的社会舆论环境，在完成立法之后，还要确保法律的执行力度，不受人为因素的干涉。注重法律的同时不能忽略监督的力度，因为有效的监管是社会信用体系健康运行的重要保障。政府各职能部门要按照统一领导、综合监管的原则，加强对各类市场主体的监管，强化对信用服务机构的监管，逐步形成政府监管、社会监督、行业自律和企业内控“四位一体”的社会信用监管体系。

二是失信惩罚机制，包括政府层面的以法律为基本规范的惩罚机制，因为政府相对于其他社会团体的明显优势就是政府制定的法律具有强制力，约束力较强；同时，通过建立信用信息披露制度，企业与企业之间可以自发地对失信企业进行惩罚，因为没有企业愿意和缺乏信用的企业合作，以免产生利润损失的风险；此外，行业协会可以规范、控制和监督会员企业的行为，在维护本行业内各个企业的同时，不失为守信得利、失信受罚的理想的第三方力量；最后容易被忽略的是失信的道德惩戒，失信者会受到社会舆论的谴责和自我良心的批判，有时候，这种精神上的折磨令人更难以承受。

三是社会信用服务业建设，它是社会信用体系建设中最重要的一部分，也是信用建设在金融创新中发挥基础作用的主要力量。为了不断完善社会信用服务业，需要政府的信用信息共享和信用知识的宣传，加大政府工作的透明度，使公众更广泛地享有应得的信息；同时，最重要的是坚持以市场为导向，培育和发展种类齐全、功能互补、依法经营、有市场公信力的信用服务机构来服务于个人和企业，包括信用评级机构、信用担保机构等；此外，要充分发挥行业协会在信用服务机构建设中的作用。

四是信用的道德约束，其建设也依赖于多方力量：政府要在全社会开展信用伦理道德教育，使信用资源的观念深入人心；企业要加强信用教育，建立企业文化，从思想上确立和强化人们的公平交易原则和市场原则概念，要让更多的企业经营者、经理人认识到，重视企业商誉和企业信用，可以赢得更多的合作者，赢得更多信赖和支持；此外，还可以将信用教育规模化，通过建立信用教育管理机构，强化全民信用教育。

除了失信惩罚机制，社会信用体系建设的主要措施在社会信用环境中都得到了体现，而实际上，失信惩罚机制也是社会信用环境的一部分。理由如下：首先，从失信惩罚机制的内容来看，包括政府层面的以法律为基本规范的惩罚机制，企业间的自发约束，行业协会作为独立第三方的补充力量以及失信的道德惩戒，政府、企业和行业协会都是社会信用环境的载体，是其不可或缺的一部分。其次，从失信惩罚机制的作用来看，通过四方的约束，提高了失信的成本，从而减少了失信行为，为良好的社会信用环境的建设作出了贡献。因此，失信惩罚机制也是社会信用环境的一部分。这样一来，社会信用环境的内容就和我们之前所研究过的社会信用体系构建的内容相一致，它也包括信用的制度建设、失信惩罚机制、信用的服务业建设以及道德建设。同理，我们在下文中讨论金融创新与社会信用环境的关系时就可以从这四个方面出发，逐步分析这两者之间的逻辑关系。①

（二）信用环境影响因素分析

1. 经济发展水平

经济发展水平是影响信用环境的重要因素。有研究表明，人均 GDP 在 300 ~ 500 美元，信用被视为可有可无；人均 GDP 在 500 ~ 1 000 美元，信用往往被大肆破坏；人均 GDP 在 3 000 ~ 5 000 美元，是信用重组阶段；人均 GDP 超过 5 000 美元后，信用便进入良性循环阶段。马斯洛的需求层次理论认为，人在满足了生理需求后会追求尊重和自我实现需求，人们对信誉等社会属性将更重视，社会环境也更为有信。同时，良好的信用环境对经济发展也起到了促进作用，两者相辅相成，互为推动。经济越发达，社会信用水平就越高，信用环境也就越好。

除了人均 GDP 代表宏观经济发展水平外，市场化、城市化等指标也被当做微观因素研究其对信用环境的影响。

在市场经济体制下，经济发展水平越高，市场化程度越好，交易越发达。按重复博弈理论，交易频繁发生，交易参与者出于对长期利益的追求，必然理性地选择信用。市场化程度越高，市场行为参与者自然会经济地选择信用。有研究表明，假定地区信用度为 10%，则市场化程度每增加 1% 将带来地区信用度 5% 的增加，地区信用因此而提高到了 15%。不容置疑，市场化与信用环境具有强烈的正相关关系。

刘易斯②和埃比尼泽③用“磁力”理论在分析城市的聚集和扩散功能时指出，中心城市像一个巨大的“磁场”，吸引周围区域的各种要素，通过像磁化反应一样的经济活动产生出生产力，并辐射到周围区域，带动辐射区域经济发展。把城市和区域描述成“集聚力”和“扩散力”的相互关系，中心城市由于规模效益、信息效益、设施效益等聚集了大量的资源。在经济发展中城市结构不断优化、技术持续进步并相应地伴随成本的攀升，在发展到一定阶段后，经济效用向周围区域扩散，进一步推动区域经济发展。张维迎和柯荣柱(2002)则进一步通过实证分析表明，城市化对区域信用具有显著的解释力。城市化作用于区域经济，再通过经济运动影响信用环境，一个区域的城市化程度越高，可以预期信用环境越好。

2. 制度安排

制度的完善与否将从不同的角度对信用环境的改善起到促进或制约的作用。影响信用环境的制度因素主要包括：法律制度、产权制度、交易合约制度和社会规范力量等体

---

① 洪玫．金融创新的社会信用环境．北京：社会科学文献出版社，2011。

② 刘易斯·芒福德．城市发展——起源、演变和前景．倪文彦，宋俊岭，译．北京：中国建筑工业出版社，2004。

③ 埃比尼泽·霍华德．明日的田园城市．金经元，译，北京：商务印书馆，2000。

现市场发育程度的社会组织制度。

在市场化交易中，为了规避风险，需要通过获取信息、制定协议等方式来预测交易行为的过程及目标，以便建立新的信任关系。制度作为博弈的规则，是建立和维持人们之间新型信任关系的关键。当制度安排使得当事人履行契约比不履行契约更有利可图，人们为了交易带来的长远利益，就会抵挡短期的机会主义行为的诱惑，于是，人们之间就会建立起信任关系。正是从这个意义上讲，信任是一个制度问题。

法律是每个人必须遵守的行为规范，严格的法律制度使人们变得更讲信用。通常情况下，信用作为市场经济的内在准则，需要法制这个外在力量来保证。这就是为什么在法制健全的国家，其信用环境良好的重要原因。一方面，法律可以改变博弈，包括当事人的选择空间、收益函数，从而改变博弈的均衡结果。另一方面，法律改变了人们的博弈均衡，从而使人们能更讲信用。我国当前信用缺失现象严重的主要原因就是，法律对失信者的惩罚力度不够，不讲信用者所承受的利益损失太小，致使法律丧失了其应有的效力。没有法律的强制性保护，讲信用行为得不到褒奖，不讲信用的行为得不到严惩，那么信用机制就无法建立，即使建立也得不到保护和延续。

产权是各种交易行为的保证，明晰的产权制度是达成交易的必要条件，是建立正常信用关系的基础。博弈论认为，明晰的产权使交易双方的一次性博弈转化为重复博弈，双方的重复守信行为提升了信用环境。在经济生活中，产权不明确或产权不受保护，直接影响信用的形成基础。如果没有产权约束，人们就无须对自己的行为负责任，也无法预料自己的守信行为能否真正给自身带来收益。“无恒产者无恒心，无恒心者无信用。毁坏了信誉的产权基础，限制了自由竞争，必然导致市场秩序混乱，坑蒙拐骗盛行。”因此，产权是信用建立的基础之一。

健全的合约制度，使得交易有法可依、有章可循，交易行为不再散漫和效率低下。伴随交易数量和质量的提高，信用环境也趋于优化。根据现代合约理论，合约的履行有两种方式：一种是强制履行方式，即由第三方对违反合约方进行惩罚来保证合约的执行；另一种是自我履行方式，即合约的履行依靠人与人之间的相互信任。

社会规范力量包括市场自发产生的组织规范，如行业协会等。在西方发达的市场经济国家，行业协会作为一种企业群体的自发组织，在行业的自律、维权等方面发挥了某些政府无法替代的作用，甚至比政府的临时干预行为更加持久、更为有效。社会发展实践证明，市场经济越发达和成熟的国家或地区，其市场自发形成的社会规范力量越强大。这种市场自发形成的约束力对于企业或组织的行为决策影响很大，甚至逐渐内化为企业或组织的信用意识和声誉意识，从而促进了信用环境的优化。因此，市场自发的社会规范力量也是信用环境的影响因素之一。

3. 社会资本

社会资本由关系维度和认知维度构成。其中，关系维度是指关系网络本身，包括正式关系网络和非正式关系网络。正式关系网络包括企业学校、政府部门等单位；非正式关系网络包括社区、农村的自然村落、宗族关系、各种俱乐部组织等。在认知维度方面，从经济学的角度分析，社会资本是嵌入到关系网络中的历史传统价值理念、行为规范、认知模式和行为范式以及网络成员获得资源的能力的综合。

社会资本可以促进一个国家(尤其是转轨国家)或地区信用环境的优化。其原因在于：

(1) 社会资本直接增加信任感，减少交易成本。

首先，社会资本的关系维度决定了共同体之内的信息特征和交易特征，即信息比较对称，交易重复进行。由此决定了声誉机制能够很好地发挥作用，并保证交易者对他人行为的稳定预期。其次，从社会资本的认知维度来看，共同的价值观念、行为规则、认知模式和行为范式，不仅能减少合作过程中的交易费用，而且有利于人们之间形成稳定的交易预期。在上述关系维度和认知维度两个维度的共同作用之下，共同体内部成员之间的信任度日益增强。正是基于这种信任，关系网络内的成员在减少交易成本的前提下，不断进行各种交易，且当实践的交易结果验证了这种“信任”的正确性和好处以后，各成员自然会在日后的具体交易活动中，更加倾向于这种信任关系网络之内的成员，甚至直接通过识别成员所属的关系网络来决定是否信任他或进行交易。这种直接的识别机制既增加了人们对关系网络的依赖，又巩固了关系网络本身。而依赖和强化关系网络的背后，则反映了人们对嵌入到关系网络中的信任的依赖和维护。

(2) 社会资本能够有效地约束人们在交易中的失信行为。

社会资本对失信行为的约束由交易性质、声誉机制以及预期共同作用产生。由于交易具有重复性质，在信息对称的网络中，声誉机制能增进交易者相互之间在以往交易中的诚信了解，相互之间的交易成本极大降低。由此，可以使自己在重复交易活动中获取更多的交易机会和利润空间。这种交易特征以及信息对称的特征，使得交易者容易形成他方守信的预期，而交易者的行为选择正好证实了这种预期。所以，失信行为得以受到有效约束。

在社会生活中，就主观感受而言，交易主体之间信任感增加；从客观事来看，失信行为不断减少。在此情形下，毫无疑问，社会信用环境日益呈现出优化趋势。社会资本正是从以上两个方面促进了社会信用环境的优化。

4. 政府行为

政府的信用行为由主导者和参与者两方面组成。其中，主导者行为是指政府在构建社会信用管理体系中所起的主导地位；参与者行为是指政府作为制度实践者的守信行为。根据契约理论，政府是主权者与人民订约的产物，其本身自然存在着守约与违约问题。由于政府的社会公共性质，其信用行为必须以公共利益为准则，有别于企业等微观单个信用行为。因此其影响也是深远和复杂的。政府信用度的高低在很大程度上决定了整个社会信用度的高低。

根据社会契约论的观点，国家或政府只能由社会契约建立起来，政府和社会民众之间实质上是一种契约关系，政府职责的不适当行使直接损害政府信用，导致上述契约关系变得日益脆弱，直至难以维系。同时，由于政府掌握了大量资源，其影响力巨大。因此，政府既是信用环境的主导者，也是信用环境的参与者。如果政府无信，则社会无信；政府守信，则社会诚信。有研究表明，地区官员越冗余，政策变化可能越频繁，地区信用环境越差。

5. 文化因素

五千年的历史文化传承，加之受儒家“君子无信不立”“一诺千金”等思想的熏陶，在我国，“信”成为道德的典范，根深蒂固于传统中，这就是我国信用环境得以产生和发展的文化基础。通常情况下，影响信用环境的文化因素主要有习惯或习俗、社会规范和文化信念。

习惯即一种近似无意识的日常行为。在正式规则不起作用的场合，习惯起着规范人们行为的作用。当自身行为违反这种惯例性的制度时，并不会立即引发有组织的惩罚，但违规者会落下不好的名声或发现自己被社会排斥，严重的情形是会遭到一定程度的谴责。

社会规范即一种为群体所期望的行为，通过个体对观念的不断内化逐渐形成，并通过自律的方式发挥作用。在交易发生和契约执行中，社会规范既可以增加交易者的信任度，也可以降低社会成员之间的协调成本，形成良好的预期结果。

文化信念是一种长期形成的，内化于个人和组织并为其提供道德和理智规范的观念系统。它主要包括文化、价值观念、意识形态。文化附着于一个社会的人和组织之中，支持着劳动分工，减少交易交往的风险和成本。共同的文化提供了易于交往的机制。同一个文化共同体内的人在交往中会感到交往自如，对出现的各种情景会做出符合该群体集体规范的判断。这种无成本的信息机制，不仅降低了文化共同体内交往的成本，还避免了欺诈、失信的发生。

意识形态既是一种世界观，也是一种非正式制度安排，而且是非正式制度安排的核心。正如诺斯所指出，作为非制度安排，意识形态通过给人们提供一种世界观而对个体发挥强有力的约束作用，影响人们的行为决策，从而达到节省交易成本和促进经济发展目的。意识形态对信用发挥作用的机理在于它的凝聚作用和确认制度合法性的功能。在市场经济中，人们通过意识形态把契约及守信观念同具体的交易行为凝聚在一起，从而形成整个社会的共同道德规范，确保信用环境和良好预期的形成。与此同时，意识形态通过凝聚作用也推动了与信用有关的相关制度的建立，并解释和维护了该制度的合法性。

6. 信息环境

信用是一种典型的信息活动。可以说，只要存在信息不对称，就一定存在失信问题。信息环境的好坏决定了能在多大程度上缓解信息不对称，进而有利于信用的建立。信息的透明度或完备性与信任的深度(信任的内容与质量)具有正相关性，信息共享程度或信息对称性则与信任的广度(信任发生的频率与范围)呈正相关。信任广度随着信息分配的公平性的提高而获得扩展——对称的信息使机会主义缺乏可行性，从而在降低违约风险的基础上使信任与信用得以不断地蔓延；信任深度随着信息的完整性的提高而获得拓展——全面认识使当事人具备充分的决策依据以提高合约的可行性，同时成功的合作经历可以推进相互理解和认同，从而增进互相信任。提高信息完备性和信息对称性将有利于加深信任和普及信任，两者都能推动信任和信用的成长，进而促进信用环境的优化。

7. 技术进步

技术进步指的是人们为了解决资源稀缺性而不断创造出来的新的利用资源的手段和方法，它不仅是新技术代替旧技术的过程，而且还包括利用新资源和新方法的全新创造过程。

技术与人类的知识体系有着密切的关系，不仅包括了技术的物质形态所体现的物质成果，而且还包括在这种物质创造成果活动中所表现出来的管理和协调能力，技术具有社会性意义。技术已经构成社会存在的基础，同时又是社会组织赖以存在的必要条件。当前，各国都力争在未来能够掌握新技术，以便自己在未来的市场和社会竞争中掌握主动权。在一定程度上，掌握新技术的人将在未来的竞争中处于主导地位，并可以利用自己掌握的新技术手段约束对方选择守信策略。从这个意义上讲，技术进步对信用环境具有极为广泛而深远的影响。

技术进步对信用环境的影响在以下三方面得以体现：

（1）技术进步增加了人们的认知能力和活动范围，增加了经济交往和契约的复杂性，在客观上增加了全社会对信用的需求和维持信用的需求。

（2）技术进步通过作用于契约的形式而影响信用。社会契约建立在一定的科学技术基础之上，依赖于一定的技术支持而存在。就社会契约而言，不管它是人们之间自发形成的习俗或惯例，还是国家颁布的法令，当技术进步对其产生影响时，社会契约就会适应技术进步的需要而在某些方面做出适当调整。

技术进步不仅能改变原有的一些生产标准，而且还创造了许多新的生产形式，带来了产品的多样化，引起人们的许多行为发生变化，从而改变人们之间的社会关系，使人们之间的契约关系包含的技术内容日益增加，使得相应的信用关系中包含越来越多的技术内容。

（3）技术进步直接作用于信用。随着社会经济的日趋复杂，人们开始利用技术手段来保证信用关系的实现，这一点在信息技术高度发达的今天表现尤其突出。值得强调的是，利用技术手段保障信用，应该是一种有效的制度安排，而不是单依靠技术就能实现。建立在技术手段上的制度创新是保障信用的有效途径和手段。

（三）信用制度与管理体系有利于国民经济可持续发展

人类追求经济发展大体上经历了三个阶段：单纯的经济增长，协调发展，可持续发展。

经济的可持续发展是在 20 世纪 80 年代以后提出来的。1989 年 5 月，在联合国环境署的 15 届理事会上，《关于可持续发展的声明》通过。声明指出可持续发展（Sustainable development）是指满足当前需要又不削弱子孙后代满足其需要之能力的发展。

可持续发展所包含的具体内容是指经济、自然、社会三系统之间的协调发展。系统内部的可持续发展能力的问题，主要是如何建构一个既有利于经济有效增长，又有利于整个社会公平、健康分享经济增长好处的社会体制建构问题。

可持续发展所包含的是一个全新的价值追求，是实现社会公平的发展。这种公平包含很多方面的含义和内容，其中一方面就是要解决在社会财富分配上以及以财富为基础的社会福利、文化发展分享上的公平性。

用发展的眼光来看，可持续发展所包含的内容应该越来越广泛，其内涵也应该越来越丰富，不仅仅局限于环境保护、生态平衡等与经济增长方式、物质增长相关的内容，还应该包括与经济发展相关的社会制度方面的内容，包括以物质增长为基础的整个社会政治、经济制度、社会秩序、文化等复杂的多元化因素。毫无疑问，可持续发展问题必须通过构建可持续发展的体制与系列制度来综合解决。如果说，合理的社会制度、有效的社会管理体系、良好的社会秩序也是社会可持续发展的基础，那么，就可以进一步认为信用管理体系、信用秩序与信用制度是社会可持续发展的基础构成内容之一。良好的信用制度与健全有效的信用管理体系有利于国民经济健康、有序、可持续发展。

二、信用管理与信用记录

（一）个人信用档案

信用档案内所记录的内容是评价个人信用价值的信用信息，也是各类信用记录的集合，通常以电子数据形式进行存储。与人事档案不同，信用档案是记录个人经济活动和评价个人信用价值的经济类档案，对于信用档案的内容，当事人有知情权。对于个人征信局，信用档案是对个人名下信用记录集合的称呼，它是生产各种各样消费者信用调查报告的原料。对于被记录的个人，信用档案的表现形式是“当事人信用调查报告”。在技术指标方面，个人信用档案须具备记录完整性、准确性、多套检索系统、动态数据、信用评分等指标。在对外服务方面，提供信用档案服务的征信机构要依法提供给合法的用户，按照法律规定接受当事人对不良信用记录的申诉，在法律规定的时间期限内完成记录核查，并以书面形式回复当事人。在有的国家或地区，个人信用档案有标准化的格式。

个人的信用档案是由个人征信局类的征信机构制作的。个人征信局主动替所服务的区域范围内的所有居民制作信用档案，不管被记录的个人是否愿意。当然，被记录者也不必为此支付费用。在发达国家，个人征信局制作个人信用档案受到法律的限制，法律原则是既满足信用经济发展对信用信息的需要，也维护个人隐私不受到侵犯。因此，法律严格规范制作个人信用档案的征信机构的业务操作。

个人信用记录与个人信用评分不同，它们在不同层面上对个人的信用进行评价。在信用档案中，个人信用记录好坏与否，与是否申请到贷记卡式信用卡和消费信贷有关，决定一个人能否跨过商业信用的最低门槛，它是授信金融机构将不良客户筛出去的依据。

至于个人的信用评分，是通过数学模型对个人信用记录进行量化分析的结果，涉及的是授信额度。在金融机构收到消费者的信用申请时，个人征信局或授信机构对这个人的信用评分高低，是确定当事人是否有资格取得授信，也是决定给该申请人多少信用额度的主要依据。

（二）个人信用记录的作用

对于发展信用经济，个人征信局大规模建立的个人信用记录的意义十分重大。覆盖面大且健全的个人信用记录是消除信用交易中的信息不对称的最好手段，可以维护市场的公平竞争。个人信用记录是打击市场上经济失信行为的依据，能够大幅度提高失信的成本，是建立失信惩戒机制的基础。对于授信机构，完善的个人信用记录有助于提高授信机构的工作效率，使大幅度提高赊销和授信成功率成为可能。正是因为信用记录发挥了这样的功能，才有人说：“信用是个人的第二张身份证。”

在发达的市场经济条件下，个人的信用记录确实是个人的第二张身份证。信用是一种个人无形资产，如果需要享受金融服务或赊销服务，就要求个人拥有良好的信用记录。

金融或商业授信机构考察一个人是否有信用价值，主要看其在个人征信局的信用记录，特别是在当事人参与信用交易时，借款和还款的记录是最被看重的，即消费者偿债的意愿和行为。其次，才考虑个人包括个人收入和资产净值在内的还款能力。

个人欲建立良好的信用记录，必须拥有可以识别其个人经济活动的户头。所谓个人户头，指的是与消费者个人家庭生活有关的各种付费和信用消费账户，账户会具体表现出受益人和责任人。在形式上，付费户头是各式各样的，例如登记在户主名下的电话、住房租约合同的签约人、手机上网户头、非 IC 卡形式收费的水电和煤气费缴费户头、信用卡户头、购房按揭贷款的申请人等。其中，信用卡透支户头和消费信贷户头是更有价值的户头，消费信贷合同是否履约执行，有无信用卡恶性透支行为，更反映消费者个人的信用价值。

（三）个人信用记录的建立

建立个人信用记录是从一点一滴的小事做起的，信用档案反映出一个人的经济生活轨迹。在诸多个人付费账户中，在银行的消费信贷和信用卡账户是最重要的账户。对于一般人来说，在取得银行卡或消费信贷以前，影响个人信用记录的因素包括是否及时地付电话费、房租、水电费、煤气费等。个人的公用事业付费记录有一定的参考价值，它属于一种信用记录，只不过所涉及的信用额度非常低。由此可见，为了适应建立个人信用的需要，例如建立个人的公用事业付费记录，必须改变我国传统的大家庭生活方式，使需要建立信用的年轻人尽快成为一些付费账户的户主。鉴于中国的国情，采用现代的信用建立方法有可能产生文化冲突。例如，就目前我国的情况，各种公用事业的付费均在户主的名下，如果一个家庭是大家庭，户主可能是已经退休的长辈老人，不需要刻意建立个人信用，而需要建立信用记录的可能是他们的儿女，甚至是孙儿。因此，只有大家庭解体，成年子女分出去独立生活，才能让需要建立信用的家庭成员成为付费户头的户主。至少需要使大家庭在形式上的解体。自改革开放以来，我国家庭的规模一直有变小趋势，这有利于居民个人建立信用。

（四）个人信用记录的维护①

个人维护自身信用记录的方法主要有定期查询信用信息、随时关注负面信息、及时更正错误或遗漏信息。

1. 定期查询信用信息

为了保护信息主体的合法权益，信息主体对于征信机构掌握的关于其自身的所有信息享有知情权，实现这项权利的途径就是向征信机构查询自身信息。《征信业管理条例》为了保障个人信息主体的知情权，规定个人信息主体有权每年两次免费获取本人的信用报告。查询信用信息是信息主体对存在错误、遗漏的信息提出异议和投诉、要求更正乃至寻求司法救济的基础。目前，信息主体到全国各地的中国人民银行征信营业窗口均可查询到自己的信用记录。

2. 随时关注负面信息

正面信息和负面信息都能反映信息主体的信用状况，但在很多时候，负面信息对信息主体的声誉和相关的授信活动具有更直接的影响，甚至构成实质性限制。为此，《征信业管理条例》规定，“信息提供者向征信机构提供个人不良信息，应当事先告知信息主体本人”，这时所谓的“不良信息”，尚属于“拟提供的负面信息”。一是当信息主体认为“拟提供的负面信息”存在错误时，可以立即向信息提供者提出异议，如果经过核实该不良信息确实存在错误的，信息提供者就不会继续提供，或者会按照核实后的正确信息进行提供，从而避免错误的“不良信息”的产生。二是有些信息提供者(如商业银行)在告知其客户存在不良信息时，常常会给其弥补机会，如果客户积极地履行义务，可以避免不良信息的形成。三是不良信息确实形成后，也可采取有效措施进行修复，一方面要及时将逾期的款项尽快还上，避免再次形成不良信息；另一方面则要在以后的信用活动中诚实守信，使新的、良好的记录日积月累地逐渐刷新、替代旧的负面信息。

3. 及时更正错误或遗漏信息

信用报告在生成之前要经过诸多环节，因而导致数据出错的原因是多方面的，归纳起来主要有：一是信息主体的基本信息实际发生变化，但未及时告知信息提供者；二是信息提供者的信息录入错误或更新不及时；三是由于征信机构或信息提供者的技术原因造成数据处理出错；四是因他人盗用或冒用个人身份信息获取贷款、信用卡等而产生的信息。由此可见，有些错误信息的产生是不为信息主体所知的，所以，《征信业管理条

① 余海霞.《征信业管理条例》出台后个人信用记录的维护与提升．征信，2013(11)。

例》赋予了信息主体提出异议的权利，即“信息主体认为征信机构采集、保存、提供的信息存在错误、遗漏的，有权向征信机构或信息提供者提出异议，要求更正”。“经核查，确认相关信息确有错误、遗漏的，信息提供者、征信机构应当予以更正。”同时，《征信业管理条例》还提供了行政救济和司法救济途径，即“信息主体认为征信机构或者信息提供者、信息使用者侵害其合法权益的，可以向所在地的国务院征信业监督管理部门派出机构投诉”。“信息主体认为征信机构或者信息提供者、信息使用者侵害其合法权益的，可以直接向人民法院起诉。”

三、信用管理与提升社会治理水平

（一）社会治理的目的与内容

社会治理，是指党委和政府以及其他社会主体，运用法律、法规、政策、道德、价值等社会规范体系，直接或间接地对社会不同领域和各个环节进行服务、协调、组织、监控的过程和活动，它与中国特色社会主义经济建设、政治建设、文化建设、社会治理以及生态文明建设密切相关，是社会治理的重要内容。

社会治理的目的表现在以下几个方面：①协调社会关系；②规范社会行为；③解决社会问题；④化解社会矛盾；⑤促进社会公正；⑥应对社会风险；⑦维护社会稳定等。

（二）信用管理是社会治理的有效手段

信用是一种资本，信用资源的有效利用与合理配置需要信用监管体系与市场机制共同作用。政府通过各种举措形成一整套体系化的管理制度和机制，包括对信用资本的价值评价、对信用信息的归集和更新、信用奖惩机制的建立和运行、信用法律法规的健全和完善、信用意识的宣传和教育等一系列管理工作。从全局出发协调各方利益，最大限度地发挥信用资本配置对社会发展的积极作用。

此外，从信用资本三维构成上看，诚信度与社会文化密切相关，涉及公众的基本素质、价值取向、道德文化，关系到政府宣传、教育、引导等社会治理功能；合规度与行政管理密切相关，涉及社会基本关系与准则、管理制度与办法；践约度与经济发展密切相关，涉及交易双方的利益、市场和经济的健康发展。

（三）信用动机分析与管理的作用

信用主体总希望自己的信用资本最大化，这与社会能够接受的信用资本总量有限之间永远存在矛盾。由信用主体驱动的信用资本规模无限扩张，而社会可承受的信用资本规模并非无限扩张的，有一个合理的平衡区间。超越了这个平衡的区间，社会上信用资本泛滥无度，存在信用危机的隐患。单纯依靠市场机制，就容易造成信用主体为实现自身利益最大化而导致信用资本总规模超越社会承受的最高限。此外，一些信用主体忽视诚信道德，利用各种手段获得社会正面评价，积累虚假的信用。

信用管理和健全社会征信体系可以有效解决这些问题，对信用资本进行有效管理。美国次贷危机带给我们很多启示，其中很重要的一条就是必须加强信用资本管理。虽然美国的信用法律法规比较健全，信用信息管理已形成庞大的数据库系统，信用奖惩机制比较有效，但信用资本与信用交易规模的扩张还是超出了合理的平衡区间，爆发了信用危机。美国次贷危机从某种意义上说就是信用资本“被高估—膨胀—泡沫破灭—价值回归”的过程。

延伸阅读

信用管理师与信用分析师

（一）信用管理师工作内容及资格认证①

信用管理师是指运用现代信用经济、信用管理及其相关学科的专业知识，遵循市场经济的基本原则，使用信用管理技术与方法，从事企业和消费者信用风险管理工作的专业人员。在我国，这个名词作为新职业出现以前，许多行业的很多工作人员其实都在从事信用管理工作。比如我们最常见的有，政府机构整顿企业经济信用记录；银行为个人建立信用档案；企业为员工建立信用记录等。其主要职责就是对信用交易中的风险进行管理，即对信用风险进行识别、分析和评估，通过制定信用管理政策指导和协调内部各部门的业务活动，以保障应收账款安全和及时回收，有效地控制风险和用最经济合理的方法综合处理风险，使风险降低到最低程度。

信用管理师主要工作内容包括：①建立有效的企业信用管理体系；②制定企业信用制度与信用政策；③在交易前期，对交易对象进行信用调查与评估，确定信用额度及放账期；④在交易中期，对应收账款加强管理，并采取必要的措施转移风险保障企业债权；⑤在交易后期，对发生的逾期账款进行追收；⑥运用信用管理专业技术及专业的征信数据库防范风险，并开拓市场。

信用管理师共分为信用管理员、高级信用管理员、助理信用管理师、信用管理师、高级信用管理师5个资格级别，其中信用管理师资格考试分初级、中级和高级三种。初级信用管理师相当于国家职业资格三级。

（二）信用分析师的工作内容及要求

信用分析师是指针对我国资本市场和信贷市场，运用资信评级技术，对企业债券、金融债券、基金等固定收益类证券及金融机构、上市公司、公用事业单位和贷款企业的偿债能力及其可信程度进行综合分析，以信用等级的方式揭示信用风险的专业人员。

企业对客户信用状况的评定，对客户采取何种信用政策就是根据信用分析师的工作

① 朱海滔．信用管理师：市场诚信的仲裁者．中国大学生就业，2006(18)。

结果来决定的。信用分析师的主要任务是分析评价客户信用状况、受理客户投诉、设计信用评分模型等。他们应该熟悉不同征信市场上的客户资信评级系统，熟练使用多种数理统计软件，比如 SPSS、SAS 等。

根据客户档案数据库的资料，信用分析师要仔细分析客户各方面的信息，包括财务状况、投资状况等，这些都能得出有关客户信用的信息。目前对客户信用评级的主要方式就是对其信用状况打分。评分的出现大大地提高了商务决策的速度和准确性，为企业和客户提供了简要、快捷、量化的重要信息。每个企业需要的客户信息不同，采用的评分标准也可能有所差别。但不管什么评分标准都应该能体现出客户的真实信用状况。此外，信用分析师还要对客户的应收账款进行分析，账龄分析法与分类管理 ABC 法相结合是一种常用的方法。

信用分析师应该结合企业商(产)品在不同地区的市场需求状况及市场变化的趋势，区分企业各客户的信誉等级，合理确定每一个客户的赊销额度和赊销期。目前各企业在对客户进行账龄分析时用得较多的一般是编制账龄分析表。结合应收账款账龄分析表，进一步将企业逾期欠款按风险程度进行 ABC 分类，即对到期未能及时收回的应收账款，首先应判断对方是否为恶意行为。把属客户恶意行为欠债不还的应收账款划分为 A 类；把因客户经营不善或因资金被挪作他用等临时性经营困难而不能及时偿还的逾期应收账款划分为 B 类；把因自然灾害或国家政策调整等客观环境因素发生较大变化等不可抗拒因素引起经营极度困难且扭转无望的逾期应收账款划分为 C 类。然后分类采取不同的策略进行清理欠款。对 A 类拖欠，应及时采取措施(包括法律手段等)加大力度进行催收；对 B 类拖欠，可以要求客户采取一些补救措施，如重新与客户签订协议适当延长其付款时间但加收一定的逾期补偿等；对 C 类拖欠，是延缓信用期，还是让利一部分给对方，宁可少收一点了结该笔拖欠，要反复加以权衡后按企业制度规定上报，进行处理。

从工作性质看，这个岗位的人员至少应该拥有商业统计、应用数学、计量经济学其中之一的学士以上学位，并且经过信用管理知识的培训，最好有机会参与专业公司提供的有关函授课程学习。另外，有保险精算工作经验的初级精算师也是很好的人选。

本章小结

本章先从什么是信用入手，回答了信用在广义层面和狭义层面的内涵，并探讨了信用的特征、构成以及功能作用，进而提出信用资本论这一观点。之后从概念和功能上对信用管理进行了基本介绍，并结合实际对信用管理的发展趋势提出了几点判断。最终得出信用资源的有效利用与合理配置需要信用监管体系与市场机制共同作用，信用管理对于促进经济增长和提升社会治理水平有着不可替代的重要作用。

■ 思考题

1. 你对于信用这个范畴是如何理解的？怎样界定信用比较好？
2. 如何理解三维信用理论？
3. 为什么说信用是一种资本？如何度量？
4. 为什么说市场经济是信用经济？结合个人体验谈谈你的理解。
5. 信用的特征是什么？它由哪几部分构成？可以分为哪些种类？
6. 信用管理如何运用在国内外贸易中？
7. 信用管理的未来发展趋势如何？谈谈自己的想法。
8. 现代科技的发展对信用的度量有什么推动作用？

第二章

社会信用体系

章前导言

我们应该带着以下三个基本问题来阅读本章。

首先，什么是社会信用体系？

人们通常狭义地理解社会信用体系，或只从思想道德文化范畴理解，或只从经济范畴理解。这些理解都是不全面的。实际上，社会信用体系是包含一维诚信体系、二维社会信用管理体系、三维信用交易体系的三维信用建设的系统性工程，也是社会综合管理机制。

其次，构建社会信用体系的意义和作用是什么？

从经济范畴来说，现代市场经济是信用经济，建立健全现代市场经济的社会信用体系，有利于社会主义市场经济的建设；从思想道德文化范畴来讲，有利于促进思想道德诚信建设；从社会范畴来讲，有利于建设社会主义和谐社会。

最后，应该怎样构建社会信用体系？

概括而言，我们要建立以道德为支撑，以产权为基础，以法律为保障的社会信用制度，这是我国社会信用体系建设的核心。

除了上述三个基本问题，在本章中，我们还将讨论一些具体的范畴：信用体系与经济，信用体系与社会，信用体系的层次划分。与此同时，我们还将讨论我国社会信用体系建设的历史和现状，借鉴美国、欧洲和日本的社会信用体系建设的经验。

专业名词

社会信用体系　三维信用建设　信用立法子体系　信用交易子体系　信用监管子体系　信用服务子体系　信用文化与教育子体系　失信惩罚机制　信用信息公示制度

本章知识结构图

- 社会信用体系
  - 社会信用体系界定与框架
    - 社会信用体系的内涵
    - 社会信用体系的基本框架
    - 我国社会信用体系建设的发展历程
    - 社会信用体系的意义与作用
  - 社会信用体系构成与运行
    - 社会信用体系的构成
    - 社会信用体系的四大领域
    - 社会信用体系对社会管理与经济发展的影响
  - 国外信用体系建设
    - 美国的社会信用体系
    - 欧洲国家的社会信用体系
    - 日本的社会信用体系
  - 失信惩罚机制
    - 失信惩罚机制的含义、构成要素与特点
    - 失信惩罚机制的运行与影响因素
    - 失信惩罚机制——黑名单
    - 对我国失信惩罚机制构建的建议

第一节 社会信用体系界定与框架

一、社会信用体系的内涵

对于社会信用体系，有人将其理解为诚信宣传教育体系，属思想道德文化范畴；有人将其理解为信用交易体系，属经济范畴。其实，认为社会信用体系是诚信体系或信用交易体系，这都是信用体系的一个侧面，是狭义的信用体系。

社会信用体系是包含一维诚信体系、二维社会信用管理体系、三维信用交易体系的三维信用建设的系统性工程，是由信用立法、信用交易、信用监管、信用服务、失信惩罚机制、信用文化与教育等管理与服务体系共同作用、交织形成的社会综合管理机制。

社会信用体系的主要作用是规范一个国家或地区的信用活动。健全有效的社会信用体系可以促进该国或该地区市场经济交易手段从原始支付方式向信用方式过渡和转变；创造和规范发展市场经济的良好信用环境；扩大并创造市场需求，保持市场繁荣，促进经济持续增长；促进该国或该地区的市场经济走向成熟，为市场经济健康、有序发展提供制度保障与社会基础。

以往人们在讨论社会信用体系时，纷纷指出社会信用体系包含信用法律法规、信用服务体系、信用教育、惩罚机制等。这是对的，但它只是从具体内容上看，而没有区分活动领域与各个不同领域信用的不同特性。

其实，社会信用体系有三个维度，即社会信用体系涉及三个领域，在这三个领域中都包含法律法规建设、行为与规范、不良信用惩罚机制、信用服务、信用教育等内容，只是在不同的领域，这些具体内容与规定不同，一维从诚信理念出发，二维从社会信用管理出发，三维从信用交易经济活动出发，但宗旨是一样的，都是为社会信用体系服务。

法律法规建设是一系列规范、约束社会信用活动的统称，要建立信用体系，必须有立法基础，确保有法可依、奖惩分明；不良信用惩罚机制所承担的任务是监督与打击市场上的各类经济失信行为，处罚额度相对较小因而不便使用公检法手段处理的经济类违约失信行为，令具有不良信用记录的企业和个人在社会经济生活中处于十分不利和不便的地位，从而使企业和个人都不敢轻易涉险违规。

具体内容由于归属的维度不同，侧重点也不同。比如，信用行为与规范，在一维诚信体系里，是要确定道德规范与行为边界，属于文化范畴，主要涉及诚信教育、诚信意识的培养等；在二维社会信用管理体系里，由政府行政管理部门、行业组织等规定社会一般活动的行为准则和规范，通常会以政府管理规定等规章制度形式确定下来，如果违反了这些准则和规范，就触犯了这种管理规则和要求，发生违规行为，随后就会产生相应的不良信用惩罚措施等；在三维信用交易体系里，由授信方主导，交易双方达成交易约定，并以法律形式确定下来，通常会形成一些大家均认可的交易行为准则与规范，如果违反这些规定，就是违约，也会有相应的不良信用惩罚机制。同样都是行为与规范，但在不同维度的体系里，内容是不一样的。

在社会运行中，正如三个维度的信用会合在一起综合表现为信用活动一样，在三个维度里的行为与规范也会综合表现为统一的社会行为与规范。这正是人们不能认清信用是什么，行为与规范究竟指哪个领域的原因。

社会信用体系之所以被认为是一个复杂的工程，之所以到现在还有很多人认不清，就是因为它涉及信用的三个维度，即文化、社会管理、经济管理，也就是涉及社会的全部内容。

延伸阅读

建设统一信息平台是社会信用体系建设重点工作任务

“2014—2016年社会信用体系建设重点工作任务”于2015年1月底正式公布。该任务包括12个方面的内容，其中，建设统一的信息平台成为工作任务的重中之重。

在全国层面上，任务要求制定和实施公民统一社会信用代码制度建设方案、法人和其他组织统一社会信用代码制度建设方案。

在行业层面，要在3年内建立健全各部门在依法履行公共管理职能过程中形成的自然人、法人和其他组织基础信息和信用记录，健全信用信息归集机制。

在区域层面，要建立健全省级统一的信用信息共享平台，整合本地区各部门、各单位履行公共管理职能时的信用信息，通过互联网为社会公众和征信机构提供查询服务。

在征信系统方面，要在3年内推动社会征信机构建立征信系统，依法采集、整理、保存、加工企事业单位及其他社会组织、个人的信用信息。推动征信服务专业化及产品创新。尤其在金融领域要求健全信用信息共建共享合作机制，依法推进各信用信息系统的互联互通和信息的共享，逐步形成信用主体、信用信息类别、全国所有区域全覆盖的信用信息网络。

资料来源：中国公民将有统一社会信用“身份证”——社会信用体系建设重点工作任务公布，中国信息报，http://www.zgxxb.com.cn/mszt/201501260020.shtml。

二、社会信用体系的基本框架

社会信用体系是三维的社会综合管理机制。剖析社会信用体系，可见其基本框架：

社会信用体系覆盖的范围与领域，即三维体系：一维诚信体系、二维社会信用管理体系、三维信用交易体系。

社会信用体系综合管理的核心内容，即信用立法、信用交易、信用监管、信用服务、失信惩罚机制、信用文化与教育。

社会信用体系的建设与实施，即管理体系与服务体系。该基本框架从三个层次全面剖析了社会信用体系，即信用涵盖的领域、社会信用体系的具体内容以及建设方式。三个层面相辅相成，环环相扣，其基本框架示意图如图 2-1 所示。

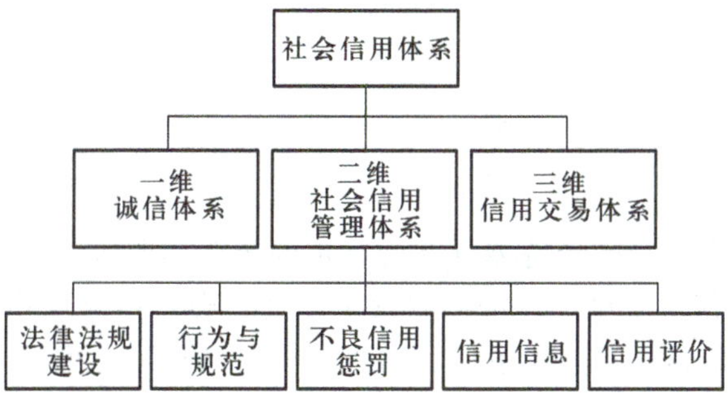

图 2-1　社会信用体系基本框架

资料来源：吴晶妹．三维信用论．北京：当代中国出版社，2013。

社会信用体系由三维体系构成，每一维体系都有自己相应的管理体系和服务体系。

管理体系主要涉及法律法规、行为规范、不良信用惩罚机制等内容。健全有效的管理体系可以促进该国或该地区市场经济交易手段从原始支付方式向信用方式过渡和实现转变；创造和规范发展市场经济的良好信用环境；扩大并创造市场需求，保持市场繁荣，促进经济持续增长；促进该国或该地区的市场经济走向成熟，为市场经济健康、有序发展提供制度保障与社会基础。美国等发达国家或地区信用活动如此发达，能促进经济增长，良性循环，在很大程度上取决于他们长期以来重视信用交易制度与管理，建立健全管理体系并使之有效运行。

服务体系主要涉及信用信息搜集整理、报告、查询、评级与评价活动、信用保险、保理、担保等信用管理工具的应用等内容。完善的服务体系意味着高效透明的信用信息服务以及广泛的信用管理工具应用，它可以提高整个社会各个群体的信用管理水平，减少经营风险，使融资更有效率，间接促进了经济的发展。目前中国的信用服务水平处于初级阶段，信用信息披露机制不健全，相应的机构发展水平低下，信用管理工具也没有得到充分应用，与发达国家或地区相比还有很大的提升空间。

在市场经济条件下，在一个国家或地区范围内，社会信用体系是由一系列与信用有关的，相互联系、相互促进又相互影响的信用道德文化、相关法律法规、制度规范、惩罚机制、信用信息、信用评价等构成的综合系统。社会信用体系是整个国民经济体系的重要组成部分。随着市场经济的发展和社会文明的进步，特别是现代金融的发展，信用体系的内容也在不断发展和延伸。

在信用经济的条件下，传统的信用制度得到了创新发展，主要表现就是建立健全并有效运行了社会信用体系，确立了信用法律体系与基础，形成并发展了信用管理行业，创造了社会信用环境，为市场经济健康、有序发展提供了制度保障与社会基础。

社会信用体系是一种社会机制，是由信用立法与执法、信用管理行业运行惯例与约定、社会信用行为与道德规范、不良信用惩罚机制、教育等多个子体系共同作用、交织形成的社会机制。

三、我国社会信用体系建设的发展历程

信用制度是取决于一定的经济体制并为一定的经济体制服务的，有什么样的经济体制就有与之相适应的信用制度，经济体制发生变迁，必然引起信用制度相应发生转换。考察新中国成立以来的信用管理体系（制度）发展变化的历程，可以发现我国社会信用管理体系经历了以下四个不同的发展阶段。

（一）信用制度缺失阶段（1949—1977 年）

从新中国成立后至改革开放以前，我国照搬了苏联的经济模式，实行高度集中统一的计划经济体制，否定商品经济和市场机制，经济发展水平落后。在这种经济体制背景下，经济主体之间的经济联系是依靠国家指令性计划体现的政府信用来维持的，无论是商品交易者之间、工商企业之间、银行与企业之间，商品交易规则和资金融通规则都不是通过信用契约关系来维系，取而代之的是“计划观念”和“政策观念”，各经济单位及各种经济活动，都以符合计划和政策为标尺，以实际计划指标和体现政策规定为行为目

标和行为准则，大家都对国家计划和国家政策负责，以行政约束取代信用关系，即使当事人之间签订了商品交易合同和借款合同，也完全可以用“计划调整免责”“政策变化免责”“主管部门权力免责”等来拒绝履行信用的权利和义务。在这种制度安排下，计划和行政的约束力很强，整个社会的资源配置方式集中体现为严格的“供给制”和“分配制”，成为滋生制售假冒伪劣产品和赖账、逃债现象的制度基础，个人、企业等经济主体很少产生机会主义动机，因此，社会经济效率虽低，但经济秩序相对较好，缺乏对信用的客观需求，当然也不具备建设社会信用体系的制度基础和发展环境，因而并不存在真正意义的信用制度与信用体系。

（二）信用制度的萌芽阶段（1977—1991 年）

党的十一届三中全会以后，我国迈开了改革开放的步伐，传统经济体制逐渐向有计划的商品经济和市场经济体制转变。

1986 年 8 月，国家工商行政管理局在辽宁省抚顺市召开了开展“重合同守信用”活动座谈会，总结推广了统一部署、统一标准、统一考核验收程序、统一命名的“重合同守信用”活动的经验。“重合同守信用”活动是根据我国《民法通则》和《合同法》中规定的诚实信用原则，倡导企业诚信守约，经过严格考核验收，对合同信用程度达到规定标准的企业授予“重合同守信用”荣誉称号的一项社会性活动。

1987 年 3 月 27 日，国务院发布《企业债券管理暂行条例》，从这时起，资信评级机构在各省纷纷建立，多为中国人民银行各地分行下属的公司。直到 1987 年 7 月，外经贸部计算中心与美国邓白氏商业资料有限公司签订了合作协议，双方互相提供商业资信调查服务，标志着我国第一家资信调查机构诞生。此后，我国的企业信用管理工作有了一定的发展。

1991 年 3 月，国务院生产办组织“清理企业‘三角债’”“质量、品种、效益年活动”，力图解决制约企业发展的经营行为和经济秩序问题。各级政府按照国务院的统一部署采取了一系列解决企业拖欠债务、产品质量低下等问题，由此开始，我们逐渐从财务会计制度、市场规则的角度认识到信用观念、信用制度和信用体系等我国经济体制存在的深层次问题。

（三）信用制度的起步阶段（1992—1999 年）

随着经济体制改革的全面铺开和向纵深方向的推进，市场在经济生活中的作用越来越突出。尤其是党的十四大确立的市场经济体制在我国启动以后，传统体制下的信用制度与市场经济之间的摩擦与矛盾日趋突出，成为市场经济进一步发展的桎梏。伴随着传统经济体制的不断裂变和市场经济体制的不断“聚合”，我国宏观经济环境和运行机制发生了根本性的变化。

1993 年出台了《企业财务通则》和《企业会计准则》，1994 年实施了《公司法》，1995 年施行了《商业银行法》《担保法》和《仲裁法》，1999 年统一并出台了《合同法》，我国社会主义市场经济体制的法律体系初步形成，使市场经济由无序竞争走向有序竞争有了可能。2000 年 9 月我国实施新的《产品质量法》，加大了对产品质量违法行为的法律制裁力度，增强了对质量违法行为的处罚措施，但制裁力度仍然不够。在《民法通则》《合同法》和《反不正当竞争法》《刑法》《产品质量法》《消费者权益保护法》中虽然都有诚实守信的法律原则，但并未形成强有力的法律规范和约束。

1995 年前后，国内的追账公司由于运作不规范，扰乱了市场秩序，损害了债权人和债务人的权益，1995 年 12 月和 2000 年 8 月国家工商总局、公安部、国家经贸委等部委两次发布通知，禁止我国成立和开展商账追收业务，理由是社会上各种黑社会性质组织和某些地方执法部门，公开利用非法手段追收欠款，给社会安定带来了巨大的隐患。1998 年以来，国家经贸委会同财政部、中国人民银行共同推动中小企业信用担保体系建设，中小企业信用担保体系的建设和试点工作，不仅有效推动了中小企业融资难、贷款难状况的缓解，还大大提高了获得担保的中小企业的信用观念和信用能力。

在这一阶段，我国证券市场开始发展，适应经济金融发展的客观需要，我国涌现出中国诚信、大公、远东等一批与企业发债和资本市场发展相适应的信用评估机构，从此，信用观念开始逐步被企业和投资者所接受。另外，专业担保、信用调查、讨债追债等信用中介机构也开始出现，如华夏信用管理公司、中国经济技术投资担保公司、新华信公司、华安公司等。有关政府部门也针对国家重点大型企业、中小企业等不同对象进行了企业信用和业绩评价的积极探索。

（四）信用体系建设稳步推进阶段（2000 年至今）

随着政府信用全面从企业中退出，国有大中型企业的债务负担转化为企业与金融机构之间的银行信用风险，中小企业经营资金亦高度依赖商业信用和银行信用，这种局面的出现，一方面推动着企业逐步增强信用意识，另一方面，由于信用制度和信用体系建设未及时跟进和建立，占企业总数 99% 以上的中小企业普遍面临融资难、担保难问题，企业之间“三角债”、企业逃废银行债务、商业欺诈等失信现象十分突出。因此，建立社会信用管理体系，整治失信行为，维护市场经济秩序就日益成为全社会关注的热点问题。

在 2000 年 3 月召开的全国政协和人大“两会”上，十多位全国政协委员联名递交“关于建立国家信用体系”的提案，以及 5 项有关提案，其中的主提案被评为优秀提案。在 2001 年和 2002 年的全国“两会”上，在全国范围内建立社会信用体系和建立地方信用体系问题成为会议的最热门话题之一。人大代表和政协委员纷纷就建立我国的社会信用体系献计献策。在地方，许多省、市、区的人大代表和政协委员都在当地的“两会”提出建立地方信用体系的提案和建议，不少省级地方政府已经开始规划部署建设本地区信用工程，有的已开始试点工作。

自党的十六大以来，中央就社会信用体系的建设问题多次提出意见和要求，在这样的背景下，社会信用体系建设工作循着两条路径稳步推进：

一是以信用担保为代表的信用中介机构的快速发展。20 世纪 90 年代末期，在国家经贸委、财政部和中国人民银行等部门的大力推动下，在江苏、山东、深圳、重庆、山西、河南等省市涌现出一大批面向中小企业服务的信用担保机构，同时民间资本也开始涉足信用担保行业。信用担保机构的发展不仅缓解了中小企业贷款难状况，也有利于改善企业特别是中小企业的信用意识。截至2008年年底，全国已设立各类中小企业信用担保机构4 300多家，累计为70多万户中小企业提供了1.75万亿元贷款的担保。对提升中小企业的信用能力、解决中小企业贷款难问题、促进中小企业发展发挥了重要作用。

二是以政府部门为主体的信用信息披露系统和以社会中介为主体的信用联合征集体系的起步和推进。由于中小企业信用问题比较突出，2001年，原国家经贸委、国家工商总局等十个部委联合下发了《关于加强中小企业信用管理工作的若干意见》，提出了依法披露、合法征集、信用服务、失信惩戒、信用管理等推动以中小企业为主体的社会信用体系建设的指导意见，并在上海、北京、甘肃、江苏、浙江等地启动了社会信用体系建设试点，国家工商总局、质监总局、财政部、证监会、税务总局和国家经贸委等部门还先后公布了一系列不讲信用企业的“黑名单”。上海、北京、甘肃、浙江、广东等省市采取积极措施，加快社会信用体系建设的实践步伐。

延伸阅读

我国社会信用体系建设提上日程

2014年1月15日，国务院总理李克强主持召开国务院常务会议，部署加快建设社会信用体系、构筑诚实守信的经济社会环境。

会议原则通过《社会信用体系建设规划纲要(2014—2020年)》，并要求：一是全面推进包括政务诚信、商务诚信、社会诚信等在内的社会信用体系建设。政府要以身作则，带头推进政务公开，依法公开在行政管理中掌握的信用信息，提高决策透明度，以政务诚信示范引领全社会诚信建设。二是加强基础建设。制定全国统一的信用信息采集和分类管理标准，推动地方、行业信用信息系统建设及互联互通，逐步消除“信息孤岛”，构建信息共享机制，在保护涉及公共安全、商业秘密、个人隐私等信用信息的基础上，依法使各类社会主体的信用状况透明、可核查，让失信行为无处藏身。三是用好社会力量。企业要把诚信经营作为安身立命之本，切实做到重合同、守信用。发挥行业组织自律和市场机制作用，培育和规范信用服务市场，形成全社会共同参与、推进信用体系建设的合力。四是加快推动立法。把健全相关法律法规和标准体系作为重要基础性工作，列入立法规划尽快推进实施，使信用体系建设有法可依。

资料来源：李克强主持国务院会议　部署加快建设社会信用体系，中国新闻网，http://www.chinanews.com/gn/2014/01-15/5741619.shtml。

四、社会信用体系的意义与作用

现代市场经济是建立在法制基础上的信用经济。加强信用建设，建立健全现代市场经济的社会信用体系，对于促进我国经济社会转入科学发展轨道，走上社会主义和谐之路，全面建设小康社会意义重大。

（一）信用制度是市场健康发展的保障

信用是市场经济的基石，信用制度是市场经济健康发展的保障。这是由市场经济的特征决定的。这要从信用与市场经济的关系、从市场经济说起。怎么认识市场经济，在学术界是个仁者见仁智者见智的问题。笔者认为，市场经济是一种经济体系及状态，是生产方式与分配方式市场化的经济体系及状态。市场经济的重要特征就是生产方式与分配方式的市场化改变。

首先，在生产方式上，在市场经济下，信用生产、信用质量、货真价实、不假冒伪劣是通则，是市场运行的基本前提。

其次，在分配方式上，一切生产要素和产品都要通过市场来分配，包括各种市场资源和劳动产品。分配的形式是交换，交换的原则是等价，自由、平等、协商、诚信、规范是基本的行为准则。

生产与分配是经济运行的最主要问题。在市场经济下，生产与分配是在市场化的、自由的、高效的条件下进行的，而不是无序存在的。生产和分配有各种规则，有些规则是必须规定的，专业、技术规则要规定，如 WTO 规则是具体的贸易规则，还有巴塞尔协议，是金融体系、银行资本监管规则；有些规则是不必规定的，如基本道德理念与行为规范等。诚实守信、规范经营、平等践约，不违反人类文明，不侵害人类健康，是规则中的规则，是市场经济的基石。

信用经济的发展和健康运行，必须要有一套科学的信用管理制度，在诚信、合规和践约三个维度，奠定市场经济发展的基础。信用管理制度不仅要肩负在全社会范围内倡导诚信意识的责任，而且还要依法依规监督和规范信用主体的信用行为，保证信用主体合法、合规履行承诺和合约，真正发挥社会管理的功能，使信用这块市场经济的基石明确化，使信用规则制度化，从而约束生产、交换、分配中人性的贪婪、环境的污染、利益的冲突和社会的不和谐等。

（二）社会信用体系建设是构建和谐社会的必然选择

信用不仅是一个经济问题，更是一个社会问题。信用问题不仅涉及生产、国内外贸易、金融交易等，更关系到人与人之间的关系、市场秩序、社会稳定与和谐发展。社会管理的目标是能给国家和人民带来最大的福利。能达到这样目标的制度才能算好的社会制度，而利润最大化的目标仅在经济领域适用，在处理社会问题时则往往不能达到良好的效果。

信用是和谐社会的基础，社会信用体系建设是构建和谐社会的必然选择。信用建设是重建社会信任关系、构建和谐社会的基础内容之一。社会诚信是和谐社会的标志。社会信用体系建设是促进和谐社会发展的创新制度安排。我们要建设的社会主义和谐社会，是民主法治、公平正义、诚信友爱、充满活力、安定有序、人与自然和谐相处的社会，是物质文明、政治文明、精神文明的有机统一。

全面贯彻科学发展观，努力构建社会主义和谐社会，必须创造更好的信用制度和信用关系。诚实守信，从古到今都是中国人民最基本的道德规范，在推进社会信用体系建设过程中，每一个企业和个人都责无旁贷。

（三）社会信用体系是市场经济的冷却器

社会信用体系不仅仅针对某一个问题、一个领域、一个系统、一种模式，而是面对全社会，面对政治、经济、管理等一系列问题，是市场经济下社会综合治理的新制度。社会信用体系建设既覆盖银行业，也覆盖商业；既为市场服务，也为政府服务；既涵盖征信，也涵盖诚信评价；既涉及信用交易，也涉及市场秩序。

市场经济不是完美无缺的，市场自我调节的作用是有限的。在经济过热时期，人们都忙于应付供求失衡带来的狼狈局面，而很少有人关注市场经济的基石和底线——信用。实际上，社会信用体系是市场经济最好的冷却器，由于存在诚信、合规、践约这些基本底线，社会信用体系通过一系列的制度、规则和监管措施，帮助市场经济守住底线，把已经近乎疯狂的人们拉回到公平、和谐、平衡的经济运行轨迹上，保证市场经济运行的稳定性和持续性。

（四）社会信用体系是现代市场经济的重要制度安排

信用是现代市场经济的基石，没有信用就没有良好的经济和社会秩序。市场经济是发达的商品经济，是建立在信用基础之上的交换经济。信用已成为现代市场经济的一个基本构成要素，一切经济活动的开展都离不开信用。一旦信用缺失，社会有序运转的链条将被人为割断。我国目前尚存在着相当程度的诚信缺失现象，这种诚信缺失将会产生巨大的社会成本和经济成本，因此，治理整顿失信行为，重新打造诚信社会，是完善社会主义市场经济体制所面临的一项重大而艰巨的任务。

现在的市场经济中，由于信息的不完全与不对称和博弈的不确定性与风险性，社会信用体系作为一种信息共享机制和有效的社会机制，通过对失信行为的记录、揭露、信息传播和预测，解决经济社会生活中信用信息不对称的矛盾，从而惩罚和警戒失信行为，褒扬和奖励诚实守信，促进经济和社会健康发展。

建立社会信用体系，从根本上来讲是适应我国现阶段市场经济建设与发展需要的，是整顿市场秩序、改善社会信用环境、保障信用交易健康发展、建设信用经济的根本举措。健全有效的社会信用体系可以促进一个国家或地区的市场经济交易方式与手段走向成熟、扩大并创造市场需求、促进市场繁荣、保持经济持续增长，是促进和谐社会发展的创新制度安排。完善的社会信用体系可以为改革开放的中国增强国际经济竞争力提供有力的制度保障。

（五）社会信用体系是建立社会信用规则与秩序的途径

目前，我国正处于由计划经济到市场经济的转型过程中，为了促进市场经济的健康发展，国家制定了一系列法律法规，发挥了一定的作用。然而，由于社会诚信观念和法律制度基础还没有稳固地建立起来，总体上看，市场经济秩序仍难以尽如人意。

市场经济秩序的好坏是反映经济运行质量、经济管理水平的重要标志，是影响经济发展和社会稳定的重要因素，而社会信用体系又是市场经济秩序的重要组成部分，因此，在建设市场经济的过程中，建立与完善社会信用体系和规范市场经济秩序都必须高度重视，二者相辅相成，共同促进我国市场经济的健康快速发展。

党中央、国务院都极为重视我国社会信用体系的建设，十六大报告已明确提出要“健全现代市场经济的社会信用体系”，十六届三中全会通过的《中共中央关于完善社会主义市场经济体制若干问题的决定》明确提出“形成以道德为支撑、产权为基础、法律为保障的社会信用制度是建设现代市场体系的必要条件，也是规范市场经济秩序的治本之策”。

首先，社会信用体系的建立和运行是以产权制度为基础的。所谓产权制度，是指既定产权关系和产权规则结合而成的且能对产权关系实行有效组合、调节和保护的制度安排。产权制度最主要的功能在于它能降低经济活动中的交易费用，提高资源配置效率。建立归属清晰、权责明确、保护严格、流转顺畅的现代产权制度，有利于维护公有财产权，巩固公有制经济的主体地位；有利于保护私有财产权，促进非公有制经济发展；有利于各类资本的流动和重组，推动混合所有制经济发展，形成良好的信用基础和市场秩序。

其次，社会信用体系的运行是以道德观念与行为准则为重要支撑的。在我国建设社会主义市场经济的过程中，人们的思想观念与道德行为在体制变革和利益多元化的冲击下发生了重大的改变。信用思想与信用观念、信用行为得到了一定程度的发展。在社会主义市场经济体制的建立和完善过程中，私有产权和个人利益逐渐得到承认，这极大地调动了个人劳动者的生产积极性，激发了他们在经济活动中的潜力，有力推进了社会主义市场经济的发展。

最后，社会信用体系的运行是以法律为有效保障的。如果说道德规范和诚信意识为社会信用体系的建设提供了必要的“软约束”，那么法律体系的建设和完善就为社会信用体系的建设和规范运行设置起有力的“硬约束”。社会信用体系的建设需要法律的配合和保障，实现德治和法治的有效结合，共同维护社会信用体系的合理合法运行。市场经济是信用经济，是契约经济，也是法律经济。

信用是市场经济的基础，法律是信用建设的保障。法律制度不健全、法制保障不力，是在整顿和建立社会信用秩序中碰到的极为棘手而又亟待解决的问题。仅靠社会舆论和道德不可能有效约束债权人和债务人的经济行为，必须建立健全法律体系，依靠法律力量，把一切信用活动纳入法制的轨道，经由法制途径遏制失信行为。只有这样，才能维护和培育良好的信用秩序，才能使正常的信用关系得以维系和保障。

（六）社会信用体系是改善和优化发展环境的条件

在现代市场经济条件下，技术、人才、资本都可以引进，唯有社会信用环境无法引进；一个地方的自然禀赋无法改变，但是信用环境可以改变。良好的信用是一个地方乃至整个国家的宝贵财富。建立良好的信用环境，有利于降低市场交易成本，推进公平交易，促进市场交易的活跃和繁荣；有利于改善金融生态环境，优化投资和贸易环境，营造和谐信任的社会环境；有利于加快经济增长方式转变，提高全民诚信意识和道德水准，促进国民经济持续健康发展和社会文明进步。

考察一个国家或地区的发展环境，有很多角度，从信用方面看：

其一，信用经济发展水平。一个国家或地区的信用活动总规模是否适度，信用结构与分布是否合理，经济信用化程度是否与国内经济发展阶段和发展目标相适应，信用非中介化程度是否与信用经济增长幅度相吻合，资本市场诚信状况是否与经济发展要求相匹配，微观经济主体信用活动水平与信用经济发展水平是否相一致，都是考察该国或该地区发展环境的重要因素。

其二，社会信用环境状况。一个国家或地区的信用管理水平高低，社会信用体系健全程度，信用制度的完善状况，信用秩序的规范程度，信用文化的导向性，信用意识与行为的价值取向以及失信程度等，都是反映社会整体信用环境的重要指标。

由此可见，市场经济需要良好的发展环境，良好的发展环境需要健全的社会信用体系做保障，那么，社会信用体系建设必然成为优化发展环境，促进市场经济发展的前提条件和重要基础，足以引起世界的关注和重视。

（七）社会信用体系是应对风险、防范危机的防火墙

首先，市场经济不是完美无缺的，市场经济固有的不完全竞争、外部经济效应、公共物品、信息不对称特征，决定了市场自我调节的功能是有限的，市场失灵现象时有显现，周期性的经济危机、信用危机、国际金融风险时有爆发。接连爆发的东南亚金融危机和美国次贷危机，都是市场调节失灵、信用交易过度泛滥的典型表现。

其次，市场竞争加剧，发达国家资本对外扩张提速，市场经营由封闭走向开放，厂商经营规模越来越大，最终突破国家疆界，向全球范围蔓延。经济全球化的推进，带给

我们的不仅是经济的高速增长、技术的全面更新，更有经济危机、信用危机全球化传导的风险。一旦经济危机、信用危机突破国界，在全球蔓延，带来的损失和教训将是难以磨灭的。

最后，资本的本性是追逐利益，要求高回报、高利润。众多厂商在获取资本的同时，也背负沉重的利润包袱。只有获得高额的利润率，才能继续获得新一轮的资本支持。市场经济体系中，自然而然诞生了很多垄断行业和垄断组织。这些垄断组织为了获得更高的利润，联合起来，以垄断优势在市场上占据有利的竞争地位，也在对外贸易中获得比较优势。

中国是快速发展的发展中国家，在经济全球化的过程中，日益融入世界经济发展的大环境中，加之改革开放的不断深入，中国必然也会受到经济危机、信用危机全球传导的影响。

社会信用体系是市场经济的基石和冷却器，也是现代市场经济的重要制度安排和优化发展环境的前提条件。对于建立社会诚信文化基础，规范社会交往秩序，建立市场交易秩序，具有不可替代的作用。

首先，社会信用体系对内可以稳定秩序，拉动内需。市场秩序是市场经济发展的根本，稳定市场秩序就是稳定市场经济发展的根基，根基不动摇，社会才稳定。其次，社会信用体系对外可以加强融合，兼容并蓄。信用交易规则是世界通用的，建立社会信用体系，与国际市场及规则接轨，纳入国际通行的合理做法，摒弃国际上不合理的失败做法，为我所用，在加快与国际融合的同时，提升我国信用体系建设的水平和应对风险的能力。

所以，市场经济本身有缺陷，市场竞争不断在加剧，资本天然有逐利性，这些虽然都是引发经济危机、信用危机的因素，但是并非束手无策，只要建立完善的社会信用体系，还是可以形成一道应对风险、防范危机的防火墙，保护我们的经济发展，巩固我们的社会稳定。

（八）社会信用体系建设是 21 世纪重要的强国战略

从国内来看，建立社会信用体系是经济发展战略调整、社会发展战略转变的需要，也是深化改革开放战略的需要。近几年，我国要增强综合国力，保持经济平衡较快增长，经济增长质量进一步改善；经济结构战略性调整继续推进，区域经济协调发展取得重要进展；就业和社会保障得到加强。这些战略性任务的实现，都离不开社会信用体系的保障。

从国外来看，中国在世界的大国地位需要有健全的社会信用体系作为基础，树立良好的国际形象，这也是一项战略性的任务。

在 21 世纪，我国进入改革发展的关键时期，工业化、城镇化、市场化、国际化加快推进，经济体制深刻变革，社会结构深刻变动，利益格局深刻调整，思想观念深刻变化。我们必须抓住机遇，尽快建立完善合理的社会信用体系，出台更多有利于强国富民的政策，满足进入世界强国之林的战略需要。

案 例 分 析

美国的社会信用体系

美国的社会信用体系比较成熟。学习和分析美国的社会信用体系，有利于我们认识和把握社会信用体系的基本框架。

美国等发达国家信用活动如此发达，能促进经济增长，良性循环，在很大程度上取决于他们长期以来重视信用制度与管理，建立健全并有效运行了社会信用体系。

以美国为例，剖析其社会信用体系与结构。可见其社会信用体系是由国家管理、行业管理、惩罚机制、教育四个子体系共同构成的。其结构如图 2-2 所示。

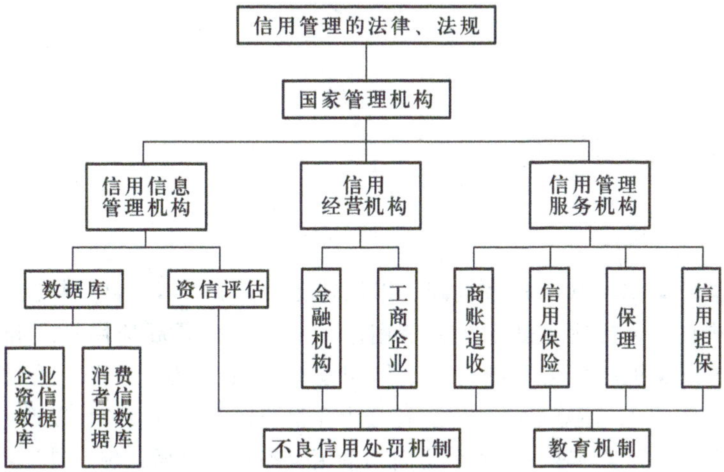

图 2-2　美国社会信用体系结构图

资料来源：吴晶妹. 三维信用论. 北京：当代中国出版社，2013。

社会信用体系中的政府管理：政府的信用管理主要体现为负责对信用管理相关法案的提案与执行。政府在社会信用体系中的作用是有限的，政府对信用活动并不作太多干预，只是创造和维护一个良好的征信环境。

社会信用体系中的行业管理：行业管理主要是通过信用行业中各类企业的经营活动自发形成与实现的。信用行业由三大类企业构成，即信用信息管理机构，如征信公司与数据库；专业化的信用评价机构，如资信评估公司；深层次的信用服务机构，如保理、担保公司。它们以社会实体信用活动为基础，以公共部门、金融部门、企业为主要客户，以经营并销售信用信息与信用产品、提供专业化和社会化的信用服务为手段，成为现代信用活动的重要组成部分。

社会信用体系中的不良信用惩罚机制：不良信用惩罚机制是社会信用体系中的重要组成部分，是打击经济失信行为的社会机制。其主要功能是对所有失信的法人或自然人实施实质性打击，让不讲信用的法人和自然人不能方便地生活在社会中，使人们轻易不敢对各类经济类合同或书面允诺违约；同时，维护诚实守信者的利益，并在有条件的情况下对诚实守信者进行物质性奖励。一个国家只有具有运转正常的不良信用惩罚机制，才能说具有完整和健全的社会信用体系和信用制度，才能有效保障市场健康有序发展。

第二节 社会信用体系构成与运行

一、社会信用体系的构成

（一）信用立法子体系

建立以道德为支撑、以产权为基础、以法律为保障的社会信用制度，是我国社会信用体系建设的核心。包括建立健全社会信用法律法规，为开展信用管理和信用服务提供法制保障；制定以保护产权为基础的社会信用发展政策，促进现代企业制度的发展和信用交易规模的合理扩大；建立健全政府、社会中介组织以及企事业单位以道德为支撑的信用自律制度和信用风险管理制度，使各个层面的信用管理有章可循；制定科学统一的信用行业标准化体系，支持全社会信用信息的开放共享。信用立法的影响会渗透到信用交易、信用服务、信用监管子体系的各个环节，是整个社会信用体系运行的指导原则和依据。

（二）信用交易子体系

信用交易子体系是指由公共部门、金融部门、企业等为信用交易主体进行的各种信用活动构成的相互影响、相互制约的有机整体。这种信用活动直接给信用主体带来生产或经营的变化，带来资金、销售等变化，直接改变了社会信用交易的总规模。这些变化与影响是通过市场来实现和传递的。交易体系运行的载体是市场，主要内容是信用交易，覆盖范围是经济领域的信用，形成的是经济上的债权债务关系。信用交易的基本原则是风险和利益的衡量和取舍，是众多微观利益主体经济决策的集合博弈。

信用交易子体系在信用体系中处于基础性地位，是公共部门、金融部门、企业、个人等各类社会经济主体直接参与的体系；牵涉面最广、与经济增长的关系最为密切。各类商业和金融信用的大规模且公平的投放都是在这个体系中进行的。社会信用体系建设的目标之一就是要解决各类信用的大规模投放问题和安全投放问题，以此扩大我国市场规模尤其是信用交易规模，促进经济持续增长。

（三）信用监管子体系

信用监管子体系是对信用交易子体系和信用服务子体系的各种活动进行监督管理，督促各行为主体遵守规范，合理经营的体系。从广义上讲，信用体系中的监管子体系包括政府部门的监管、行业自律、社会监督和企业内控四大层次。从狭义上讲，监管体系主要是指政府部门的监管。监管体系是社会信用制度和法律得到贯彻落实的重要保障。

一般而言，在各国启动信用体系建设的初期，政府都发挥了极大的作用。一方面，各国在国家社会信用体系建设初期的政策都是要扶持信用管理行业的发展。对于传统的市场经济国家，其政府行业政策多在于保护个人隐私和维护金融安全。对于有信息保密传统的国家，政府会促进各类征信数据的开放，并在政策上保证征信机构能够以低成本采集征信数据。另一方面，如果政府采取促进征信行业发展的政策，政府也会在同时加强对该行业的监督管理，以避免从一个极端走向另一个极端。

（四）信用服务子体系

除了交易子体系中的实体信用活动之外，在现代经济中，还产生了围绕着这些实体信用活动部门活动的信用信息管理与服务行业。信用服务子体系是指以经济活动参与者的多方面信息为原材料，通过对其进行收集、整理、加工和管理，以此为基础为经济参与者本身或相关方提供服务的信用中介服务企业和机构及其活动在内的总称。整个信用信息管理与服务行业中有各种各类企业，基本可以分为三大类，即信用信息管理机构、专业化的信用评价机构和深层次的信用服务机构。

需要特别说明的是，不良信用惩罚机制不是对失信企业和消费者个人进行类似刑事处罚，处罚依据与尺度也不出自刑法，公、检、法机构也不是惩罚机制中的执法机构。失信是产生于市场经济生活中的不良现象，相应市场对失信现象进行惩罚的机制也产生于市场本身，它的“执法机构”是各种征信公司及其数据库、资信调查公司、消费者个人信用调查公司和资信评级公司等。当然，严重的失信行为或触犯刑律的失信活动则另当别论，既要受到不良信用惩罚机制的惩罚，也要追究刑事责任。

（五）信用文化与教育子体系

市场经济是建立在一定规则基础之上的有限制和约束的自由经济，不是唯利是图、完全自由主义的经济。市场经济讲究道德、精神和规则。这一切的形成，既需要利益的平衡，也需要制度的安排，更不能忽视社会舆论的宣传、引导与监督。社会舆论是改善市场经济秩序、加快建设社会信用体系的重要支持力量。

首先，应大力发展专业信用教育，将信用管理作为一门独立和系统化的学科，在经济学下设信用管理专业二级学科，与金融学、工商管理等并列；或在工商管理学院、财政金融学院内设立信用管理专业课程；在经济、金融、工商管理、企业管理等成熟专业上，增设“信用管理”双学士；在有条件的院校及专业上，允许增设“信用管理 MBA”。其次，要加快发展信用管理的职业教育与岗位培训，主要对象是银行与企业的信用管理人员、信用调查评估与咨询等的从业人员。

延伸阅读

从 2001 年开始，十多年来，伴随着我国经济和社会的发展，已有越来越多的有识之士认识到信用管理的重要性及必要性，在各级政府的支持下，各大高校纷纷开设信用管理专业，截至 2013 年，在教育部备案或审批同意设置信用管理专业高等学校本科专业院校已达 25 所，具体如表 2-1 所示。

表 2-1　2001—2013 年经教育部备案或审批设置信用管理专业的高校一览

<table>
<tr><td rowspan="2">2001 年</td><td>中国人民大学</td><td rowspan="3">2010 年</td><td>太原师范学院</td></tr>
<tr><td>上海财经大学</td><td>厦门理工学院</td></tr>
<tr><td>2002 年</td><td>吉林大学</td><td>兰州商学院陇桥学院</td></tr>
<tr><td rowspan="2">2004 年</td><td>上海立信会计学院</td><td rowspan="2">2011 年</td><td>哈尔滨金融学院</td></tr>
<tr><td>上海第二工业大学</td><td>湖北经济学院</td></tr>
<tr><td>2005 年</td><td>上海金融学院</td><td rowspan="3">2012 年</td><td>天津职业技术师范大学</td></tr>
<tr><td>2006 年</td><td>浙江财经学院</td><td>河南财经政法大学</td></tr>
<tr><td>2007 年</td><td>山东财政学院（现山东财经大学）</td><td>北京理工大学珠海学院</td></tr>
<tr><td>2008 年</td><td>天津财经大学</td><td rowspan="6">2013 年</td><td>南京财经大学</td></tr>
<tr><td rowspan="5">2009 年</td><td>天津商业大学</td><td>西安外国语大学</td></tr>
<tr><td>上海师范大学</td><td></td></tr>
<tr><td>广东金融学院</td><td></td></tr>
<tr><td>重庆工商大学融智学院</td><td></td></tr>
<tr><td>兰州商学院（现兰州财经大学）</td><td></td></tr>
</table>

资料来源：根据教育部公开网页整理。

二、社会信用体系的四大领域

社会信用体系的四大领域指的是政务诚信、商务诚信、社会诚信和司法公信。

（一）政务诚信

政务诚信要求政府在政务活动中恪守诚信原则，遵守法律法规，信守承诺，不欺骗百姓，对出台的政策和条例等严格执行。随着现代政治文明的发展，人民群众对政府期望的不断提升，社会对政务诚信问题越来越关注，进而对政务诚信的要求也越来越高。

1. 政务诚信的内涵

政务诚信（GI，Government Integrity）是政府获得社会公众信任的资本。政务诚信表现在三个方面：政府的基本素质、在社会管理中的自身信用水平以及在经济活动中承诺践约的能力与结果。政务诚信具有示范效应。政务诚信具有效率功能，只有言必信，行必果，才具公信力，政令易通，从而提升政府行政权力行使的效率。

在社会管理中的自身信用水平是政府获得公众信任的社会资本，表现为政府在行政活动中遵守法律法规、行业规则、民间惯例以及内部管理规定的意愿、能力与行为结果，涉及政府的一般行政活动，体现的是政府在行政活动中的信用价值取向与信用责任，可以概括为合规度。

在经济活动中承诺践约的能力与结果是政府获得公众信任的经济资本，表现为政府在经济活动的践约能力，体现的是政府在经济活动中的信用价值取向与信用责任。

政务诚信由来已久。古代圣王禹、汤，循义讲信而天下大治；暴君桀、纣，背信弃义而天下大乱。作为国君一定要慎礼义、讲忠信，然后才能治国。司马光在《资治通鉴》中讲道："夫信者，人君之大宝也。国保于民，民保于信。非信无以使民，非民无以守国。是故古之王者不欺四海，霸者不欺四邻。善为国者，不欺其民；善为家者，不欺其亲。"中国古代凡是政绩卓越、受百姓爱戴的君王都做到了"取信于民"。国外也是自古就有政务诚信。例如，古罗马人把诚信概念引入法律体系中，并且作为古罗马法的法律原则，贯穿于整个法律体系中，古罗马帝王在执政过程中也遵循"诚信"原则。可见，诚信是齐家治国的法宝，诚信是治国之本。

2. 为什么要进行政务诚信建设

党的十七届六中全会明确要求，把诚信建设摆在突出位置，大力推进政务诚信、商务诚信、社会诚信和司法公信建设。那么为什么要把政务诚信摆在第一位呢？

（1）政务诚信是商务诚信、社会诚信的表率

党的十七届六中全会提出政务诚信、重视政务诚信，表明了政府对政务诚信建设的态度及决心。政府机构提供公共服务，维护社会秩序，对其他社会主体起示范作用。只有讲诚信，才能取信于民，才能产生凝聚力、向心力。政务没有公信力，社会信用体系缺乏基础和支撑，商务诚信和社会诚信建设便举步维艰。

（2）政务诚信是确立现代社会诚信的基石

政务诚信是社会主义核心价值体系的重要内容。社会主义核心价值体系是党的十六届六中全会首次明确提出的一个科学命题。

在政务诚信、商务诚信、个人诚信等组成的社会诚信体系中，政务诚信起着基础性、导向性作用。加强政务诚信建设是加强我国诚信体系建设的关键部分，对建设社会主义核心价值体系起着表率作用。

3. 政务诚信缺失的表现与影响

整个社会对公共机构的关注度在不断提高。与公众期望相比，政务诚信度却不尽如人意，与公众需求形成较大反差。表现在当前政务领域存在“上有政策、下有对策”“形象工程”“面子工程”“政绩工程”等现象，这些弄虚作假、欺上瞒下的做法使得政府的公信力大打折扣。

政务诚信缺失的表现，一是政策朝令夕改，出尔反尔，缺乏稳定性和连续性；二是政府官员以权谋私，损公肥私，营私舞弊；三是政府官员弄虚作假，好大喜功，沽名钓誉；四是政府官员跑官要官，买官卖官，提拔干部任人唯亲、唯钱；五是有法不依，“潜规则”盛行。

政务失信比其他领域的诚信缺失对社会发展有更严重的影响。政务失信，轻则伤害民心，降低政府公信力；重则导致群众与政府对立，甚至会危及国家安全和社会稳定。

政务失信降低行政效率，加大管理成本。效率是市场经济的基本原则，是社会活力的重要来源，也是现代服务型政府的重要价值取向。提高行政效率不仅在于改革机构，理顺职能，还在于减少和杜绝政务失信。现实生活中有些政府部门经常朝令夕改甚至朝令朝改，而且门难进、脸难看、事难办。这些在本质上都是政府职责上的失信行为，不但会降低行政效率，加大管理成本，而且会阻碍社会发展，造成对公共利益的损害。

政务失信影响社会和谐，加大社会成本。近年来，群众上访事件较多，集体上访、越级上访、重复上访、联名信访等事件时有发生。当然，造成群众信访的原因有很多，但不可否认，一些政府部门在工作中的失信行为，例如暗箱操作、越位缺位、贪污腐败等，是不可忽视的重要原因。

4. 怎样进行政务诚信建设

政务诚信表现在三个方面，即政府的基本素质、在社会管理中的自身信用水平、在经济活动中承诺践约的能力与结果。那么政务诚信建设也应从意识文化、规章制度、交易践约能力三方面入手展开。

（1）意识与文化建设

作为一维政务诚信的诚信度没有具体的约定内容，而是存在于政府人员的潜意识中，是行政过程中的潜意识与潜规则，是社会对政府要求的信用底线。随着社会发展，这种政府行为的潜规则、意识、文化的边界将逐渐外化、清晰，全社会将逐渐达成共识，明确内容与行为边界。

一维政务诚信涉及宗教信仰、价值观念、社会态度、风俗习惯、伦理道德、行为方式以及生活方式，表明政府及其行政人员的基本素质。加强政务诚信建设要夯实政务诚信建设的思想基础，努力提高政府部门人员的诚信意识和服务意识，要通过从政伦理教育和职业道德教育在公职人员中不断灌输和强化诚信观念。

政务的出发点和落脚点是社会公众的利益与期待，政务诚信的最高价值指向是人民满意。政府官员应树立正确的政绩观和为人民服务的意识，在政务活动中培养和强化诚信观念，减少劳民伤财的“政绩工程”“形象工程”。应着力打造诚信型政府，提升政府的公信力，真正做到取信于民。

建议制定公职人员伦理道德法，对包括诚信在内的从政伦理道德作全面规定。通过道德行为的法治化，诚信不仅是一种道德的规劝和倡议，而且具有法律上的约束力与强制力。

（2）规章制度与岗位责任建设

如果说一维政务诚信仅仅是一种意识形态上的潜规则，不具有对政府行为的硬约束，那么二维政务诚信则是具体明确的法律法规、监管规定、社会管理制度、内部规定等，是对政府行为的一种硬性约束，是明确的社会规则，是把一维政务诚信中已形成的、被社会公认的潜规则上升成明规则，落实成政府与社会管理规定。制定规章制度，要推行公示制、首问负责制、服务承诺制、程序告知制、责任追究制和作风评议制等工作制度，把诚信原则贯穿于行政机关履行管理、监督和服务职能的全过程。

借鉴其他国家或地区政务诚信建设的经验。美国联邦有《行政部门雇员道德行为准则》《政府道德法》，韩国有《公职人员道德法》，菲律宾有《公共官员与雇员品行和道德标准法》，日本有《国家公务员伦理法》等。这些国家重视加强公务员职业道德立法，在消除腐败、降低市场管理成本和交易成本方面起到了积极作用，提高了各级政府的运行质量，赢得了社会公众对政府的信任。

（3）交易践约能力

三维政务诚信是诚信度和合规度在经济交易领域的集中反映。政府及其行政人员的诚信素质和信用形象，直接关系到经济交易的水平与能力；政府自身的财政实力和自我约束意识，又直接关系到经济交易的履约能力。

政府作为债务人，其经济活动主要表现为政府借款和政府债券。中央政府借款是指我国同外国签订的政府贷款协定借贷的资金。地方政府借款是指为解决地方基本建设项目资金，由地方政府指定借款主体，以地方政府未来预算资金作为还款来源，用地方政府信用作为担保的借款。作为债务人，政府应当做好债务管理，按时、足额偿还债务，不能拖欠；同时也要根据自身的偿债能力和践约能力来控制债务规模。

政府作为管理者，其经济活动主要表现为政府承包，包括土地承包、工程承包等。作为管理者，政府应当对承包项目做好监督和检查，对承包项目中的失信行为进行惩戒；对于承包项目中对社会公众造成的损失，应及时、负责任地解决，并按时、足额支付相关款项，做到对社会公众负责。

5. 如何建立政务诚信监督机制、提高公信力

政务诚信表现在政府的一切公共行政管理活动与经济交易活动，不仅涵盖政府的全

部行政行为，即行政决策、行政执行、行政监督等，而且包括了政府在经济交易领域的信用水平与能力，以及履约践行情况。在公共行政管理活动中，政务诚信的主要内容应包括政策的出台与执行相一致、政府的公开承诺及时兑现、积极接受监督机构和社会公众的监督、主动向社会公众公开政务、不造假等。在经济交易活动中，政务诚信主要表现在政府及其行政人员根据财政能力合理控制政府债务规模，在以政府为主体的经济活动中守信、践约，为其他经济主体树立履行合同的正面典范，带动全社会诚实守信良好风尚的形成。

政务诚信是政府的无形资产，是重要的社会信用资源，是社会信用体系建设的重要组成部分。现阶段，我国的政务诚信建设需要监督约束机制。建立政务诚信监督约束机制有两个关键问题：法律后盾与独立的监督机构。

关于法律后盾，监督机构要有法律的支持，要寻求法律的保护，如果现成的法律法规不能直接解决问题，那么在陆续出台的信用相关法律法规中要得到明确和具体落实；关于独立的监督机构，建议在全国人民代表大会和地方人民代表大会设立政务诚信监督管理委员会。

延伸阅读

以政务诚信引领社会诚信

政务诚信是“第一诚信”，是整个社会信用大厦的顶梁柱。政务失信，社会信用大厦就会倾斜。

政务诚信是社会诚信的标杆。国家机关是社会诚信建设的推动者和维护者，要求政府及其工作人员必须率先垂范，将政务诚信贯穿于社会管理、公共服务始终。

政务诚信是社会和谐的基石。当前，我国社会矛盾处于凸显期，党员干部在公务中只有恪守诚信，才能有效化解社会矛盾、促进社会和谐。

政务诚信是国家治理的重要资源。把政务诚信建设作为推进国家治理体系和治理能力现代化的基础性工程，有利于建立起政府、社会和民众之间的良好信任合作关系，形成国家与社会之间的良性互动。

政务诚信建设是一项系统工程，需要标本兼治、多措并举、持之以恒。

夯实思想基础，解决好信仰信念问题，把打造诚信政府作为硬任务，以良好的党风政风带出诚信的民风社风。

构筑制度保障。完善政务信息公开制度，健全干部考核评价体系，建立健全问责制度。

尤其关注涉及政务诚信的重大民生问题，例如政治腐败、社会基本公共服务均等化、司法腐败等，增强人们对法治的信心。

营造良好社会环境，弘扬诚信文化；加大监督力度，提高失信成本；推进法治化进程，探索符合我国国情的政务诚信建设之路。

资料来源：孙学玉：以政务诚信引领社会诚信，中国日报网，2014-06-25. http://www.chinadaily.com.cn/hqgj/jryw/2014-06-25/content_11891970.html。

（二）商务诚信

1. 商务诚信的定义

商务诚信（BI, Business Integrity）是商务领域中的企业主体获得社会公众信任的资本。商务诚信主要体现在企业主体经营活动中的诚信状况、经营方式、借贷能力与偿还情况、在市场中的声誉与公众形象等方面。所有在市场中进行的经济交易活动都属商务领域，所有的企业都在商务领域，包括工商企业、金融机构、社团组织等。商务诚信建设就是要企业自身诚信、经营活动与经济交易诚信。商务诚信的构成是三维的，主要包括一维基础素质、二维社会活动以及三维经济活动。①

一维基础素质是商务领域中的企业主体获得公众信任的基础资本，表现为企业的基本诚信素质，涉及道德文化理念、精神素养、意愿与能力及行为，体现的是企业的信用价值取向，可以概括为诚信度。

二维社会活动是商务领域中的企业主体获得公众信任的社会资本，表现为企业在商务活动中遵守社会行政管理规定、行业规则、民间惯例、内部管理规定的意愿、能力与行为结果，涉及企业的一般商务活动，体现的是企业在商务活动中的信用价值取向与信用责任，可以概括为合规度。

三维经济活动是获得交易对手信任的经济资本，表现为商务领域中的企业在信用交易活动中遵守交易规则的能力，主要是成交能力与履约能力，涉及企业的经济活动，体现的是企业在经济活动中的信用价值取向与信用责任。

商务诚信体系建设的最终目的是保证市场主体交易的安全性，为市场和企业、消费者等市场主体服务，创造良好的市场环境，提高市场交易的安全性和效率，降低交易风险和成本。

2. 商务诚信建设的主要内容

（1）意识与文化建设——基础素质

政府倡导。深入开展诚信宣传教育，在商务领域大力倡导“诚信兴商”，增强市场经营者诚实守信意识，推进商务领域信用建设。宣传有关法律、法规和制度，宣传商务领域信用销售及通过信用手段进行融资的经验。加强对行业信用评价结果的宣传和推广，在商务领域大力推动诚信经营示范创建活动。

企业自身建设。中国现处于市场经济时期，市场竞争激烈、经营行为短视、经营理念冲突都有可能导致企业在生产经营活动中价值失衡，出现不诚信行为，其根源在于企业管理过程中对诚信文化的忽视。要使整个社会有良好的市场环境，就必须要建立起企业诚信文化。企业文化是企业生存的基础、发展的动力、行为的准则、成功的核心。建

---

① 吴晶妹. 三维信用论. 北京：当代中国出版社，2013。

立企业诚信文化，就是要求企业自觉地遵守诚信原则，以诚信的文化理念来指导自己的生产经营活动。提高企业管理者及员工的诚信水平，要依靠企业诚信文化的建设。企业诚信文化建设是所有企业在企业文化建设中应该高度重视的。

(2) 建立规则并有效执行——社会活动合规度

加快出台专项法律法规。建立健全商务信用法律法规体系，推进商务领域的信用立法工作，尤其是推进信息保护与公开的立法过程中，要做到各个行业、各类企业的公平、平等。此外，要抓紧研究制订和完善与信用服务业发展有关的法律、法规和规章，使与商务领域有关的信用服务受到法律的保护和约束，从而进一步推进商务诚信建设。

建立健全商务诚信行政监管制度。制定商务经营主体、交易行为和交易信息管理规范，以及信用保护、失信惩戒与诚信褒奖等实施细则。推动相关部门制定第三方信用评估服务机构的相关行业标准和从业人员标准，着力提高信用评估服务的规范性和可信度。

建设商务领域信用信息数据库。做好信用信息采集和使用工作，准确记录商务领域企业获得行政许可、经营资质、违法违规处理以及合同履约情况等信用信息，并向社会公开提供信用信息查询服务。还应建立商务诚信信息数据库，并实现跨部门、跨行业信用信息的互联互通。

规范单用途商业预付卡发行和服务行为。监督发卡企业规范和完善内部管理制度，加强企业管理者的诚信意识和责任意识，强化行业自律和市场监督，对卷款而逃的企业和个人给予严格的法律制裁，切实防范商业欺诈和市场风险，保障消费者权益和社会的公共利益。

加强建设消费者维权体系。我国有13亿人口，消费者人数众多，消费者权益保护仅仅靠一个消费者协会和一年一度的3·15是绝对不够的，应该形成一套包括法律制度、组织机构、监督机制在内的完整消费者权益保护体系。从事消费者权益保护，不仅要有政府机构，还要有民间或行业组织。

(3) 鼓励并加强信用交易及践约——经济活动践约度

促进企业间信用销售。推动企业与金融机构合作，发展企业间的信用销售。鼓励和支持信用销售企业利用信用调查、资信评估、商业保理、履约担保和信用保理咨询等信用服务产品，降低信用销售风险。

鼓励商贸企业运用多种融资方式。引导金融机构向已通过信用认证或信用评级较高的商务领域企业发放小额信用贷款，开展应收账款、仓单、保单融资和供应链融资等创新业务。

建立企业大额应收账款拖欠申报制度。应收账款是企业因销售商品、材料、提供劳务等应向购货单位收取的款项，直接影响企业的营运资金周转和企业的实际经济效益。

建立企业大额合同违约登记备案制度。大额合同涉及的资金和货物数额很大，合同的履约和违约情况对企业的经营会产生严重影响。

建立企业信用销售支付结算监控系统。在现代信用经济背景下，信用销售是企业扩大销售规模、增加收入的重要途径之一。

（4）行业组织自律

强化行业自律。指导行业商协会在食品、日用品等重点行业，电子商务、电视购物等新兴业态，对外投资及劳务合作以及重点产品出口等领域，率先实行企业信用认证和信用等级评价。监督行业商协会定期通报外商投资企业执行出资、撤资、清算等规定的情况。要创新组织模式和管理模式，增强行业自律建设的科学性和有效性；要协调好行业商协会与企业和社会公众的关系，提高行业商协会的凝聚力和公信力。

建立信用档案。指导行业商协会采集和整理本行业企业的信用信息，建立会员企业信用档案，制作和发布守信企业红名单和失信企业黑名单，建立行业信用信息发布查询平台，实现行业内部及上下游企业之间的信用信息共享。指导行业商协会从重点行业入手，对职业经理人和重点岗位从业人员实行执业行为的采集、记录、管理和共享制度，建立从业人员信用档案，开展信用评估，并将评估结果向会员企业、上下游行业组织和有关部门通报。

健全管理机制。指导行业商协会开展会员企业信息服务和信用管理知识培训，推动企业内先进企业设立信用管理机构，对客户资信、销售合同、应收账款、员工信用档案等进行管理，降低交易风险，提升企业经营管理水平和经济效益。

推动企业信用信息互换共享。支持商品交易市场、商业街、物流园区等商圈，以及供应链上下游企业群等逐步积累企业信用信息，推动条件成熟的商圈和供应链上下游企业群建立信用信息交换和共享系统。

（5）舆论监督

应充分发挥舆论监督的力度，鼓励社会公众广泛参与到商务领域的诚信建设中。社会舆论有很强的监督和警示作用，能对错误思想和行为有很好的约束和矫正作用。如果社会舆论消极对待诚信建设，诚信思想和行为不能得到肯定和弘扬，诚信缺失现象不能得到及时的抨击和惩罚，必定会阻碍商务领域的诚信建设并导致失信文化的形成和传播。因此网络、电视、报纸等新闻媒体要切实做好舆论监督，坚持正确的舆论导向，大力褒扬诚信思想和诚信行为，积极推动诚信文化建设。通过全社会诚信道德教育，培养公众的信用观，为监督商务领域的诚信建设和为社会保持良好的信用秩序奠定良好的道德基础。

（6）信用服务业

引导企业运用信用产品和服务。信用产品和服务既可以帮助企业减少和避免因其他商务领域中的主体的诚信问题而导致的损失，也可以帮助企业提升自身的诚信水平，完善企业自身的信用管理。要逐步建立行政许可、市场监管、政府采购、招投标、财政贴息等事项的信用记录预审制度，鼓励行业协会和交易当事人使用信用服务机构提供的企业信用报告，扩大信用服务业的市场需求。

培育信用服务企业。把信用服务企业的发展和规范作为商务领域诚信建设的重要内容，并把信用服务业作为一项新兴产业扶持和培育。鼓励发展中小信用服务企业，根据商务领域各行业企业的特点，开发创新型信用产品和服务，并将信用产品商品化。

发展征信机构，建立和完善商务信用信息系统。商务领域的信用信息系统可以实现商务领域中的信用信息采集、交换、披露、汇总和共享等，既能为企业的销售决策和合作决策等提供依据，又能帮助相关政府部门实现监督。

发展商业信用评价机构，促进商务领域信用体系完善。商业信用评价机构对商务领域各参与主体将来按期偿还债务的意愿和能力，以及可偿还债务的实现程度进行综合评定。

（7）重点与热点领域

电子商务是当前商务领域中的重点与热点。电子商务诚信平台是以电子商务为基础，针对现有电子商务的缺点，专门打造的平台。平台执行符合我国市场情况的企业资信认证标准、产品认证标准、整体品牌认证和企业履行能力考察等多种企业信用认证方式和国际通用的认证方式，并提供在线的企业信用信息查询和信用报告服务。在企业允许的情况下，买方可以方便地查询到企业信用报告。信用报告中包含了企业基本信息、企业名称变更记录、企业股东情况、企业内部制度、相关资质和证书、银行信用信息、财务情况评估、行业前景评估等内容。企业信用报告分为基本信用报告、综合信用报告和专项信用报告。

延伸阅读

商务诚信：发达国家与我国的比较

美国从事商务诚信行业的成员已达1.6万人，平均年营业额在46亿美元左右。在欧洲、日本等发达国家和地区，商务诚信调查被工商业主们誉为经济活动中“防止跌倒的手杖”。在我国，商务诚信以商务部为主导，分为行业信用建设、企业信用分类监督、贸易信用体系建设等几个方面，在我国经济领域产生了重要的作用。今后要进一步推动商务诚信信息的合法采集、及时披露与适度公开，推进建设我国的商务信用信息系统，并尽快实现各部门、各行业的商务信用信息的联通与共享。

（三）社会诚信

1. 社会诚信的内涵与范围

社会诚信（PI，Public Integrity）是指参与社会活动的所有社会主体的诚信。社会主体包括个人、企业、政府和各种社会组织，例如高校、基金会、行业协会等。

社会诚信是某一社会主体获得其他社会主体信任的资本。社会诚信表现在三个方面：社会主体具备基本的诚信素质，社会主体在社会活动中遵守规定、规则，社会主体在经济活动中遵守交易规则。

社会主体的基本诚信素质，涉及社会主体的道德文化理念、精神素养、意愿与能力及行为，体现的是社会主体的信用价值取向，可以用诚信度衡量。社会上的一些诚信评价活动就属于这个范畴。

社会主体获得管理者信任的社会资本，表现为社会主体在社会活动中遵守相关法律法规、规定、规则、民间惯例等的意愿、能力与行为结果，涉及社会主体的一般社会活动，体现的是社会主体在社会活动中的信用价值取向与信用责任，可以用合规度衡量。我国一些行政管理部门开展的对企业的信用监管评价活动就属于合规度评价这个范畴。

社会主体获得交易对手信任的经济资本，表现为社会主体在信用交易活动中遵守交易规则的能力，主要是成交能力与履约能力，涉及社会主体的经济活动，体现的是社会主体在经济活动中的信用价值取向与信用责任，可以用践约度衡量。

2. 社会诚信建设的意义

（1）社会诚信建设是我国经济转轨、发展市场经济的需要

在我国当前的经济发展阶段中，市场经济要想快速发展和顺利推进，必须要加强社会诚信建设。社会主义市场经济活动，包括商品的生产、经营、流通和交换，本质上都必须以社会诚信为基础和保障。随着社会主义市场经济的深入发展，社会诚信问题必然日益显现出来。

市场经济既是法制经济又是诚信经济。所谓市场经济，就是以市场为基础对有限的资源进行合理配置，并且以价值规律为基础实行等价交换。这两项最基本的市场经济规律都要以诚信为基本前提，诚信为市场经济的健康发展保驾护航。

在诚信缺失条件下，银行担心信贷风险从而使大量的交易机会由于缺乏金融安全的保障被放弃，出现金融资源闲置现象。社会信用的缺失会导致投机盛行和社会腐败现象的增多。

（2）社会诚信建设是我国参与国际竞争的需要

在经济全球化背景下，每个国家、地区、企业和个人都是市场主体，信用对这些市场主体的竞争力和可持续发展有着重要影响。市场主体缺少技术、资金、人才等生产要素可以很快筹集或引进，但一旦缺少了信用这一无形资产，则需要很长的时间去建立和修复，从而会造成巨大的经济损失。

在改革开放和经济全球化的双重推动下，我国的经济发展和社会生活正快速融入国际社会，这对我国的社会诚信建设提出了更高的要求。我国的经济和社会发展面临激烈的国际竞争，而国际竞争的基础和前提就是诚信。在开放的全球化市场竞争中，质量是竞争的根本，诚信是竞争的基础。建立完善的社会征信和信用评估体系是个人和企业参与国际竞争的必备条件。

（3）社会诚信建设是建设和谐社会的需要

诚信是社会主义精神文明的重要特征，是社会和谐融洽和发展进步的伦理道德基础。社会主义和谐社会的发展不是单一、片面的发展，而是全面的、健康的、和谐的发展。社会诚信建设既关系到经济的快速增长，又关系到精神的丰富和发展，对社会的全面发

展起着重要作用。

诚信是中华民族的传统美德，也是构建和谐社会的基石。但在现实生活中，有种种不诚信、不和谐现象存在着，不仅严重损害了社会公众的合法权益、扰乱了社会秩序，而且阻碍着社会主义和谐社会的建设。全面建设小康社会、和谐社会，都离不开会诚信这一重要保障。

和谐的社会关系和有序的社会秩序一方面需要有法律的强制作用来维持，另一方面更需要有伦理道德来规范和维系。诚信建设是伦理道德建设的重点，搞好诚信建设可以为社会公众创造和提供健康有益的精神食粮，有助于正确处理人与人、人与社会的关系，营造诚实守信的社会环境。

知识链接

中国社会诚信体系建设的问题与对策，中国社会科学网，http://www.cssn.cn/zhx/zx_llx/201310/t20131026_621692.shtml。

（四）司法公信

1. 司法公信的内涵

司法公信（JI，Judicial Integrity）是司法机关依据自身对法律和事实的忠实而获得社会公众信任的能力。司法公信是司法机关通过司法活动在社会生活中树立起来的一种公共信用，表现在三个方面：司法机关的基本素质、司法过程中的合法合规程度、经济活动中承诺践约的能力。

基本素质是司法机关获得公众信任的基础资本，表现为司法机关的基本诚信素质，涉及道德文化理念、精神素养、意愿与能力及行为，集中体现在司法过程中忠于事实真相，体现的是司法机关的信用价值取向，可以概括为诚信度。

司法过程中的合法合规程度是司法机关获得公众信任的社会资本，表现为司法机关在司法活动中忠于法律，遵守法规、行业规则、民间惯例、内部管理规定的意愿、能力与行为结果，涉及司法机关的一般司法活动，体现的是司法机关在司法活动的信用价值取向与信用责任，可以概括为合规度。

经济活动中承诺践约的能力是司法机关获得公众信任的经济资本，表现为司法机关在经济活动中的践约能力，体现的是司法机关在经济活动中的信用价值取向与信用责任。

2. 司法公信建设的主要内容

在我国当前经济与社会发展迅速、社会矛盾集中显现的形势下，加强司法公信建设要坚持司法公正，保证司法廉洁，实现司法公开，不断提高司法的社会认同度。

(1) 坚持司法公开，增强司法透明度

公正司法是司法公信力建设的关键所在，司法公开是司法公正的重要保证。司法公开主要有以下几个方面。第一，案件在法庭审理过程中的举证、认证、质证公开。所有的证据材料，无论是庭前交换的、当事人自行收集的还是法院调查收集的，都要在法庭上公开出示。第二，判决公开。判决公开包括判决理由、适用的法律和判决结果的公开。无论是公开审理的案件还是不公开审理的案件，其判决都应公开宣告。第三，向当事人和社会公开。案件的审判过程应向当事人公开，案件判决的结果、理由、适用的法律等应向社会公开。

(2) 加强反腐倡廉建设，确保司法队伍的清正廉洁

司法机关是“反腐败、倡清廉”的直接力量，司法廉洁也必然是社会关注的焦点，是影响司法公信力的重要因素。司法机关应建立并强化内外部监督和惩戒机制，形成完善的监管体系，对司法腐败行为严肃处理，甚至进行法律制裁。司法人员应加强诚信意识，以人民群众和社会利益为工作核心，提高自身的社会责任感。司法反腐倡廉建设应从解决现存薄弱环节入手，在司法过程中依法保障当事人的权利，用扎实的证据和充分的法律依据来支持裁判，最大限度地将司法队伍中的腐败现象减少到最低程度，以清正廉洁守住公平正义的底线，提高司法公信力。

(3) 提高司法人员综合素质，夯实司法公信的队伍基础

司法公信的提升离不开司法队伍的建设，司法人员的综合素质是影响司法公信力的重要因素。司法人员不仅要提升自身的思想道德修养、形成正确的价值观，而且要通过不断的学习提升理论基础和司法能力。开展司法人员核心价值观教育活动，培植司法精神文化，把“忠诚、为民、公正、廉洁”作为司法人员的共同价值追求；同时应建立学习常态机制，加强和改进教育培训工作，不断提高司法人员的司法能力和业务素质，从而打造一支公正、高效、文明、廉洁的司法队伍。

(4) 以人民为本，狠抓审判质效，把好公信之本

谨慎对待国家赋予的审判权，本着对国家和人民高度负责的态度，以人民为本，把好案件质量关，做到办理的每一起案件事实清楚、证据确凿、程序合法、适法正确、结果公正，把每一起案件都办成经得起人民和历史检验的案件。

司法机关只有牢固树立和深入实践“司法为民”思想，以维护好、实现好、发展好人民群众的根本利益为出发点和落脚点，公正处理群众合法的利益诉求，使群众从司法活动中感受到自身权益得到切实维护，真正做到在思想观念上为民、在工作措施上便民、在实际效果上利民，才能在司法实践中取信于民。

(5) 深化司法体制机制改革，加强司法保障的落实

不断推进司法改革，增强公信之能。紧紧围绕人民群众普遍关心、可能影响司法公正的问题，以维护人民利益为根本，以促进社会和谐为主线，以加强权力监督制约为重点，积极稳妥推进司法体制改革。通过加强司法规范化建设、深化量刑规范化改革、推

进司法公正和司法民主、完善人民陪审员制度等各项举措，不断增强司法工作的公开度和透明度，不断提升人民法院维护公平正义、促进和谐稳定的能力和水平。

知识链接

☞司法如何撑起公信，中国法院网，http://www.chinacourt.org/article/detail/2008/03/id/293108.shtml。

三、社会信用体系对社会管理与经济发展的影响

（一）信用与市场经济的关系

现代信用对现代经济运行的影响深刻到信用活动直接决定经济活动的特征。这种影响可以直接、简洁地概括为市场经济是信用经济。这种影响主要表现在以下几个方面：

1. 信用是市场经济运行的前提与基础

信用是商品交换的前提与基础，商品交换是市场经济运行的前提与基础，则信用是市场经济运行的前提与基础，是市场关系的基本准则。

商品经济的主要特征是生产者、经营者之间的经济联系要通过市场买卖交换来实现。商品经济的核心内容是商品交换。商品交换是以社会分工为基础的劳动产品交换，其基本原则为等价交换，交换双方都以信用作为守约条件，构成互相信任的经济关系。假如有一方不守信用，等价交换关系就会遭到破坏，经济活动就不能进行。

市场经济是高度发达的商品经济，是建立在机器化大生产的物质技术基础上的商品经济。市场经济的主要特征是资源配置主要通过市场机制的作用来实现。市场机制的核心内容仍是商品交换，而商品交换的基本原则仍是建立在信用基础上的等价交换。随着交换关系的复杂化，日益扩展的市场关系便逐步构建起彼此相连、互为制约的信用关系。整个经济活动被信用关系所联结。这种信用关系作为一种独立的经济关系得到充分的发展，并维系着错综繁杂的市场交换关系，支持并促成井井有条的市场秩序。

可见，从商品经济的交换到市场经济扩大了的交换，乃至市场机制下的市场关系，都是以信用为基本准则的。没有信用，就没有交换与市场；没有信用，就没有经济活动存在与扩大的基础；没有信用，就没有人类赖以生存与发展的社会秩序。

事实证明，市场经济越发达就越要求诚实守信。诚实守信已成为现代文明的重要基础和标志。信用的发展，是深深根植于现代市场经济发展规律中的，是人类社会经济进步的必然趋势。

2. 信用是市场经济健康发展的基本保障

首先信用信息可以保障市场发挥效率，使经济主体在不确定性中，减少成本，保证或增加收益，使市场经济活动与交易不断延续。

在经济活动与具体的交易活动中，一方面，交易一方可能对实质性的信息缺乏了解，另一方面，交易一方可能故意隐瞒真实信息，导致交易双方所掌握的信息往往是不充分的，是非对称的。在信息不完全和不对称的条件下进行的交易及各种经济活动，存在着不确定性，其中自然也存在和孕育着风险，会使经济主体的行为扭曲，使市场异化，发生“逆向选择”和“道德风险”，使市场价格机制无法自动实现资源的有效配置。信息不充分与不对称现象，在产品市场、金融市场等各种要素市场广泛存在，往往会使市场机制对资源配置的效率大大降低，如图 2–3 所示。

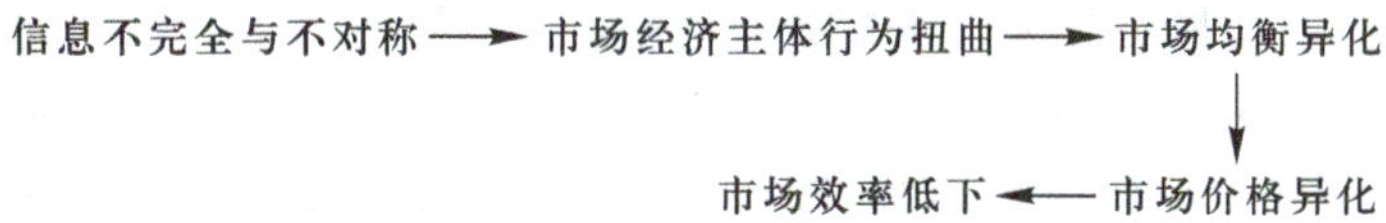

图 2–3

总之，市场经济需要交易，交易的基础是信用，但是信用关系的建立并不意味着在交易过程中就没有违约和欺骗，因为这其中还有信息不完全和信息不对称以及博弈心理与博弈过程。因此，市场经济以及各种交易活动需要信用制度与信用管理体系，需要信用管理行业与社会信用服务机构。当然，这一切对各种经济活动与交易行为的约束也有一定局限性。因此，市场经济还需要法律，需要建立在市场规则基础之上的法律的约束与强制执行。这一点，在西方征信发达的市场经济国家也毫不例外，而且法治程度更高。

3. 信用是市场经济微观主体经济活动的启动器

市场经济微观主体主要是指各种各样的企业、金融机构、个人与家庭。市场经济微观主体的一切社会经济活动往往是从信用开始的，是从筹资活动开始的(个人与家庭除外)。信用是市场经济微观主体经济活动的启动器。

企业是社会信用活动中最活跃的层次，是巨大的信用需求者和供给者。企业创业之初，大部分是赤字运行，需要借助信用活动筹集和融通资金。

企业在社会信用活动中，既需要受信，需要融入资金，又可以授信，可以支持他人；既可能以存款授信于银行，又可能以商品授信于消费者，最终授信于资金的现期使用权。但总的来说，企业对信用的需求超过供给。在信用活动方面，企业是赤字部门，且往往透支。

从金融机构来看，信用是其经营的根本。金融机构在社会信用活动中有双重身份，一种身份是企业，有自身的收入和支出，时而盈余、时而赤字，既可能受信也需要授信，和普通的企业一样有着类似的信用活动。例如，在银行成立之初，需要信用启动，需要存款支持；在银行经营中，需要信用媒介，需要信贷活动获得利润。

从个人与家庭来看，情况相对复杂一些。总体上说，个人与家庭在社会信用活动中的主要角色是受信部门。在新经济中，在西方发达的征信国家，已经出现了个人和家庭负债生活与消费的趋势。可以窥测到个人与家庭在现代信用活动中的角色在发生着微妙的变化。

4. 信用是市场经济核心——金融活动形成和发展的基础

金融活动是市场经济的核心，而信用正是金融活动形成和发展的基础。金融活动是一切经济活动的基础与核心，社会资源的分配与调节是以金融活动为中心而最终实现的。可以说，现代经济发展史，便是一部金融经济发展史。

货币与信用是相伴而生的最亲密的搭档。以信用为基础，在货币保管—兑换—经营的基础上，金融活动最古老的机构——银行产生了；以信用为原则，银行的信贷活动大力发展，银行成为经济的核心；以信用为前提，金融工具与金融资产被广泛交易与不断重组，金融市场日益发展与壮大，逐渐成为现代经济的核心。

在现代信用活动中，多元化的金融组织迅速发展，取代了传统的银行金融垄断，形成了现代化的金融组织体系和市场体系，为社会提供了更多的融资机会与渠道，不仅给金融业的发展带来活力，也给整个社会经济发展注入了新的生机，使社会资源配置得以高效、合理发展。在现代信用活动中，利率引导着货币、商品的流通，引导资源配置，以利率为操作与指引手段的金融调控和金融监管成为市场机制运行的中心，现代意义上的金融宏观调控，取代了传统的市场自我调节，并且成为宏观经济调控的核心。

5. 信用对经济增长有一定的拉动力

信用活动与经济增长之间存在作用与反作用关系。经济进步与经济增长带动信用活动发展，与此同时，信用活动的扩大与发展又会促进经济进步与经济增长。有现实情况和数据表明，从长期看，大多数国家的信用活动与信用交易总规模均与 GDP 同方向变化，且相关性极强。在 GDP 水平低时，信用总规模和各类信用交易活动规模通常也都比较低，当 GDP 水平高时，后者也比较高。

从西方征信发达的市场经济国家的实际情况看，一个国家或地区信用活动与信用交易的总规模对经济增长有一定的拉动作用。

（二）信用与社会的关系

一般认为，一个国家或地区社会经济发展的速度与质量，经济发展总水平取决于其经济基础、科学技术水平。其实，现在无数事实证明还取决于其社会环境、社会秩序与文化进步程度，更取决于其社会制度与管理体系安排的合理性与科学性。

1. 信用制度与管理体系重于经济基础与技术手段

应该承认，一个行之有效的社会制度与合理安排的社会经济管理体系更能够激发整个社会的创造性，使社会经济运行充满活力与生机，并直接推动社会经济发展与进步。

对于这个观点最有利的证明就是中国近代发展史。众所周知，中国是四大文明古国之一，在相当长的一段历史时期里，其政治、经济、军事、文化与科学技术发展水平都居于世界领先水平。但是，当欧洲等很多国家开始进行社会变革的时候，当世界普遍开始进行新的社会制度与社会管理体系安排的时候，中国还在维系已经实施了千年的封建帝王制度，这就是落后了。

不适宜的、已经落后了的社会制度与社会管理体系不仅没有给中国的社会经济发展带来任何保障，相反，却严重阻碍和束缚着中国的社会经济进步，扭曲了社会经济秩序，恶化了社会环境。落后的社会制度与社会管理体系，拖累着中国这个古老的东方巨人，使之萎靡、无力，在世界各国激烈竞争与快速发展的国际跑道上，越落越远。痛定思痛，我们不得不承认社会制度与社会管理体系的进步、变革、创新与合理安排是多么重要。

一个合理、有效、进步的信用管理体系，应该是民间化的、社会化的，是公平的、公开的，是市场化的、自愿与自由的。

2. 信用提高了现代生活的质量与效率

首先，在现代市场经济条件下，信用已成为企业生存与发展的前提条件之一。一方面，企业利用信用方式购买原材料、机器设备甚至劳动力，进行简单再生产和扩大再生产；另一方面企业借助各种信用活动，开展信用销售，维护老客户，发展与增加新客户，不断扩大市场占有份额，扩大交易规模。

其次，信用活动有利于提高消费者的生活质量，可以不断满足日益增长的消费需求。一方面，各种各样的信用工具与信用交易方式，极大地方便了消费者的交易活动与消费行为；另一方面，借助各种信用方式与信用活动，消费者可以在任何时间、任何地点，以最方便的形式进行消费与交易，可以应付各种各样的意外事件与突发事件。

第三节

国外信用体系建设

一、美国的社会信用体系

美国是世界上信用管理行业最发达的国家之一，信用制度的发展有着悠久历史，经过漫长的市场磨砺和进化演变，到 20 世纪 80 年代已趋于完善，形成了特色鲜明、运作规范、体系健全、功能齐备、服务高效、支撑有力的社会信用体系。这一体系由行业征信系统、信用服务机构、信用需求主体、信用监管体系以及信用保障与支持体系共同构成，如图 2-4 所示。

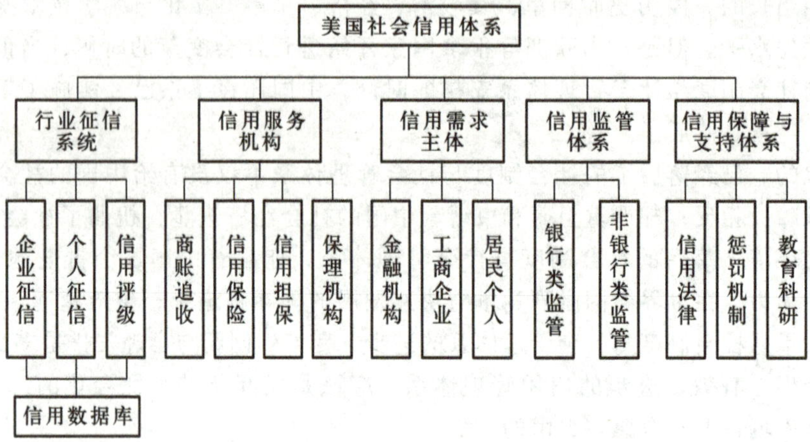

图 2-4　美国社会信用体系

（一）美国社会信用体系的特点

1. 信息公开的法制保障机制

20 世纪 60 年代起，美国通过颁布实施《信息自由法》《联邦咨询委员会法》《阳光下的联邦政府法》《公平信用报告法》等数项法律，建立了信息公开制度，在保证与信用信息有关的信息披露公开透明的同时，重点在法律上界定好 3 个关系：一是信息公开和保护国家秘密的关系；二是信息公开和保护企业商业秘密的关系；三是信息公开和保护消费者个人隐私权的关系。这些使征信企业在法律框架下能够合法地获得大量信用信息。

2. 对信用产品和评级结果的自觉而广泛的运用

美国政府注意为信用产品的应用创造市场需求。特别是金融监管机构和州政府，越来越多地利用评级结果，作为确保银行、保险公司及养老基金，能使其所持固定收入或证券组合维持在足够信用水平上的一种保障。美国政府利用多种手段引导更多的交易者参加信用评级或利用评级结果：一是在法律中对此作出明确规定；二是监管机构与信用等级有关的规定；三是储蓄协会所作的规定。通过这些措施的有效实施，使绝大多数经济主体都能将聘请评级机构评级和运用评级结果作为一种自觉行为，从而为信用体系的健康发展创造了广阔的市场需求。

3. 消费者合法权益的保护机制

美国法律对消费者的保护体现在 3 个方面：

（1）保护消费者的隐私权。如美国《隐私权法》规定，禁止行政机关在取得个人书面同意前，公开被记录人的记录。个人有权知道行政机关是否存在关于自己的记录及记录的内容，并要求得到复制品。个人认为关于自己的记录不正确、不完全或不及时，可以请求制作记录的行政机关进行修改。

（2）保护消费者获得公平信用报告的权利。如相关法律规定，信用局必须采取合理的程序收集和公开消费者有关信息；信用报告只能用于信贷、保险、雇佣、获得许可证或其他好处、商业交易；对于负面信息，在法律规定保存的年限以后，信用局必须在信用报告中删除。

（3）保护消费者不受到骚扰的权利。

4. 征信服务的市场化运作模式

美国的社会信用管理体系，是一种完全以民营市场化运作方式为主体的信用管理模式。这种模式的突出表现是在完善的信用法律体系和政府监管体系的框架之下，形成独立、客观、中立、公正的，按照现代企业制度方式建立，符合市场经济规律并依据市场化原则运作的征信系统，其具有以下明显的特征：

（1）机构组成方面，美国的信用调查机构主要由私人和法人投资组成。美国没有公共信用调查机构，其信用报告几乎全部由民营调查机构提供。

（2）信息来源方面，民营征信机构的信息来源广泛。在美国，消费者个人征信机构的信用信息除了来自银行和相关金融机构外，还来自信用卡发行公司和商业零售机构等。

（3）信用信息内容全面。征信机构不仅征集消费者的负面信用信息，而且征集正面信息。

（4）服务范围方面，美国消费者信用数据的获取和使用要受信用法律的约束，只有在法律规定的原则和范围内，才能使用相关的消费者信用信息。征信机构必须对信用信息的使用和查询情况予以记录和保存，以备监管部门检查。消费者在向征信机构提供信息的同时，还可以获取所需的信用数据，非数据提供者也可依法获取相关信息。

（5）业务范围方面，美国的征信机构在从事消费者征信和企业征信业务上有明确的界限。

5. 市场主体较强的信用意识促进了信用管理体系的发展

在美国，信用交易十分普遍，缺乏信用记录或信用记录历史很差的企业很难在业界生存和发展，而信用记录差的个人在信用消费、求职等诸多方面都会受到很大制约。因此，不论是企业还是普通的消费者，都有很强的信用意识。美国的企业中普遍建立了信用管理制度，在较大的企业中都有专门的信用管理部门，为有效防范风险，企业一般不愿与没有资信记录的客户打交道。由于信用交易与个人的日常生活密切相关，美国的消费者都十分注重自身的信用状况，并会定期向信用信息局查询自己的信用报告，尽可能避免在信用局的报告中出现自己的负面信息。

（二）美国信用管理的相关法律体系

第二次世界大战后，随着美国经济的高速发展，信用交易也日益兴起，各种信用工具纷纷问世。但伴随着信用交易的增长和信用管理行业的发展，征信数据和服务方式方面出现了许多问题，诸如公平授信、准确报告消费者信用状况等，尤其是保护消费者隐私权问题成为最敏感的话题。基于此，美国政府在20世纪60年代末到80年代的近20年间，相继出台了一系列与信用管理相关的法律，建立起了比较完备的涉及信用管理各方面的法律框架体系，将信用产品加工、生产、销售、使用的全过程纳入法律范畴。其基本信用管理相关法律共有 17 项，几乎每部法律都进行了若干次修改。这些法律的出台和实施，大大推进了美国信用服务行业的发展进程，为行业的发展创造了良好的法律环境，使其在法制化的轨道上健康地发展。

（三）美国的信用监管体系

由于美国有比较完备的信用法律体系，征信数据的取得和使用等都有明确的法律规定，因此政府在信用行业管理中所起的作用比较有限，只进行适度监管，以相关法律法规的司法执法为主要内容。美国政府对信用管理法案的主要监督和执行并不是集中在专门设立的一个信用管理局，而是随着市场发展和有关法律的建立而指派或自然分配给各有关部门，主要分为两类：一类是银行系统的机构，包括财政部货币监管局、联邦储备系统和联邦储蓄保险公司；一类是非银行系统的机构，包括联邦贸易委员会、司法部、国家信用联盟办公室和储蓄监督局。这些政府管理部门在信用管理方面主要有 6 项功能：一是根据法律对不讲信用的责任人进行适量惩处；二是教育全民对失信责任人在惩罚期内，不要对其进行任何形式的授信；三是在法定期限内，政府工商注册部门不允许有严重违约记录的企业法人和主要责任人注册新企业；四是允许信用服务公司在法定的期限内，长期保存并传播失信人的原始不良信用记录；五是对有违规行为的信用服务公司进行监督和处罚；六是制定执行法案的具体规则。

（四）美国的社会征信系统

征信系统是社会信用体系的核心组成部分之一，其主要功能是依法获取、加工、管理和报告商业、资本、消费者等不同市场经济主体的信用信息，其中信用数据库是信用信息的“蓄水池”，在征信系统中具有中心地位，起着关键作用。征信系统按所服务的对象和内容分为企业征信系统和个人征信系统。

1. 企业征信系统

在企业征信领域，邓白氏(Dun & Bradstreet)是历史最悠久和最有影响的公司，经过 100 多年的市场竞争，邓白氏集团公司已发展成为美国乃至世界上最大的全球性征信机构。目前，邓白氏集团公司在 150 个国家和地区设有共 300 多个分公司或办事机构，使用 95 种语言生产信用产品，信用产品涉及 181 种货币种类。该公司拥有的“世界数据库”是世界上最大的数据库，库内涵盖了全球超过 6 500 万家企业的信用档案，可以及时地向所需者提供企业资信调查报告。

资信评级无疑是征信产品的核心。它分为资本、工商企业及消费者个人三大类。在资信评级行业，目前美国国内主要有穆迪投资者服务公司(Moody)、标准普尔公司(Standard and Poor)、惠誉公司(Fitch)，同时它们也是世界上 3 家最大的信用评级公司。

它们主要对国家、银行、证券公司、基金、债券及上市大企业的信用进行评级。

2. 消费者个人征信系统

伊科法克斯公司(Equifax)、环联公司(Trans Union)、益佰利公司(Experian)三大信用局在美国三分天下，其规模大小和竞争实力不相上下。

(1) Equifax 的数据库相当庞大，拥有超过 1.9 亿本国人和 1 500 万加拿大人的消费者个人信用档案，其客户群总数在 10 万个以上，年产值超过 15 亿美元。

(2) Trans Union 为适应新形势的变化，满足消费者日益增长的广泛需求，不断改革旧有的数据管理模式，加强数据库的合并、集中，强化基础设施的建设，实行电话拨入、电子传输、邮政寄送相结合的灵活多样的数据采集方式，并实行数据收集程序的标准化，从而降低了收集成本，提高了数据的处理能力。

(3) Experian 是美国目前最大的信用局，全美约有 2/3 的信用咨询在 Experian 运作。Experian 的数据管理则更为突出，它掌握着从姓名、住址、汽车牌号到消费情况等大量纷繁复杂的原始用户数据。

(五) 美国的信用管理服务机构

信用管理服务机构既不提供信用也不提供信息，而是在信用活动中提供相关服务，其职能包括代理商账追收、信用保险、保理、信用担保等。

商账追收是信用管理行业向授信人提供的主要服务项目，追收的手段主要是电话催收、依法交涉、法律诉讼等。在美国，成立商账追收公司需要向政府注册部门交纳抵押金。国际著名的商账追收公司有 ABC 公司和美国收账协会。

信用保险(也称履约保险)是信用保险机构向授信一方提供的信用管理服务。在美国，信用保险被认为是最大的保险业务。借款人缴纳一定的保费后，保险公司就可以补偿银行在从事消费信贷业务中的损失。信用保险既可保证银行资产安全，又对刺激消费具有积极作用。美国的金融机构在进行个人消费信贷运作时，还要求借款人进行人寿保险和抵押贷款保险，如果借款人在还清贷款前去世，则放款人不仅可以得到抵押品，而且还可以得到保险赔偿以抵还贷款。

保理即保付代理，是保付代理商与供货商之间针对应收账款的一项综合安排。根据这一安排，供应商售出货物后，将应收账款的债权以无追索权方式出售给保理商，即可获得保理商提供的货款催收、贸易融资、坏账担保、账务管理等多项服务。

信用担保是为信贷活动中的受信方服务的，主要对象是中小企业。美国信用担保机构主要是中小企业局，用于信用担保的资金主要来源于政府，由联邦政府直接出资。

(六) 失信惩罚机制

美国的失信惩罚机制是由民间运作并自愿执行的。信用经营机构、信息管理机构、信用管理服务机构将有不良信用记录的责任人和处罚意见，通过信用信息、资信评估报告等形式，公告给社会，并载入相应的信用信息数据库，被列入违信“黑名单”的企业和个人很难再与社会各界进行正常的信用交易。不良信用记录一般会被保持7~10年，在这段时间内，有不良信用记录的企业和个人将很难取得工商注册、银行贷款、信贷销售服务、个人信用卡等；凡以欺骗手段取得他人个人资信调查报告的，将被处以1年以下徒刑，同时处以5 000美元的罚款。

（七）信用教育与科研

在美国，有一些大学设置了信用管理专业，目的是为大中型企业的信用管理部门、消费信贷基金、商业银行、专业信用管理公司、企业管理顾问公司等培养专业化人才。除大学教育以外，在职培训也很受重视，且开展培训的机构与形式很多，其中最重要的信用管理教育机构是设在密苏里州首府圣路易市的国际信用协会。一些大型信用管理公司和专业协会还提供信用管理的函授课程。

知 识 链 接

马莉．美国高校诚信教育特点及启示．征信，2012(5)．http：//www.doc88.com/p-9945158185200.html。

二、欧洲国家的社会信用体系

欧洲国家大部分属于征信国家，社会信用体系建设也比较健全，特别是在征信系统方面，已形成了十分完善的运行体系。但欧洲国家的社会信用管理体系与美国相比，具有明显的差异和特点，最大的差别是政府在信用服务行业中的参与程度较高。

欧洲的社会信用体系主要分为三种：以公共信用机构为主，以私营信用机构为主，公共和私营并行的信用体系。

（一）以公共信用机构为主的欧洲社会信用体系

1. 信用信息服务机构被作为中央银行的一个部门建立

欧洲很多国家以公共信用机构为主。如在法国，中央银行的信用局以一个月为间隔向银行采集它们向公司客户发放超过7万欧元贷款的信息。在比利时，信用信息办公室根据一个记录有关分期付款协议、消费信贷、抵押协议、租赁和公司借款中的不履约信息的皇家条令建立起来，并作为比利时中央银行(比利时国家银行，National Bank of Belgium)的一个部门。在比利时、德国和法国这些国家，商业银行向中央银行建立的信用风险办公室或信用信息局提供所要求的信息是一种强制行为。比如在德国，银行和金融服务机构被要求向德国联邦银行(German Federal Bank)的中央报告办公室报告负债总额达到或超过200万欧元的借款者的详细资料。

2. 公共信用体系的作用和影响

与民营征信系统不同，公共信用登记系统强制性要求被监管的所有金融机构必须加入该系统。金融机构必须定期将所拥有的信用信息数据报告给系统。这种强制性的征信方式，使公共登记系统几乎能够覆盖一国的全部金融机构，但是它们并不收集所有的贷款资料，而只是在一个规定的起点上收集信息数据。许多国家规定了金融机构向公共调查机构提供信用数据中的最低贷款数额，低于这个数额则不需提供，这就排除了相当一部分信用信息数据。而民营征信系统则是可以提供每单笔贷款的详细资料。

在以比利时、法国为代表的一些欧洲国家，由于信用信息局被作为中央银行的一部分，因而对信用信息局的监管通常主要由中央银行承担，有关信息的搜集与使用等方面的管制制度也由中央银行提供并执行。各国都通过法律或法规的形式对征信数据的采集和使用作出明确规定。一般来说，采集和共享的信息包括银行内的借贷信息和政府有关机构的公开记录等，由于信用信息包括正面数据(positive data)和负面数据(negative data)两部分，各国对共享信息的类型通常都有规定，一些国家限制正面信息的共享，比如在西班牙与欧洲国家不同，诸如澳大利亚等国家的信用信息局不能够共享正面数据仅被限定在负面信息。而诸如美国、加拿大和智利等国家则允许正面信息和负面信息都共享。

（二）以私营信用机构为主的欧洲社会信用体系

1. 信用机构为私营或私人控股

欧洲征信行业的发展历史十分悠久，已经建立起了比较完善的征信服务与征信监管体系。多数欧洲私营信用信息服务机构是国际性机构的附属公司。例如，英国的Experian公司在丹麦、意大利、挪威和西班牙设立了子公司，而捷克和斯洛伐克的征信局则是意大利的CRIF S. P. A. 公司所有的私营机构。多数的私营信用服务机构由私人股东和管理层控股，只有少数机构由贷款人协会和银行控股。

2. 以私营为主的社会信用体系的特点

私营信用机构的信息较为全面。私营信用机构不仅征集消费者的负面信用信息，而且征集正面信息。特别是在对纳税人的基本信息数据、税收状况信息、企业地址、所有者名称、业务范围和损益表以及破产记录、犯罪记录、被追账记录等方面，民营征信机构的数据更多、更全面。此外，私营信用调查机构在从事消费者征信和企业征信业务上有明确的界限，大型信用调查机构的业务更是有比较明确的界定。

（三）公共和私营并行的欧洲社会信用体系

在公共和私营并行的社会信用体系中，公共信用机构是对私营信用机构的补充。在私营信用机构未能覆盖但又是社会信用基础的领域，公共信用机构将发挥重要作用。

除此之外，国家更应强调信用管理法律、法规的引导作用。一些欧盟国家非常注重信用管理的立法建设，如德国的《通用商业总则》《个人数据保护法》，以及英国的《消费信贷法》均较为著名。同时也特别强调法律的实用性，其立法原则是在保护人权和开放数据之间取得平衡。在欧盟成员国生效的相关法律通常称为《欧盟数据保护纲领》，在强调开放各种数据的同时，特别指出不能滥用数据。

三、日本的社会信用体系

（一）以会员制为主的征信机构

日本的个人征信体系及其产业的发展与日本的个人信用消费发展是同步的，行业协会在其中发挥了很大作用。目前日本个人征信体系呈现“三足鼎立”的态势，即全国银行个人信用信息中心（KSC）、株式会社日本信息中心（JIC）和株式会社信用信息中心（CIC），除此之外，还有跨越各行业系统的横向个人征信机构 CCB、株式会社 TERANET 等。

（二）最小化原则的信息收集

日本的信用信息机构通常是通过会员单位收集客户信息的，严禁向非会员提供任何个人信用信息，如银行机构取得全国银行个人信用信息中心会员资格后，必须主动向个人信用信息中心提供有关信息，但在提供某一客户信用信息时必须事先征得该客户的许可。日本银行部门的消费信贷协议通常有“是否同意将有关信息提供给信用信息机构”的专项条款，如果客户没有在此条款上签字，银行部门就无权向信息中心提供该客户的信息。

（三）严格的信息保密机制

为了有效保护客户的信用信息，防止个人信用信息的泄露，日本采取了许多措施。第一，会员单位只有在事先征得客户同意后，才能将该客户的信用信息提供给个人信用信息机构。第二，会员单位向信息中心提供的信息均采用磁盘报送方式，这种磁盘都经过加密处理，即使不慎遗失也不会泄露信息。第三，能够从信用信息机构查询有关信息的只有会员单位、客户本人以及其他系统的信用信息机构，严禁其他任何单位和部门以任何理由查询个人信用信息(法律另有规定的除外)。第四，会员单位或信息机构只能将获得的信用信息用于对该客户的相关业务，不得向第三者泄露信息或擅自公开，若发现违规行为，信息机构可随时停止信息提供，直至取消会员资格。第五，会员单位和信息机构有关工作人员不得将因业务关系所获得的信用信息泄露出去，否则将予以相应的处罚。第六，客户有权向信息机构随时查询所登录的本人信用信息，如发现与事实不符，可提请修正。第七，个人信用信息的登记存续期限一般只有 5 年(票据拒付信息只能保留 6 个月)，严禁无限制地保留过期的信用信息，这既保证了信息的时效性，也有利于保护个人的隐私。

第四节

失信惩罚机制

一、失信惩罚机制的含义、构成要素与特点

(一) 失信惩罚机制的含义

失信惩罚机制是由所有授信单位共同参与、以企业和个人征信数据库的记录为依据、以信用记录和信用信息的公开为手段，来降低市场交易中的信息不对称程度，从而约束社会各经济主体信用行为的社会机制。一个完善的失信惩罚机制应具备如下功能：(1)对所有失信的法人或自然人实施实质性打击，使人们不敢轻易对各类经济合同或书面允诺违约，让不讲信用的法人和自然人不能方便地生活在社会中；(2)维护诚实守信者的利益，甚至可以在有条件的情况下，对诚实守信者进行物质性奖励。一个国家只有具有运转正常的失信惩罚机制，才能说具有了完整和健全的信用管理体系和信用制度，才能有效地保障市场交易健康有序发展。目前，我国有关理论研究尚不成熟，有关立法工作也还没有开始。加强信用管理的理论研究，引导社会信用体系的建设工作走上正轨，非常重要。

中共十六大报告明确提出了要“健全现代市场经济的社会信用体系”。2003 年中央政府明确做出了“要在 5 年内把社会信用体系的框架和运行机制初步建立起来”的战略决策。而在十六届三中全会通过的《中共中央关于完善社会主义市场经济体制若干问题的决定》中，更是将“建立健全社会信用体系，形成以道德为支撑、产权为基础、法律为保障的社会信用制度”作为完善市场体系、规范市场秩序的“必要条件”与“治本之策”。市场经济是信用经济，这已是一个不争的事实，随着市场经济的发展，社会信用体系建

设的重要性已日益突显，信用领域的发展受到越来越多人的关注，而失信惩罚机制是社会信用体系的重要组成部分，是整顿社会主义市场经济秩序的治本之策。

知识链接

国务院专家：中国缺乏失信惩罚机制，新浪财经，http://finance.sina.com.cn/china/20140116/141117977025.shtml。

（二）失信惩罚机制的基本要素

失信惩罚机制的建立应具备三个基本要素：一是政府和民间的征信数据对征信机构开放；二是由专业征信机构投资，通过联合征信形式采集征信数据，构筑征信数据库，并合法公开不同级别和类型的资信调查结果；三是由政府倡导建立一个市场联防机制，由具备监管功能的政府部门、各类授信机构、雇主、公用事业单位等参加，使失信企业和个人不能取得任何信用方式的便利。例如，工商部门制作的失信企业的“黑名单”及配套的行政处罚，是一种最初级的失信惩罚机制。

（三）失信惩罚机制的特点

在社会信用体系中，为防范和打击失信行为而设计的失信惩罚机制在实施方法和效果上具有以下基本特征：主动打击失信行为、在社会上全面渗透、在文化上潜移默化地改变、对守信者进行奖励的政策性倾斜、民间操作执法和非司法处罚式的强制性。

所谓主动打击失信行为，是指这种失信惩罚机制不对失信者进行思想道德教育，也不在意失信者是否愿意，甚至在有失信行为者不知情的情况下，个人信用局的征信数据库就将其的不良信用记录全部收录在案，并让失信者未来的交易对方或者雇主、公用事业单位等能够方便地取得。在全面了解有失信行为者的不良信用记录以后，由授信者或者雇主自己决定是否与失信者交易或交往，或者决定交易额度。

所谓在社会上全面渗透，是指对失信行为的记录是覆盖全国的，对不良信用记录的传播是全国（甚至是全球）传播的。只有这样，才能使失信者在社会上寸步难行，有效遏制失信者骗一次换一个地方的投机行为，加大失信行为受到惩罚的概率，提高失信成本。因此，这种做法会潜移默化地改变包括企业文化和社会道德在内的社会文化。

显而易见，失信惩罚机制的运作方式会自然而然地对守信者进行奖励，因为它也主动将消费者个人的优良信用记录也同时记录下来并加以积累，体现在给予信用记录优良的人以高的信用评分，使守信者在不知不觉中获得一笔“可观”的无形资产。

通过这种做法，使金融机构和赊销商在授信上给予有优良信用记录的个人以政策性的倾斜，例如对于信用记录或信用评分优良的消费信贷申请人，在贷款利率上给予优惠，即使用消费信贷的利率随着信用评分的升高而降低，使信用评分高的贷款申请人有可能取得低息贷款的机会。对于特殊行业的雇主和著名大公司类型的雇主，在考察应聘者时，也要考虑应聘者的信用记录。任何公司如果雇用有严重失信记录的人担任高级经理人员职务，客户有可能不与之进行交易，有可能使其失去一些客户。

二、失信惩罚机制的运行与影响因素

（一）失信惩罚机制的运行机制

失信惩罚机制的设计，是以人在本性上是贪婪的并以追求利益最大化动机为出发点的。在设计失信惩罚机制时，应考虑到信用本身是一种资本，在各种信用活动和信用关系中会产生信用收益与信用成本，所以设计要尽可能提高失信成本而增加守信收益；同时还应考虑到一般人的社会行为是必须受到制度的规范的，所以处罚应建立在所设计的市场联防上，主要以反面事例来教育并通过法律、经济、道德等手段来产生震慑力，使失信惩罚机制尽可能最大限度地发挥作用，并达到约束市场经济中各经济主体的经济行为的目标。

通常来说，失信是根植于市场经济的沃土中并在其中得以发展壮大的不良现象，那么，失信惩罚机制的“量刑机构”，也应该是产生于市场机制的信用管理及服务机构，如企业资信调查公司、消费者个人信用调查公司和资信评级公司等。失信惩罚机制的工作方式必须依托大型征信数据库，只有这样的设计，才会极大地降低对大量失信者进行惩罚的“办案”成本。近十余年来，我国的信用管理行业逐步发展。20 世纪 80 年代末、90 年代初先后成立了一些民营征信公司，一些外资征信机构也在国内开展业务，还有许多会计师事务所和信息咨询公司等中介机构实际大多数从事征信业务。

（二）失信惩罚机制的影响因素

失信惩罚机制的设计并不是一蹴而就的事情，需要综合考虑各方面因素，以便使这种机制高效运转、充分发挥其效用。

1. 失信惩罚机制的设计需使不良信用切实成为一种负资本

当信用像劳动、技术要素那样影响经济效率、关系到产出量时，我们完全可以将信用作为一种特殊的资本形式。信用作为资本主要体现在信用的逐步积累即构成了信誉的重要组成部分，而信誉对于商家来说，则可以构成商誉、品牌等无形资产。一个对其合作伙伴、客户均保持良好信用的商家必然会赢得良好的信誉，同时也为自己积累了一笔“可观”的“无形资产”。那么在设计失信惩罚机制时就要考虑到信用是一种特殊的资本形式，而正如美国流行的一句话，“不讲信誉，就是和自己的钱过不去”。社会上的各个经济主体，包括政府、企业、个人等都不会不在乎自身的“资本”数量与状况，否则的话，一旦信用状况出现了问题，这种不良信用就会成为经济主体的一种“负资本”，最终只会得不偿失。

2. 失信惩罚机制的设计要尽可能提高失信成本

所谓信用成本，是指人们在生产、交易及其他各种经济活动中，为形成相应的信用关系、获得信用资本，从而实现利益最大化的目标而付出的代价或相应的投入，是交易成本的组成部分。而失信成本则是指从事生产、交易及其他各种经济活动的人们为了实现利益最大化目标而采取隐瞒、欺诈等失信行为所付出的代价或相应的投入。这里是指信用成本的另一个来源，即“道德风险”。既然在市场经济中，经济主体普遍追求利益最大化目标，那么道德风险不可避免地成为市场经济中必然存在的经济现象，没有任何一种交易中不存在着道德风险。目前绝大部分经济主体的信用管理特别是企业的信用管理都是从这个角度来考虑问题的，进而采取相应的预防或补救措施。另外，信用成本还包括为防范或减少“道德风险”而进行的支付，以确保信用的良性运行。这方面的支付包括进行道德、法律教育以及法律制度建设方面的投入，同时还包括为形成稳定、健康的信用关系而建设相应激励机制的投入。在设计失信惩罚机制时，需同时考虑到上述信用成本，全方位地增大失信者的失信成本，给失信者以“致命性”的打击，为失信者留下深刻的“烙印”，从而充分发挥失信惩罚机制的作用与效力，以营造良好的信用文化与信用环境。

3. 失信惩罚机制的设计要努力增加守信收益

收益与成本总是相对而言的。因信用而体现的收益主要表现在以下方面：一是节省防范失信行为或对失信行为进行惩罚等方面的开支，如厂商对其供货商的信用行为与能力产生怀疑，必然支付相关的费用来请专业机构进行评估或检验；又如在失信行为发生后，又产生了相应的律师费用等。二是信用本身可以创造收益，正如前面所谈到的那样，信用是资本的一种特殊形式，当信用关系正常、和谐，信用行为健康、有序时，必然会节省相应的人力、财力、物力。通常来说，在一次性的交易或偶然性的交易中，或者在以后的交易中再次相遇的概率极低的情况下，失信者往往会获得一定的“收益”，但是从长远发展的角度来看，守信者的收益是更大的。因此在设计失信惩罚机制时需要同时考虑到守信者的“收益”和失信者的收益，努力减少失信者在一次性交易中收益的可能性，给守信者以适当的政策倾斜，甚至必要时可以给予一定的物质奖励。奖罚分明的机制会收到意想不到的效果。

三、失信惩罚机制——黑名单

（一）什么是“黑名单”

失信惩罚机制的主要工作之一是制作“黑名单”。所谓“黑名单”，就是将企业或个人的失信记录正确地列入“黑名单”，向全社会乃至全世界进行“公示”，将矛盾激化为失信方与全社会的矛盾，最大限度地加大失信的成本，以加大打击失信行为的力度。制作“黑名单”的征信机构，应向所有的授信单位提供多种渠道、方便快捷、价格低廉的查询服务。

而对于如何制作“黑名单”，存在两种完全不同的理念和做法。以美国为代表的市场自然形成的征信机制，在对失信记录进行处理时，其做法是“基于事实，仅基于事实”。

在制作“黑名单”的同时还应该公告“红名单”，如长期重合同守信用的企业或个人。政府政策、行业管理及社会各界应向“红名单”企业和个人倾斜，降低守信者的交易成本与活动成本。除此之外，凡运作“黑名单”系统的政府部门或征信机构，在其征信数据库中，也都应该科学地运行一个“灰名单”系统。“灰名单”系统的作用非常重要，它是征信数据库中的“预警系统”，也是失信者向“黑名单”和信用修复系统转化的过渡。“灰名单”系统将企业或个人的失信记录进行分类和累计，在报警时对证据进行复核。如果建立一个数学模型处理“灰名单”上的记录，科学性和应用效果会更好。

（二）“黑名单”的作用及效果

从作用上看，“黑名单”首先要起到对任何经济类型的失信行为进行惩罚的作用，惩罚是围绕着经济性质的处罚进行的，这与人们为了追求利益最大化目标铤而走险地进行失信活动、破坏信用关系的初衷是一致的，另外还间接地对失信行为进行道德谴责。其次，“黑名单”具备奖励功能，加大守信者的信用收益，从而起到对失信者及潜在失信者的示范作用。

从效果上看，“黑名单”不仅是对失信者予以惩罚，最主要的目的是对潜在失信者产生震慑、警示作用，力求将失信的动机消灭在萌芽之中，对失信行为产生事前的约束性。

延伸阅读

拉黑失信者成重要监管手段

黑名单制度作为社会信用体系建设的重要一环，在过去的数年时间里，已有至少十余个部委设立各自的黑名单，再加上地方各行政单位具有黑名单性质的名录，我国的黑名单制度已见雏形。2014年，李克强总理在政府工作报告中首次明确提出要建立企业黑名单制度。国务院公布了《关于促进市场公平竞争维护市场正常秩序的若干意见》，明确提出建立健全守信激励和失信惩戒机制，要求对违背市场竞争原则和侵犯消费者、劳动者合法权益的市场主体建立黑名单制度，由国家工商总局牵头负责市场主体黑名单制度建设。中国人民大学财政金融学院信用管理专业教授吴晶妹在接受记者采访时表示，黑名单制度的效果取决于两个因素，一是信用信息的征集与应用程度，另一个是惩戒程度与警示效果。

资料来源：王硕．拉黑失信者成重要监管手段．中国消费网·中国消费者报，2014。

（三）我国制作“黑名单”的现状和相关问题

由于我国信用管理行业发展滞后，“黑名单”的制作水平也不如发达国家。在信用体系相对健全的西方国家，对失信行为往往从经济、法律角度进行惩罚，因为失信者的失信行为一般是为了谋求其自身的经济利益，因此从经济角度惩罚可谓对症下药。另外，法律是社会机制得以正常运行的强有力的保障，从法律角度惩罚会使失信者终身铭记，同时对潜在的失信者以深刻的警示。例如在美国，个人失信记录被信用局保存和公示的时间为7年，个人破产记录被保存和公示的时间为10年。

而在中国，“黑名单”制作不及时、不全面，失信者往往有很大的生存空间与机会，因为中国的失信惩罚机制主要采用的是人格、伦理上的谴责，对失信者的打击力度远远不够，虽然近年来这方面情况有所改善，但在经济、法律角度惩罚的相应措施还没有到位，失信者依然可以“舒适”地与其他经济主体进行交易及其他各种经济活动。

延伸阅读

对经济失信者进行惩罚的“量刑”

美国：个人失信记录被信用局保存和公示的时间为7年，个人破产记录被保存和公示的时间为10年。

德国：个人失信记录被信用局保存和公示的时间为5年，个人破产记录被保存和公示的时间为30年，或者债务得到提前清偿。

英国：个人失信记录被信用局保存和公示的时间为6年，个人破产记录被保存和公示的时间为15年。

日本：个人失信记录被信用局保存和公示的时间为5~7年，个人破产记录被保存和公示的时间为10年。

中国：《征信业管理条例》第16条规定，征信机构对个人不良信息的保存期限，自不良行为或事件终止之日起为5年；超过5年的，应当予以删除。

四、对我国失信惩罚机制构建的建议

1. 建立市场退出机制

建立市场退出机制就是要使不遵守信用原则、严重破坏信用关系的经济主体被“淘汰出局”。建立市场退出机制，既要遵循“优胜劣汰”的市场经济规则，同时还要顾及其社会影响，避免扰乱社会秩序。

2. 明确信用管理主管部门

目前，我国信用管理方面的现状是中国人民银行、商务部、国家发改委、整规办、国家工商管理总局、司法部等很多部委都在各自的职权范围内管理着相应的信用活动，并且出台了很多具体的与信用相关的管理规则与实施办法。这种自然形成的信用管理职能与分工，是在市场需求中应运而生的，曾经是符合我国市场经济发展状况的。但是随着社会对信用的重视以及信用活动的迅速发展，要求全国的信用活动统一管理、规范一致、加强力度、协调发展。因此，仅仅保持这种分工就不能适应迅速发展的市场形势的需要。为此，我国必须尽快明确信用管理的主管部门，负责信用监管和信用体系规划等工作，规范信用市场的正常运行秩序，协调各信用主体间的相互关系，维护惩罚机制的权威和运行秩序。

3. 完善信用信息公示制度

只有完善信用信息公示制度，才能为失信惩罚机制的运行提供基础与支持，它主要包括四个方面的制度建设：①形成以各级政府为主体和电子政务为基础的基本政务信息披露和开放制度。主要是通过法律或法规的形式，规定政府有义务公开其在行使行政管理权过程中形成的可以公开的各种信息。②以企业为主体建立信用风险管理和控制制度，提高企业防范信用风险的能力和意识，加强企业信用风险管理。③建立以行业协会为主体和会员单位为基础的自律维权的信用平台，在一些行业逐步形成各种形式的同业征信制度，对此应更多地发挥行业协会的作用。④建立以信用中介服务机构为主体和市场化运作为主要形式的社会信用信息调查、评级和信用管理服务制度，促进并规范信用中介服务行业的健康发展。

4. 形成有力的司法配合

从法律角度进行惩罚是失信惩罚机制的重要方面，因此要建立健全信用领域的法律法规。在立法方面，我国的《民法通则》《合同法》和《反不正当竞争法》中虽然都有对诚实守信的原则性规定，《刑法》中也有对诈骗等犯罪行为处以刑罚的规定，但这些仍不足以对社会的各种失信行为形成强有力的法律规范和约束，针对信用方面的立法仍然滞后。同时，有法不依和执法不严的问题也相当严重，在一些失信和诈骗案件的审理中，还存在严重的地方保护主义倾向。社会上更是缺乏严格的失信惩罚机制。政府对信用市场的监督管理薄弱，对从事企业信息服务的中介机构（包括会计、审计、法律服务和征信中介、评级等）缺乏监管，造成虚假信息盛行、社会反响强烈。一个良好的失信惩罚机制要对触犯法律的失信行为和失信者做到“执法必严、违法必究”。

5. 塑造良好的信用文化氛围

失信惩罚机制在社会上充分发挥其作用的前提条件是各经济主体具有较强的信用观念，而信用观念的培养需要一个良好的信用文化氛围。信用文化最初的也是最主要的动机即为逐利性，以美国为代表的西方经济发达国家中许多已经成为征信国家，如美国、欧洲的大部分国家等。在这些国家中，这种逐利性表现得更加明显。但是近年来，随着经济的发展、信用管理技术的进步以及人们观念的更新，亚洲国家的信用活动也获得了极大的发展，在某些国家或地区也形成了独特的信用文化氛围。

信用文化的另一个重要方面还要注意保护个人隐私与商业秘密。立法的核心是将与信用管理有关的数据向指定信用管理公司公开，并由后者经过授信以后以服务产品的形式提供给客户。但是需要正确理解的是，并不是任何个人隐私都一律不能公开，如在公民发生了严重失信行为的情况下，就要对其必要的个人隐私内容予以曝光，以维护其他经济主体以及整个社会的合法权益。

总而言之，在全国范围内同步建立起失信惩罚机制必然会困难重重，因此可以在个别城市进行建立健全失信惩罚机制的试点工作，这与前面所提及的联合征信形式是相辅相成的。同时信用经济与地方经济的发展也是相辅相成的。针对各地具体情况，有选择地进行试点工作，对在全国范围内建立健全失信惩罚机制具有借鉴意义。

本章小结

1. 社会信用体系是包含一维诚信体系、二维社会信用管理体系、三维信用交易体系的三维信用建设的系统性工程，也是由信用立法、信用交易、信用监管、信用服务、失信惩罚机制、信用文化与教育等管理与服务体系共同作用、交织形成的社会综合管理机制。

2. 健全的社会信用体系，对经济发展有一定的拉动力，建立健全现代市场经济的社会信用体系，有利于社会主义市场经济的建设，有利于全面建设小康社会；健全的社会信用体系也是一种行之有效的社会制度安排。

3. 建设社会信用体系，应该从政务诚信建设、商务诚信建设、社会诚信建设、司法公信建设等四个内容出发，进行全面建设，才能形成完整、有效的社会信用体系，失信惩罚机制也是我国社会信用体系建设的重要内容。

4. 我国的社会信用体系建设，历经了缺失阶段、萌芽阶段、起步阶段和稳步发展阶段，在社会信用体系建设方面，我们应该积极吸取发达国家的经验。美国是世界上信用管理行业最发达的国家之一，现已形成特色鲜明、运作规范、体系健全、功能齐备、服务高效、支撑有力的社会信用体系。欧洲和日本等发达国家和地区的经验，也具有一定的参考价值。

此外，我国还应推进失信惩罚机制的建设，积极发挥失信者“黑名单”的作用。

思考题

1. 社会信用体系的内涵是什么？
2. 请画出社会信用体系基本框架示意图。
3. 建设社会信用体系的意义和作用是什么？
4. 社会信用体系分为哪四大内容？
5. 什么是政务诚信建设、商务诚信建设、社会诚信建设、司法公信建设？
6. 请简述美国、欧洲、日本的社会信用体系。
7. 什么是信用“黑名单”？应如何推进我国的失信惩罚机制建设？

第三章

信用管理行业

章前导言

信用管理行业又称信用服务行业，是指通过提供专业化的信用信息和信用管理服务，帮助交易双方降低信息不对称程度，并对信用风险进行控制、转移、承担和补偿的现代服务业态。信用管理行业是市场经济发展到一定阶段后逐渐产生和发展起来的。在商务信用领域，随着市场竞争的加剧，必然导致买方市场的普遍形成，企业之间竞争的手段从传统的质量、价格、服务逐步转移到品牌和交易方式，信用会取代货币成为交易的主要媒介。在此背景下，企业为了在市场竞争中不被淘汰和获得更多的交易机会，必须顺应客户要求开展信用交易；与此同时，企业为了防止呆坏账的产生、获得持续发展的能力，必须加强信用风险管理。要管理好信用风险，单靠企业的自身力量是不够的，客观上需要外部专业化的信用管理服务的支持。此外，金融信贷、保险和资本市场的发展也需要解决信息不对称和金融产品合理定价的问题，面向消费者合理投放信用，需要个人征信和信用评分技术提供必要支撑，等等。需求决定供给，随着信息技术发展和信用管理技术的进步，社会分工进一步细化，专业的信用管理服务行业应运而生，并随着市场需求的不断扩大而日益发展壮大。

专业名词

信用管理行业　信用服务业　企业征信　个人征信　财产征信　市场调查　信用评级　资信评级　信用评分　信用保险　保理　商业保理　信用担保　融资担保　商账管理与追收　信用管理咨询　大数据征信

本章知识结构图

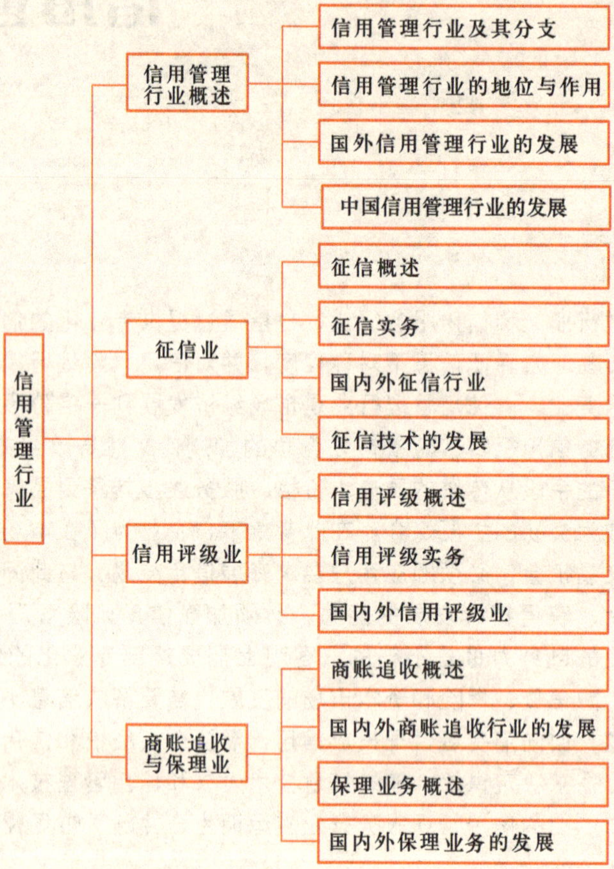

信用管理行业
信用管理行业概述
信用管理行业及其分支
信用管理行业的地位与作用
国外信用管理行业的发展
中国信用管理行业的发展
征信业
征信概述
征信实务
国内外征信行业
征信技术的发展
信用评级业
信用评级概述
信用评级实务
国内外信用评级业
商账追收与保理业
商账追收概述
国内外商账追收行业的发展
保理业务概述
国内外保理业务的发展

第一节 信用管理行业概述

一、信用管理行业及其分支

信用管理行业又称信用服务行业，是指通过提供专业化的信用信息和信用管理服务，帮助交易双方降低信息不对称程度，并对信用风险进行控制、转移、承担和补偿的现代服务业态。信用管理机构以独立第三方的身份、以商业化的方式满足市场多元化的信用管理服务需求，帮助市场主体防范交易风险、降低交易成本、提高交易效率、扩大交易规模，从而维护良好的经济社会秩序，促进信用经济的健康发展。

信用管理行业有广义和狭义之分。广义的信用管理行业既包括提供各类信用信息服务的行业，也包括提供各类信用管理服务的行业；狭义的信用管理行业是指从事企业征信、个人征信和信用评级服务的信用信息服务业。

一般认为，广义的信用管理行业可分为十个专业分支，分别是：企业征信(Business Credit Investigation)、个人征信(Consumer Credit Investigation)、财产征信(Assets Research)、市场调查(Marketing Research)、信用评级(Credit Rating and Evaluation)、信用保险(Credit Insurance)、保理(Factoring)、信用担保(Credit Guarantee)、商账管理与追收(Receivable Management and Debt Collection)以及信用管理咨询业(Credit Management Consulting)等。其中市场调查属于信用管理行业的旁支行业。信用管理各分支行业因其业务特征可被分为信用信息服务和信用管理服务两大类，前五个分支属于信用信息服务类，而后五个分支属于信用管理服务类。

由信用管理行业提供服务的市场被称为信用管理市场。从服务对象角度看，信用管理市场可分为金融市场(Financial)、商业市场(Commercial)和消费者市场(Consumer)。根据行业管理惯例，信用管理行业还可分为金融类和非金融类，信用保险、保理和信用担保属于金融或类金融类。通常人们还将信用管理软件开发、征信数据库开发、征信专业网络技术服务等列为信用管理行业的组成部分。目前上述分支在我国市场上均已出现，但地区之间发展很不平衡，业务水平与发达国家也有一定的区别。

下面分别对信用管理行业十个分支行业做一简要介绍。

（一）企业征信业

企业征信业又称企业资信调查业或企业信用调查业。指按照客户要求，通过合法途径征集企业各种信用信息，并进行加工处理形成企业信用报告，旨在帮助授信人在进行信贷融资、信用销售或商业投资决策时准确把握受信人的信用状况的信用服务业态。企业征信业是最早出现的信用管理业态，也是整个信用管理行业中最基础的行业分支。企业征信服务通常有固定收费标准。

（二）个人征信业

个人征信业又称个人（消费者）资信调查业或个人（消费者）信用调查业。指通过合法途径收集整理自然人各种信用信息，并对其进行信用评分，为消费信用机构提供消费者个人信用状况调查报告服务的业态。国际上将这类调查机构称为信用局（Credit Bureau）。个人征信通常有固定收费标准。

（三）财产征信业

财产征信业又称财产调查业或资产调查业。指通过合法途径对债务人或担保人名下的资产状况进行调查，并出具资产调查报告的征信服务。调查范围通常包括不动产的特征、权属、抵押状况，动产的特征、权属和质押转让状况的信息，对无形资产通常忽略或低估其价值。通常依据调查难度、工作量或财产价值收费。

（四）市场调查业

指征信机构利用征信数据库和调查渠道对某个产品或行业的市场状况、趋势、竞争对手和消费者等情况进行深入调查和专业分析，供客户进行商业决策参考。市场调查通常根据调查难度和工作量收费。

（五）信用评级业

信用评级业又称资信评级业，是指对影响被评级对象的诸多信用风险因素进行分析研究，就其偿还债务的能力及意愿进行综合评价的信用服务行业。一类信用评级业务是对发债机构发行的债券偿还信用进行评估，又称债项信用评级，目的是给投资人做出对投资对象的客观且量化的描述；另一类是对企业（金融机构、上市公司、行业、国家主权）的主体信用状况（还款能力和还款意愿）进行评级，又称主体信用评级，供相关交易方信用决策时参考。资信评级收费标准通常依评估对象难易程度、发债金额等而定。

（六）保理服务业

指保理商（银行或商业保理公司）以受让卖方因销售货物或提供服务而产生的应收账款为前提，为卖方提供应收账款融资、买方付款信用风险担保、销售分户账管理、应收账款管理与催收等综合性信用服务的业态。保理服务适用于付款期在一年以内的信用交易，特别适合于成长型的中小企业，被称为中小企业最佳的贸易融资工具。除融资利息外，保理商通常收取发票金额1%～1.5%的服务佣金。

（七）信用保险业

信用保险是指财产保险公司为企业提供的买方付款信用保险服务，通常只承担买方无力付款的风险的90%。它与保理业受让应收账款的做法不同，不介入贸易过程，只是在买方到期不能还款后一定期限内向卖方提供赔偿。保险公司通常收取1%左右的信用保险费。

（八）信用担保业

信用担保分为融资性担保和非融资性担保两种。融资性担保主要为达不到银行信贷标准的中小企业提供融资增信和坏账代偿服务，非融资性担保主要为企业招投标、合同履约和交易安全提供担保服务，以促进交易双方顺利开展交易活动。我国中小企业融资担保费率通常在2%左右。

（九）账款管理与追收业

账款管理与追收行业从事代理客户合法收账和应收账款管理业务。根据收回的金额收取一定的佣金，此行业主要依靠信用压力、收账网络、专业人才和法律压力迫使债务人还款，若债务人不配合将被列入“黑名单”。通常按照收回款项的一定比例收费，同时实行“不成功不收费”。

（十）信用管理咨询业

信用管理咨询主要为客户提信用管理诊断、信用管理机制建立、信用政策制定、组织机构整合、信用分析与决策咨询顾问，以及信用管理知识和技能培训等服务。通常根据咨询项目进行议价。

二、信用管理行业的地位和作用

信用管理行业是社会信用体系中不可或缺的重要组成部分，承担着社会征信系统建设运营和提供信用增值服务的重要职责。信用管理行业的发达程度代表了社会信用体系的成熟程度和信用经济的发展程度。可以说，信用经济越发展，社会信用体系越成熟，信用服务行业的重要性和作用就越大。以全球信用体系最发达的美国为例，在“小政府大社会”的原则下，除建立健全信用管理相关法律制度外，政府对社会信用体系的建设和运行只起到指导性作用，主要工作都是由信用服务行业通过市场化的方式完成。

综合起来，信用管理行业在社会信用体系建设和运行中的重要作用表现在以下三个方面。

（一）社会信用体系的建设者和运营者

一般认为，社会信用体系的总体框架由信用实践、信用文化、信用制度和技术支撑系统等四部分组成。不论是在诚信宣传、诚信价值观培育、信用知识和信用技能培训教育等信用文化建设方面，还是在推动建立信用信息开放共享、信用分类监管、市场化的信用服务和失信惩戒和守信激励机制等制度建设方面，以及建立信用信息系统、交换共享平台，应用信用管理技术等支撑系统建设方面，抑或在大量的经济信用交易和社会交往实践中，信用服务业都是重要的建设者和主要的服务提供者。同时，除政府建立的公共信用服务平台外，信用体系的主要构成是社会化市场化的信用系统，需要靠信用管理行业发挥专业化优势来运营。为了提高效率和服务的专业性，有的公共信用服务平台也通过政府购买服务的方式交给第三方信用服务机构来运营。

（二）信用增值服务的提供者

公共信用服务机构作为政府建立的公益性机构，一般只提供市场主体的基础信用信息和监管信息，无法提供市场主体的经营财务信息和交易支付信息，也无法提供市场信用实践活动所需要的多元化的信用增值服务，这部分服务只能依赖专业化信用管理行业来提供。前述十个信用管理分支行业全部都是提供信用增值服务的。国内外的经验表明，这些行业全部都是根据市场需求应运而生和逐步发展起来的。

（三）企业信用管理的外部技术支持和服务承担者

除政府开展的公共信用服务和信用分类监管外，行业信用管理尤其是企业的信用管理更离不开信用管理行业的技术支持和服务。如国外很多行业协会开展会员制的信用信息交换服务，用于防范行业风险、维护行业整体利益，其技术支撑单位都是信用管理机构。大中型企业建立信用管理体系、管理客户和供应商的信用风险、回收应收账款等需要使用外部的信用管理服务，中小企业由于信用管理能力和水平较低，更是选择将其信用管理工作外包给信用管理公司。

三、国外信用管理行业的发展

随着市场经济的发展，信用逐渐取代货币成为交易的主要媒介，市场对信用风险管理服务的需求日益扩大，专业的信用管理行业应运而生，并随着技术的进步和市场需求的不断扩大而日益发展壮大。

在西方发达国家，信用管理行业是一个经历过100多年发展历史的成熟行业，表现在法律法规较为完善；信用经济比较发达，信用服务市场需求较大；信用机构服务相对规范，有较强的社会公信力，有知名的信用服务品牌；信用管理技术先进并不断发展等。以信用管理行业最发达的美国为例，其信用管理行业从19世纪30年代开始起步，至今已有100多年的发展历史。目前，美国是全球信用信息服务业最发达的国家。世界上最著名的企业征信机构、个人征信机构和信用评级机构都在美国。

美国三大个人征信机构分别是益佰利（Experian）、伊科法克斯（Equifax）和环联（Trans Union）。该行业的主要特点如下：一是个人征信业务与信用消费高度相关；二是个人信用数据库覆盖美国全部信用消费人口；三是拥有广泛多元的信息渠道；四是已经形成良好的信息共享文化和机制；五是征信机构全部采用可支撑大批量电子数据采集和处理的现代信息技术；六是拥有保障个人征信业务良性发展的法律和监管机制等。

美国的企业征信行业已有170年的发展历史，形成了以邓白氏和益佰利为代表的著名品牌，其中邓白氏公司历史最长、最负盛名。企业征信机构的信用数据主要来自被调查公司、提供企业信用信息的公司和公共登记部门（企业注册、法院、税务、担保物权登记系统）等，同时具有依托现代信息技术建立起全球统一的信用数据库等核心竞争优势。

经过100多年的发展，美国信用评级业形成了以穆迪、标准普尔和惠誉为代表的三大信用评级机构。目前，三大评级机构几乎垄断了美国乃至全球的信用评级市场。信用评级的主要作用在于通过独立的、专业化的信息收集和分析活动，减少证券发行人与投资者之间的信息不对称状况，从而提高市场效率。评级公司的主要竞争优势是其长期建立起来的品牌知名度、专业的评级技术、丰富的评估经验、管理经验和历史数据等。美国信用评级市场主要有五类产品，分别是金融机构信用评级、保险公司信用评级、企业信用评级、资产支持证券信用评级和政府债券信用评级。

这些信用服务机构的共同特点是服务效率高、信用报告内容全面、成本较低。除直接收集信息外，它们还从其他独立征信公司购买和整合数据，不仅征集负面信用信息，还征集正面信息。它们不仅在美国国内提供服务，而且在世界上绝大多数国家或地区开展业务，形成跨国经营格局。这些机构既相互合作又依靠各自的产品差异形成竞争，推动着美国乃至全球信用信息服务行业的不断发展。

四、中国信用管理行业的发展

与西方国家一样，新中国的信用管理行业的发展也是从征信行业开始的，并随着改革开放的深入和市场经济的发展，逐步形成了包括征信、评级、信用保险、保理(银行保理和商业保理)、信用担保、商账管理与催收和信用管理咨询在内的全产业链。这些业务分支基本全是从西方国家引进的，后来根据中国国情走上了有自己特色的发展道路。其中融资担保行业在发达国家基本是由政府主导的为解决中小企业融资难的政策工具，而我国除少数国有的担保公司外，出现了大量的民营担保公司，同时又由于经营不规范，近年来出现了大量担保公司倒闭的现象。我国对信用管理公司开展海外商账管理与代理催收没有限制，也允许第三方信用管理公司对个人信用卡、电信等公用事业欠费进行催收，但目前尚未放开国内商账催收代理业务，这也是我国唯一没有开放的信用管理行业分支。

第二节 征 信 业

一、征信概述

(一) 征信业务由来

在我国，征信一词最早出现在春秋时期的《左传·昭公八年》，其中记录“君子之言，信而有征，故怨远于其身”。大意为君子言而有信，信可验证，因此不会招人怨恨。而现在我们所说的作为信用管理专业词汇的“征信”，是英文“Credit Investigation”或“Credit Checking”的中文译法。根据《征信业管理条例》第一章第2条，征信业务是指对企业、事业单位等组织的信用信息和个人的信用信息进行采集、整理、保存、加工，并向信息使用者提供的活动。

征信活动的产生缘于信用交易的产生和发展。当商品经济不发达时，信用交易范围很小，债权人较容易了解对方的未来偿还能力。但当商品经济高度发达，信用交易的范围日益广泛时，特别是当信用扩散至全国、全球时，信用交易的一方想要了解对方的资信状况就会极为困难，征信活动也应运而生。

征信服务可以追溯到19世纪30年代的英国，世界第一家征信机构在伦敦诞生，它是一家企业征信机构。由于技术手段的限制，早期的征信服务有些类似经济侦探服务。进入20世纪90年代后，信用管理行业的服务方式从主要经营征信转变为全方位地向客户提供信用管理顾问和策划服务，全球一致的征信服务和信用管理外包服务也开始盛行。这些新服务方式的发展，既可以为没有必要建立独立信用管理部门的小企业承担信用管理功能，又可以帮助大跨国机构降低信用管理成本。

（二）征信业务分类

按照被征信对象划分，征信业务可分为企业征信和个人征信。企业征信是指专门收集企业信用信息、生产企业信用报告等产品的征信活动；个人征信是指专门收集个人信用信息、生产个人信用报告等产品的征信活动。企业征信和个人征信可以混业经营，既有单独从事企业和个人征信的机构，也有从事个人和企业两种征信业务类型的机构，通常由征信机构根据实际情况自主决定。出于保护个人隐私和消费者权益的目的，各国普遍对个人征信业务采取较为严格的监管措施，而对企业征信业务采取相对开放的态度。我国对企业征信实行备案制管理，而对个人征信实行严格的牌照管理，由中国人民银行总行直接审核发放。

按照征信服务对象划分，征信业务可分为信贷征信、商业征信、雇佣征信以及其他征信。信贷征信主要服务对象是金融机构，为信贷决策提供支持；商业征信主要服务对象是工商企业，服务内容甚至扩大到授信之外，为投资和一般性交易提供决策支持；雇佣征信主要服务对象是雇主，为雇主用人决策提供支持；其他一些征信服务活动，如市场调查，债权处理，动产、不动产鉴定等。

按照征信运作形式，可分为同业征信和联合征信。同业征信是指征信机构在一个独立或封闭的系统内部进行征信和提供征信服务的工作方式（如金融业、建材业、运输业）；联合征信主要是针对个人征信而言，它是指征信机构根据协议，由第三方中介机构将分散在各商业银行和社会有关方面的个人信用信息汇集起来，进行加工和储存，形成个人信用档案信息数据库，为银行和社会有关方面系统了解个人的信用状况提供服务。

按照征信的地域划分，征信业务可分为国内征信和国际征信。国内征信是针对国内的被调查对象所做的资信调查，是目前世界范围内业务量最大的征信活动；国际征信是指委托人和被调查的对象不在同一国家，调查工作跨越国境。跨国征信服务近年来正在迅速崛起，主要有内在和外在两方面原因：内在原因是西方国家一些老牌征信机构为了拓展自己的业务，采用多种形式（如设立子机构、合作、参股、提供技术支持、设立办事处等）向其他国家渗透；外在原因主要是由于世界经济全球化进程的加快，各国经济互相渗透、互相融合，跨国经济实体越来越多，跨国征信业务的需求越来越多。为了适应这种发展趋势，跨国征信机构也越来越多。

按照征信的时期划分，可分为主动征信、跟踪征信和催收征信。传统的征信业务基本都是被动征信，即征信机构在接受客户委托后才开展征信活动。随着信息技术的发展，征信机构都需要建立大型数据库来提高服务效率，更多地采用电子化方式批量获取信用数据，即在客户委托之前已经开始进行主动征信。跟踪征信是指对被调查对象持续进行征信活动，以对被调查对象的信用状况保持持续密切关注。催收征信是指在应收账款逾期后，为了获得债务人还款能力和财产状况所进行的征信活动。

（三）征信的作用

征信业务既具有促进信用交易、降低信用风险，帮助授信方规避风险，帮助信用良好的受信方发现信用价值的作用；也有提高社会道德水准，发挥守信激励和失信惩戒的作用。征信服务的目的和功能具体地表现为：

一是促进信用交易。在现代社会，信用交易的范围急剧拓展，交易双方的信任不再可能通过直接接触而获得。征信机制作为信息桥梁，通过信用信息的传输，使赊销、信贷活动中的授信方能够比较充分地了解信用申请人的真实状况和如期还款能力，解决了制约信用交易发展的“瓶颈”问题，有效扩大了信用交易。

二是减少逆向选择。在信用市场上，由于信息不对称，往往信用不良者更愿意提出信用申请，即信用交易中出现了逆向选择问题。征信活动能使授信机构有效甄别申请人的信用风险，比较准确地预测申请者未来的还款概率，从而减轻逆向选择问题。

三是发挥守信激励和失信惩戒作用。征信机制为信用良好者提供了激励，也对信用不好的申请者实施了披露惩罚，因此银行或企业之间会存在共享受信人信用记录的动力。以银行为例，由于银行间共享借款者的违约信息，就会对借款者形成更强的约束机制，其他银行在对其发放信贷时会考虑到信用风险溢价，从而执行更高的利率以覆盖风险，甚至直接拒绝放贷。为了避免这种惩罚，大部分借款者都会更加努力地偿还贷款，最终有效降低信贷市场的违约率，增加信贷市场的有效放款金额。

四是避免过度借贷。借款者通常会同时向几个放贷机构申请获得信贷支持，并且经常能从多个放贷机构那里获得信贷。对于单个借款者而言，与多家银行存在信贷关系，不仅可以利用银行之间的相互竞争减轻信贷成本，而且可避免任何一家机构突然收回贷款或减少信用额度，从而使流动性遭受冲击的风险。如果放贷机构能够披露每个借款人的贷款额度和信贷最高限额，综合考量借款人的偿债能力，就可以有效避免借款人过度信贷。

五是增强社会信用意识。征信活动使信用信息得以广泛快速传播，并使信用信息变成了一种潜在的经济资源，信用记录可以成为政府、企业或个人进入信用社会的一种资格证明，也可以成为他们从事契约活动的通行证，与此同时，也使企业或个人认识到失信获得的利益仅是一次性的，而失信的惩罚则是长期的、广泛的，从而约束和规范自身行为，提高全社会的信用观念。

正是因为征信具有上述功能，征信活动才逐渐发展成为市场经济中不可或缺的一环。征信活动因对信息资源的系统性收集、汇总、加工和开发利用，成为提升信用管理水平最有效的制度安排之一。

二、征信实务

（一）征信对象

征信对象即信用调查或信用审查的客体。在一国范围内，征信的对象通常限于企业法人和自然人。企业法人和自然人都是民事主体，在民事活动中地位平等，但是两者在财产关系和人身关系，以及在经济实力、收入来源、举债目的等方面不尽相同，因而征信的手段和方式等也不尽相同。这样就产生了两种主要的征信：企业资信调查和消费者信用调查。

（二）征信数据

征信数据是对信用信息的专业化称谓，包括量化数据和非量化数据。量化数据可以直接用来进行定量分析，如财务数据等。非量化数据是对一些事实的记录，用语言形式进行描述。使用一定的方法，许多非量化数据可以转化为量化数据。征信数据主要包括原始调查数据和经过技术处理的数据。征信数据既可以通过直接调查获得，也可以向数据供应商采购，还可以通过与相关数据交换方式取得。原始征信数据不能直接应用于征信产品的生产，必须经过技术处理才能使用。

（三）征信机构

征信机构是专门从事资信调查业务的专业机构。按性质可分为公共征信机构和私人（商业）征信机构。狭义的征信机构一般指私人（商业）征信机构，是指专门从事信用信息采集、处理、评价、传播业务的以营利为目的的企业。对于从事信用交易的双方，征信机构是信息中介机构。通过征信机构的服务，可以降低交易双方的信息不对称状况，帮助授信方规避风险，也帮助信誉卓著的受信方体现其特殊的高信用价值。

（四）企业征信内容

企业征信内容包括反映企业信用能力（主要是偿债、付款能力）和信用意愿的相关信息。具体来说，除企业工商注册、资质许可、法律性质、股东及管理层背景、历史沿革、经营运作等信息外，企业资信调查还应调查以下信息：①银行往来记录，对金融部门贷款的还本付息情况；②付款记录，对供应商应付账款的付款情况；③资产负债和损益等财务数据；④财产抵押担保记录；⑤民事诉讼记录；⑥其他社会公共记录等。

（五）企业征信工作程序

企业征信机构一项长期而且必须经常进行的工作就是数据采集、整理和分析并形成数据库，它为征信业务的开展奠定基础。此外，在制作企业资信报告时，企业征信机构还应遵循一个比较严谨的工作流程，包括：①前期准备阶段，业务受理、需求确认；②调查阶段，从自身及外部数据库检索信息、查阅资料、拟写提纲、实地调研、资信查证；③分析评估阶段，数据处理、分析、综合评价、确定得分，形成征信结论；④整理归档、提交报告。

（六）企业征信产品

社会征信机构能够提供多种企业资信调查报告类产品，主要包括：

（1）企业标准（普通）资信调查报告。所有企业征信机构都生产的一种主流征信产品，通常委托方将其作为企业客户信用档案的主体部分。这种报告的主要内容包括：工商注册、资质许可、法律性质、业务范围、员工人数、股东及管理层背景、历史沿革、经营运作等信息、财务数据及财务比率分析、业务现状与发展前景等，以及征信公司对被调查企业给出的资信级别和风险指数。用途是帮助判断企业的合法性，了解企业概貌，适用于小额贸易或合作，能实现普通合作伙伴的资料更新及核实。目前能够直接提供全球各国企业的普通企业资信调查报告的公司只有美国的邓白氏公司和荷兰的格瑞顿公司。

（2）企业深度资信调查报告。报告更深入地对被调查对象进行分析，主要在资产、土地使用权、经济纠纷、人事变动、主要领导人个人信用、竞争对手分析、供应商及客户等方面的详细调查，还包括连续三年以上详细财务数据及财务比率分析等，并给出对企业的综合评估。深度调查报告主要用于帮助客户全面了解企业的生产、经营、管理情况，可作为企业并购、企业拍卖、赢得大客户、扩大业务、争取银行贷款、大型投资项目可行性分析和企业重大经营活动决策参考依据，以及法律诉讼、重要贸易伙伴日常监控等。

（3）专项问题调查报告。这种报告是针对用户需要的信用项目进行调查，即根据客户的特定要求，在遵守相关法律法规的前提下，涉及“普通版企业资信调查报告”和“资信深度调查报告”中没有包括的信息，向客户提供特殊信用信息需求的专项资料，适用于企业生产经营活动中产生的不同专项信用信息需要。专项问题调查报告主要用于并购等重大决策、区域或行业市场进入、产品结构调整、制订市场计划、检验自身经营、寻找与竞争对手差距等，以及政策研究、战略发展规划、诉讼及判决执行过程中，调查资产去向等目的。

其他类型的企业征信产品还包括：

（1）风险指数报告，帮助企业迅速评估被调查企业相对于其他企业的风险，并预测企业的技术性破产的可能性。

（2）企业家族调查报告。分析被调查企业的母公司和子公司、母公司和分公司、公司的投资结构或参股的其他公司之间的关系。用于帮助企业信用管理部门确定母子公司的信用情况，尤其有助于掌握一个家族内的企业的信用状况。

（3）国家风险报告。提供被调查国家的政治、政策变化、国家的宏观经济信息及其经济状况的最新发展动态、有关该国的出口信用保险问题等信息，分析一个国家或地区主要风险因素、成因、所处的水平及发展趋势，从而可以引导贸易和资本的最优流向，以达到预期效用的最大化。还为企业提供预警，帮助客户做出正确的信用决策。

（七）个人征信基本内容

美国全国信用报告协会设计了标准信用报告模式——《信用观察 2000》，对信用报告的内容和基本格式提出了基本要求。根据《信用观察 2000》表格的要求，个人征信调查要包括以下几类信息：人口统计资料、流水账信息、就业资料、公共记录资料和信用局查询记录等。个人征信渠道包括：商业银行、信用卡公司、公用事业机构和零售商；就业单位；公安、法院、税务、劳动人事等政府部门。

（八）个人征信业务操作

个人征信环节主要包括：个人资信信息的收集和登记；个人信用数据的加工处理和信用评分，目前美国三大信用局都采用 FICO 信用分来量化个人信用质量和风险；以及个人信用产品的销售和使用等。

个人信用产品的主要需求者为消费信贷的授信方、商业银行、保险公司、雇主、司法部门和消费者个人。美国每年出售 6 亿多份消费者个人信用报告。

三、国内外征信行业

（一）国外征信业的发展

西方发达国家的征信行业起源于 19 世纪 30 年代，但直到 20 世纪 60 年代，征信行业才得以快速发展。第二次世界大战后，西方国家经过经济恢复，到 20 世纪 60 年代普遍进入了高速增长时期，国内外贸易量大幅度增加，交易范围日益广泛，信用交易日益流行，企业征信的业务量也随之迅速增大。经过多年不断发展，征信行业在发达国家或地区已经发展相对成熟，并建立了较完备的法律法规及经营体系，为世界各国经济与征信业发展起到了重要示范作用。

西方发达国家经过上百年的信用建设实践，逐渐形成了三种典型的征信模式：一是以美国、加拿大、英国为代表的市场主导型模式，其主要特点是根植于较为完善的法律法规体系和私营经济传统，依托于完全市场化的信用服务行业提供征信服务；二是以德国、法国、比利时、意大利为代表的公共模式，即以中央银行信贷登记系统为主体的企业和个人征信体系，主要服务于商业银行信贷风险控制和中央银行职能履行，其实质是突出强调了银行业的信用管理；三是以日本为代表的会员制模式，其主要特征是以行业协会为载体成立行业信用信息中心，向会员收集信用信息并提供查询服务，不以营利为目的。目前，以德国、法国为代表的公共信用模式正在向政府主导、私营信用服务和会员制信用信息服务充分发展的方向变化。

1. 美国征信行业的发展

20 世纪 30 年代，第一次世界经济危机的爆发对美国征信行业的发展起到了巨大的推动作用。在大批公司破产、坏账激增的背景下，政府和投资者重新认识到了征信的重要性。政府制定了一系列扶持信用管理行业的条例，民间征信机构就此蓬勃发展。

美国是全球最早为征信活动单独立法的国家，相关法律体系的建立是征信行业健康发展的根本保障。20 世纪 60 年代末期至 80 年代期间，美国相继建立了以《公平信用报告法》(（*Fair Credit Reporting Act*）) 为核心的 17 项法律，其中《信用控制法》在 20 世纪 80 年代终止使用。与信用行业比较密切的法律包括：《平等信用机会法》《公平债务催收作业法》《公平信用结账法》《诚实租借法》《信用卡发行法》《公平信用和贷记卡公开法》《电子资金转账法》《储蓄机构解除管制和货币控制法》《甘恩-圣哲曼储蓄机构法》《银行平等竞争法》《房屋抵押公开法》《房屋贷款人保护法》《金融机构改革、恢复和执行法》《社区再投资法》《信用修复机构法》《格雷姆-里奇-比利雷法》。在上述 16 项法律法规中，《公平信用报告法》和《格雷姆-里奇-比利雷法》尤为重要。因为这两项法律对个人信用信息的采集和共享，特别是对有关消费者个人信息的使用做出了明确规定。《公平信用报告法》的主要监管机构是联邦贸易委员会(FTC)、辅助执法单位有联邦储备委员会和财政部的货币监理局(OCC)。

企业征信行业在美国是一个高度市场化、开放和自律的行业，目前美国对企业征信市场没有设置任何准入限制，也没有专门的法律和监管部门。企业征信机构只要依据当地法律和登记程序注册，并在日常经营中遵守商法等法律即可。

经过 100 多年的发展，尤其是 20 世纪 70 年代开始的兼并风潮，全美国大约 2 250 家征信机构经历了残酷的洗牌过程。目前美国的个人征信市场主要由益佰利(Experian)、伊科法克斯(Equifax)和环联(Trans Union)三大信用局与约 300 多家小征信公司两大阵营构成，企业征信市场主要由邓白氏和益佰利两大公司占据。

延伸阅读

美国益佰利公司个人信用数据库

经过一百多年的发展，以益佰利公司为例，在全美有超过 11 000 家消费信贷、商业零售、房屋租赁和公共服务机构等向其提供个人信用数据，涵盖了 90% 以上的信用消费，益佰利也因此拥有了美国超过 2.2 亿消费者的信用数据，几乎覆盖了美国全部的信用消费人口。该公司在得州的数据中心全年 365 天、每天 24 小时保持运转状态，99.9% 的数据处理是系统自动完成的。目前该公司系统平均每天接受 200 万次的数据调用申请，99.9% 的申请可以得到答复，平均每次响应速度为 1.3 秒钟。基于如此高的信用申请答复率和如此快的响应速度，消费者在美国山姆会员店现场申请信用卡，也只需要 3 秒钟的时间，堪称世界之最。

资料来源：韩家平．美国信用信息服务业的发展及其借鉴意义．国际经济合作，2012(7)。

延伸阅读

美国邓白氏公司企业数据库及其服务

邓白氏公司(Dun & Bradstreet Corporation)成立于1841年，拥有全球最大的企业征信数据库。邓白氏公司除利用自有渠道直接获取企业信用信息外，还在全球多个国家或地区广泛发展数据资源合作伙伴，使其数据库中的企业数量迅速增长，成为全球最大的商业数据库。1993年其数据库中还只有2 800万家企业数据，1998年达到5 400万家，2005年达到1亿家，2010年超过1.8亿家，其中包括550万家中国企业信息。目前邓白氏在全球30余个国家和地区设有分支机构，业务覆盖全球超过230个国家和地区，日均处理业务超过10万笔。在数据库基础上，该公司可为客户提供多样化的信息服务。目前邓白氏的核心业务包括风险管理解决方案、营销及市场调研解决方案和互联网业务解决方案。三部分业务占其营收比例分别为65%、28%和7%。邓白氏企业代码为美国联邦政府认可的企业唯一性标志。

资料来源:韩家平.美国信用信息服务业的发展、监管及其借鉴.国际经济合作,2011(7)。

2. 欧洲征信行业的发展

欧洲的征信系统由两部分组成：一部分是由各国中央银行管理，主要采集一定金额以上的银行信贷信息(公共征信模式)，目的是为中央银行监管和商业银行开展信贷业务服务。其显著特点是数据获取的强制性、信息来源的特定性和信息使用的限制性。另一部分由市场化的征信机构组成(私营征信模式)，具有信用信息来源广泛、内容全面、服务规范、信息有偿提供的特点。

在欧洲，德国的信用立法相对较早。1934年就建立了个人信用登记系统，并出台了一些相关的操作规则，1970年联邦德国又颁布了《个人数据保护法》，成为世界上最早的关于个人数据保护的立法，同年还颁布并实施了《分期付款法》。之后，德国在1976年和1977年分别制定了《一般交易约定法》和《联邦数据保护法》，并于1990年对《联邦数据保护法》进行了修订。

欧洲最著名的企业征信机构是格瑞顿公司(Graydon International Co.)。格瑞顿公司成立于1888年，是一家历史悠久的欧洲大型征信服务公司，它有能力提供世界上130多个国家和地区的企业信用报告。该公司总部设在荷兰，主要分公司设在美国、英国和比利时。

3. 日本征信行业的发展

由于行业协会在日本经济中具有较大的影响力，它的征信体系明显区别于美国和西欧国家。日本采用的是以行业协会为主建立信用信息中心的会员制模式，为协会会员提供个人和企业的信用信息互换平台，通过内部信用信息共享机制实现征集和使用信用信息的目的。在这种模式下，会员向协会的信息中心义务提供自身掌握的个人或企业的信用信息，同时协会信用信息中心也仅限于向协会会员提供信用信息查询服务。这种协会信用信息中心不以营利为目的，只收取成本费用。

日本的信用信息机构大体上可划分为三类，即银行体系、消费信贷体系和销售信用体系，分别对应银行业协会、信贷业协会和信用产业协会。银行、其他金融机构、信用卡公司、保证公司、商业公司以及零售店等都是这些协会的会员。三大行业协会的信用信息服务基本能够满足会员对个人信用信息征集考察的需求。例如：日本银行业协会建立了全国银行个人信息中心。信息中心的信息来源于会员银行，会员银行在与个人签订消费贷款合同时，要求个人义务提供真实的个人信用信息。

此外，日本征信业还存在一些商业性的征信公司，如帝国数据银行拥有亚洲最大的企业资信数据库，拥有 4 000 户上市公司和 230 万户非上市企业的详细资料。日本行业协会的内部规定在信用管理活动中发挥着非常重要的作用。消费者的信用信息并不完全公开，只是在协会成员之间交换使用。对此，以前并没有明确的法律规定，但在银行授信前，会要求借款人签订关于允许将其个人信息披露给其他银行的合同。

（二）中国征信业的发展

中国征信业的发展可以追溯到 20 世纪 30 年代初。1932 年 6 月 6 日，由著名民主人士和银行家章乃器先生牵头发起、由多家中资金融机构共同发起的专职征信机构“中国征信所”，在上海圆明园路 1 号宣布成立。到 1936 年 7 月，中国征信所在 4 年中总共发出调查报告 3 万份。这一段时间，是中国征信所最为兴旺的时期。可惜的是随后的日本侵华战争和抗战胜利不久爆发的内战使中国征信所越来越陷于困境，勉强维持到 1949 年 5 月上海解放。

新中国信用管理行业迄今已走过近 30 年的时间。20 世纪 80 年代后期，经过 10 多年的改革开放，中国的对外经济合作取得了很大发展。越来越多的海外投资者和出口商需要了解中国合作伙伴的情况，中方也需要对国外合作伙伴进行了解。为了促进国际贸易和外国投资，当时的对外经济贸易部决定由所属的计算中心（现商务部研究院）和世界著名企业征信机构“邓白氏公司”（Dun & Bradstreet）合作，互相提供中国和外国企业的信用报告。后来，与海外的合作扩展到我国香港的“日新公司”（Daily Credit）、我国台湾的“中华征信所”等机构。

1992 年 11 月，中国第一家专门从事企业征信的公司“北京新华信商业风险管理有限责任公司”［其相关业务于 2001 年改制为“北京新华信商业信息咨询有限公司”（后被益佰利公司并购）］成立，并于 1993 年 2 月开始正式对外提供服务。同期，华夏国际商业资料有限公司（后被邓白氏公司并购）、北京中贸远大商务咨询有限公司（商务部研究院投资，后更名为北京中贸远大信用管理有限公司）相继成立，标志着中国的企业征信行业开始进入市场化运作阶段。

在中国人民银行和上海市政府的支持下，新中国最早的个人征信公司——上海资信有限公司（后被中国人民银行征信中心收购）于1999年在上海成立，其原始信息主要来自上海地区商业银行和公共服务机构，所提供的信用报告也主要服务于商业银行消费信贷业务。目前，我国银行信贷领域主要采取了政府主导型的公共信用模式。截止到2013年底，中国人民银行征信中心已采集了8亿多自然人和1 920万户企业和其他组织的信用信息，这些信息以信贷还款记录为主体，为防范金融信贷风险、拓展信贷市场发挥了重要作用。

我国市场化的征信机构也已初具规模。根据中国人民银行发布的《中国征信业发展报告（2003—2013）》显示，截至2012年我国征信机构达到140家左右，主要分为3类：第一类是政府背景的信用信息服务机构，有20多家；第二类是社会征信机构，有50家左右；第三类是评级公司，有70多家，年营业规模在20亿元人民币左右。这些征信机构主要是从事企业信用评级和企业征信业务，而个人征信牌照尚未发放。受限于信用法规不健全、信息开放程度不高和市场需求尚未充分开发等原因，我国尚未形成公信力较高的信用服务品牌。同时，在企业征信和信用评级领域已经出现外资控制的现象。

2013年3月15日起施行的《征信业管理条例》是我国第一部规范信用信息服务业的法规，从此我国征信行业步入了有法可依的新阶段。随着2014年我国《社会信用体系建设规划纲要（2014—2020）》的出台和实施，以及大数据征信技术的发展，到2020年，我国将基本建成以信用信息资源共享为基础的覆盖全社会的征信体系，信用管理行业将迎来发展的黄金时期。

四、征信技术的发展

征信是技术含量很高的行业。征信技术主要包括数据采集技术、数据处理技术、模型评分技术和数据报告技术等。近年来，随着信息网络技术的快速发展，征信技术领域也发生了巨大的变化。征信机构的数据采集方式已从传统的依靠人工方式单个企业（个人）逐笔信用记录采集，发展到使用电子化方式大批量采集；采集的内容已从传统的“信用交易记录”数据发展到市场主体所有能够反映其信用行为的数据，甚至有的大数据征信机构提出“所有数据都是信用数据的口号”；数据的更新周期也越来越短，已从年度、月度发展到每日更新，有的征信机构甚至可以做到实时更新；数据处理技术和信用评估技术也随着大数据、云计算等的应用而发生质的变化，数据存储量、数据处理速度都大大提高，信用评估变量也从数十个发展到上万个；当然，数据报告技术也随着互联网技术尤其是移动互联技术和社交媒体的发展变得更加高效、便捷，真正做到随时随地，超越时空提供在线服务。除非特殊证明需要，一般不再提供纸质报告。

目前国际主流的征信公司都以大数据为基础开展业务，数据的采集、整理、加工成为征信公司之间新的核心竞争力。信用产品以数据形式提供给用户更容易被接受，数据技术水平优势有助于征信公司为客户提供更好的服务。相对于美国等发达国家，我国征信技术还比较落后。由于缺乏核心技术，导致我国征信产品单一，高级征信产品缺乏。这不但限制了征信业本身的发展，也使征信业对金融业和其他行业的支持力度十分有限，这也是造成我国信用信息服务供求双重不足的主要原因之一。

知识链接

吴晶妹，为你解读“信用身份证”，中国新闻网，http://finance.chinanews.com/cj/2015/05-05/7254044.shtml。

第三节

信用评级业

一、信用评级概述

（一）信用评级的内涵

信用评级有广义和狭义之分。狭义的信用评级又称资信评级，是指独立的专业信用服务机构对债务人如期足额偿还本息能力和意愿的综合评价，并对其违约风险和损失的严重程度用简单的字母和数字符号表示。广义的信用评级则是对各类市场参与者及各类金融工具的发行主体履行经济承诺的能力及其可信程度进行的评价，如对股票、基金、行业风险、国家风险、公司治理、质量管理、资产波动性等方面进行的评级等，包括商业银行、企业的内部信用评级。

与征信机构较为多元的信息渠道、采集内容主要是以往的信用记录不同，信用评级机构主要依赖委托方提供的定性和定量数据和分析师现场走访获取的一手资料，辅助资料包括评级公司内部的数据库和独立第三方的信息渠道等。这是由征信公司与评级公司完全不同的运营模式所决定的。

从狭义的角度看，对信用评级的理解应把握以下几点：

（1）信用评级的目的是揭示特定的信用风险，而不是所有投资风险。信用评级是对偿还债务本息能力与意愿的评价，而不是其他类型的投资风险，如利率风险、通货膨胀风险、再投资风险及外汇风险等。

（2）信用评级的关注重点是经济主体履行相关合同的能力，而不是经济主体的价值或业绩。信用评级与资产评估、财务报表审计和企业价值评估有明显的不同。资产评估主要是确定被评估对象在某一时点上所持有的单项或整体资产的真实价值；审计主要是对被审计单位会计报表的合法性、公允性进行分析和估算。信用评级评价的则是经济主体按合同约定如期履行特定债务或其他经济义务的能力和意愿，而不是企业的价值或经营业绩。

（3）信用评级是独立的第三方机构利用其自身的技术优势和专业经验，就各经济主体和金融工具的信用风险大小所发表的一种专家意见，它不能代替投资者本身做出投资选择。

（4）信用评级对信用风险的判断是一种相对评价，是通过债务人之间的信用风险比较得出的。因此，信用级别告诉人们的信息是：一个高级别的债务工具（贷款或债券等）比一个低级别的信用工具违约的可能性要小，违约造成的实际损失程度也要小，例如，AA 级比 A 级债券违约的可能程度要小，仅此而已。至于每一个信用级别的实际违约率，它会随着经济周期以及全球、地区经济环境的变化而变化。

（二）信用评级的分类

一般而言，信用评级可以按照以下标准进行分类。

（1）按照债务工具期限的长短，信用评级可以分为长期债务评级和短期债务评级。长期债务是指偿还期限为一年或一年以上的债务，主要包括长期债券和银行长期贷款。长期债务评级是对债券发行人或债务人按期偿还特定长期债务的能力和意愿的评价。短期债务是指偿还期限不足一年的债务，主要包括短期债券、商业票据和银行短期贷款等。短期债务评级是对债券发行人或债务人按期偿还特定短期债务能力的评价。

（2）按评级对象债务的范围，信用评级可分为债项评级与主体评级。主体评级（issuer credit rating），又称整体债务评级，是对债务发行人整体信用状况的评级，并不适用于任何特定的财务义务。目前债务发行人主要包括：中央政府、地方政府、企业、金融机构等。债项评级（issue credit rating），又称特定债务评级，是对债务人履行某项特定财务义务或财务方案的信用程度的意见。

债项评级与主体评级的结果不一定相同，须视发行人本身的信用评级等级、资产抵押情形、发行条件以及发行人对该债务所提供的增信措施（如保证、保险等）而定。

（3）按债务计价币种，信用评级可分为本币评级和外币评级。外币评级是指对发行主体发行以外币计价的债务的信用评级。外币评级时要将评级对象放在全球范围与其他受评对象进行比较，以确定风险的相对大小，同时其级别要受到主权级别限制，即一个企业债务的评级一般不会超过其所在国家的级别。例如，穆迪对我国主权的信用级别为 Aa3，则穆迪对我国企业外币债务的最高评级不会超过 Aa3。本币评级是对某一国家范围内经济主体及其发行本币债务的信用评级。本币评级强调国内可比性，一般不考虑主权风险。

除以上分类方法之外，还可以根据其他标准对信用评级进行分类。根据评级对象的不同，信用评级还可以分为金融工具评级、工商企业评级、金融机构财务实力评级、公用事业信用评级和政府评级等；根据评级结果的适用范围，信用评级可分为国内标准评级与国际标准评级；根据被评级主体是否自愿接受评级，信用评级可分为主动评级和被动评级；等等。

（三）信用评级的特点

信用评级作为社会信用中介活动之一，具有以下特点：

1. 公正性

信用评级是由独立第三方机构做出的。评级机构做出的评级结果不应由于自身和发行者或第三方已存在的或潜在的商业关系而受到影响，评级人员要根据基础数据和基础资料做出评判，运用自己的知识和经验实施评级，向社会提供客观、公正的信用信息。任何利益冲突和其他影响评级机构独立性的相关因素将会削弱投资者对于评级机构的观点和评级的信心。

2. 客观性

在评级过程中，评级机构必须保障评级基础数据和基础资料的真实、准确。评级方法必须严谨、系统，并且经过某种方式的确认。

3. 简洁性

信用评级结果以简洁的字母或数字组合来表示，用以揭示企业的信用状况，是对企业进行价值判断的一种简明的工具。

4. 可比性

同一行业的评估标准应统一，受评级企业获得的评级结果应与受评企业在同行业中的信用地位相一致。

5. 广泛性

信用评级除了可以帮助被评对象提升形象和便利其融资外，其服务对象还包括广大投资者、金融机构、社会公众与大众媒体、与受评对象有经济往来的商业客户、政府和其他社会组织等。

（四）信用评级的职能与作用

1. 信用评级的基本职能

信用评级起源于美国的债券市场，其为市场和投资者提供有关债务及债务发行者如期足额偿还债务本息的能力和意愿的信息，帮助投资人和监管者做出判断，其在债券定价、投资方面的职能已被广泛认可。

对于投资者，信用评级可以简单而客观地提供有关债务偿还风险的情报，保护投资者免受由于情报不足而蒙受的损失，降低投资者寻求风险情报的信息成本；同时信用评级还能够提供证券定价、风险与报酬评估的参考。

对于被评估对象，信用评级可以提供客观公正的信用等级证明，帮助其拓展融资渠道，扩大投资者基础，稳定融资来源，提高新债券的发行效率，降低融资成本。

2. 信用评级的派生职能

随着信息技术和评估技术的发展，信用评级业呈现出一些新的发展趋势：评级公司越来越注重时效性，更加注重与被评估者的交流，更加注重投资者的意见。与此同时，信用评级业也在新经济的发展中派生出许多新的职能。如为投资者提供证券投资组合风险控制与管理的参考；成为金融机构贷款、资金往来与交易决策及内部信用评价的参考；帮助被评对象加强自身风险的管理，树立良好的信用形象；为政府监管部门开展分级分类管理提供依据；降低整个社会的信息成本，净化资本市场和社会信用环境，实现资源的合理分配，保证经济的合理运行等。

3. 信用评级的作用

信用评级有利于工商企业融资、贸易与市场销售。信用评级可以作为工商企业进入资本市场的通行证；它有助于降低工商企业的融资成本；它是企业在国际市场上的“信用身份证”，有助于企业开展对外贸易；信用评级是企业改善经营管理的外在压力和内在动力。此外，信用评级还有利于提高个人生活质量，有助于金融机构的信贷风险管理与控制，有助于政府职能机构的监管等。

二、信用评级实务

（一）信用评级的原则

信用评级原则是评级机构开展工作的纲领和基本准则，是评级公司评级理念的核心内容。信用评级行业在多年的发展实践中已经逐渐形成了广泛认可的评级原则。

1. 国际主要评级公司采用的评级原则

综合分析世界三大评级公司穆迪(Moody's)、标准普尔(Standard & Poor's)、惠誉(Fitch)所披露的信用评级原则(见表3-1)，不难发现，各评级公司所关注的内容是相似的：三家评级公司都十分重视定性分析和定量分析相结合，并强调定性分析；关注被评对象的长期信用品质；注重现金流量的分析等。

表3-1 穆迪、标准普尔、惠誉评级基本原则汇总

评级原则	穆迪	标准普尔	惠誉
独立客观性		√	
定性分析和定量分析相结合，强调定性分析	√	√	√
关注长期信用品质	√	√	√
注重现金流量的分析	√	√	√
全球一致性(包含可比性)	√		√
审慎性原则(合理的不利环境假设)	√		
看透会计数据后的实质	√		
注重第一手分析资料			√

2. 巴塞尔委员会对信用评级原则的规定

巴塞尔委员会在2001年发布的《巴塞尔资本协议(第二版)》中拟定了“合格的外部评级机构的标准”(即评级公司要遵循的评级原则),分别是客观性、独立性、透明度与信息披露、信息充足性以及可信度等5项。2010年7月发布的《巴塞尔资本协议(第三版征求意见稿)》规定了6项标准,与上述5项标准的变化是对“透明度与信息披露”标准调整为2项,即国际通用性和透明度、信息披露。《巴塞尔资本协议(第三版征求意见稿)》规定的6项标准详见表3-2。

表3-2 巴塞尔委员会对评级原则的规定及具体解释

评级原则	具体解释
1. 客观性	信用评级的方法必须是严格的、系统的,并且可以根据历史数据进行某种形式的检验。此外,必须定期对评级结果进行审核,根据财务状况的变化予以更新,必须建立对市场各种评级对象的评级方法
2. 独立性	外部评级机构应该是独立的,不会迫于政治或经济上的压力而影响评级
3. 国际通用性与透明度	凡是有合理要求的国内和国外机构,都可以以同等的条件获得每个评级结果
4. 信息披露	外部评级结构应当披露以下信息:评级方法,包括违约的定义、评级的时间跨度及每一级别的含义,每一级别实际的违约概率,评级的变化趋势等
5. 信息充足率	外部评级机构应当对发债企业拥有足够的信息资源,以确保提供高质量的评级结果
6. 可信度	可信度是建立在上述标准的基础上,也在于外部评级机构是否建立了防止机密信息被不当使用的内部程序

3. 国际证监会组织(IOSCO)对信用评级原则的规定

作为国际各证券暨期货监管机构所组成的国际合作组织,国际证监会组织2003年发布了《信用评级机构的运行机制报告》,提出了信用评级机构的4项执业原则,分别为:信用评级过程的统一性、评级机构应独立于有关利益团体、评估披露和透明度、信息保密。此四项原则在其2008年修订的《信用评级机构基本行为准则》中得到进一步贯彻。国际证监会组织对评级执业原则的规定详见表3-3。

表3-3 国际证监会组织对评级执业原则的建议及具体解释

评级原则	具体解释
1. 评级过程的统一性	信用评级机构的评估意见应致力于减少借贷双方和其他市场参与者之间的信息不对称

续表

评级原则	具体解释
2. 评级机构的独立性	评级机构的评估结论应该以独立的方式作出，不受政治、经济或由于评级机构所有权结构、商业或金融活动等原因而引起的利益冲突所带来的压力的影响
3. 评估披露和透明度	评级机构应以“及时披露和公正透明原则”作为其目标
4. 信息保密	评级机构对证券发行者提供给它们的非公开信息保密业务

（二）信用评级技术

信用评级技术是指对受评客体信用状况进行分析并判断优劣的方法和技巧，它贯穿于分析、综合和评价的全过程。信用评级方法有不同的分类，如定性分析法与定量分析法、主观评级方法与客观评级法、模糊数学评级法与财务比率分析法、要素分析法与综合分析法、静态评级法与动态评级法、预测分析法与违约率模型法等。

传统的评级技术主要依赖于要素分析的方法，如5C要素分析法：主要分析五个方面信用要素，即借款人品德（Character）、经营能力（Capacity）、资本（Capital）、资产抵押（Collateral）和经济环境（Condiltion）。此外还有5P、5W、4F等分析方法。这些方法主要是根据信用的形成要素进行定性分析，必要时配合定量计算。它们的共同之处都是将道德品质、还款能力、资本实力、担保和经营环境条件或者借款人、借款用途、还款期限、担保物及如何还款等要素逐一进行评分，但必须把企业信用影响因素的各个方面都包括进去，不能遗漏，否则信用分析就不能达到全面反映的要求。

传统的信用评级要素分析法均是金融机构对客户作信用风险分析时所采用的专家分析法，在该指标体系中，重点放在定性指标上，通过他们与客户的经常性接触而积累的经验来判断客户的信用水平。另外，美国几家信用评级公司都认为信用分析基本上属于定性分析，虽然也重视一些定量的财务指标，但最终结论还要依靠信用分析人员的主观判断，最后由评级委员会投票决定。

现代的信用度量方法主要依赖于受评客体的实际统计数据计算综合评级得分（或称指数）的数学模型，常见有KMV模型、Credit Metrics模型、Credit Risk+等。随着大数据技术的发展，目前各种信用度量方法不断创新、相互交叉并不断演变。由于这些技术并未普遍应用于信用评级过程，并且数学原理较为复杂，因此不在这里进行讨论。

（三）信用评级的方法与程序

在企业信用评级过程中，国际评级公司首先根据受评主体的经营风险和财务风险综合评定受评企业自身信用风险的高低，再考虑外部支持的强弱状况，通过对定性和定量两大类指标的综合考虑，最终确定受评企业的主体信用等级。目前国际主要评级公司在进行企业信用评级时主要考虑以下要素：

1. 经营风险要素

具体包括如下四个方面：

一是经营环境：主要包括宏观经济环境和区域经济环境。每一个产业都处于一定的宏观经济环境和区域经济环境当中。一个国家或地区整体经济发展快慢及其稳定性对区域内的行业和企业必然造成一定影响。宏观经济快速发展时期，很多行业都获得较好的发展机会；相反，如果宏观经济增长缓慢，企业的产销会受到不利影响，当企业发生债务困难时，也较难获得外部支持，进而增加债务违约风险。而区域基础设施建设状况、人文文化、人才储备、地方政府的经济发展规划、地区税收政策等会对企业的长远发展产生较大的影响。

二是行业状况：主要包括产业政策、行业供求和产品价格变化趋势、行业在产业链中的地位和行业内竞争状况。国家的产业政策对受评企业的经营和发展有重大影响。就普遍意义来说，国家产业政策支持发展的行业发展环境较为宽松，发展前景较为乐观；产业政策限制发展的行业生存环境较差，发展前景不乐观。而行业供求和产品价格变化趋势、行业在产业链中的地位和行业内竞争状况则对企业的盈利能力和现金流的稳定性影响很大，从而直接影响企业面临的信用风险状况。

三是竞争能力：主要包括规模和市场地位、技术水平和研发能力、采购渠道稳定性和议价能力、生产设备和产品结构以及销售渠道建设和稳定性。这些因素决定着企业在要素市场上的议价能力和产品市场上的定价能力和利润水平，影响企业经营的稳健性和抗风险能力。只有具有较强竞争力的企业，才能够保证企业具有稳定而健康的现金流，才能抵御市场可能的波动，避免信用违约事件的发生。

四是管理与战略：主要包括法人治理结构及组织架构、管理团队及人员素质、分支机构管控能力、管理制度建设及执行情况和发展战略几个方面。良好的企业管理和内控制度是企业合法诚信经营、合理稳健运作的保证。目前在市场体系还不完备的国家，企业内控还主要停留在“合规”的层面，这对企业稳健的经营运作造成了潜在的威胁，盲目的发展和混乱的内部治理是许多违约事件发生的直接原因。而企业是否制定了明确的发展战略，其战略目标是否可行，实施的具体状况又如何，这些因素将导致企业未来竞争能力和债务负担的变化，进而对企业发展和信用质量产生较大影响。

2. 财务风险评级要素

具体包括如下六个方面：

一是财务信息质量。财务数据是企业经营和管理的综合体现，是企业财务风险分析的基础，财务信息的可靠性关系到信用风险判断是否合理，因此，对企业财务风险的判断首先要分析财务信息质量。同时，同一行业不同企业在具体会计政策的选择上可能也会有较大的差异，如果单纯依据企业提供的财务数据进行分析会影响同行业内企业财务数据之间的可比性，进而影响对受评对象财务风险的判断。

二是资产质量。资产质量的分析是财务分析的起点，企业资产账面价值与实际价值不符，会造成企业实际债务负担与财务指标表现差异显著，进而影响对企业债务负担和偿债能力的分析和判断，并有可能影响企业未来的盈利能力。流动资产分析和判断的出发点是企业资产的变现能力和价值的合理性；对于非流动资产的分析重点是在建工程、固定资产、无形资产，判断其账面价值和实际价值是否一致。

三是资本结构。企业资本结构的状况对企业财务风险有着重要影响，债务负担重的企业偿还债务的压力会比较大，财务风险也会较高；同时债务结构不合理的企业也有可能引发阶段性的财务危机或者导致不必要的资金成本浪费。对企业资本结构的分析要重点关注五个层次的内容：①企业当前债务负担的轻重程度；②企业当前债务结构是否合理；③企业所有者权益的稳定性；④企业债务负担的变化趋势；⑤企业对外担保、诉讼等或有债务对企业债务负担的潜在影响。

四是盈利能力。企业盈利能力的强弱是决定企业未来债务偿还能力的基础。一般来说，盈利能力强的企业在承受相同债务压力的情况下，财务风险相对较低，而盈利能力弱的企业财务风险相对较高。盈利能力分析的重点是企业盈利能力的强弱及其稳定性。其中盈利能力的强弱主要通过毛利率、总资产报酬率等指标进行衡量。对于盈利稳定性的分析，要区分经营性盈利和非经营性盈利对企业的影响。

五是现金流量。现金流是企业自身偿还债务的真正来源，因此考察企业现金流状况是企业财务风险分析的重点。从企业自身的偿债资金来源看，经营活动现金净流量和投资活动的现金流入量是企业偿还债务的重要来源，因此需要在分析中重点考察；同时企业经营活动现金流入量规模的大小能在一定程度上反映企业资金周转能力的强弱，对此也需要重点关注；企业未来投资支出的规模大小是企业未来现金流出的重要方面，也是评级时必须考察的重要因素之一；历史筹资活动现金流入量能在一定程度上反映企业的融资能力，分析中也应该有所关注。

六是偿债指标。偿债指标旨在综合资产质量、资本结构、盈利能力、现金流量分析的结论，综合评定受评企业财务风险的高低，是支持企业财务风险分析结论的关键因素，是评级时必不可少的考察要素。在具体分析时，对企业偿债指标的分析分为短期偿债指标分析和长期偿债指标分析两部分。其中，企业短期偿债指标分析首先要考察可变现资产对企业短期债务的保障程度；企业长期偿债指标考察主要集中在企业长期偿债资金来源对于长期债务和利息的保障程度。

3. 外部支持评级要素

能获得外部支持的企业往往在业务经营和发展、财务安全等方面可以获得额外的保障，同时如果支持方实力足够强，企业发生危机时也容易依靠外部支持渡过难关。国际评级公司对受评企业的外部支持重点考虑受评企业获得来自股东和政府的支持等。

延伸阅读

国际评级公司对工商企业主体评级思路框架（见图 3-1）。

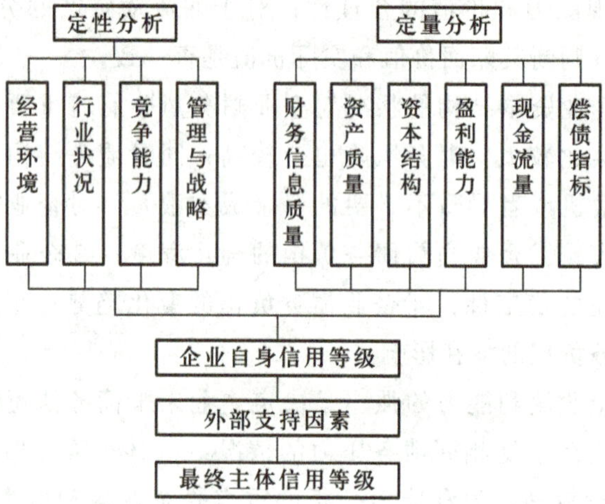

图 3-1　国际评级公司对工商企业主体评级思路框架

（四）信用评级机构

信用评级机构是金融市场上一个重要的服务性中介机构，它是由专门的经济、法律和财务专家组成的、对证券发行人和证券信用进行等级评定的组织。

信用评级机构应该具备独立性和专业性。独立性是指评级机构开展业务不受政府部门和金融机构的支配，不与被评企业在人员和资金方面发生利害关系，同时评级工作不宜有利害关系人参与。评级的专业性是指评级机构应该具有规范的评级标准、程序和从业人员，并接受有关部门的审查和监督。我国负责信用评级机构监管的部门是中国人民银行。

信用评级机构的主要业务包括评级业务，包括证券评级、机构评级、债券评级等；与评级有关的业务，包括整理、编制、出售评级信息资料和代理对证券发行公司的信用调查等；评级以外的业务，主要包括信用评级机构依靠其自身的资源和业务优势开展包括的贷款人审查和风险咨询方面的业务。因此信用评级机构的收入也主要包括评级手续费用、向信息利用者出售评级信息的费用和其他业务收入。

国际著名信用评级机构的市场结构如图 3-2 所示。

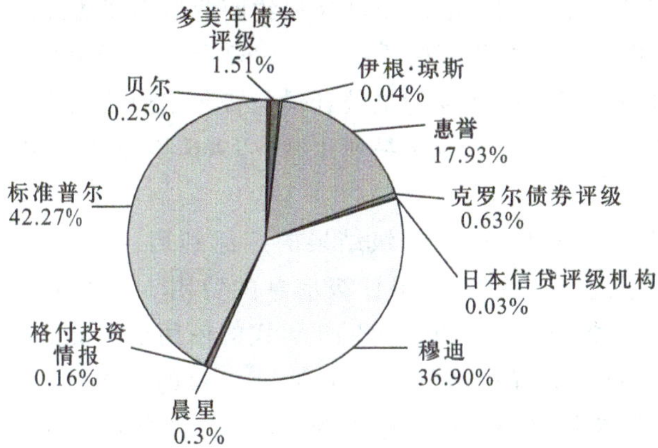

图 3-2　全球信用评级机构市场结构

其中，穆迪公司是全世界历史最长和规模最大的信用评级机构，其业务覆盖了全球 100 多个主要国家和地区，其中美国以外业务超过 50%。

三、国内外信用评级业

（一）国外信用评级业

1. 初始阶段

现代信用评估机构的前身是商业信息咨询机构。在 1837 年的金融风暴后，随着美国西部开发的兴起，交易的规模和范围扩大，交易双方都需要了解对方的信用状况。1841 年 7 月刘易斯·塔班(Lewis Tappan)在纽约建立了第一个商业信用咨询机构(Mercantile Agency)，旨在帮助商人寻找信用良好的顾客与商业伙伴。

1922 年到 1923 年，标准普尔公司分别开始公司债券信用评级和市政债券工具信用评级。1909 年，John Moody 成立公司并出版了 Moody's Analyses of Railroad Investments，其中开创了利用简单的符号来分辨 250 家公司发行债券的信用，正是这些简单的信用评级符号的利用才将信用评级机构与普通的统计机构区分开来，因此后来人们普遍认为信用评级始于穆迪的美国铁路债券信用评级。

1913 年 12 月 24 日，John Knowles Fitch 成立 Fitch Publishing Company，并于 1924 年开始评级活动，并引入 AAA-D 评级符号系统，沿用至今。然而 20 世纪 20 年代，由于美国经济的迅速增长，经济繁荣的表面暂时掩盖了投资风险的存在，再加上投资者的盲目乐观，使信用评价的市场需求减弱，从而致使信用评估业一直停滞不前。

2. 发展阶段

20 世纪 30 年代的经济大萧条极大地提高了评级机构的可信度。当时，评级机构的评级活动可以在相当大的程度上反映出债券偿还能力的真实状况，使投资者增加了对债券评级的依赖。受到经济大萧条的冲击，1933 年纽约商业信用评估公司(Dun & Co.)与布拉斯特公司(Bradstreet Co.)合并成为邓白氏公司。1962 年邓白氏公司(Dun & Bradstreet)兼并穆迪公司，成为其母公司。1941 年标准统计局与普尔出版公司合并为 Standard & Poor's Corp.，1962 年标准普尔在纽约证券交易所上市，1966 年标准普尔被 McGraw Hill 公司收购。

20 世纪 30 年代以后美国政府对评级结果的广泛利用，促进了评级的发展。早期，评级机构向证券认购人索取一定的获得评级信息的费用。70 年代中期以后，转变为向发行人收取获得评级服务的费用。20 世纪 70 年代的信用危机促进了评级机构的优胜劣汰。1975 年，SEC 通过“无异议函”(no-action letter)的方式将当时三家主要的评级公司——穆迪、标准普尔和惠誉公司确认为第一批“全国认可的统计评级组织”(Nationally Recognized Statistical Rating Organizations，NRSROs)，从而确定了这三大公司在资本市场上的地位和作用。20 世纪 80 年代之后资本全球化的发展推动了评级业务的迅速扩张。

此后，信用评级机构在世界范围内得到普及。1972 年加拿大债券信用评级公司(CBRS)成立，1974 年 Thomson Bank Watch 成立，1975 年日本债券信用评级公司(JBRI)成立，1976 年加拿大 DBRS 成立，1978 年英国 IBCA 成立，菲律宾(1982)、韩国(1985)、印度(1988)、墨西哥(1989)、马来西亚(1991)、阿根廷(1992)、泰国(1993)、智利(1994)、哥伦比亚(1994)、委内瑞拉(1994)、印度尼西亚(1995)等国家相继成立信用评级公司。

信用评级行业发展主要缘于以下几点原因：①证券市场的迅速发展和由此带来的信用风险问题，成为信用评级业发展的主因。②金融监管当局对评级的认可及在法规中对评级结果的使用促进了评级业的发展。③权威评级机构的评级结果较为客观、准确，为评级业树立了信誉。

3. 国际信用评级机构自身面临信任危机

1997 年亚洲金融危机以及 2007 年美国次贷危机案例推动了评级行业的规范。1997 年东南亚金融危机酝酿阶段，三大评级公司未能发出任何警告，等到危机爆发后，慌张应对，降级过激，加剧市场恐慌。1996 年 9 月，穆迪及标准普尔分别给韩国开发银行长期债信评级为“A+”及“A1”，均属于投资等级，韩国危机发生后，随即调整为“B+”及“Ba1”，连降 8 级至垃圾等级。国际清算银行认为，评级机构“经常步市场的后尘”。

2001 年底，美国资本市场爆发了一连串知名、巨型公司财务欺诈丑闻，三大评级机构也备受质疑。连美国国会和联邦调查人员都出来指责信用评级公司的失职，没有在“大厦将倾”之前发出警告。安然公司造假始于 1997 年，而信用评级公司在安然申请破产前 4 天仍然把其债券评级为有“投资价值”。

2000 年美国开始大规模发行次级债以来，评级机构为华尔街制造出的大量“有毒”债券贴上了安全的标签，认定其与普通抵押债券的风险并无二致，这直接刺激着次级债市场爆炸式的增长。然而从 2007 年春季开始，各评级机构开始将新发行的次级债的评级调低，在 7 月份以后又大范围调低几乎全部次级债券的评级。仅在 2007 年 7 月 10 日一天，穆迪就调低了超过 400 种此类证券的评级，标准普尔在同一天将 612 类证券列入“观望”，并在随后两天内调低了大部分证券的评级。这也就成了次级抵押债券危机造成全球范围内投资者恐慌的直接导火索。

4. 国际评级机构面临变革

美国国会 2002 年通过了萨班斯－奥克斯利法案（Sarbanes－Oxley Act）。此法案 702 条款要求 SEC 对评级机构在资本市场运行中的角色和功能进行研究，包括提高评级过程的信息流、潜在的利益冲突、反竞争或不公平竞争情况、进入信用评级行业的潜在监管障碍以及对信用评级机构的持续监管等问题。

2006 年 9 月 29 日，美国总统布什签署了“2006 信用评级机构改革法案”（the Credit Rating Agency Reform Act of 2006），授权 SEC 采取规则，对希望注册为 NRSRO 的评级机构进行注册、档案管理、财务报告和监管。法案是通过提高评级质量以保护投资者，并强化责任、提高透明性以及促进信用评级行业的竞争来保护公众利益。从法案的相关规定看，SEC 对 NRSRO 资格进行认可的地位得到了法律的认可，而由标准普尔和穆迪公司垄断评级市场的现状也有望通过新的进入者加入竞争而得到解决。此外，透明性以及客观标准的建立也得到了加强。

（二）我国信用评级业

1. 我国信用评级业的发展

我国信用评级业的发展也是从债券评级开始的。1987 年个别省市组建信用评级机构，开始进行长期企业债券评级；1996 年增加借款企业评级，2002 年增加可转换债券、担保公司评级，2003 年增加证券公司长期债券评级，2004 年增加银行次级债券、保险公司次级债券、证券化债券、证券公司短期债券等评级。我国信用评级机构从无到有，信用评级业务量由小到大，经历了一个逐步发展的过程。总体而言，我国信用评级行业已经有了一定的发展，市场化运作模式也初步形成，企业信用评级市场的集中度在逐步提高。

2. 我国的信用评级机构

我国的信用评级机构在 20 世纪 90 年代以来也有了较快的发展，比较著名的有中诚信国际信用评级有限公司、大公国际资信评估有限公司、联合资信评估有限公司等。这三家公司目前占据了我国信用评级市场份额的 90% 以上。

目前我国的信用评级中介机构发展较快，信用评级业务不断发展，信用评价方法和指标初步建立。我国信用评级机构与国际评级巨头广泛开展合作，但较国际著名的评级公司还有较大差距。

3. 我国信用评级业存在的主要问题

目前我国信用评级业存在四个主要问题。一是法律制度基础薄弱，我国信用评级方面的法律法规较为分散，缺乏专门对信用评级行业进行规制的法律。二是政府的行业管理有待完善，目前我国各级政府普遍没有明确对信用评级的统一的主管部门，导致信用评级业出现“监管真空”或“多头监管”，如缺乏统一的从业人员任职资格管理，尚未制定统一的行业技术标准和执业规范等。三是我国信用评级行业尚未形成具有市场影响力的权威评级机构，评级公信力不强，核心竞争力不足，相关的评级增值服务也比较缺乏。四是信息的分割与垄断成为信用评级业发展的巨大障碍。

我国信用评级行业应加强制度建设和行业自律，规范市场秩序。同时，在全球经济一体化和金融风险联动性、互动性日益增强的背景下，我国的信用评级机构需要通过国际合作，尽快缩小与国际信用评级行业的差距，不断开拓潜在市场，在促进我国资本市场发育、保护投资者利益、揭示和防范金融风险等方面发挥应有的作用。

4. 我国信用评级业市场前景广阔

从信用评级业在国外的发展经验来看，我国目前的经济、金融形势和资本市场状况有利于信用评级业的发展，市场上存在着对信用评级的巨大需求。一是以信用为保证的各类直接融资方式将有巨大增长。目前我国企业直接融资占资金来源的比例远低于发达国家水平，随着我国经济和资本市场的快速发展，企业直接融资的需求将逐渐上升，直接融资需求的巨大增长空间必然要求信用评级的发展与之适应。随着债券融资成为企业的主导融资途径，我国债券规模将位居世界前列，由此带来的对信用评级的巨大需求将给中国信用评级业的带来巨大的发展机遇。二是信用评级的应用范围呈现不断扩大的趋势。信用评级在市场经济中具有重要的作用，作为市场经济社会监督力量的主力军，其对经济的影响不言而喻。信用评级可以为投资者提供公正、客观的信息，以优化投资选择，实现投资安全性，取得可靠收益，从而起到保护投资者利益的作用；信用评级作为商业银行确定贷款风险程度的依据和信贷资产风险管理的基础，在一定程度上可为降低金融风险服务；信用评级是政府主管部门审核债券发行的前提条件，也有助于中央银行等金融监管部门的监管，有利于金融市场的稳定；同时信用评级还降低了整个社会的信息搜集成本。

总之，信用评级不仅为信用交易主体和金融市场提供信用信息以帮助投资者判断风险，还为监管机构的管理工作提供依据。另外，作为社会信用体系的重要组成部分，信用评级在建立健全社会信用体系，促进经济的健康运行以及建设和谐社会中都将发挥积极的作用，其应用范围不断扩大。三是中国特色的市场需求给中国评级业带来新的增长空间。目前我国信用体系还不够完善，部分企业在偿还贷款、发行票据过程中存在相当数量的违约现象，客观上要求作为第三方的评级机构对企业信用情况进行客观公正的评定，以保护商业银行和投资者的利益。由此产生的借款企业评级、中小企业评级等具有中国特色的信用评级业务不断增长，给中国信用评级业带来新的增长空间。

案例分析

信用评级对欧债危机的影响

2010年4月27日，标准普尔将希腊主权债务评级从BBB+下调至BB+，一次下调三个级别，前景展望为负；同日，标准普尔将葡萄牙主权债务级别从A+下降到A-，一次下调两个级别，前景展望为负；第二天(4月28日)，标准普尔宣布将西班牙主权债务级别从AAA下降到AA，一次下调两个级别，前景展望为负。消息传出，市场立刻产生强烈反应。4月27日，希腊和葡萄牙股市分别暴跌6%和5%；受此影响，德国、法国、英国等国股市普遍下跌2%～3%。28日，欧洲各国股市继续下跌1%左右。德国总理默克尔、时任法国总统萨科齐以及欧盟委员会主席巴罗佐等在内的多名领导人抨击评级机构在欧洲债务危机期间，接连下调欧元区国家主权信用评级是“落井下石”，要求审查评级机构评估政府债券及公布决定的方式，并呼吁成立欧洲自己的评级机构。

案例分析

大数据技术在征信领域的应用

1. 所有的数据都是信用数据

位于美国硅谷的Z公司创立于2010年，其利用机器学习和大数据技术，创立了一套和传统模式相异的信用评分方式，其中应用的数据变量是传统模式的上百倍。在短短四年时间内，这家公司就先后获得了高达1.2亿美元的融资。

在Z公司的官网上有这样一句话：“所有的数据都是信用数据。”这句话恰恰浓缩了Z公司所做的工作——将成千上万的数据“变废为宝”，应用于信用评分。目前，美国绝大部分金融机构使用的信用评分都来自FICO（费埃哲）的模型算法。自20世纪60年代至今，在美国的征信体系中，FICO的地位从未被撼动。在美国，经过三大征信公司的整理和FICO的计算评分，海量的征信数据就变成了一份份整齐美观的报告和325～900分值区间的评分，用户可以只买报告，也可以报告加评分打包购买。FICO的评分模型的确首屈一指，但并非十全十美。FICO信用评分参考的数据变量只有不到50个，因此很多人在摸清了FICO评估的变量后，就利用“模型套利”增加自己的信用评分，例如一个人可以每天反复在图书馆借书还书来“刷信用”。

针对FICO的不足，Z公司重新设计了一套信用评估模型。和FICO的不到50条参考变量相比，Z公司参考的数据变量多达上万条，并采用非线性化的、更前沿的技术来进行分析，从而防止“模型套利”的现象，更精准地评估消费者信用风险。在上万条原始数据基础上，该公司的模型可以得出超过7万个可以判断信贷行为的指标。而使用相关软件对数据进行处理得出这些指标仅需要不到3秒钟。

所谓机器学习，是让计算机模拟或实现人类的学习行为，以获取新的知识技能，在数据积累中不断自我完善，可谓是人工智能的核心。Z公司的模型之一Hilbert就是成功地将机器学习进行商业应用的案例，让机器承接7万个指标的数据分析工作，寻找逻辑关系，并不断自我改善，人类只需要根据结果进行一些逻辑分析和判断。

信用专家认为，信贷记录属于强变量，在强变量缺失的情况下，可参考多种弱变量，当这些弱变量组合起来，就可形成强变量，服务于信贷风控。“例如，孩子是一个家庭支出的源泉，那么如果能推测出借款人孩子的年龄，就能预测他的消费周期：婴儿有奶粉等固定开销、学生每到9月就要缴纳学费等。只要能避开他的主要支出时间段，就可控制坏账。”在中国，由于征信业历史较短，缺乏足够的信贷数据，就可以用许多弱变量数据来对一个人进行还款预测。目前，学界有许多人也在进行类似的课题研究。

对于这些“弱变量”的开发利用，FICO公司亦表示认同，“把数据的价值挖掘出来是不可避免的趋势，大数据发展会越来越日新月异”。FICO专家表示，从互联网数据中挖掘价值，最早做的正是FICO。“银行刷卡交易实时获得数据，通过分析进行风险识别，FICO十几年前就发明了，现在90%以上发达市场的银行都在用FICO这套系统。”

2. 挑战传统的信用评估技术

当前Z公司和FICO尚不能同日而语。FICO占领着美国99%的信用评分市场和绝大部分发达国家的信用评分市场，而Z公司目前仅服务过10万名美国人。

但从未来发展的空间而言，似乎新生事物总能赢得更多青睐。面对Z公司等新型信用评分公司的诞生，美国主流媒体纷纷给予了报道——《经济学人》杂志写道：“Z公司比传统评分方法让违约率下降了40%。”CNBC表示：“Z公司让无账户人群不再被拒之门外。”

梅里尔表示，Z公司采用了和FICO截然不同的技术。FICO是基于20世纪50年代创造的“逻辑回归”模型，那时并无很多可供参考的数据变量。但随着互联网时代来临，数据开始爆发式增长，FICO的评分方式并未改变。梅里尔这位曾经的Google人，则将Google算法引入了征信领域，走在了技术的前沿。“Z公司完全可以取代银行现在用的算法。”梅里尔自信道。

对于外界的质疑，FICO专家表示，外界对FICO其实缺乏了解。FICO并非只有一种算法，而是有几百种算法。在美国仅注册的算法专利就多达近200个。在不同的数据场景下，使用的数据变量和数量都不同。

FICO专家认为，数据变量并非越多越好。“FICO信用评分的候选变量其实有1000多个，只是具体到每个评分中，只使用其中的几十个变量。”FICO专家表示，认为变量越多模型越好是幼稚的说法。从统计学角度，模型计算一方面要抓住本质规律，另一方面要避免过度拟合。

“变量太多会造成过度拟合的问题。就好比做一双鞋子，与你的脚100%拟合，但别人都不能穿。FICO不是给一个人做一双鞋，而是要给全社会使用。如果一些变量不是适用于每个人，就不适合放在模型中。”FICO专家说。

根据惠誉评级公司的研究结果，FICO分数的影响力正在下降。现在美国各个银行都有自己的模型，它们会将征信原始数据带入自己的模型，FICO评分只是其中一个参考变量。例如美联银行(Wachovia)对FICO评分的参考比重已经下降为零。

对此，FICO专家认为只是个别现象。“就我了解，目前美国银行业99%的资产组合还是基于FICO上，拿出1%来试验新的东西是可取的，但这并非主流。”

FICO专家表示，技术服务于产业，信用评分不是象牙塔里的空想，而是根基深入产业的积累。目前美国99%的银行都使用FICO的评分系统，深厚的积累是其他公司难以比拟的。

FICO专家毫不掩饰他对FICO的自信：“FICO已经成为发达市场金融管理的肢体部分，不会有人想要卸掉自己原本的胳膊，换上一对高科技的塑料胳膊。”

3. 为无账户人群提供服务

“金融包容”正在成为一个新兴词汇，它的含义是指让没有银行账户或信用记录不好的人群公平地享受金融服务。

万事达公司CEO Ajay Banga近日在一份关于金融包容的倡议书中表示，目前全球有25亿成年人没有享受过金融服务，其中大部分是妇女和年轻人，以及一些居住在乡村的人。在美国，目前有4 400万人没有银行账户。“因此，金融包容需要在所有国家倡议，绝非仅仅发展中国家。”

梅里尔表示，Z公司正是要为这些没有银行账户以及信用记录不好的人解决贷款问题。

“我最初的灵感来自我的小姨子。”梅里尔向财新记者追忆道，当时他的小姨子要贷款换一副汽车轮胎，然而银行因她没有足够信用记录而拒绝。“后来是我借给她钱。如果我不借钱给她，她就只能去申请‘发薪日贷款’了。”

近年来，特别是在金融危机后，华尔街和美国监管层不断将目光投向“发薪日贷款”，认为这是高风险贷款，但屡禁不止。2014年6月5日，一批借款人向美国监管机构提起上诉，指出监管层将这些借款人列为“有声誉风险”的群体是不公平的。按照诉讼内容，美国超过80家主流银行都被监管层勒令中止和这些借款人的关系。

这些特殊借款人也引起了主流人群的同情。美国群众自发组织了团体，推进针对无账户人群的金融包容。

“Z公司的使命就是给这些无银行账户或信用记录不好的借款人创造透明公正的信用评分。”梅里尔表示，通过成千上万的数据变量，每个人都可以拥有一份公正的信用评价。

此外，Z公司还有另一个重要组成部分，即ZestCash贷款平台。

ZestCash类似一家小贷公司，它的主要业务是给那些没有银行账户或者信用记录不好的人提供小额贷款。ZestCash的借款中有90%是为了采购生活必需品，比如修车和医疗保险。

梅里尔表示，Z公司帮助信用记录不好的人贷款主要通过两种方式：一种是直接从ZestCash对其发放贷款；另一种是让使用Z公司评分系统的金融机构，通过Z公司的评分结果对其发放贷款。“迄今为止，我们已经帮助超过10万名没有银行账户或信用记录不好的美国人获得了贷款。”

值得一提的是，Z公司并没有因为目标客户是“风险人群”而导致高坏账率。梅里尔表示，目前借助Z公司获得的贷款比银行的“发薪日贷款”违约率低50%。“也就是说，在Z公司算法的帮助下，‘发薪日贷款’可以节约一半的成本。”

4. 创新与消费者信息权益保护

金融危机后，银行信贷更加谨慎，而硅谷的IT男们则不断尝到金融这块蛋糕的甜头，包括Prosper和Lending Club在内的P2P借贷平台应运而生，类似ZestCash的小额信贷公司也风生水起，包括Zebit、Avantcredit、Kreditech、DemystData在内的公司都看准了银行信贷这块短板。这类公司的共同特点是利用大数据做信用分析，并且大多拥有自己的网络信贷平台。

上述公司都获得了风投的青睐，例如Kreditech 2013年9月获得了900万美元A轮投资，Avantcredit 2013年8月获得2000万美元B轮投资。

FICO专家认为，此类创新型公司和传统的FICO与银行信贷并不冲突，可以成为传统市场的补充。

当然，这类公司也并非可以为所欲为，也要受到美国相关法律的制约。其中，1975年通过的《平等信用机会法》(*Equal Credit Opportunity Act*)中规定，贷款必须发放给所有资信可靠的申请人，不论种族、宗教信仰、性别、婚姻状况、年龄和其他个人特征。然而，随着互联网大数据的井喷，这些信息都随着网络社交信息一起被纳入了Z公司等公司的变量测算中。此外，由于所有的征信数据都必须经本人允许采集，因此这种海量采集数据的方式还会面临侵犯消费者隐私的风险。

第四节

商账追收与保理业

一、商账追收概述

（一）商账追收的内涵

商账追收又称商账管理与追收，是指专业信用管理机构接受客户（通常为金融机构、工商企业等)委托，通过合法手段和追收技巧，对客户到期前的应收账款进行跟踪管理，或对逾期应收账款进行催收的服务，以促进客户应收账款及时足额回收、降低应收账款拖欠和坏账风险。

根据这个定义，专业的商账管理和追收服务具有以下两个主要特点：

(1) 商账管理与追收是一种委托代理服务，即信用管理机构与客户之间是一种委托代理关系。在信用管理机构代客户管理和催收应收账款时，应收账款所有权并不发生转移，这一点与以应收账款转让为前提的保理服务有本质区别。虽然国内外也有一些信用管理公司以折扣方式购买金融机构或企业的应收账款，并通过追收获利(类似于我国的资产管理公司)，但它们所购买的应收账款应是逾期账款，即通常讲的“不良资产”，与保理机构只受让尚未到期的合格应收账款也是不同的。

(2) 规范的商账追收公司使用的手段应是合法的，即信用管理机构主要通过专业知识和技巧、依赖信用压力和合作网络进行催收，不得采用威胁、恐吓、绑架等非法手段进行催收。这一点与黑社会性质的“讨债公司”主要依赖宗法势力和非法手段进行催收有本质区别。

具体来讲，对于企业拖欠的应收账款，商账追收机构主要通过“非诉讼”方式与债务人进行专业的沟通和调解，综合使用心理压力、常识压力、信用压力和法律压力相结合的方式。如果债务人不配合，经客户同意，信用管理机构可以使用诉讼仲裁的方式进行催收，当然此时应由律师配合完成。由于企业欠款单笔金额较大，但一次性委托的欠款笔数有限，所以企业欠款催收成功概率很大程度上取决于催账人员的综合能力，使用电话催收、信函催收和上门催收较多。

对于消费者个人拖欠的应收账款，如信用卡、消费信贷和电信欠款等，由于涉及的欠款个人数量巨大，但单笔金额较小，所以商账追收机构通常需要建立电话呼叫中心和专门的管理信息系统，并主要以到期前提醒、定期对账和电话催收为主要手段，较少采取上门催收和法律诉讼手段。

(二) 商账追收的分类

在企业信用管理工作中，期内应收账款管理和逾期应收账款催收是属于事后管理阶段的工作。为了提高应收账款管理的效率和欠款回收的成功率，或者由于企业信用管理人员精力有限，或者专业水平不够，或者不愿意采取法律诉讼手段以免破坏和客户的关系，或者为了降低追收成本，抑或是为了给债务人施加更大压力等，企业都会委托专业商账追收机构来对债务人进行催收。据统计，国际上60%以上的商业欠款是通过协商解决的，商账追收公司在其中发挥了重要作用，使用法律手段解决的商业欠款的不足40%。

商账追收服务可从以下角度进行分类。

(1) 按照债务人是企业还是自然人，商账追收服务可分为企业商账追收和个人(消费者)商账催账。企业商账追收的客户通常是工商企业或金融机构，个人商账追收的客户以商业银行、消费信贷公司、信用卡机构或电信等公用事业机构为主。

（2）按照债务人在境内还是境外，商账追收服务可分为国内商账追收和海外商账追收。国内商账追收业务通常由一家信用公司（有时需要与律师事务所合作）即可完成，海外商账追收一般由分处债权人和债务人所在地的两家信用公司合作完成，债务人所在地的信用公司承担主要追收工作，通常收取大部分的佣金。

（3）按照服务内容和方式，商账管理和追收服务有两种基本形式，一种是到期前应收账款的跟踪管理服务，通常依据所管理应收账款规模收取固定比例管理费；另一种是逾期账款的追收服务，通常遵循“不成功不收费”的原则，根据实际收回账款收取事前约定比例的佣金。

（三）影响商账追收成功的要素

根据国内外商账追收实践，除社会信用体系健全程度（影响市场主体信用意识、市场主体信息透明度、失信惩戒机制和司法公信度）、收账人员综合素质等因素外，商账追收成功的决定因素还有以下几个方面。

（1）欠款时间，即账龄长短。应收账款拖欠时间越长，回收的成功率越低。通常情况下，拖欠时间越长，债务人的信用状况只会越来越差，甚至会采取转移资产、破产倒闭以躲避债务的情况。美国统一商法联盟针对380亿美元应收账款的统计表明，逾期一个月的应收账款回收成功率大约在98%，逾期3个月的应收账款回收成功率降至75%左右，逾期6～9个月的应收账款成功率为50%左右，逾期12个月的应收账款的成功率只有25%左右，而逾期24个月的应收账款成功率只有13%左右。

（2）债务公司是否还存在，或者是否已经失踪。如果债务公司已经倒闭或债务人已经失踪，将大大增加回收的难度。如有些债务人采取“金蝉脱壳”的方式，将原债务公司的资产转移至新的公司，而将原债务公司关闭，给催收工作带来巨大困难。虽然理论上可以对新公司催收原债务公司的欠款，但要拿到新公司财产是由原债务公司转移过来的证据，却是一件更加困难的事情。如果无法找到债务人，或者无法找到债务人的财产，欠款追收都无从操作。

（3）是否存在商业纠纷。实践中，绝大多数欠款案件都有纠纷存在，通常是商品或服务质量、包装、交货期等。商业纠纷的存在给债务人拖欠货款提供了天然的借口，因此如果有商业纠纷存在，必然给欠款回收造成困难。此时更需要专业的第三方机构介入，帮助客户寻求灵活务实的解决方案。

（4）是否采取过法律行动。通常来讲，要成功收账必须对债务人保持持续不断、越来越高的压力。商账追收压力手段的使用要遵循从低到高的规律，而不应忽高忽低。法律行动是压力最大的追收手段，通常放在最后才会使用，被称为没有办法的办法。如果一笔欠款通过法律手段都没有收回，那么采取其他措施的效果通常也不大。

二、国内外商账追收行业的发展

（一）国外商账追收行业

与征信业务一样，商账管理与追收是一项基础性的信用管理服务，商账追收行业也早已成为一个成熟的行业，在欧美发达国家已有100多年的发展历史。

1. 欧美商账追收行业的发展

成立于1841年的全球最大的企业征信机构——美国邓白氏公司也是该行业的开山鼻祖。美国收账者协会(ACA)于1939年成立，目前拥有上千家商账追收机构会员，不仅可以在国内市场上提供对企业和消费者进行追账的服务，追账业务还覆盖全球65个国家和地区。另据美国商业法律联盟统计的数据显示，美国追账公司每年要接受数百万件追账请求，受托追讨的国内外欠款高数上百亿美元。美国在20世纪六七十年代曾爆发过信用危机，呆坏账严重，拖欠盛行，推动了商账追收行业的蓬勃发展。

美国欧文氏公司，简称RMS(Receivable Management Services)，已有160年历史，服务网点覆盖全球150多个国家和地区。美国欧文氏商业顾问(香港)公司原为美国邓白氏商业资料(香港)有限公司之商账管理部分，于2001年5月由美国RMS公司管理层整体收购分拆成立。

创始于1929年的美国ABC公司下属有专业从事国际商账追收服务的美国追账局(America Bureau of Collections)和专业从事商业信用审核、贸易风险评估和企业应收账整体管理服务的(Amega Group)。ABC于1992年进入中国，一直为中国的出口信用保险公司、各大商业银行、各大出口企业提供全球贸易信用风险管理及国际应收账追收服务。

据德国收账者协会统计，德国也有数百家追账公司，每年接手100多万件追账业务，总金额达到几十亿欧元。德国收账公司中最有名的是德国友施(EOS)公司，其总部在德国汉堡。该公司是世界500强企业德国奥托(ATTO)集团下属机构，主要从事信用卡催收、企业欠款催收等业务，除欧洲、北美外，还在中国、俄罗斯、巴西和印度设有子公司。

2. 欧美国家对商账追收行业的监管

为规范个人欠款催收行为，美国在1977年专门制定了《公平债务催收作业法》(*Fair Debt Collection Practices Act*)，该法在1978年3月20日开始生效。法律指定的政府执法部门是联邦贸易委员会。《公平债务催收作业法》对债务催收机构并没有全国统一的许可证或者注册的要求，但美国各州却有此类规定，注册商账追收公司或开展商账追收业务必须取得营业执照，具有足够的注册资本金，缴付一定担保金以保护客户的利益。美国对开展企业欠款追收并没有专门的法律规定，也没有严格的准入管理，一般的信用公司均可开展，只要在开展业务时遵守相关商业法律即可。

自律管理也是美国信用管理一大特色，其商账追收业行业自律通过制定严格的职业道德准则维护着本行业的稳定与公允，并为从业者提供各种专业教育，举办从业执照的培训和考试等。

在欧洲，尤其是德国、奥地利等商账追收业发达的国家，法律规定商账追收机构必须取得营业许可证，才能从事商账追收活动。相对于西方国家宽松的公司登记制度，商账追收营业许可证的取得要复杂得多，对实收资本、从业人员要求等都有严格的规定，德国慕尼黑地方法院甚至规定从业机构必须投保10万德国马克以上职业赔偿责任保险。核发债款代收营业许可证的时间也长达数月。

（二）中国商账追收行业

20世纪80年代末至90年代初，我国出现了严重的“三角债”问题，企业相互拖欠和坏账非常突出，市场对商账追收服务需求旺盛，出现了大量的商账追收公司，但也出现了非法讨债等严重问题，导致因讨债引起的刑事案件频发，甚至一些公检法机关也参与其中。为制止非法讨债现象，1993年5月6日，国家工商局发布《关于停止办理公、检、法、司机关所属“讨债公司”登记注册有关问题的通知》(工商企字〔1993〕第124号文)，停止为公、检、法、司机关申办的“讨债公司”及类似企业登记注册，通知其立即停止“讨债”业务，并办理撤销、注销或变更事宜；否则依法吊销营业执照。

1995年，公安部、国家工商行政管理局联合发出通知明令禁止开办讨债公司，从事讨债业务。通知规定工商行政管理机关对已登记注册的讨债公司进行清理，立即停止办理“讨债公司”及类似企业登记注册。严禁企业以更换名称、变换方式等形式，继续开展讨债业务。公安机关对采取威胁、恐吓、诈骗、绑架人质等非法手段讨债的违法犯罪活动，要坚决依法惩处。非法讨债在一段时间内得到遏制。

然而，在旺盛的市场需求推动下，讨债公司在1997年以后又有所抬头。一方面因为商品市场普遍供大于求，企业之间的货款拖欠非常严重；另一方面企业普遍信用观念淡薄，企业信用管理水平差，应收账款管理不科学。同时，法院判决也面临执行难题，很多企业宁愿去找讨债公司解决问题。

2000年6月15日，国家经贸委(现商务部)、公安部、国家工商局又联合下发了《关于取缔各类讨债公司严厉打击非法讨债活动的通知》(国经贸综合〔2000〕568号文)，并重点进行了打击和整顿。从此，讨债公司在我国企业名单中消失，讨债业务也不能出现在企业的营业范围之中。

虽然“讨债公司”在我国的合法性遭到质疑，然而在国内信用缺失、企业信用管理水平低、法院执行难等问题没有解决的情况下，追债市场从来就没有萎缩过。有些讨债公司要么转入地下经营，要么改头换面、换个名称继续从事追讨业务，特别是近几年发展起来的信用管理公司或征信公司不少已涉及该市场。只不过大多数企业目前在业务宣传上尽量避免使用敏感的“讨债”一词，经常以“商账追收”“债务清欠”“商账管理”“商账催收”“应收账款管理”等名义宣传和受理业务。

目前在我国从事商账管理和追收业务的企业主要分为三种：一是信用管理(征信)类

企业；二是商务调查或商务咨询类企业；三是律师事务所。提供服务的对象主要涉及企业(包括国内及境外)商账追收和个人消费信贷逾期欠款追收等。其中，除国内企业之间欠款催收尚存在政策障碍外，开展海外欠款追收和消费者个人欠款催收业务并没有政策法律障碍。

我国原对外经济贸易部计算中心(现商务部研究院)曾在1991年与美国邓白氏公司合作，正式引进国际商账追收业务，其旗下的北京中贸远大信用管理有限公司自1993年成立后也一直从事商账管理和追收服务。此外，中国出口信用保险公司设立有专门的商账追收中心，原新华信背景的北京致融公司、深圳佳信隆公司、香港高柏公司等也是这个行业的知名机构。

综上所述，我国虽然出台过几个部门规章，不允许成立讨债公司、开展讨债业务，但并没有建立专门的商账追收行业法规，也没有明确的监管部门，整个行业处在自然发展阶段。受制于各种现实因素，短期内我国还无法颁布类似美国《公平债务催收作业法》那样的法律，但顺应市场经济发展需要和信用管理行业发展规律，尽快明确主管部门，规范开放商账追收业，使商账管理和追收行为法制化、阳光化已是当务之急。

三、保理业务概述

1. 保理业务的定义

关于保理业务，不同国家、不同机构尚未形成统一的定义。国际保理商联合会(FCI)将保理业务界定为："保理是融合了资金融通、账务管理、应收账款收取和坏账担保四项业务的综合性金融服务。"《牛津简明词典》将保理定义为：从他人手中以比较低的价格买下属于该人的债权并负责收回债款从而获得盈利的行为。

结合我国的现状，对保理作如下界定较为合适：保理即保付代理，是指保理商以受让卖方(供应商、债权人)因销售货物或提供服务而产生的应收账款为前提，为卖方提供的应收账款融资、销售分户账管理、买方(债务人)付款信用风险担保、应收账款管理与追收等综合性信用管理服务。保理服务适用于付款期在一年以内的信用交易，特别适合于成长型的中小企业，被国际上公认为中小企业最佳的贸易融资工具。

保理服务的本质是一种债权转让交易，早期的保理机构主要通过购买他人的债权而获利，这一点与信用保险业务有本质区别。企业为一项交易的合同购买信用保险后，企业仍然拥有合同或项目的所有权。经过长期发展，现代保理服务中的买方付款担保功能也很像信用保险服务，而且保理商提供更高的承保比例(在信用额度内可达100%)，费率甚至低于信用保险的费率。

2. 保理业务的分类

根据不同的标准，结合保理实务，主要有以下几种保理业务的分类。

一是按照服务的贸易领域的不同，可将保理业务分为国内保理和国际保理两大类。

国内保理服务于国内贸易，国际保理服务于国际贸易。

二是根据保理商对保理业务项下融通的资金是否有追索权，保理业务可以分为无追索权保理和有追索权保理。有追索权的保理是指卖方将应收账款转让给保理商得到款项之后，如果买方(债务人)拒绝付款或无力付款，保理商有权向卖方进行追索，要求偿还预付的货币资金。当前以银行为主的保理商出于谨慎性原则考虑，为了减少日后可能发生的损失，通常情况下会为客户提供有追索权的保理。无追索权的保理则相反，是由保理商独自承担买方拒绝付款或无力付款的风险，卖方叙做了保理业务之后就等于将全部的风险转嫁给了保理商。

三是根据一笔保理业务中提供服务的保理商数量，可以分为单保理和双保理。仅涉及一方保理商的业务称为单保理业务，涉及双方保理商的业务则称为双保理业务。在国内保理业务中通常使用单保理形式，在国际保理业务中通常采用双保理机制。国际双保理机制是指由位于出口商所在地的出口保理商和位于进口商所在地进口保理商合作提供保理服务，其中出口保理商主要负责融资，进口保理商主要负责应收账款管理和付款担保。国际双保理机制可有效减少不同国家之间在法律、商业习惯和语言等方面差异所造成的障碍，是主流的国际保理形式。由于我国地域广阔、区域间发展不平衡、信用体系不发达，因此，我国国内保理业务也可以采用双方保理模式。

四是根据债权人与保理商签订协议后，是否将应收账款转让情形告知债务人，将保理业务分为公开保理和隐蔽保理，也称明保理和暗保理。公开保理是债权转让一经发生，保理商就通知债务人，请其到期直接向保理商付款的保理方式。在使用公开保理时，买方明确知道卖方在使用保理服务。隐蔽保理的情况则正相反，买方不知道卖方使用了保理。国际保理大多采用公开保理方式，国内保理采用隐蔽保理的模式更多。之所以选择隐蔽保理服务方式，主要是在强势买方情况下，卖方出于希望保持与买方良好合作关系的目的而做出的无奈选择。

五是根据提供保理服务的主体不同，可分为银行保理和商业保理。银行保理和商业保理服务的本质是一样的，银行和商业保理公司根据自身实力和经营理念的不同，面向不同的客户群体，涉足不同的行业领域，是一种互补的关系。银行保理在信誉度、资金来源、资金成本、风控经验和技术、客户资源、人才、信息系统等方面都具有明显优势，商业保理公司在特定行业和区域市场经验、客户准入门槛、业务创新、经营灵活性、成本控制、服务效率等方面具有明显优势。国际上规模较大的保理公司基本都是银行附属机构或金融集团投资控股的，由于我国不允许银行设立保理公司，银行保理在我国市场目前也占据着主导地位。

3. 保理业务的主要风险

作为重要的贸易融资和信用管理工具，保理对于推动实体经济发展、促进中小企业资金融通具有重要意义。同时，在开展保理业务的过程中，各保理服务主体也须谨慎防控保理业务中的各类风险。

具体而言，保理业务须防范以下三大类风险：

一是信用风险，即买卖双方因经营、财务运作或道德方面的问题，导致应收账款不能按期足额收回，或保理融资款项无法回收的风险；二是操作风险，如原交易合同中事前约定债权禁止转让、保理商未将应收账款转让有效地通知买方等，未按照制度及授信要求及时处理的风险，也将导致融资无法收回；三是商业纠纷风险，又称基础交易风险，即买卖双方针对贸易合同履行情况（如货物的数量、品质、交期、折扣等具体信息）出现的争议。除此之外，保理业务也仍存在法律风险及其他方面的风险，如经济下行时期合作保理商机构的信用风险，业务存续期遇到的国家风险、政策风险、行业风险等其他系统性风险。

四、国内外保理业务的发展

（一）国外保理业务的发展

最早的保理业务可以追溯到 5 000 年前的古巴比伦时期。当时，保理商作为供应商的代理人，以委托代理为基础，承担商品推销、存储、运输管理和收款等职能，偶尔也承担坏账担保和预付款融资等功能。现代保理业务起源于 18 世纪的英国，19 世纪后传入美国。当时美国吸收了大量的欧洲移民，而英国经济正处于蓬勃发展阶段，向海外大量销售消费品。由于英国商人对美洲当地情况知之甚少，为了保障贸易的顺畅进行，在美洲当地选择了一些中介代理机构，负责销售货物并保证货款的及时结清。后来部分代理机构逐渐将销售代理和存储职能剥离出去，专门负责债权收购和坏账担保，演变成为为供应商提供应收账款融资和买方付款担保的现代保理服务。

随着保理行业的发展与完善，国际保理组织也日益成熟。目前国际上规模较大的保理行业组织有国际保理商联合会和国际保理商组织。国际保理商联合会（Factors Chain International，简称 FCI）成立于 1968 年，总部设在荷兰的阿姆斯特丹。FCI 共有约 269 个会员，遍布全球 75 个国家和地区，为目前全球最大的国际保理商组织。国际保理商组织（International Factors Group，简称 IFG）成立于 1963 年，是全球第一个国际保理商组织，总部设在比利时的布鲁塞尔。IFG 共有约 160 个会员，遍布全球 60 多个国家和地区，是全球第二大的国际保理商组织。

2012 年全球保理业务总量约占全球 GDP 的 4.2%（2013 年略降为 4.16%），个别国家和地区甚至接近 20%，如中国台湾为 19.5%，塞浦路斯为 19.1%，英国为 16.8%。我国作为全球最大和近 5 年来发展最快的保理市场，2012 年保理业务总量约占 GDP 的 5.47%（2013 年上升至 5.59%）。

据 FCI 统计，2012 年全球保理业务总量为 21 322 亿欧元，同比增幅 5.8%。2013 年全球保理业务总量为 22 300 亿欧元，同比增幅达 4.7%。2013 年全球保理业务总量折合 30 790 亿美元，是历史上首次超过 3 万亿美元，其中国内保理业务总量达到 18 280 亿欧元，占比 82%，国际保理业务总量为 4 030 亿欧元，占比 18%。上述数据表明，自金融危机以来的 5 年(2009—2013)，全球保理业务量以平均每年 15% 的速度增长，全球保理行业的规模扩大了 0.74 倍，净增加了 9 500 亿欧元的保理业务量。

国际保理这 5 年的年均增长率达 24.8%，远远高于年均增长率为 13.1% 的国内保理，也就是说，国际保理业务年均增长率是国内保理业务年均增长率的近 2 倍。随着国际赊销贸易(尤其是供应商/出口商在发展中国家,主要的零售商/进口商在发达国家这种模式)的增长，保理成为了最适合的贸易融资方式。

从国际保理的区域来看，欧洲是世界上最大的保理市场，业务量占世界总量的 60%。欧洲地区 2013 年对比 2012 年增长了 4.3%。亚洲排名第二，业务量占世界总量的 27%，2013 年对比 2012 年增长了 4.7%。第三的美洲，业务量占世界总量的 9%，2013 年对比 2012 年增长了 2.1%。

作为一个保理行业协会，FCI 会员的业务量占了 2013 年全球总保理业务量的 60% 以上。就国际保理业务量这一项来说，FCI 会员的业务量占了 90%，这意味着几乎所有的国际保理业务量来自 FCI 会员。

（二）中国保理业务的发展

保理业务在我国起步于 1987 年。当年中国银行与德国贴现与贷款公司签署了国际保理总协议，在我国率先推出国际保理业务，成为中国第一家保理商，标志着保理业务在我国的正式登陆。

1991 年 4 月，应 FCI 秘书处邀请，对外经济贸易部计算中心(现商务部研究院)组织商务部、中国银行总行等 9 名专家赴荷兰、德国和英国考察保理业务，并正式将“Factoring”的中文译名确定为“保理”，促进了保理业务在中文地区的推广。

紧接着 1992 年 2 月，中国银行成功申请加入国际保理商联合会(FCI)，并成为我国首家 FCI 会员。同期，中国银行北京分行与 FCI 会员美国鹰狮保理公司签署了保理协议，正式以“出口保理公司”的身份进行业务活动，拉开了我国主要商业银行对国际保理业务的初步尝试，也为今后保理业务的可行性发展探索了路径。

在经历了 2002 年初的南京爱立信“倒戈”事件后，保理业务也越来越受到各家银行的重点关注。为了防止此类事件的再次发生，同时保持住优质的客户资源，各家银行不约而同地加快推进了保理业务，我国保理业务也开始进入快速发展阶段。

近年来我国银行保理业务发展迅速，2012 年我国银行保理业务量折合人民币 2.83 万亿元，同比增长 26.94%，占全球保理业务总量的份额为 16.1%。其中，国内保理业务量 2.24 万亿元人民币，同比增长 17.83%；国际保理业务量 939.72 亿美元，同比增长 80.16%；连续 5 年居全球首位。

据 FCI 统计，2013 年我国保理业务量达到 3 781 亿欧元，折合人民币 3.18 万亿元，同比增长 10%，占全球保理业务总量的份额上升为 17%。其中国内保理达 2 955 亿欧元，折合人民币 2.49 万亿元，同比增长 11%，国际保理达 827 亿欧元，折合 1 142 亿美元，同比增长 21.6%。

过去 5 年中国在全球保理业务发展中发挥了重要作用，以年均 54% 的速度增长，成为全球最大的保理市场。此外，从 2008 年 1 月开始，中国出口双保理业务量就跃居世界第一并一直保持至今。2013 年全球保理业务量相比 2009 年的扩大了 0.74 倍，而同期，中国保理业务量扩大了 4.62 倍，净增长了 3 108 亿欧元，增量占全球增量的 33%。

在商业保理领域，随着国家商务部 2012 年 6 月下发《关于商业保理试点有关工作的通知》及之后出台的诸多文件，天津滨海新区、上海浦东新区、深圳前海、广州南沙、珠海横琴、重庆两江新区、江苏苏南地区、北京石景山等地陆续开始商业保理试点，各地商业保理公司如雨后春笋般迅速发展。截至 2014 年 6 月，国内商业保理机构共计 337 家，其中广东 129 家（深圳 126 家、广州 2 家、珠海 1 家），天津 103 家，上海 65 家，江苏 8 家，重庆 15 家，浙江 7 家，北京 4 家，吉林、山东各 2 家，河南、辽宁各 1 家；另有 3 家已被吊销或注销。

由于绝大多数商业保理公司都是 2012 年以后成立的，缺乏专业人才、业务资源、行业经验和融资渠道，没有国企、上市公司或金融机构股东背景，所以大约 80% 的企业尚未正常开业。2012 年商业保理营业额大约在 100 亿元人民币，2013 年大约在 200 亿元人民币左右（不含电子支付和电子商务类保理）。预计到 2017 年末，商业保理公司数量将达到 800 ~ 1 000 家，营业额将达到 5 000 亿元人民币以上。

为规范我国保理业务的发展，推动行业间的交流合作，我国保理行业自律组织也逐步建立。2009 年，中国银行业协会成立了保理专业委员会（简称 FAC）。2012 年底，在商务部和民政部的支持下，中国服务贸易协会商业保理专业委员会（简称 CFEC）正式成立。

在不断发展的同时，目前我国保理业务也存在一些不容忽视的问题，主要表现在以下几个方面。

一是保理业务的市场认知度尚需提高，专业人才严重匮乏。同样为我国出口企业，尤其是中小企业贸易融资和风险管理做出了巨大贡献，但保理业务在我国并未得到类似信用保险和融资担保一样的重视。二是我国保理业务的政策法律体系尚不完善。至今，我国还没有一部专门的保理业务法律法规。由于我国商业保理业务开展较晚，目前在外汇、税收、融资、征信等方面尚缺乏配套政策。三是我国目前还缺乏实力雄厚、富有国际经验的保理机构，商业保理公司主要开展国内保理业务。四是我国保理业务与国际通行做法存在较大差异，不利于其业务规模的扩展。

针对以上存在的各类问题，我国在今后的保理业务发展中也必须及时应对，促进保理业务的更大发展。

一是应建立健全社会信用体系，提高市场主体经营财务信息的规范度和透明度，降低保理业务风险；二是应建立健全保理政策法规标准体系，为保理业务发展创造良好政策环境；三是加快培养保理专业人才，加强保理业务创新；四是拓宽保理业务融资渠道，尤其是商业保理公司融资渠道；五是发挥行业团体组织的重要作用，加强国际交流合作，推动我国保理业务的规范化和与国际接轨。

随着我国全面深化改革、经济结构调整和转型升级的逐步推进，我国经济的信用化程度将持续提高，市场对保理服务的需求将进一步释放，保理行业也一定能够实现更好的发展。

本章小结

信用管理行业又称信用服务行业，是指提供专业化的信用信息和信用管理服务的现代服务业态。信用管理行业以独立第三方的身份、以商业化运作的方式满足了市场多元化的信用管理服务需求，帮助市场主体防范交易风险、降低交易成本、提高交易效率、扩大交易规模，从而维护良好的经济社会秩序，促进信用经济的健康发展。信用管理行业是社会信用体系不可或缺的重要组成部分，承担着社会征信系统建设运营和提供信用增值服务的重要职责。信用管理行业的发达程度代表了社会信用体系的成熟程度和信用经济的发展程度。大数据、云计算和移动互联网技术的发展正在推动信用管理行业的变革。本章从信用管理行业的界定入手，简要介绍了信用管理行业的十个分支，并重点分析了企业征信、个人征信、信用评级、商账管理与追收，以及保理行业在国内外的起源和发展，并对我国相关行业的发展提出了建议。

思考题

1. 在买方市场形成后，为什么企业信用销售成为竞争的必要手段？为什么在信用经济发展后，信用管理行业就营运而生了？

2. 请从企业信用销售后产生的问题出发，分析信用管理各个行业分支能为企业提供哪些帮助。

3. 我国是否应该开放商账管理与追收行业，为什么？如果开放这个行业，应如何确保该行业的规范运行？

4. 迄今为止，我国尚未出台任何促进保理业务发展的扶持政策，但却在近年来获得持续高速发展，并成为全球最大的市场，请分析保理行业发展的内在动力，我国又应该如何规范保理行业的发展。

5. 请分析大数据技术对征信和资信评估行业的影响。

第四章

信用管理涵盖的领域

章前导言

市场经济本质是契约经济，也就是信用经济。信用关系是市场经济中最普遍和最重要的关系之一，因此信用管理基本涵盖了市场经济中的各个领域，如政府、金融、企业和消费者等领域。当信用管理涉及不同方面时，所产生的关系也是与众不同的。一家金融机构贷款经理的处境和企业部门的信用经理有很多的不同。原因是产品和服务的销售所在的不同领域会涉及不同组织人员的关系，所以信用管理受到不同领域和不同企业之间不同要素的影响。除此以外，信用管理还与现金流中的活动密切相关。信用管理的效果也受到客户服务、收账以及管理呆坏账等活动的影响。尽管信用管理的细节在不同领域是不一样的，但是信用管理通过一定水平的技术可以充分发挥作用。

专业名词

银行信用管理　　企业信用管理　　企业信用风险　　客户资信管理
客户档案管理　　Z计分模型　　巴萨利模型　　营运资产分析模型
特征分析模型　　消费信用管理

本章知识结构图

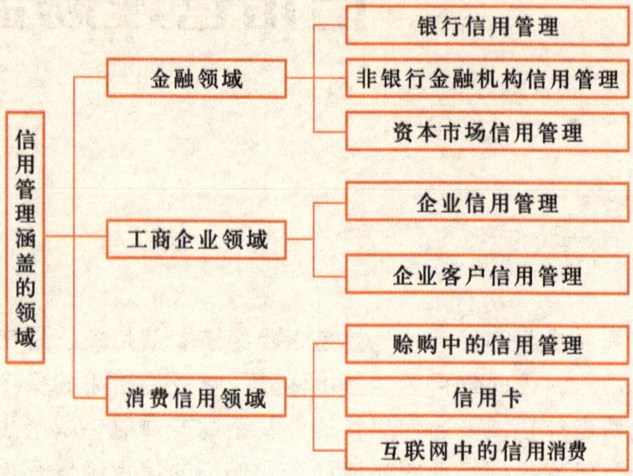
信用管理涵盖的领域
金融领域
银行信用管理
非银行金融机构信用管理
资本市场信用管理
工商企业领域
企业信用管理
企业客户信用管理
消费信用领域
赊购中的信用管理
信用卡
互联网中的信用消费

第一节 金融领域

金融是现代经济的核心，金融信用环境水平会影响金融的发展。信用缺失问题在金融环境中普遍存在。经济状况的好坏会直接在金融业中体现出来，信用不仅影响着金融业的发展，也在牵动着社会经济的发展，所以营造良好金融信用环境，有助于维护金融秩序，进而促进社会经济发展。金融领域的信用主要包括银行信用管理、非银行金融机构信用管理和资本市场信用管理等。

一、银行信用管理

（一）银行信用管理的内涵

银行信用管理包括中央银行的信用控制和商业银行的信用管理。中央银行的信用控制属于中央银行货币政策的一部分，一般分为两种情况：①信用直接控制工具，指中央银行依法对商业银行创造信用的业务进行直接干预而采取的各种措施，主要有信用分配、直接干预、流动性比率、利率限制、特种贷款；②信用间接控制工具，指中央银行凭借其在金融体制中的特殊地位，通过与金融机构之间的磋商、宣传等，指导其信用活动，以控制信用，其方式主要有窗口指导、道义劝告。而商业银行信用管理，并不单指银行运营管理或者信用关系，而是一个综合和整体的系统管理，包括商业银行内部各部门间、银行与员工之间、员工职业操守等，商业银行外部的信用管理包括企业的信用评级、借贷关系；以及银行在国际和国内的信用形象等，是多种关系的重合。商业银行信用管理包括四大系统管理：资产信用管理、负债信用管理、资本信用管理和表外信用管理。本书重点讨论商业银行的信用管理。

目前，商业银行信用管理模式，分为：资产信用管理、负债信用管理、资本信用管理和表外信用管理。资产信用管理，是商业银行最为人熟知的，分为个人贷款和公司贷款。因其风险较高，对银行资产影响最大，当今商业银行均建立较科学完善的风险防范机制，控制及规避风险。负债业务，则是银行的生命之源，保持银行正常运转和资金的有效流动。商业银行依赖负债信用业务，即是客户存款、同业拆借、央行存款，满足银行资金充足稳定，维护良好公众形象。表外业务，是银行创新的主要体现。来源于国外的投行业务，结合了券商、保险公司、基金公司等金融伙伴，实现利益分成，风险共担。这四个相互独立的体系，是组建商业银行信用管理的重要部分，各司其职，是商业银行正常运营的保护神。同时，它们也有千丝万缕的关系。负债系统是血液供给，保持流动性，提供资金供给；资产系统是神经枢纽，维持各功能的正常。从近几年银行的产品创新来看，表内业务已不足为奇，表外业务由于国家的金融管制及金融衍生产品较国外发达的金融市场要弱小很多，短期内不存在某个银行拥有的、独特的金融产品。

（二）商业银行信用风险的表现

商业银行信用风险一般定义为银行的借款人或交易对象不能按事先达成的协议履行义务的潜在可能性。它由两部分组成，一部分是违约风险，指交易一方不愿或无力支付约定款项而致使交易另一方遭受损失的可能性；另一部分是信用价差风险，指由于信用品质的变化引起信用价差的变化导致的损失。信用风险的另一理解，或者说是狭义的理解，则是信贷风险。在金融市场中，借贷双方的信息掌握是不同的。资金的需求者——企业，对信息的掌握远大于资金供给者（银行）。银行面对的是不同的行业、不同的地域，各有特点，银行很难逐一掌握。企业则不同，其对自身管理状况、经营环境、财务状况、市场分析等都有充分认识。这种的信息不对称，必然产生逆向选择和道德风险，从而对银行产生信贷风险。实际工作中，商业银行信用管理涉及的信用风险涵盖的范围非常广，不能简单理解为银行的信贷风险，甚至也不能简单理解为商业银行在市场中或在储户心中的信用等级，或理解为企业的信用等级在银行的评级。在工作中，方方面面均涉及信用风险，还包括商业银行准备金制度和网络银行的风险防范与监管等，甚至连简单的合同文本，也是银行信用风险的重要体现。

《新巴塞尔资本协议》对国际银行业提出，商业银行风险管理主要包括信用风险、操作风险、市场风险、流动性风险。信用风险是商业银行信用管理的重点，它是金融机构不得不面对的风险，管理信用风险有助于防止不良贷款扩大，避免银行不良集中爆发。

（三）商业银行的信用风险分析

商业银行的信用风险的分析方法很多，传统的主要有“5C”评估法。商业银行在办理信用贷款时，通常通过信用要素分析借款人的资信状况，了解客户履约还款的可靠程度。从而有针对性地加强贷款管理。“5C”信用分析是商业银行防范贷款信用风险的主要方法。主要包括：①借款人品质（Character）是指借款人除具有偿还债务的愿望外，还应具备承担各种义务的责任感。②借款人能力（Capacity）是指借款人运用借入资金获取利润并偿还贷款的能力。③借款人的资本（Capital）是指借款人拥有财产的货币价值状况。该指标反映了借款人的财力和承担风险的能力。④借款人贷款担保情况（Collateral）是指借款人为借款能够提供的担保情况。充足的担保可以有效地降低放款人的信用风险。⑤经济环境要素(Condition)也对受信者的信用产生影响，尤其是对一些处于周期性行业和易受宏观环境影响的企业。环境状况，又称经济要素，凡是一切可能影响企业经营活动的因素，大至政治、经济、环境、地理位置、市场变化、季节更替、战乱等，小到行业趋势、工作方法、竞争等都是体现在环境状况这一要素之中。经济要素要有别于其他四个要素，是企业外部因素造成的企业内部变化，不是企业自身能力所能控制和操纵的。2008 年以后，美欧陆续发生次贷危机和欧债危机，对全世界的经济造成重创，直到现在都还没有完全走出阴霾。在这种情况下，环境状况要素(经济要素)对企业信用造成的影响就显得更重要了。

除了传统的“5C”评估法，巴塞尔协议对商业银行信用风险的衡量做了比较详细的规定。1988 年的《巴塞尔协议Ⅰ》针对信用风险确定了风险加权制，即根据不用资产的风险程度确定相应的风险权重，计算加权风险资产总额：一是确定资产负债表内的资产风险权数，即将不用资产的风险权数确定为五个档次，分别为 0、10%、20%、50%、100%。二是确定表外项目的风险权数。确定了 0、20%、50%、100% 四个档次的信用转换系数，以此再与资产负债表内与该项业务对应项目的风险权数相乘，作为表外项目的风险权数。但该协议没有考虑同类资产不同信用等级的差异，从而不能准确地反映银行资产面临的真实风险状况，而且难以有效约束国际银行业的资本套利现象。为此，巴塞尔委员会不断对该协议进行改进和修订，在《巴塞尔协议Ⅱ》的框架中，信用风险仍是影响银行资本充足率的支配性风险类别。信用风险的计量方法：包括标准法(根据借款人的外部评估结果确定其风险权重，权重层级分为 0、20%、50%、100%、150% 五级；初级内部评级法(允许银行测算与每个借款人相关的违约概率，其他数值由监管部门提供)及高级内部评级法(允许银行测算其他必需的数值)。①

2013 年 1 月发布的《巴塞尔协议Ⅲ》中针对信用风险提出优化风险加权资产计算方法，扩大资本覆盖的风险范围。采用差异化的信用风险权重方法，推动银行业金融机构提升信用风险管理能力；提高交易性业务、资产证券化业务、场外衍生品交易等复杂金融工具的风险权重。针对流动性风险，建立多维度的流动性风险监管标准和监测指标体系：建立流动性覆盖率、净稳定融资比例、流动性比例、存贷比以及核心负债依存度、流动性缺口率、客户存款集中度以及同业负债集中度等多个流动性风险监管和监测指标，其中流动性覆盖率、净稳定融资比例均不得低于 100%。同时，推动银行业金融机构建立多情景、多方法、多币种和多时间跨度的流动性风险内部监控指标体系。引导银行业金融机构加强流动性风险管理：进一步明确银行业金融机构流动性风险管理的审慎监管要求，提高流动性风险管理的精细化程度和专业化水平，严格监督检查措施，纠正不审慎行为，促使商业银行合理匹配资产负债期限结构，增强银行体系应对流动性压力冲击的能力。此外，新协议强化贷款损失准备监管，建立贷款拨备率和拨备覆盖率监管标准：贷款拨

① 巴曙松．巴塞尔新资本协议研究．北京：中国金融出版社，2003。

备率不低于2.5%，拨备覆盖率(贷款)不低于150%，原则上按两者孰高的方法确定银行业金融机构贷款损失准备监管要求。建立动态调整贷款损失准备制度：监管部门将根据经济发展不同阶段、银行业金融机构贷款质量差异和盈利状况的不同，对贷款损失准备监管要求进行动态化和差异化调整。经济上行期适度提高贷款损失准备要求，经济下行期则根据贷款核销情况适度调低；根据单家银行业金融机构的贷款质量和盈利能力，适度调整贷款损失准备要求。①

此外，商业银行的信用分析还包括对商业银行自身的信用评级。商业银行信用评级是对一家银行当前偿付其金融债务的总体金融能力的评价，在全面分析商业银行信用的基础上，通过定性分析和定量分析相结合的方法，对商业银行所面临的宏观风险、行业风险、资本充足风险、流动性风险、盈利状况以及市场风险和利率风险等进行综合测评，也考虑了从第三方(如银行所属集团、监管机构、政府等)得到支持的可能性，帮助客户评判商业银行综合信用水平。

延伸阅读

《巴塞尔协议Ⅲ》

在雷曼兄弟破产两周年之际，《巴塞尔协议Ⅲ》在瑞士巴塞尔出炉。最新通过的《巴塞尔协议Ⅲ》受到了2008年全球金融危机的直接催生，该协议的草案于2010年提出，几经波折，终于2013年1月6日发布其最新规定。

《巴塞尔协议Ⅲ》是全球银行业监管的标杆，其出台必将引发国际金融监管准则的调整和重组，影响银行的经营模式和发展战略。在《巴塞尔协议Ⅲ》出台之际，中国银监会及时推出了四大监管工具，包括资本要求、杠杆率、拨备率和流动性要求四大方面，及时进行了跟进，构成了未来一段时期中国银行业监管的新框架。这被业界称为中国版"巴塞尔Ⅲ"。基本内容包括：首先，在资本充足率方面，商业银行一级资本充足率，从现行的4%上调至5%，资本充足率保持8%不变；第二，在拨备覆盖率的基础上，引入动态拨备率指标控制经营风险，原则上不低于2.5%；第三，引入杠杆率监管指标，按照监管规划，"十二五"期间，我国银行业杠杆率监管标准确定为不低于4%；第四，在现有流动性比率监管基础上，引入流动性覆盖率和净稳定融资比率指标。

(四) 网络银行的信用风险②

网络银行发展有着光明的前景，也蕴含着巨大的风险。信用风险是指商业银行在经

① 巴曙松，朱元倩．巴塞尔资本协议3研究．北京：中国金融出版社，2011。

② 吴灏文，陈国斌，迟国泰．网络银行信用风险潜析．大连理工大学学报(社会科学版)，2009(2)。

营活动中，由于债务人未能按照与银行所签订的合同条款履约而导致贷款、债券等资产丧失偿付能力所引起的风险。传统银行的业务开展是基于现实的客户，并且有比较完善的信用机制作为保障，但是网络银行面临的是虚拟的网络空间，理论上，客户可以从世界任何地方来接触某一特定的银行机构。通过互联网与客户交易，对于银行而言，如何核实客户的真实意图，是一项很困难的事情。对于区域外的借款者，银行要核实其抵押和完善担保协议也是相当麻烦的，这些都增加了网络银行的信用风险。如果管理不善，网络银行的业务还可能导致信贷集中于某一单一行业，降低了银行的资金使用效率。同时，有关电子商务(包括网络银行活动)的有关法律尚处于不断发展和完善之中，这也可能威胁到借贷双方在网上签订的合约的有效性。因此，由于网络世界的虚拟性和安全隐患等因素，网络银行比传统银行面临着更加严峻的信用风险的考验。

网络银行的信用风险主要受内部和外部因素的综合影响。外部因素主要涉及政治、经济、文化等社会各个层面，网络银行是难以在短期内改变的，因为这需要网络银行、政府机关、社会媒体以及科研机构等各方面的协同努力。内部因素是影响网络银行信用风险的主要因素。内部因素主要有：

(1) 信息技术部门的效率，信息技术部门原来的管理目标是为银行各种业务活动提供硬件和软件服务，使银行内部与外部的电子信息活动顺利地进行。但是网络银行的各种交易直接建立在外部虚拟的网络空间上，因此信息技术部门的职能就不再仅仅局限于提供技术支持，而必须兼而提供银行运作过程中所需要的各种内部外部信息，主要包括信用对象的身份、交易意图的真实性，竞争者的最新动态，国家相关法律、政策的变动信息等。网络银行与客户的接触是通过网络连线实现的，客户信息的真实有效性对于网络银行授信管理显得尤为重要。核实客户意图、身份、信用状况的真实性对于网络银行降低信用风险起着至关重要的作用。

(2) 内控机制。常见的矛盾发生在授信管理部门和授信实施部门之间，其结果必然造成网络银行内部的推诿、扯皮、效率低下，进而导致总体竞争力的弱化，从银行内部影响授信管理的效率。网络银行授信管理需要的信息量相较传统银行来说要大，并且由于还没有一套相对较为成熟的授信管理体制，网络银行面临的信用风险将更为严峻。

(3) 信用对象评价。网络银行这种虚拟金融服务业务形成了突破地理国界限制的无边界金融服务模式。网络银行通过远程通信手段，借用信用确认程序对借款者的信用等级进行评估，提高了网络银行的信用风险。因为借款人很可能不履行对电子货币的借贷应该承担的义务，或者借贷人网络登记所在地金融信用评估系统不够健全。另外，从电子货币发行者处购买电子货币用于专卖的网络银行，也会由于发行者不兑现电子货币而承担信用风险。

(4) 员工素质。授信管理是一项以人为本的管理。网络银行是建立在网络技术基础上的高技术附加产物，对于人才素质和能力的要求也更为严格。网络银行自身员工不仅仅需要掌握必要的业务知识，更重要的是他们需要对网络技术以及网络银行业务流程有很深的了解。

网络银行的授信管理架构是一种综合化、系统化的工作。就风险方法来说，涉及对授信风险的识别、评价、锁定和抵御的手段和方法。就授信业务流程来看，它贯穿于授信前的信用分析、授信过程中的审查控制、授信后的监督管理，直至授信安全收回的整个过程。网络银行授信管理的范围和时段跨度相比较传统银行来说要大，并不完全等同于传统商业银行的信贷管理。网络银行授信管理架构图突出了信息技术部门在信用风险管理过程中的作用，突出了网络银行各个部门在运作过程中的相互制衡与监督。整个授信过程包括贷前调查、贷时审查、贷后检查，以及对授信业务风险的锁定、处置以及对授信风险整体的动态监控。需要特别提出的是客户经理的责任在网络银行授信管理架构中有所增加。客户经理需要认真调查授信对象的各种情况，并直接对授信后产生的风险负责。这就需要项目经理承担相对较大的责任，不同于传统商业银行将所有的风险损失的责任分摊到银行内部各个相关部门。

二、非银行金融机构信用管理

非银行金融机构以发行股票和债券、接受信用委托、提供保险等形式筹集资金，并将所筹资金运用于长期性投资的金融机构，它是指除商业银行和专业银行以外的所有金融机构，包括经银监会批准设立的信托公司、金融资产管理公司、企业集团财务公司、金融租赁公司、汽车金融公司、货币经纪公司、境外非银行金融机构驻华代表处等机构。非银行金融机构包括存款性金融机构和非存款性金融机构。存款性金融机构主要有储蓄信贷协会、储蓄互助银行、信用合作社。非存款性金融机构包括金融控股公司、公募基金、养老基金、保险公司、证券公司、小额信贷公司等。非银行金融机构的业务方向：外汇、贵金属、期货、信托、股票、基金、债券、保险。

非银行金融机构与银行的区别在于信用业务形式不同，其业务活动范围的划分取决于国家金融法规。非银行金融机构在社会资金流动过程中所发挥的作用是：从最终借款人那里买进初级证券，并为最终贷款人持有资产而发行间接债券。通过非银行金融机构的这种中介活动，可以降低投资的单位成本；可以通过多样化降低投资风险，调整期限结构以最大限度地缩小流动性危机的可能性；可以正常地预测偿付要求的情况，即使流动性比较小的资产结构也可以应付自如。非银行金融机构吸引无数债权人债务人从事大规模借贷活动，可以用优惠贷款条件的形式分到债务人身上，可以用利息支付和其他利息形式分到债权人身上，也可以用优厚红利的形式分到股东身上以吸引更多的资本。

非银行金融机构因为业务种类繁多，其信用管理的侧重点也各不相同。如贷款担保类机构，一般包括典当行、担保公司、小额信贷公司等。这类机构放贷灵活、手续便捷，符合中小企业资金快速融资的要求，由于中小企业信用评价较为困难，所以这类机构承受较高的信用风险，一般也要求对方支付较高的利率。

信托机构的重要种类主要有信托投资公司、信托银行、信托商、银行信托部等。金融信托投资机构的信用风险是指由于交易对手信用状况和履约能力的变化导致信托投资公司资产价值发生变动和遭受损失的风险。由于受数据积累、财务报表质量、资产回收率预测等信息不完备的制约，信托投资公司对交易对手信用风险的控制处在定性信用分析、信用评级与监控、风险损失准备等阶段。鉴于此，信托投资机构应该更谨慎地对交易对手进行信用分析，筛选出信用程度高的交易对手，减少违约的可能；并且应当对信托财产合理管理、规划和应用，进行周密的风险评估，分散风险，降低损失。信托投资机构流动性资产过少，而短期存款、拆入资金等流动负债过多，短债长用现象普遍则可能无法及时支付资金以履行对委托人或拆借人的承诺，从而影响信誉，威胁生存。信托投资公司面对的流动性风险，表现为集合管理资金信托计划在投资失败或交易对手违约的情况下，不能按时清算出现的大额资金缺口。

证券机构是指专门(或主要)办理证券业务的金融机构。证券机构是随着证券市场的发展而成长起来的。主要有证券交易所、证券公司、证券投资信托公司、证券投资基金、证券金融公司、评信公司、证券投资咨询公司等。各个机构信用风险管理各不相同，如证券交易所主要是监管和证券的清算等。下面以证券公司的信用管理为例来说明。证券公司的信用风险是指交易对手出于不能或者不愿履行合约而引起的风险，这些合约包括按时还本付息、互换和外汇交易中的结算、约定的证券买卖和其他业务。证券公司的信用风险计量可以通过证券公司的历史违约率的统计来实现，主要是利用历史上的违约次数与交易次数的比例和违约金额与交易金额的比例。对证券公司来说，资本金的多少也决定了这个证券公司的实力、支付和偿债能力。目前对证券公司信用风险度量和预期的方法很多，主要有单变量模型、多元线性判断模型、多元概率比模型、人工神经网络模型、专家系统方法、剖面分析方法以及信用等级方法等。当然具体来说，证券公司的证券承销、证券经纪、证券自营、兼并与收购、融资融券等业务的信用风险管理也各不相同，如：证券经纪业务主要是规范经纪人队伍建设，提高风险意识；自营业务主要是建立投资决策的风险控制机制。

合作金融有着悠久的历史，在金融体系中占有重要地位。合作金融机构主要有农村信用合作社、城市信用合作社、劳动金库、邮政储蓄机构、储蓄信贷协会等。理论上合作金融机构服务的对象主要是会员，而且金额一般较小，相对来说信用风险易于控制。但目前我国的邮政储蓄机构、农村信用合作社、城市信用合作社等已经改制成类似于银行的金融机构，其信用风险管理也和商业银行相似。

对保险公司来说，信用风险主要来自以下几个方面：

(1) 保险资金的投资。在保险市场竞争十分激烈的今天，保费中的有关利润附加部分已经很接近零了，保险公司的利润很大部分来自保险资金的投资收益。而保险资金主要投资于国库券、股票、债券、基金、贷款等，国库券的信用风险比较小，它相对的是国家信用风险，但还是存在的；股票、债券、贷款的投资面临着发行公司倒闭或其他原因无力支付给保险公司的债务的信用风险，它主要相对的是公司或企业信用风险。这种信用风险的发生将给保险公司带来致命的伤害，这也是保险公司面临的最主要的信用风险。

（2）信用保证保险。这主要是针对产险公司而言的。信用保证保险如车贷险、住房按揭险、贷款保证保险等是保障被保险人的信用，主要是保证被保险人会按时偿还贷款所欠的金额，保险公司就相当于保证人，一旦被保险人违约即发生信用风险，保险公司就要承担剩下欠款的支付。由于我国个人信用制度很不完善甚至是缺乏，导致被保险人的违约现象十分普遍，也有很多是故意不支付欠款从而欺诈保险公司来使自己获益，给保险公司带来了损失。这主要针对的是个人信用风险。

（3）再保险。如果再保险公司在保险公司发生赔付时并没有将自己要承担的部分赔款支付给保险公司，这将给正处于困境的保险公司当头一棒，使其损失巨大甚至破产，这种情况在巨灾保险中尤其常见。

（4）保险公司内部人员的个人信用风险。现在企业的竞争是人才的竞争，特别是高层管理人员，他们往往掌握着一个公司的机密，一旦这些人发生信用风险将使得保险公司在与同行的竞争中处于不利地位，给其带来不利影响，并且其损失程度是很难量化的。对保险资金投资带来的信用风险管理是保险公司面对的信用风险管理的最主要的任务。通过选择不同的信用资产投资组合，来减少信用风险的总体暴露。对信用保证保险带来的信用风险的管理，保险公司主要是要在承保时严格地考察被保险人个人信用状况，这主要可以通过被保险人的以往的信用数据、以往的投保经历以及个人信用档案等来源来实现。①

融资租赁机构主要有商业银行投资和管理的租赁公司或租赁业务部，制造商或经销商附设的租赁公司。融资租赁信用是指出租人以收取租金为条件，将持有物品（财产）定期出租给承租人的一种信用形式。按其性质可分为金融租赁和经营租赁两大类。现代租赁主要有经营性租赁、融资性租赁和服务租赁。其主要风险形式有供货商违约、承租人违约、出租人违约和设备技术落后的风险。融资租赁信用管理就是重点审核和选择供货商和承租人，购入设备时进行科学合理的投资决策分析和风险控制。

延 伸 阅 读

非银行金融机构作用壮大②

中国人民银行调查统计司负责人表示，社会融资规模主要是指非银行金融机构融资规模，是对此次国际金融危机反思的产物，符合危机后加强宏观调控和综合、统一的金融监管的新要求。

2002年以来我国社会融资规模快速增长，有力地支持了我国经济持续平稳较快发展。2002年到2011年间，我国社会融资规模由2万亿元扩大到12.83万亿元，年均增长22.9%。

---

① 刘莉，彭建坤．保险公司信用风险研究．特区经济，2005(6)。

② http://finance.ce.cn/rolling/201209/13/t20120913_16947570.shtml。

从结构上看，人民币贷款占比显著下降，其他方式融资数量和占比明显上升，这表明金融对资源配置的积极作用不断提高。同时，直接融资快速发展，数据显示，2011 年企业债券和非金融企业境内股票合计融资 1.80 万亿元，是 2002 年的 18.1 倍。非银行金融机构对实体经济的支持力度也在迅速加大。2011 年小额贷款公司新增贷款 1934 亿元，比 2009 年增长 1.5 倍

对于社会融资规模概念的提出，该负责人表示，社会融资规模概念的提出是我国货币政策理论和实践的重大创新，对提高金融宏观调控的有效性和推动金融市场健康发展具有重大影响。

三、资本市场信用管理①

作为资产和货币及其衍生品交易的场所，资本市场的本质根基与生命也是信用。许多资本市场的问题，本质上都是信用问题。资本市场的信用建设是企业家和政治家制度创新的结果。众所周知，财务信息是证券市场交易的依据。上市公司的管理层或“内部人”和大众投资者或“外部人”之间在财务信息上存在信息不对称。信息不对称至少包括两个层面，必要的信息是否真实、完整；如何评价这些信息。一个比较发达、完善的证券市场会有一套比较完整的信用制度体系来使信息披露尽可能完整、真实，使信息评价尽可能专业、准确，并使这两个环节得到监督管理，以减少信息不对称，保证交易质量。也就是说，在到达大众投资者之前，信息已经得到这个信用制度体系比较充分的检验和比较可靠的信用担保，在正常情况下，没有必要质疑。证券市场的交易质量取决于信用制度体系的质量。成熟的资本市场拥有大量信用调查、审计、评级、担保的企业，这些企业专门挑别人的“刺儿”，它们的创立和成长需要企业家精神。另外，被“挑刺儿”的企业只有建立长远发展的愿景，才经得起“挑刺儿”，并主动要求、邀请“挑刺儿”，经得起“挑刺儿”企业才能成长、发展，这同样需要企业家精神。

延伸阅读

美国资本市场的信用体系的建立

美国资本市场信用体系的建立，凝聚了众多政治家的智慧，最突出的是美国开国财政部长汉密尔顿，内战时期财政部长蔡斯，老罗斯福总统和小罗斯福总统。众多企业家也发挥了不可替代作用，其中最突出的就是 J. P. 摩根和美林公司的创始人梅

① 于中宁，赵瑜．信用是资本市场的根基——中国经济发展战略转型系列文章之六．财经，2013（13）。

里尔。政府主导和企业家创新共同营造了资本市场的信用制度体系，它由六个层面构成。

信用制度体系的第一关是上市公司的财务信息披露。信用制度体系真起作用的是信用制度体系的第二关信息评价机构的财务信息评价。第二关避免资本市场成为“绞肉机”的办法，就是尽快放手发展信息评价机制及其机构。信用制度体系的第三关是场内外监管机构。资本市场内的监管机构是证券交易所，场外监管机构是政府，其中包括职能监管部门——证券交易委员会，法律部门——立法、司法、执法机构。信用制度体系的第四关是媒体。媒体也是场外机构，它在竞争规则下无孔不入地探寻具有新闻价值的经济丑闻，从而起到另类但绝非不重要的监督作用。另外，某些违信事件经过媒体渲染性的报道极容易放大成信用恐慌，从而失去处理的时机。因此，媒体是把“双刃剑”，平时，它是有效的“探测器”，有时它则会变成“放大器”。信用制度体系的第五关是学术信用。学术观点对市场规则、监管、立法都起到基础性的影响。信用制度体系的第六关是国家的最终信用担保。信用的自律、竞争、监管、揭弊、学术基础共同构成的信用体系虽然在理论上还算严密，但它的每一个环节都有漏洞、问题和难题，不可能完全阻绝危机风险，而国家信用的作用，就是为危机作最后的保险。

中国资本市场的主要特征，就是它在信用上的先天不足所形成的强烈投机性。中国资本市场设立之初在标的选择上就带有强烈的投机性(股民称之为“圈钱”)而非投资。随着较多的良性资产进入市场，这个问题有所改善但没有根本改变。中国资本市场投机性有三个主要根源：首先，中国政府把资本市场搞成了“政策市”，为了所谓的业绩和稳定，不断改变政策，不断操纵资金入市，使市场无法形成合理稳定的政策预期。又由于这些政策和操纵有很强的滞后性，因此放大了经济本身的波动，使资本市场的巨幅波动和中国经济稳步发展形成了鲜明的对比。其次，市场信用建设滞后，市场开放度不足，这两个方面互为因果，形成恶性循环。信用不足所以不敢开放，不开放又无法建立制度性信用体系，使市场的制度建设与产品、机构的开放同时陷入止步不前的境地。最后，腐败。资本市场无法清理整个政府的腐败。信用不足的结果，必然是“劣币驱逐良币”，投资性资本不敢进入而投机性资金大行其道。这是资本市场表现与经济基本面背离的基本原因。改变的办法不是小打小闹，而是下决心从根本上建立信用制度体系，并且不管市场如何波动都绝不动摇。

中国资本市场建立信用，一是要学习，二是要创新。中国资本市场建立信用制度体系的路径之一：学习。学习就是要仿照美国和其他发达国家或地区资本市场监管，建立起基本的行为制度规则。例如，在信息披露层面，要建立金融从业人员行为规则，董事特别是独立董事行为规则，以及 CEO 和 CFO 的行为规则，对违反规则的要分别情况给予企业、行业、行政和法律的处罚。在信息评价层面，要尽快开放市场，允许民营和境外信息评价机构进入中国资本市场。为了发展中国企业，也可以考虑由地方监管机构创立各类评价中介机构，经过一个较短的“培养期”，然后将其民营化，同时开放外资的进入。在建立稳定市场预期方面，应立法彻底禁止政府抬市，设立合理的资本收益税，在一段时间内强制实施分红，这将有助于中国资本市场从投机型向投资型转变。在场内外监管层面，应重新考虑监管结构和监管政策，防止监管俘获。在当前阶段，尤其要严查监管人员和金融从业人员勾结，利用内幕交易“空手套白狼”的腐败行为，这种行为已经普遍到了可以称为“猖獗”的程度。在媒体监督方面，应放开并大力鼓励财经媒体揭发资本市场的违规违法腐败行为，对因揭发而避免经济损失或形成案例规则的，应给予重奖。

中国资本市场建立信用制度体系的路径之二：创新。同时也应该看到，发达国家资本市场还存在许多问题和漏洞，中国应通过创新来避免和堵塞这些问题和漏洞。首先要避免的是中介机构内部的利益冲突，要探索对利益冲突的部分进行分立而不是内部“防火墙”的途径。其次，要探索防止“系统性风险”的制度结构。一要避免“道德陷阱”，就是把提供准备金并被国家进行最终信用担保的金融机构和没有这种机制的机构分隔开来。二是限制并缩小大银行的规模边界，大力发展小银行。三是推进国有银行的改制。四是探索其他金融机构信用保险的途径。五是规范金融机构间的交易和持股。再次，金融危机表明，现有的经济学框架和金融模型都不可靠，特别是，经济学和金融学对衍生品交易和信用交易的规律性知之甚少，没有可靠的避险机制，中国应加强这方面的研究，并慎重对待这类交易的推进。最后，对企业表现的短期评价是资本市场制度规范的一个严重不足。有些企业正在探索改变季报制度。所有改变资本市场短期行为的探索，都值得中国监管机构密切关注。

第二节

工商企业领域

企业信用风险问题虽然源于外部环境，但内部管理也起了至关重要的作用。我国企业内部管理机制普遍存在缺陷，缺少规范的信用管理，是导致企业信用问题不能从根本上解决的主要原因。

一、企业信用管理

（一）企业信用和信用销售

1. 企业信用

企业信用泛指一个企业法人授予另一个企业法人的信用，包括以赊销商品或服务、预付货款或业务款等形式提供的信用，其本质是卖方企业对买方企业的货币借贷。狭义的企业信用特指生产制造类厂家对企业法人性质客户进行的赊销。广义而论，企业信用还包括商业银行、财务机构、其他类型的金融机构对企业的信贷，以及使用即期汇款付款和预付款形式以外的外贸方式而产生的信用。

2. 企业信用销售

企业信用销售从属于信用交易的范畴。狭义的信用销售，指的是企业赊销，包括对企业和对消费者进行赊销，是一种企业对企业、商场对消费者、生产厂家对消费者的先提货后付款的销售方式。广义的信用销售的定义是一切合法的授信形式。信用销售一般是在商业银行和其他金融机构的支持下进行的。

根据定义，信用销售的实质是客户占用了企业的资金，等效于对客户的短期融资。在现行经济制度下，实施信用销售的主体都是企业法人，它们是一种或多种信用的授信人，在某些场合下称授信机构。信用销售的对方是赊购方，也称受信人，即接受信用的一方。受信人可以是企业法人，也可以是自然人性质的消费者。

企业采用信用销售手段，外因是买方市场的形成，在供大于求的买方市场下，企业为了生存和发展，就要竭尽全力扩大市场占有率，减少产成品库存，努力扩大销售。因此，改变客户付款方式、提供赊销便成了吸引客户、销售产品的重要手段之一。

企业采用信用销售方法的目的是获得盈利。企业经营以利润最大化为目标，而利润需要通过扩大销售来实现。采用信用销售方法，企业能够提高市场竞争力，改善客户关系，有助于打击竞争对手，抢占更大的市场份额，从而扩大销售额。如果市场大环境好，社会信用体系能够有效运转，比较其他传统的销售形式，信用销售应该是成本最低廉的价值交换形式。

企业采用信用销售方法是有条件的，可以简单归纳如下：买方市场的存在；赊销企业或授信人掌握控制客户信用风险的技术；合理回报率情况下的商业银行或厂商的融资支持；强制受信人履行赊销合同的社会机制和法律保障，包括全社会范围的失信惩戒机制。

信用交易规模扩大是一国或一地区市场经济成熟标志的一种表现。如果一国或一地区的经济进入到信用经济阶段，市场上的信用交易就会成为主流交易形式，信用销售就会成为最常用的销售手段。

企业的信用销售大致可以分成两大类型：一是企业法人之间的信用销售（B2B），即赊销企业对客户企业的信用销售；二是企业对消费者的信用销售，即企业法人对自然人的信用销售（B2C）。狭义而论的信用销售形式包括：生产型企业对另一生产型企业的信用销售；商业企业对消费者个人的信用销售；生产型企业对消费者个人的信用销售。

制造商经常采用直接信用销售的方式赊销给另一个制造商，即上下游企业间的信用销售，这就是典型的企业对企业的直接信用销售。在直接信用销售情况下，赊销企业不能立即收回全部货款，客户企业将在短期内占用赊销企业资金。所谓间接的信用销售，指的是通过金融机构资金支持的信用销售。信用销售有时是在包括商业银行在内的金融机构支持下进行的，特别是在消费领域的信用销售，例如商业银行以消费信贷形式支持消费者购买大件耐用消费品，改变了消费者对消费品生产企业或商业企业的赊购性质，变赊购为现金交易，即将零售信用转变为现金信用。对赊销企业来说，金融机构的消费信贷服务等效于替它们的赊销合同"埋单"。金融机构支持信用销售的方式不限于此，有些金融机构还会大笔收购赊销合同，并将赊销合同证券化。

尽管金融机构也是企业，但狭义的信用销售定义通常不包括金融机构对企业或消费者个人的授信。

（二）企业信用风险

1. 企业信用风险的含义

在竞争日益白热化的买方市场经济下，企业始终面临着这样的两难困境：一方面，必须不断扩张信用以扩大市场份额，但另一方面，又必须最大限度地减少坏账损失以降低成本，提高盈利。

企业信用风险是指在以信用关系为纽带的交易过程中，交易一方不能履行给付承诺而给另一方造成损失的可能性，其最主要的表现是企业的客户到期不付货款或者到期没有能力付款。企业信用风险主要是指来自企业外部的客户信用风险。

2. 企业信用风险的表现形式

企业信用风险的外在表现就是指企业应收账款无法收回，产生坏账、呆账，造成资金供求矛盾，引起资金链的断裂，最终导致破产。

在信用销售的实践中，常见的信用风险表现形式有：贸易纠纷，客户拖欠的风险，客户赖账的风险，客户破产的风险，因付款方式不同产生的风险，因汇率和通货膨胀产生的风险，因各国法律和诉讼方式不同产生的法律失效风险，受到客户诈骗的风险等。此处只具体讲述由于客户拖欠、赖账、破产而造成的信用风险，以及不同付款方式所造成的信用风险。

（1）客户拖欠的风险。只要赊销，就会出现客户拖欠货款，这种情况几乎不可避免。当客户企业在经营中发生短期资金紧张情况，以及其他意外情况，就有可能不能如期或足额履行赊销合同。对于赊销或授信企业，客户就有可能短期拖欠应付货款，在账面上产生逾期应收账款。

客户拖欠货款是企业赊销面临的最大风险，拖欠货款对赊销企业造成的损失远比坏账造成的损失大。客户拖欠货款的损失不出现在会计账上，是隐性的，体现为机会成本的增加，因此经常被忽视。

当客户拖欠发生后，企业信用管理部门要尽快弄清楚客户是否为恶意拖欠，即弄清楚客户拖欠货款的真正原因。然后配合企业销售部门采取相应措施。

（2）客户赖账风险。客户赖账是客户恶意拖欠贷款行为的习惯说法。

不同于临时遇到困难和濒临破产的客户企业，赖账的客户通常是有能力还款的，但就是拒绝还款，还找出种种托词和借口，能拖则拖，尽可能长时间占用赊销企业的资金。客户赖账是产生赊销坏账的主要原因之一。

客户赖账主要发生在品德不良的客户身上，其行为是一种十分恶劣的欺骗行为。尽管客户赖账是产生赊销坏账的主要原因之一，但货款不一定收不回来，只是催讨货款非常困难，收账成本很高。为了防止坏账发生，要事前防范，筛选客户，尽量避免与品质恶劣的赖账客户进行信用交易。

（3）客户破产的风险。客户破产是造成赊销坏账的另一项主要原因。

一个企业走向破产的原因很多，分为主动破产和被动破产。一些企业申请破产的主要目的是逃债。企业被动破产的原因很多，多数是由于经营不善，还有的是发生经济纠纷、突发事件、为他人担保被拖累、被政府政策性勒令停业等。

如果客户企业破产，客户就不可能正常归还所欠的货款。当一个企业破产被清算时，如果赊销企业的债权优先权级别比较高，可以排在众债权人前列，便可以减少一些损失。如果过了公告的清算期，信用管理部门只能建议会计部门将这笔逾期应收账款作为坏账注销。

防范客户破产风险的信用管理措施主要是针对客户的定期跟踪，发现客户企业的破产前兆。

（4）不同付款方式造成的信用风险。企业在与客户进行信用交易时，采取不同的付款方式，收回货款的风险是不同的。国际贸易的结算和付款方式比国内贸易复杂，风险更大。

有些结算方式的信用风险主要由企业承担，有些结算方式的信用风险则由银行承担，但使用成本较高。国内市场交易中，可以采用的结算方式有：支票、银行本票、商业汇票、银行汇票、汇兑、托收承付、托收款和信用卡。国际贸易中，结算方式和金融机构提供的支付工具种类很多，但基本可以分为三大类：汇款、托收和信用证。企业信用管理部门应该对不同的结算方式所产生的风险有所了解。

3. 企业信用风险产生的原因

产生信用风险的原因多种多样，根据原因的不同，信用风险可分为政治风险、信息风险、商业风险、管理风险、财务风险等。一般而言，企业信用风险是由于信用交易双方存在的信息不对称和道德风险导致的。产生信用风险的原因，可以概括为三个基本因素，即市场环境因素、企业信用管理因素和客户自身因素。其中，企业信用管理因素是内因，其他两个因素是外因。由此可见，产生信用风险的内因是企业没有信用管理功能，或者信用管理水平低下。产生信用风险的重大外因是市场环境的问题，包括经济秩序不良、社会信用体系没有建成、市场上的失信惩戒机制没有运转、失信成本很低、商业道德水平低等。结合我国情况，具体表现为：

（1）外部原因。

① 缺乏良好的社会诚信环境。改革开放以来，我国的社会政治经济状况发生了翻天覆地的变化。在利益的驱动下，一些人和企业有悖于诚信经营的传统，制假售假、合同违约、拖债赖账等不诚信的事件屡见不鲜。

② 信用法律法规不完善。现行的相关法规对信用交易中债务人履行契约清偿债务的约束性规定缺乏足够的力度，对故意甚至恶意拖欠货款缺乏严惩的规定，对信息披露的范围和隐私的保护缺乏明确的界定。

③ 社会信用体系不健全。社会信用体系尚不完备，缺乏了解信用交易各方信用状况的平台，缺乏相应的惩戒机制。于是就形成了一个授信方不了解情况、不敢授信，受信方缺乏监督、违约成本低而不重视维护信用的怪圈。

（2）内部原因。

① 企业信用意识缺乏。企业的信用意识是维持良好的社会信用关系和信用秩序的基础。在我国，企业之间的信用关系严重扭曲：一些企业对拖欠其他企业货款的现象习以为常，甚至认为拖欠有理，即使有钱也要拖欠。

② 企业经营理念落后。主要表现为企业激励机制不合理，重销量，不重收账成果，盲目利用赊销扩大市场份额，为风险的产生和积累埋下隐患。

③ 信用风险管理能力弱。目前，我国大部分企业都没有建立专门进行信用风险控制的信用管理部门。企业信用管理缺乏系统性和科学性，信用政策不科学，应收账款的日常管理与监督未形成制度，对客户信用风险管理薄弱。

（三）企业信用管理的风险控制

信用销售是潜在风险很大的销售方法，企业建立信用管理最主要目的是控制信用风险，提高赊销的成功率。所以，企业必须掌握风险控制和风险转移的方法。

信用风险分为可控风险和不可控风险。可控风险是指企业通过信用管理水平的提高和借助征信服务就可以规避、控制、降低、转移的风险。应对这种风险，企业的风险控制策略是将建立完善的信用管理功能摆在头等重要的位置，采取的措施是完善其信用管理部门的功能。所谓不可控的信用风险，是指那些因不可抗力引起的风险。对于企业的信用管理部门来说，不可控风险也是可以规避的。应对不可控风险，企业信用管理部门的工作重点应放在识别风险上，采取规避风险的策略是转移风险。

企业信用风险控制是系统化的工作。企业可以通过各种信用工具和管理手段，识别出风险所在，筛选出合格的信用交易客户，使用各种控制和转移风险的商业化征信服务，将赊销或其他授信风险降低到可以接受的水平。

1. 信用风险的识别与评估

风险识别是信用风险控制的第一步，风险评估则是风险控制的依据。企业信用风险识别和评估程序如图 4–1 所示。

识别风险是对各类潜在的风险因素进行全面的辨别和系统性归类，这项工作需要进行周密的调查，以揭示出潜在的风险及其性质。在操作层面上，识别风险还是一个信息收集和信息归类的过程。这项工作以对客户进行资信调查和对客户的财务状况进行分析为主，辅以对客户所在行业和客户所在国别的政治形势方面的调查，资深企业信用管理人员的经验往往对识别风险很有帮助。

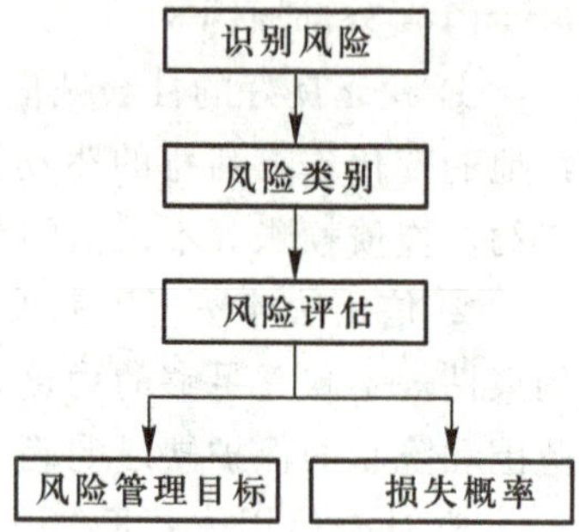

图 4–1　企业信用风险识别和评估程序

风险评估是对于特定类别的风险发生可能性和对应的损失程度进行估计，准确地估计各类风险及其破坏性，是风险控制的依据。只有准确估计风险，才能选择合适的风险控制手段或采取适当的措施。

2. 信用风险控制机制

信用风险控制过程是分为事前防范、事中管理、事后处理的全程信用控制。事前防范是指授信以前阶段的工作，主要是筛选合格的信用交易对象；事中管理是指授信和赊销合同有效期内的管理，主要在于避免客户纠纷、客户预警和转移风险；事后处理是出现了逾期应收账款以后实施的管理，主要是追回货款、处置失信客户。

全程信用控制是将企业信用交易的各个阶段所遇到的信用风险进行程序化的分析和控制，形成一种风险控制的制度化安排。将潜在的客户信用风险因素分析清楚后，在信用销售方案中将风险减少到合理的最低程度。

采取何种手段去规避风险，要依据对风险的评估而采取相应的风险管理工具。风险管理工具包括风险防范类工具和财务类风险管理工具两种。风险防范类工具用于规避风险、损失控制、风险转移等，它强调在损失发生之前就消除风险因素。财务类风险管理工具是强调在损失发生后的经济补偿和财务处理的工具。对于风险管理工具的选择，应该是一个数种工具的最优组合方案。选择信用风险管理工具的原则是安全可靠和经济合理。对于特殊的客户和交易，可以使用具有特殊针对性的信用管理工具，加大风险控制的保险系数。

延伸阅读

企业信用管理模式

1. 3+1 企业信用管理模式

在企业内部建立“3”个不可分割的信用管理机制和“1”个独立的信用管理机构，

叫做“3+1”科学信用管理模式。

“3+1”企业信用管理模式是由我国商务部研究院的信用管理专家韩家平和蒲小雷经过十多年的研究和实践，把西方先进的信用管理理论和中国企业实际情况相结合，提出的适合中国企业情况的信用管理模式。“3”是指企业内部应建立三个不可分割的信用管理机制，分别是前期信用管理阶段的资信调查和评估机制、中期信用管理阶段的债权保障机制以及后期信用管理的应收账款管理和追收机制。其中，资信调查和评估机制从交易前期的客户筛选、评价和控制的角度避免信用风险；债权保障机制在交易中期转嫁和规避信用风险；应收账款管理和追收机制则在交易的后期密切监控账款回收，最大限度减少信用风险。“1”是指在企业内部应建立一个独立的信用管理机构（人员），全面管理企业信用赊销的各个环节。

2. 全程信用管理模式

全程信用管理模式是我们十几年来在对数千家企业内部管理诊断的基础上，借鉴国际上成熟的技术，逐步探索、完善起来的一整套全新的企业管理理念和方法。该项管理模式将信用要素植入到企业的经营管理当中，并将风险管理的重点前移，由单纯的事后欠款催收，移向事前的风险防范和事中的风险控制，采用过程控制的方式，通过强化各个业务环节的风险管理，系统地解决企业的信用营销和风险控制矛盾。

（四）企业信用管理基本功能

信用管理的目标是在研究最大限度地扩大赊销或授信的同时，控制来自客户的信用风险，追求将客户风险降低到合理程度，使企业取得利润最大化的效果。所以，只要企业采用赊销方法进行销售，仅仅加强企业销售部门的管理是不行的。企业必须突破由销售部门负责销售的传统，引进信用管理功能。

信用管理的最主要功能在于提高赊销或授信的成功率。根据信用管理理论，企业信用管理的基本功能包括：客户风险（信用档案）管理、客户授信、应收账款管理、商账追收和利用征信数据库开拓市场。

1. 客户信用档案管理功能

该项功能的指导思想是以事前防范为主，其内容包括在与客户签订赊销合同以前，对客户进行资信调查、统一管理客户和客户信用档案的本企业内部服务等。

2. 客户授信功能

主要内容包括接受客户信用申请、客户信用分析、授信额度确定、给客户复信、受理客户投诉，客户授信工作的技术性和政策性非常强。

3. 应收账款管理功能

工作的重点在于：控制应收账款发生的总体和个体规模，抓住资信品质优良的客户，对合同期内的应收账款做技术处理，防范逾期应收账款的发生，转让债权。

4. 商账追收功能

主要任务包括：执行催账程序，国内外商账追收，将失信客户诉诸法律，逾期应收账款的转让，申报注销坏账。

5. 利用征信数据库开拓市场功能

指信用管理人员利用征信机构的企业征信数据库资源，向本企业的销售和供应部门提供开拓市场的咨询服务，特别是开拓国际市场的服务，帮助销售部门开拓市场。使用这种方法，可以帮助企业快速全面地掌握目标市场的潜在客户信息，找到一定比例的潜在代理商，大幅度节约开拓市场的成本。同时，还可以配合本企业的客户信用档案来挖掘老客户的潜力。

二、企业客户信用管理

企业客户信用管理是在信用销售过程中，对企业信用风险进行识别、分析和评估，并在此基础上有效控制信用风险和用最经济合理的方法综合处理信用风险的管理活动。客户信用管理是有效防范贸易风险的最佳手段，通过制定客户信用管理政策，指导和协调内部各部门的业务活动，对客户信息收集和评估、信用额度的授予、客户数据库的建立、债权保障、应收账款管理和回收等各交易环节进行全面管理监督，保持应收账款的最合理持有规模，保障应收账款安全和及时回收，以达到企业利润的最大化。具体来说，客户信用管理包括：客户资信管理、客户档案管理和客户评价。

（一）客户资信管理

客户资信管理是信用风险管理的基础工作，主要要求企业全面收集管理客户信息，建立完整的数据库，并随时修订、完善，实行资信调查制度，筛选信用良好的客户。对客户的信用进行调查，既可由企业内部信用管理部门和专职人员完成，也可委托专门的征信机构完成。

1. 资信调查的内容

（1）企业基本信息。

① 成立时间。企业成立时间的长短客观上反映了企业的市场基础。历史悠久的企业较之刚成立的企业更值得信任，因为在激烈的市场竞争中能够得到长久的生存和稳定的发展，在一定程度上说明该企业各个方面都趋于完善，市场基础深厚。但是，在变幻莫测的经济环境中，不能一概而论，有些新兴行业、企业发展迅速，已经成为现代商业社会的宠儿。

② 经营范围和业务变迁。成熟的企业，一般具有稳定的经营范围和主营业务，如果一家企业的经营项目经常变动，说明企业没有长期一贯的经营战略和思想，易受外界干扰，随波逐流，急功近利。激烈的市场竞争导致企业承担的巨大市场风险，很多企业走

多元化经营的道路以分散风险，这样做本无可厚非，但是多元化经营以至于包罗万象，无所不能，则企业没有核心业务，经营没有保障，与这样的机构打交道风险较大，调查时应分析该企业业务变迁的内在原因。

③ 经营方针。不同企业有不同的经营特色和方针，关键要考察其经营方针是否适合当前的经济形势和行业特点。考察时，应与其他同业的方针政策进行比较，再分析该企业特有的经营方针和经营态度是否与时代潮流和经济情况相适应。

④ 注册资本及变迁。注册资本一般来说表现出企业的规模。资本越大，表示企业的经营资本越雄厚，对企业今后的发展至关重要。企业增加注册资本，表示企业业务规模扩大，发展加速，但也有可能是股权结构发生变化。

⑤ 企业性质、名称及商标。考察企业性质，主要是明确企业的资金来源及股东和对外界所负权责。股份有限机构、有限责任机构、外商投资企业均以企业资产承担有限责任，而合伙企业、个人独资企业其所有者则承担无限责任。

企业的名称一般不会随意更改，使用越久，知名度越高。一旦企业更换名称，则很有可能发生重大变故，或股权变更，或经营失败，或其他。

企业的商标是企业产品的标志，代表企业的荣誉，一旦被社会广泛认可，其无形资产价值巨大，因此企业商标一般不轻易更换。但也有可能是企业产品存在质量问题，商标已丧失信用，遂以更改商标偷梁换柱，坑骗他人。在考察时，应认真分析变更企业商标的原委。

（2）人力资源信息。

① 股东和经营者情况。当打算与一个企业特别是与独资企业和合伙企业交往时，应当知道企业的股东是谁，主要股东之间的关系是否融洽，主要股东是否还投资于其他企业，这些企业经营状况如何等情况。企业的股权结构表示各股东对该企业的支配权的强弱。通过对持有大股份的投资企业和自然人的资信调查，可间接反映企业的一般特性和作风，借以分析该企业资本和经营上的安全性。

企业的兴衰成败，经营者往往起到决定性作用。具有卓越才能的经营者可以从零做起，逐步发展，成为地区乃至国际知名企业；也可以临危不乱，随机应变，再造生机，使亏损企业重新崛起。反之，平庸无能的经营者，即使接手优良企业，也会使其逐渐丧失优势乃至衰败。考察企业管理者，可通过直接面谈、经历调查、同业评价、社会评价等多方面综合评估，而判定经营者的个人经历、经验、信用和能力。

② 员工状况。劳务状况是指企业人员的结构、薪金水平、出勤状况和工作态度等方面情况。劳资之间是否协调、员工素质的高低、员工比例结构是否合理等都会对企业的发展产生影响。

考察员工相处情况和工作态度，可以从侧面了解企业内部管理水平。如果企业员工工作态度积极、相互配合，说明企业内部管理完善，管理者领导有方。反之，则说明企业管理混乱，对企业发展极为不利。

③ 技术条件。技术条件包括技术人才、技术专长、技术开发等方面。良性运转的企业很重视技术的开发和创新，其追求的目标是长期持续的发展。非良性运转的企业正相反，忽视技术开发，只注重眼前利益。

因此，应该注意调查企业在技术开发上的费用投入、经营者的态度、与外界的技术交流以及对技术人才的重视程度。

（3）物力资源信息。

① 自然条件。主要考察营业场所所在地的自然环境对生产成本和产品品质的影响程度，主要考察气候、地质、地形、水利、资源等因素。

② 能源供应条件。主要考察能源供应，涉及煤、电、油等工厂生产命脉的供应；考察交通，涉及原材料运输的便利情况和运输成本；考察原材料，主要是调查原材料供应的可靠性；考察产业政策，主要调查国家对产业是否有优惠或限制条件，以及在卫生、交通、检验、规划等方面鼓励或限制政策。

③ 厂房、设备状况。调查工厂建筑物的结构、新旧、大小、配置以及机器设备摆放是否合理，原料、半成品、产成品的运送以及放置是否合适等；调查机器设备的种类、性能、精密程度、使用年数、修理保养状态等。同时应该关注设备合理利用，闲置设备比例等。

④ 关联企业。关联企业是指相互控股的企业，即该企业投资的企业和向该企业投资的企业都是该企业的关联企业。调查关联企业的状况，首先从关联密切企业入手，然后再调查分析一般关联企业。要调查关联企业在资本、人员、营业、资金等各个环节的关联，判断企业关系存在的理由，再判断关系的存续，最后分析关联企业对该企业有何种裨益或累赘。

企业发生关系大都是抱有良性、善意的目的。但是也有一些企业与关联企业的行为却是非善意的行为，它们隐藏或粉饰该企业的某些缺陷、迷惑欺骗调查者，以期达到利己目的。

（4）经营管理状况。

① 组织与制度建设。企业的经营组织，大体上分为高层组织和基层组织两个方面。调查高层组织应该对该企业的机构章程，董事会的组织规程、构成形态、讨论事项、决议的方法等予以充分了解。调查基层组织时，应该依据企业组织系统以及企业内部各种规章制度，深究其部门、科室的构成，职务的安排，权限有没有明确界定，授权方式是否妥当等。

计划安排具体内容依各企业而异，调查时应分析其计划是否全面、完善、科学。

内部制度包括内部牵制、内部检查、预算统计三个方面。调查时，首先明确内部牵制制度设计是否合理，内部检查制度实施效果如何。其次对机构的预算统计进行调查，包括对预算的目的、组织、时间、实施方法、报告的编制，以及对预算差异进行分析。

② 营业状况。业务繁忙还是萧条甚至是歇业，业务发展是上升还是下降，该项调查

主要包括生产状况和销售状况两部分。生产状况调查又可分为生产业绩调查、原材料调查和生产力调查三类；销售状况调查应主要注意企业在销售量趋势、销售价格、销售对象、账款回收、推销能力等方面的业绩和合理性。

（5）银行信用记录。

企业和银行之间资金往来和相应的记录对企业的资信调查非常重要，银行不仅有目标企业的存贷款记录和还款情况，还对企业的信用状况有较深的了解。调查企业与银行的往来时，应该了解企业存款、贷款、还款的情况，尤其是贷款和还款非常重要。调查贷款情况时，应首先了解贷款总额占企业总资产的比例，长期和短期贷款的比例，然后调查往来银行名称、贷款种类、期限、担保品及与主要借款银行的往来关系；调查还款情况时，应了解企业还款方式和还款记录，有无逾期还款现象等。

（6）行业状况。

企业的发展与行业发展密切相关。根据经济运行规律、行业不同，其发展的前景也不同，有朝阳行业、新兴行业、高科技行业，也有传统行业、衰败行业、劳动密集型企业等。行业调查一般涉及行业生产、原材料、存货、价格、设备以及企业的地位和特色七个部分。对于行业状况的调查，依据企业所在行业的发展历史、现状和上述要素，以推测行业的整体前景，同时探究企业在同业中的地位、特色和动向，以推测其成长状态和发展趋势。

行业情况调查是企业资信调查的重要内容，如果高估了行业的成长速度，过多授信于该行业，必导致投资失策，血本无归；而如果低估了行业的成长速度，可能会失去优质客户，将利润拱手让人。

2. 资信调查的途径

（1）直接向受信者索取。企业向信用申请者授信之前，作为对等条件，可以要求购买商或消费者个人提供必要的资信证明和相关资料，并以此为基础建立企业客户档案。

（2）向行业协会等机构索取。如贸促会及各地分会、商会、各行业协会。进出口企业可通过各国驻华使馆商务处、驻华外国商会查询。这些机构单位大多拥有工商名录、电话簿等，而且大多对外开放，允许和欢迎企业查询。

（3）向票据交换所查询。国际贸易授信时，可以到受信者所在国家或地区的票据交换所调查其有无退票或拒绝往来的不良记录。欧美和东亚很多国家或地区都有类似机构，我国目前尚未建立票据交换查询系统，无法了解到受信者的付款状况。

（4）向工商管理部门查询。工商管理部门一般掌握着企业的基本资料，如法人代表、营业执照、注册资本、机构治理结构等，同时我国大部分省市的工商管理部门都已经能够办理企业注册资料查询服务。国际贸易授信时，也可以直接向受信者所在国或地区的工商管理机构致函查询。

（5）银行查询。银行是信用资产主要债权人之一，它同债务人发生的信用关系和对受信者的信用记录是资信调查重要的参考依据。但是，由于大多数国家的银行法规都有保密协定，除了法律规定的情况外，银行不得向第三者透露客户资料。我国银行基本不提供查询服务。

（6）政府机构查询。除了上面讲到的工商部门外，还可以向税务部门、房产部门、车辆管理部门、法院等部门查询相关资料。从税务部门了解企业纳税状况，但该方法在国内、国外均有很大困难；从房产部门考察不动产登记及设定情况，以及抵押情况；向车辆管理部门查询，考察车辆登记情况；向法院查询，了解企业应诉上诉的事件记录。

（7）向客户的往来企业调查。向企业的其他供应商和销售商调查，查阅其信用口碑、付款情况和负责人的付款还款意愿。但是应该注意调查企业的立场，以防止偏袒或诋毁受信者的情况发生，造成授信决策偏差。

（8）公开发表资料。

① 官方公开资料，如政府部门的各有关机构发表或公布的经济动态、经济指数、物价统计、商品走势、市场行情等。

② 行业协会资料，行业协会一般会保存最新最全的行业资料，并公开发行会刊杂志，这有助于对该行业的经营现状、发展趋势等做出正确分析。

③ 专业及一般新闻报纸杂志。

（9）直接购买或委托专业资信机构调查。市场经济的发展促使社会分工的专业化越来越明显。一份完整的资信调查报告涉及很多的部门、机构、单位，资料的收集、分析、判断工作烦琐复杂，有时单靠个人力量根本无法完成。专业资信调查企业有完善的信息渠道、专业的分析模型与技术，并配有大型数据库，可以满足企业的调查和查询需要。它们向客户提供从目标企业的基本信息到目标企业的专业资信调查报告的一系列产品，客户完全可以根据需要购买相关产品。

（二）客户档案管理

建立和维护客户信用档案是信用管理的基础工作，只有建立起客户信用档案和不断跟踪客户状态，才具备对客户信用价值进行分析的条件。合格、完备的客户信用档案，可以帮助企业找出最忠诚的客户，分析优良客户具备的特征，让销售人员按照客户分析建立起来的标准去寻找理想的客户。

1. 客户档案的建立

（1）客户档案的概念和内容。对于企业在与客户交往中所形成的客户信息，以及企业自行制作的客户信用分析报告和订购的客户资信报告，都应进行分析和加工，将其制作成客户档案。客户档案是企业进行信用决策的依据，建立合格的客户档案是企业信用管理工作的起点，属于企业信用管理部门的基本建设工作。

客户档案是指一个企业将其所有客户的各种财务和非财务信息进行集中统一收集、记录、整理，并对每个客户的资信状况进行定期分析、评估，从而为企业的各级管理人员提供决策支持的客户资信背景情况记录。按照记录客户档案载体的不同，可以将客户档案分为书面档案和电子档案两种。

客户信用档案包含了企业经营中与客户信用相关的各方面信息，如企业基本情况、组织管理与人员配备、业务情况、财务状况、内部交易记录、企业评价、信用状况、资信报告、信用分析记录等多方面的信息。一般来说，很多企业的客户信用档案是在征信机构的标准版资信调查报告模本基础上制作的。

（2）建立客户档案的程序。现代企业客户信用档案的建立应根据集中管理、长期积累、动态管理、分类管理等原则，并结合企业的实际情况和预算，设计一个合理的筹建工作程序。在实践中，我们常常遇到的不外乎是新建客户信用档案库和改造企业原有的客户信用档案库。从工作进度看，又可分为一次到位型建设、投资逐步到位型建设、改造原有档案等几种方式。这与企业的建档工作预算和人员素质有关。建立一个合格的客户信用档案库的基本工作程序如图 4-2 所示。

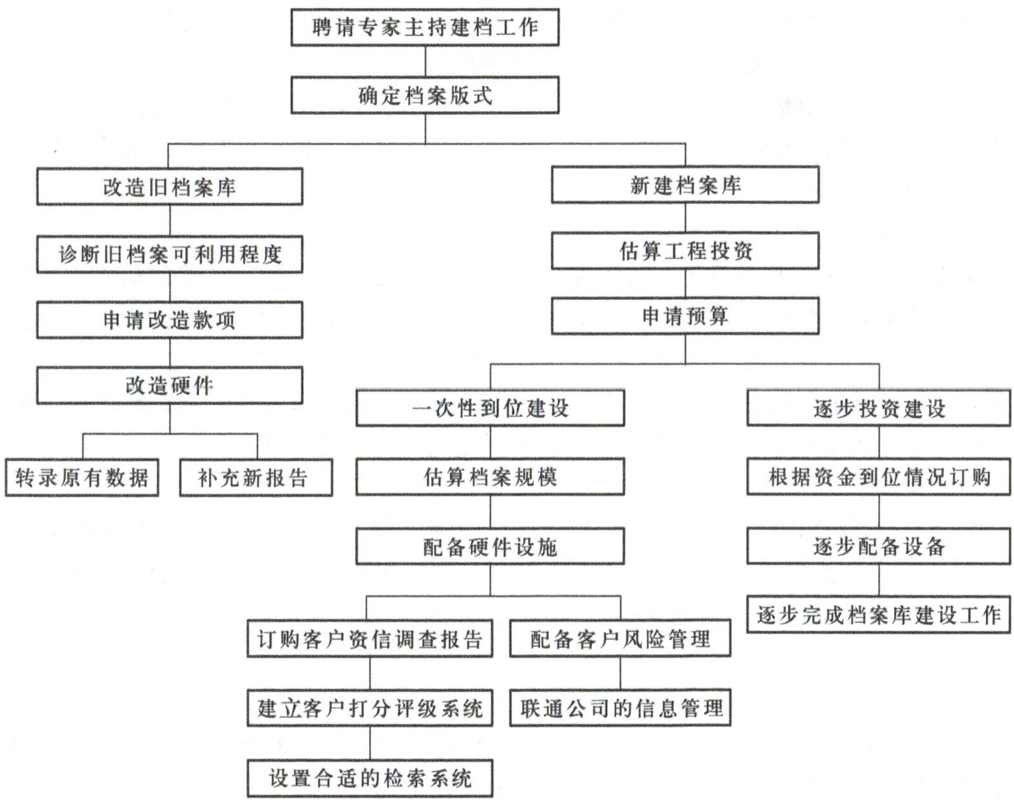

图 4-2　客户信用档案库建设工作基本程序

2. 处理和维护客户档案

（1）处理客户信用档案。作为信用管理日常工作的一部分，信用管理人员要对原始客户信息进行筛选、分类、核实、计算、判断、分析、编辑等加工处理。筛选是从不同来源的信息中拣选出有用信息和新信息。分类就是按照客户信用档案模本的信息栏目，将选出来的信用信息分成纯文字描述信息和量化信息。核实就是对形成客户信用价值评价指标的重要信用记录进行核实，保证信息的真实性、合法性和公允性。计算就是算出客户的资信级别和风险指数，使用更新了的记录。判断是就现行客户授信和信用政策的正确性和松紧程度进行判断。分析是就客户信用档案中的重要记录和评价结果进行分析，提纲挈领地做出客户描述，并提出建议。编辑就是按照模本要求，对客户信用档案的对应部分进行更新，使档案的数据结构对应于所采用的信用管理软件的要求。

经过加工处理的客户信息，应该达到信用管理档案模本的要求，模本通常是在国际流行的企业资信调查报告版式基础上设计出来的。如果使用某种信用管理软件，客户信用档案的模本是随软件提供的，软件运行对信用档案的版式要求相当高，通常不能接受不同版式的信用档案和记录格式。尽管有的软件运行是在人工输入信息后进行信用分析的，但大多数软件要求配套使用标准版本的信用档案。

标准的客户信用档案模本的主要特征包括：满足信用信息的深度、广度和动态指标；检索点设计合乎国家标准和国际标准；有英文译本；建立资信评级标准；版式有利于计算机化管理等。

（2）维护客户信用档案。

① 客户信用档案库的维护。维护客户信用档案库是要保证信用档案的信用信息日益完整和不断更新。合格的客户信用档案要求其客户信息是动态的，动态信息的更新，可以是定期更新，也可以是适时更新。一份客户信用档案的有效期通常在三个月到一年。信用管理部门对客户信用档案实施动态管理的目的，一是信用管理人员需要定期了解客户的情况，尤其是财务状况，预测客户的发展趋势；二是定期调整对客户的授信额度、授信期限和授信条件等。

② 系统与网络的硬件维护。系统与网络的硬件维护基本上由计算机及网络程序设计人员负责，他们根据信用管理的需要，编制一些财务数据分析程序和与网络化信用管理数据传输服务有关的程序，保证信用管理部门从企业财务数据库中取得电子化数据。

③ 客户信用档案的企业内部咨询服务。

第一，主动提示。客户信用档案分析人员对客户的资信调查报告进行解读，将报告中给出的客户弱点等重要信息用彩笔或符号系统标示出来，提示给使用信用档案的业务部门和高层经理人员，为企业成功的商业谈判提供帮助。

第二，信息的及时传递。信用管理人员将企业长期客户和正在接触的潜在客户的档案和修正信息及时通报给那些与客户打交道的本企业人员，达到既防范客户信用风险，又不错过商业机会的目的。

第三，信息显示。有时企业的业务部门还要求信用管理部门在标准版客户信用档案基础上，提供对客户的分析和解释。所以，信用管理人员必须以一种简明的形式将客户的资信状况传递给相关经理或业务人员。

（三）客户评价

客户评价即由特定的机构或部门根据公正、客观、科学的原则，按照一定的方法、程序，在对被评价对象进行考察调研和系统分析的基础上，做出有关其信用能力的可靠性、安全性的评价，并以专用符号或简单文字加以表达的一种管理活动。客户评价结果直接影响企业信用政策运用和授信管理行为，是建立科学的授信管理制度的基础。

客户评价的方法有两大类，即传统评价方法和现代评价方法。传统评价方法，也称为专家打分制度，其核心是5C学说。现代评价方法是以Z模型为代表的建立在关键因素基础上的较为客观的信用评级模型。

1. 5C原则评价企业客户风险

（1）5C原则的内容。

① 品格（Character）：指顾客或客户努力履行其偿债义务的可能性，是评估顾客信用品质的首要指标，品质是应收账款的回收速度和回收数额的决定因素。

② 能力（Capacity）：指顾客或客户的偿债能力，即其流动资产的数量和质量以及与流动负债的比例。

③ 资本（Capital）：指顾客或客户的财务实力和财务状况，表明顾客可能偿还债务的背景，如负债比率、流动比率、速动比率、有形资产净值等财务指标等。

④ 抵押担保（Collateral）：指顾客或客户拒付款项或无力支付款项时能被用做抵押的资产，一旦收不到这些顾客的款项，便以抵押品抵补，这对于首次交易或信用状况有争议的顾客或客户尤为重要。

⑤ 环境状况（Condition）：指可能影响顾客或客户付款能力的经济环境，如顾客或客户在困难时期的付款历史、顾客或客户在经济不景气情况下的付款可能。

（2）企业了解客户5C的三种途径。

① 总结企业以往跟客户交易的经验，从主观上对客户的信用品质做出判断；

② 由企业管理人员亲自对客户进行调查，广泛收集有关情报，上门登记来取得直接信息；

③ 通过专门的信息机构，或是从其他企业对该客户的评价获取间接信息。

（3）评价企业信用风险及注意问题。

企业征信界通常运用5C原则来评价客户的信用风险。贝克曼和巴特尔（Theodore N. Beckman & Robert Bartels）两位教授后来又把信用5C要素中品格、能力和资本三个内在要素形成不同组合，组成下列信用方程式：

良好的信用=品格+能力+资本

基本的信用=品格+能力+资本不足

或=品格+资本+能力不足

低劣的信用=品格-能力-资本

或=资本-品格-能力

欺诈的信用=能力-品格-资本

这就是说，企业具有良好的信用，必须具备品格、资本和能力三项要素，如果资本不足或者能力不足，就不能说是良好的信用，只能算是基本的信用。如果只有品格，没有能力和资本；或者只有资本，没有品格和能力，那就属于低劣的信用。如果只有能力，没有品格和资本，这就可能成为欺诈的信用，是市场经济的害群之马，十分危险。在品格、能力、资本三方面条件均欠佳时，如果客户能提供在价值上偿还其债务的担保品，企业信用销售的风险就相对较低。因此，对于有资产担保的客户，其信用条件可以适当放宽，当然有担保存在的情况下也不见得算是信用销售。在企业赊销的实际业务操作中，对于没有信用记录和有不良信用记录的客户，以一定的合法资产作为担保是必要的。在市场实践中，被要求提供担保品的客户可能是近期经营状况不佳，也可能是新近成立而又存在资金周转问题的企业，还可能是卖方对客户的信用状况不清楚，要求其提供某些动产或不动产作为担保以提高按时收回货款的保障。然而，虽然担保品可以减少授信者潜在的风险，但对于受信者本身却不能达到改善其信用状况的目的。授信者都希望通过正常途径收回债务，而不是处理担保品。因此担保只起到促进授信、减少信用销售风险的作用，而不是授信的必要条件。

环境状况原则和其他四个原则不同，它是由外部因素造成的客户内部变化，而不是客户自身能够控制和操纵的。环境状况的变化会不同程度地影响客户的正常运营，进而影响客户的还款情况，对此企业必须经常予以关注。通常客户所在地区和行业的总体经济状况的变化，对其经营和财务状况的影响会非常明显。因此，某一地区或行业的经济形势是迅速增长还是正在萎缩，对于评价客户的信用状况有很大的参考价值。例如，2007 年开始的美国次贷危机和欧债危机就严重影响了很多相关企业的财务状况，造成了大量坏账和呆账。整体来看，在经济繁荣时期，信用风险所造成的损失要远远小于经济衰退时期。

案 例 分 析

客户资信分析：5C 原则应用

江苏某家大型物资贸易公司，在物资市场饱和、以赊销为主的经营状况下，他们的年销售收入 4 亿元，而呆账损失只有 4 000 多万元。这个成绩来自该企业的信用等级管理。他们根据 5C 分析法对客户进行评估后将其分为三类：A 级客户，公司可以继续满足其赊销的要求；B 级客户，即有回款不及时的客户，他们提出的赊销要求，公司要严格调查以往的销售记录和原始档案后决定；C 级客户，即让公司出现呆账的，公司则拒绝交易。

通过对客户进行信用等级管理，企业可以对不同信用等级的客户投入不同的人力和物力，采取不同的服务方式和给予不同的信用额度，促进企业销售额的增长和信用风险的降低，同时也为公司积累了一批优质的客户。

2. 企业客户资信评价分析模型

除了根据 5C 原则以及客户的财务状况对其资信进行评价以外，企业还可以通过资信分析模型分析客户的资信状况。根据目标和效能的不同，资信分析模型可以分为两大类，即预测类模型和管理类模型。

预测类模型用于预测企业客户前景，衡量客户破产的可能性。Z 计分模型、巴萨利模型和 A 值模型就属于这一类。这三种模型都以预测客户破产的可能性为目标，只是所观察的比率与公式略有不同。

管理类模型不具有预测性，它偏重于均衡地解释客户信息，从中衡量客户实力。它不像预测类模型那样目标专一，管理类模型能在信用决策中得到广泛应用，同时具有很大的灵活性。在这一类模型中，较为典型的有营运资产分析模型和特征分析模型。

（1）预测类模型分析企业客户风险。预测类模型主要包括 Z 计分模型、巴萨利模型、A 值模型等。

① Z 计分模型。Z 计分模型是由美国的爱德华·奥特曼（Edward Altman）教授早在 1968 年研究建立的。它是通过对“健康”企业和“失败”企业样本数据的分析而构建的，它运用关键的财务比率计算出 Z 值，并据此预测公司破产的可能性。

$$Z=C_1X_1+C_2X_2+C_3X_3+\cdots+C_nX_n$$

其中，X_1，X_2，X_3，…，X_n 是模型选用的指标；而 C_1，C_2，C_3，…，C_n 是每个指标对应的系数。不同性质的企业，Z 计分模型的具体形式也不同，下面分别介绍适用于上市公司（如表 4-1，表 4-2 所示）、非制造企业（如表 4-3，表 4-4 所示）和非上市公司（如表 4-5，表 4-6 所示）的 Z 计分模型。

a. 针对上市公司的模型。

表 4-1　上市公司 Z 计分模型

变量	公式（系数×比率）	说明
X_1	1.2×营运资本/总资产	资产的流动性
X_2	1.4×未分配利润/总资产	持续发展能力
X_3	3.3×税前利润/总资产	盈利能力
X_4	0.6×股东权益市场价值/总负债	资产的均衡性
X_5	0.999×销售收入/资产总额	资产周转能力
Z 评分	$X_1+X_2+X_3+X_4+X_5$	

表 4-2　Z 评分结论说明

Z 评分	破产可能性
1.8 以下	很可能破产
1.8～2.7	可能两年内破产
2.7～3.0	可能安全
3.0 以上	运营安全

在 Altman 的估计样本中，在失败前一年，判别式能够正确地判别出 33 家破产企业中的 31 家(破产企业误分率为 6%)，以及 33 家非破产企业中的 32 家(非破产企业误分率为 3%)。

b. 针对非制造业的模型。

表 4-3　非制造业公司 Z 计分模型

变量	公式(系数×比率)	说明
X_1	6.56×营运资本/总资产	资产的流动性
X_2	3.26×未分配利润/总资产	持续发展能力
X_3	6.72×税前利润/总资产	盈利能力
X_4	1.05×股东权益/总负债	资产的均衡性
Z 评分	$X_1+X_2+X_3+X_4$	

表 4-4　Z 评分结论说明

Z 评分	破产可能性
1.1 以下	高
1.2～2.5	可能
2.6 以上	低

在 Altman 的估计样本中，破产企业样本公司 Z 评分中位值为-4.06，非破产企业样本公司 Z 评分中位值为 7.70。

c. 针对非上市公司模型。

表 4-5　非上市公司 Z 计分模型

变量	公式(系数×比率)	说明
X_1	0.717×营运资本/总资产	资产的流动性
X_2	0.847×未分配利润/总资产	持续发展能力
X_3	3.107×税前利润/总资产	盈利能力
X_4	0.420×股东权益/总负债	资产的均衡性
X_5	0.998×销售收入/资产总额	资产周转能力
Z 评分	$X_1+X_2+X_3+X_4+X_5$	

表 4-6　Z 评分结论说明

Z 评分	破产可能性
1.23 以下	风险很大
1.23～2.9	灰色区域
2.9 以上	风险很小

d. Z 计分模型应用。

如表 4-7 所示，在 A 股上市的某地产公司，在财务困境预测指标中，可以看出 Z 计分模型值为 1.93；而上期上述指标为 1.81。从模型值较上期相比较而言，Z 计分模型值有所增加，增加 6.63%，说明公司经营状况 2014 年有所好转，但仍小于 2.7，说明经营还有一定的财务危机。

表 4-7 A 股某地产企业的 Z 评分模型计算数值

项目	2013 年 6 月	2014 年 6 月	新增
营运资金/总资产	0.41	0.45	9.76%
未分配利益/总资产	0.10	0.12	20.00%
税息前利润/总资产	0.04	0.04	0
股东权益/负债总额	1.48	1.51	2.03%
销售收入/总资产	0.16	0.18	12.50%
Z 评分	1.81	1.93	6.63%

② 巴萨利模型。巴萨利模型是后人在 Z 计分模型的基础上发展出来的。此模型以其发明者亚历山大·巴萨利(Alexander Barthory)的名字命名，此模型适用于所有行业，且不需要复杂计算。其各项比率如下：

$$Z=X_1+X_2+X_3+X_4+X_5$$

X_1=(利润总额+折旧+摊销+利息支出)/流动负债

X_2=利润总额/(流动资产-流动负债)

X_3=所有者权益/流动负债

X_4=有形资产净值/负债总额

X_5=(流动资产-流动负债)/总资产

对各项比率考察重点如下：X_1 是衡量公司业绩的工具，能精确计算出公司当前利润和短期优先债务的比值，也用于表示公司业绩；X_2 衡量的是营运资本的回报率；X_3 是资本结构比率，自有资本与短期负债的对比关系，衡量股东权益对短期负债的保障程度；X_4 衡量扣除无形资产后的净资产对债务的保障度；X_5 是衡量流动性的指标，表示营运资本或流动资产净值占总资产的比重。

巴萨利模型指标高即说明公司实力强，反之则弱。巴萨利模型是 Z 计分模型更普遍的应用，可在预测公司破产可能性同时，也能衡量公司实力大小。据统计，巴萨利模型的准确率可达 95%。

（2）管理类模型分析企业客户风险。管理类模型主要包括营运资产分析模型和特征分析模型。

① 营运资产分析模型。此模型分成营运资产计算和资产负债比率计算两个阶段，具体分为 4 个步骤。

a. 营运资产计算。

$$营运资产=\frac{营运资本+净资本}{2}$$

其中，营运资本=流动资产-流动负债，营运资产是衡量客户规模的尺度，可以作为确定信用额度的基础标准。

b. 负债比率计算。

在营运资产计算的基础上，此模型应用4个常用的资产负债比率进行计算：

流动比率=流动资产/流动负债 …………………………………………………… A

速动比率=(流动资产-存货)/流动负债 ………………………………………… B

短期债务净资产比率=流动负债/净资产 ………………………………………… C

债务净资产比率=负债总额/净资产 ……………………………………………… D

流动比率越高，表明客户的短期偿债能力越高，对债权人来讲就越安全，反之，风险越大；资本结构比率越高，说明客户的净资本相对越少，对债权人来讲风险越大，反之，越安全。

c. 估值。

$$评估值=A+B-C-D$$

评估值综合考虑了资产流动性和负债水平两个能反映客户偿债能力的因素。评估值越大，表示客户的财务状况越好，风险越小。

d. 限额的计算。

将前面的营运资产和评估值加以综合考虑，即可计算客户的信用限额：

$$信用限额=营运资产\times营运资产百分比率$$

营运资产百分比率是一个经验性的数字，具体参考值见表4-8。

表4-8 营运资产模型评估值与百分比对照表

评估值	风险程度	信用程度	营运资产百分比率(%)
-4.6以下	高	低	0
-4.59～-3.9	高	低	2.5
-3.89～-3.2	高	低	5.0
-3.19～-2.5	高	低	7.5
-2.49～-1.8	高	低	10.0
-1.79～-1.1	有限	中	12.5
-1.09～-0.4	有限	中	15.0
-0.39～0.3	有限	中	17.5
0.29～0.9	有限	中	20.0
1.0以上	低	高	25.0

案例分析

营运资产分析模型应用

如表 4-9 所示，某大型钢铁集团相关数据，可以看出营运资产为 5 617 638.95 万元，评估值为 1.28，信用额度限额为 1 404 409.74 万元；而上期上述指标分别为 4 576 768.79 万元、0.95、915 353.76 万元 。

表 4-9　某大型钢铁集团营运资产模型计算数据

项目	2013 年 6 月	2014 年 6 月	新增
营运资产	4 576 768.79	5 617 638.95	22.74%
流动资产/流动负债	1.75	1.90	8.57%
（流动资产-存货）/流动负债	0.42	0.55	30.95%
流动负债/净资产	0.55	0.50	-9.09%
负债总额/净资产	0.68	0.66	-2.94%
评估值	0.95	1.28	34.74%
对应的营运资产百分比（%）	20.0	25.0	—
信用额度	915 353.76	1 404 409.74	53.43%

② 特征分析模型。特征分析模型是目前在国外企业信用管理工作中应用较为普遍的一种新的信用分析工具，本质上它也属于传统的信用分析和评价方法。该模型的主要用途就是对客户的资信状况作出综合性的评价，并以定量化的方式，对客户的授信作出评定。该模型简单明了，操作比较容易规范。

简单来说，该模型就是从客户的种种特征中选择出对信用分析意义最大、直接与客户信用状况相联系的若干因素，把它们编为几组，分别对这些因素评分并综合分析，最后得到一个较为全面的分析结果。如图 4-3 所示，该模型一共使用三组指标，共 18 项。第一组为客户自身特征。这一类因素主要反映那些有关客户表面、外在的、客观的特点。包括六项指标：表面印象、组织管理、产品与市场、市场竞争力、经营状况、发展前景。第二组为客户优先性特征。这类因素主要是指企业在挑选客户时需要优先考虑的因素，体现与该客户交易的价值。这类因素具有较强的主观性。共包括六项指标：交易利润率、对产品的要求、对市场吸引力的影响、对市场竞争力的影响、担保条件、可替代性。第三组为客户信用及财务特征。这类因素主要是指能够直接反映客户信用状况和财务状况的因素。共包括六项指标：付款记录、银行信用、获利能力、营运能力、偿债能力、资本总额。①

① 刘斌．信用缺失下的企业信用风险管理研究．成都：西南交通大学，2003。

客户自身特征	客户优先性特征	客户信用及财务特征
• 表面印象	• 交易利润率	• 付款记录
• 组织管理	• 对产品的要求	• 银行信用
• 市场竞争力	• 对市场吸引力的影响	• 获利能力
• 经营状况	• 对市场竞争力的影响	• 营运能力
• 产品与市场	• 担保条件	• 偿债能力
• 发展前景	• 可替代性	• 资本总额

图 4-3　企业特征分析模型的各个特征指标

由上面这三组指标可以看出，特征分析技术涵盖了反映客户经营实力和发展潜力的一切重要指标。特别是“客户优先性特征”的设置使分析工作更接近实际情况，有助于企业的销售工作。特征分析方法主要由信用调查机构和企业内部信用管理部门使用。

特征分析模型主要有 4 个步骤，即首先对 3 组 18 种特征进行评分；然后确定各个特征指标的权重；再次将特征评分加权平均计算；最后将得出的评估值和客户分级管理评分表对照得出客户的信用等级和赊销额度建议。

特征评分采用十分制，评分值为 1 ~ 10 十个等级。客户的某项特征情况越好，评分值越高，在没有信息的情况下，则给 0 分。对于行业差别不大的指标，采用统一标准；对于行业差别比较大的指标，采用行业标准。打分方法根据各特征的描述特点分别采用专家评分法、回答问题法、指标和比率分析法。一般来说，定性的特征指标多采用专家评分法和回答问题法等，而定量的特征指标多采用指标和比率分析法。下面是分别采用专家评分法和回答问题法对客户自身特征指标——组织管理，以及采用指标和比率分析法对客户自身特征指标——经营状况进行评分的示例。

a. 专家评分法——组织管理（见表 4-10）。

表 4-10　特征指标组织管理采用专家评分法说明

高分（8 ~ 10）	机构设置正规，组织体系健全，经营历史较长，管理上积累了相当经验；管理均衡，管理者德高望重
中分（4 ~ 7）	组织机构不庞大，但是管理者管理能力较强；或者有上级单位和母公司的支持
低分（1 ~ 3）	专制；无实践经验；或管理不均衡

b. 回答问题法——组织管理。

针对某客户的组织管理特征，假如设计如下问题。选 A 得 5 分，选 B 得 3 分，选 C 得 1 分，选 D 时取消本项；选 D 不能超过四项；将所得分数加权平均所得的百分比乘以 10，即得本特征评分。

1. 决策者是否有足够的实践经验？（　　）

A. 很有经验　　B. 一般　　C. 较差　　D. 不知道

2. 客户的管理机构是否完善？（　　）

A. 完善　　B. 一般　　C. 较差　　D. 不知道

3. 决策者是何种类型？（　　）

A. 稳健型　　B. 进取型　　C. 保守型或消极型　　D. 不知道

4. 业务员在处理业务过程中的自主性如何？（　　）

A. 必要时请示　　B. 完全由上级决定　　C. 自主决定　　D. 不知道

5. 客户领导人风格如何？（　　）

A. 民主　　B. 参与　　C. 专制或自由放任　　D. 不知道

6. 员工对管理者的态度如何？（　　）

A. 赞赏　　B. 一般　　C. 否定　　D. 不知道

7. 上级单位或母公司的支持情况如何？（　　）

A. 强有力支持　　B. 一般　　C. 不支持　　D. 不知道

8. 股东结构及背景情况如何？（　　）

A. 良好　　B. 一般　　C. 较差　　D. 不知道

例如某客户的组织管理特征值回答问题的选项和得分分别如下：

选项为：A　B　A　C　D　D　B　A

得分为：5　3　5　1　　　　3　5

分子为得分之和等于22，分母为项数乘以5等于30，百分比为22/30 = 0.733，本特征得分为10 × 0.733等于7。

c. 指标和比率分析法——经营状况（见表4-11）。

表4-11　企业采用不同信用政策特征权数的选择

特征	财务型	销售型	均衡型	新客户
客户自身特征	29	41	34	36
表面印象	2	4	3	3
市场竞争力	4	6	5	6
组织管理	7	5	6	6
经营状况	4	8	7	7
产品与市场	5	8	5	7
发展前景	7	10	8	8
客户优先性特征	31	32	34	34
交易利润率	6	6	6	6
对产品的要求	4	5	5	5
对市场吸引力的影响	3	5	5	5

续表

特征	财务型	销售型	均衡型	新客户
对市场竞争力的影响	4	4	4	4
担保条件	9	7	8	8
可替代性	5	5	6	6
客户信用及财务特征	45	35	35	19
付款记录	8	8	7	7
银行信用	8	5	4	4
获利能力	7	7	6	2
营运能力	7	5	5	2
偿债能力	9	6	7	2
资本总额	6	4	6	2

选择9个指标来评价客户的经营状况，分别为销售收入、利润总额、资产总额、总资产周转率、存货周转率、应收账款周转率、销售增长率、净资产增长率和利润增长率。其中前六项为与行业有关的指标，以行业平均值的1.5倍和0.2倍为参照值。比值=实际值/行业平均值，当比值大于1.5时，得10分；当比值小于0.2时，得1分；当比值在(0.2，1)时，得分=(比值-0.2)/(1-0.2)×5.4+1；当比值在(1,1.5)时，得分=(比值-1)/(1.5-1)×3.6+6.4。后三项为与行业无关的比率，其一般变动范围一般为(0，0.2)或(0，0.15)，当比率大于上限值时，得10分；当比率小于0时，得1分；当比率在变动区间时，得分=实际值/上限值×9+1。各项得分平均后即得特征分值。

给3组18个特征值评分以后，需要根据各个特征值的权数来加权计算评估值，而客户特征分析模型的特征权数一般根据企业采用的信用政策而不一样，表4-12列出了企业采用不同的信用政策而选择不同的特征权数。

然后根据各个特征值和选定的权数进行加权平均得到最后的评估值，加权平均计算公式：

$$评估值(\%)=\frac{\sum 某特征权数\times 该特征评分值}{\sum 某特征权数\times 最大评分值}$$

最后，根据加权得到的评估值百分率，对照表4-12就可以得到客户的信用风险、信用等级和授信额度建议。

表4-12　特征分析模型最终百分率分类

最终百分率	类　别	客户信用等级
0～20%	收集的信用特征不完全，信用风险不明朗，或存在严重的信用风险，因此，不应该进行赊销交易	D

续表

最终百分率	类　别	客户信用等级
21% ~45%	交易的风险较高，交易的吸引力低；建议尽量不与之进行赊销交易，即使进行，也不要突破信用额度，并时刻监控	C
46% ~65%	风险不明显，具有交易价值，很可能发展为未来的长期客户，可适当超出原有额度进行交易	B
66% 以上	交易风险小，通常是很有吸引力的大客户，具有良好的长期交易前景，可给予较大信用额度	A

下面给出了一个某客户的特征分析模型的计算实例，如表 4-13 所示，此客户信用等级为 B，属于风险不明显，具有交易价值，可适当超出原有额度进行交易。

表 4-13　客户特征的综合分析

特征	客户自身特征						客户优先性特征						客户信用及财务特征						
评分	5	6	5	3	4	8	3	3	4	3	5	7	7	4	4	3	4	5	
权数	3	5	6	7	5	8	6	5	5	4	8	6	7	4	6	5	7	6	
最大值	30	50	60	70	50	80	60	50	50	40	80	60	70	40	60	50	70	60	1 030
加权评分值	15	30	30	21	20	64	18	15	20	12	40	42	49	16	24	15	28	30	489
最终评估值(%)	53						43						46						47

③ 模型的调整

根据特征分析模型得出的最终百分率对在营运资产分析模型基础上得出的赊销额度进行调整。与营运资产模型相比，特征分析模型更为全面。可以将特征分析模型与营运资产模型结合起来确定赊销额度，具体分析见表 4-14。

表 4-14　根据特征分析模型调整赊销额度

最终百分率	可超出赊销额度(根据营运资产分析模型确定)的数量
0 ~20%	0
21% ~45%	赊销额度×21% ~赊销额度×45%
46% ~65%	赊销额度×(46% +0.5%) ~赊销额度×(65% +0.5%)
66% 以上	赊销额度×(66% +1.0%)以上

延伸阅读

其他信用评价模型

20 世纪 60 年代，一些学者开始了对企业信用风险评价模型的研究。这期间统计学和运筹学等定量分析工具逐步被运用到信用评分领域。20 世纪 90 年代起，一些学者开始利用神经网络为代表的非参数统计方法如 BP 算法网络、概率神经网络(PNN)、自组织映射神经网络(SOM)、玻尔兹曼机神经网络(Boltzman Machine)、遗传算法以及多智能体系统等对企业信用风险评价模型进行了研究，并逐步应用到风险管理中。

1. 多元判别分析模型

Durand(1941)引入判别分析方法对信用评分模型进行了研究。之后，代表性应用研究有 William Fair 和 Earl Isaacs(1958)，Myers 和 Forgy(1963)，前者采用判别分析法建立了信用评分系统而后者利用判别分析法对特定领域做了实证分析。1968 年，Altman 在总结了这些研究之后，提出了著名的"Z-Score"判别分析模型。Rosenberg(1994)也指出了采用判别分析法进行信用评分可能产生的若干问题。

2. 线性规划法

Mangasarian(1965)将信用评分转化成一个带有不等式约束的最优化问题，从而将规划法引入信用评分领域。

将能预测违约的若干指标以向量 $x=(x_{i_1},x_{i_2},\cdots,x_{i_k})$ 表征。样本共有 n 个，将其排列为前 n_g 个未违约样本，后 n_g 个违约样本，最理想的分类是我们能够找到一个权重向量 $w=(w_1,w_2,\cdots,w_k)$，以及一个常数 c，使得下面一组不等式对所有样本 x 都成立：

$$\begin{cases} w*x=w_1x_{i_1}+w_2x_{i_2}+\cdots+w_kx_{i_k}>c,\ i=1,\ 2,\ \cdots,\ n_g \\ w*x=w_1x_{i_1}+w_2x_{i_2}+\cdots+w_kx_{i_k}<c,\ i=n_g+1,\ n_g+2,\ \cdots,\ n \end{cases}$$

一般情况下，这种情况都不可能实现，因此引入一组修正量 $a_i(i=1,2,\cdots,n)$，将问题转化为一个带有不等式约束的最优化问题：

$$\min a_1+a_2+\cdots+a_n$$

$$w_1x_{i_1}+w_2x_{i_2}+\cdots+w_kx_{i_k}\geqslant c-a_i,\ i=1,\ 2,\ \cdots,\ n_g$$

$$S.t.:\ w_1x_{i_1}+w_2x_{i_2}+\cdots+w_kx_{i_k}\leqslant c-a_i,\ i=n_g+1,\ n_g+2,\ \cdots,\ n$$

$$a_i\geqslant 0,\ i=1,\ 2,\ \cdots,\ n$$

3. 回归分析模型

回归分析法(logistic 回归、线性回归、probit 回归等方法)广泛地应用在评分模型的研究中。将指标变量拟合成可以预测申请者违约率的被解释变量，即违约率 P，然后做简单的线性回归模型：

$$P_i=\beta_0+\beta_1x_{i_1}+\beta_2x_{i_2}+\cdots+\beta_kx_{i_k}+\varepsilon_i\quad i=1,\ 2,\ \cdots,\ n$$

但是这一方法存在着重大的漏洞，即等式右边可能的取值范围为$(-\infty,+\infty)$，而左边作为违约率，其取值范围为$(0,1)$。为了克服这一漏洞并更加合理，这就引入了 logistic 模型：

$$\ln\left(\frac{P_i}{1-P_i}\right)=\beta_0+\beta_1x_{i_1}+\beta_2x_{i_2}+\cdots+\beta_kx_{i_k}+\varepsilon_i,\ i=1,\ 2,\ \cdots,\ n \qquad (1)$$

将上式进行简单转换，可以得到下式：

$$P_i = \frac{1}{1 + e^{-(\beta_0 + \beta_1 x_{i_1} + \beta_2 x_{i_2} + \cdots + \beta_k x_{i_k} + \varepsilon_i)}} \tag{2}$$

即 logistic 回归。利用数据估计出系数 β_0，β_1，…，β_k 的值之后，可以根据(2)式预测违约率，并将其归纳为相应的信用等级。

第三节

消费信用领域

消费信用就是由企业、银行或其他消费信用机构向消费者个人提供的信用，其信用主要用于家庭生活目的。消费信用根据提供商的不同可以分为企业提供的消费信用和银行提供的消费信用，前者称为零售信用，后者叫做现金信用。其中零售信用主要有零售挂账、零售分期付款、赊购卡等形式。现金信用主要有消费信贷等。根据所提供的产品和服务性质的不同，如果信用不是用于赊购商品，而是购买服务，那么就是服务信用，服务信用本质上还属于零售信用。房地产信用则是现金信用的一种，因其在消费信用中独特的地位，一般将其单独列出来研究。

一、赊购中的信用管理

（一）消费信用特点

消费者信用管理与企业信用管理和商业银行信用管理在客户群和服务方式上有着显著的区别，这些区别决定了它们在信用管理技术和手段上的不同。

消费者信用管理的目标客户是消费者个人，而企业信用管理和商业银行信用管理的目标客户是企业法人。个人信用消费的特点是单笔交易的金额小，然而交易的数量庞大。加之个人信用消费中的交易方式非常灵活，处理交易结算记录和信贷记录的数据量也相当巨大。

（二）消费信用的概念和功能

消费者信用管理是以科学管理的专业技术，扩大信用消费、防范信用风险的技术手段。消费者信用管理的主要功能为：客户信用调查、客户授信、账户控制、商账追收以及利用个人征信数据库推销信用支付工具。

消费者信用管理在企业中的职能主要有以下4个方面：①提高信用审核的效率，降低营运成本；②降低信用交易的风险，减少拖欠，及时收回欠款；③为企业增加合格的用户，降低不良客户的比率；④从风险控制的角度，协助企业完成产品创新。

（三）消费信用管理工作流程

信用管理的过程与营销的过程紧密相关。以一项信用交易的全过程为单位，消费者信用管理由客户授信、账户管理、商账催收等几部分组成。

1. 客户授信

当消费者提出信用申请，企业的信用管理部门首先要对其进行信用审核，并依据企业的信用标准，最终决定是否授予信用、额度多少。信用标准是企业的内部文件，它统一规定了在各种情况下授信的标准和条件。企业的信用管理部门要依据这一标准，对消费者的信用申请发表意见，即是否授信、额度多少、期限多少。

2. 账户管理

消费者接受了信用交易的条件后，企业的信用管理部门要为其开一个信用账户，记录所有的交易数据、还款记录和信用记录。由于拖欠风险的存在，企业的信用管理部门要在信用期限内对消费者进行风险监控和额度调整，同时还要协助销售部门找到新的交易机会。

对消费者的风险监控主要是通过观察和分析消费者的行为表现，及时判断消费者的信用程度如何变化。如果出现信用恶化，企业的信用管理部门要及时进行预警；反之则要及时地提高消费者的信用额度，或延长合同期限。

3. 商账处理

商账处理要分两个部分：一是正常的账款回收，即定期地向消费者提供账单，提醒消费者及时还款；二是拖欠账款的催收。

消费者使用企业提供的信用服务后，其消费记录会输入账款记录系统。在规定的时间内，系统会定期自动打印账单，由企业的信用管理部门统一提交给消费者，消费者则根据账单的要求进行付款。

除了正常还款的情况，客户中还会出现拖欠或不还的情况。这时企业的信用管理部门要及时进入催收程序。催收工作是循序渐进的，从信函催收到电话催收，再到上门催收，直到进行诉讼催收。

二、信用卡

信用卡，又叫贷记卡。是一种非现金交易付款的方式，是简单的信贷服务。信用卡一般是长85.60毫米、宽53.98毫米、厚1毫米的具有消费信用的特制载体塑料卡片。是银行向个人和单位发行的，凭此向特约单位购物、消费和向银行存取现金，其形式是一张正面印有发卡银行名称、有效期、号码、持卡人姓名等内容，背面有磁条、签名条。

信用卡由银行或信用卡公司依照用户的信用度与财力发给持卡人，持卡人持信用卡消费时无须支付现金，待账单日时再进行还款。信用卡分为贷记卡和准贷记卡，贷记卡是指银行发行的并给予持卡人一定信用额度、持卡人可在信用额度内先消费后还款的信用卡；准贷记卡是指银行发行的，持卡人按要求交存一定金额的备用金，当备用金账户余额不足支付时，可在规定的信用额度内透支的准贷记卡。通常所说的信用卡，一般单指贷记卡。

（一）产品种类

1. 按发卡机构不同，可分为银行卡和非银行卡

（1）银行卡。这是银行所发行的信用卡，持卡人可在发卡银行的特约商户购物消费，也可以在发卡行所有的分支机构或设有自动柜员机的地方随时提取现金。

（2）非银行卡。这种卡又可以具体地分成零售信用卡和旅游娱乐卡。零售信用卡是商业机构所发行的信用卡，如百货公司、石油公司等，专用于在指定商店购物或在汽油站加油等，并定期结账。旅游娱乐卡是服务业发行的信用卡，如航空公司、旅游公司等，用于购票、用餐、住宿、娱乐等。

2. 按发卡对象的不同，可分为公司卡和个人卡

（1）公司卡。公司卡的发行对象为各类工商企业、科研教育等事业单位、国家党政机关、部队、团体等法人组织。

（2）个人卡。个人卡的发行对象则为城乡居民个人，包括工人、干部、教师、科技工作者、个体经营户以及其他成年的、有稳定收入来源的城乡居民。个人卡是以个人的名义申领并由其承担用卡的一切责任。

3. 根据持卡人的信誉、地位等资信情况的不同，可分为普通卡和金卡

（1）普通卡。普通卡是对经济实力和信誉、地位一般的持卡人发行的，对其各种要求并不高。

（2）金卡。金卡是一种缴纳高额会费、享受特别待遇的高级信用卡。发卡对象为信用度较高、偿还能力及信用较强或有一定社会地位者。金卡的授权限额起点较高，附加服务项目及范围也宽得多，因而对有关服务费用和担保金的要求也比较高。

4. 根据清偿方式的不同，信用卡可分为贷记卡和借记卡

（1）贷记卡。它是发卡银行提供银行信用款时，先行透支使用，然后再还款或分期付款，国际上流通使用的大部分都是这类卡。也就是说允许持卡人在信用卡账户上无存及清偿的方式为“先消费，后存款”。

（2）借记卡。它是银行发行的一种先存款后消费的信用卡。持卡人在申领信用卡时，需要事先在发卡银行存有一定的款项以备用，持卡人在用卡时需以存款余额为依据，一般不允许透支。目前我国各银行发行的银行卡基本上属于借记卡，但是允许持卡人进行消费用途的善意、短期、小额的透支，根据不同的卡种，规定不同的限额，并在规定的

期限内还款，同时支付利息。因此，实质上是具有一定透支功能的借记卡。

5. 根据信用卡流通范围的不同，可分为国际卡和地区卡

（1）国际卡。国际卡是一种可以在发行国之外使用的信用卡，全球通用。境外五大集团（万事达卡国际组织、威士国际组织、美国运通公司、JCB 信用卡公司和大莱信用卡公司）分别发行的万事达卡（MasterCard）、威士卡（VISA Card）、运通卡（American Express Card）、JCB 卡（JCB Card）和大莱卡（Diners Club Card）多数属于国际卡。

（2）地区卡。地区卡是一种只能在发行国国内或一定区域内使用的信用卡。我国商业银行所发行的各类信用卡大多数属于地区卡。

（二）主要特点

（1）信用卡是当今发展最快的一项金融业务之一，它是一种可在一定范围内替代传统现金流通的电子货币。

（2）信用卡同时具有支付和信贷两种功能。持卡人可用其购买商品或享受服务，还可通过使用信用卡从发卡机构获得一定的贷款。

（3）信用卡是集金融业务与电脑技术于一体的高科技产物。

（4）信用卡能减少现金货币的使用。

（5）信用卡能提供结算服务，方便购物消费，增强安全感。

（6）信用卡能简化收款手续，节约社会劳动力。

（7）信用卡能促进商品销售，刺激社会需求。

（三）申请流程

1. 申请

多数情况下，具有完全民事行为能力（中国大陆地区为年满 18 周岁的公民）、有一定直接经济来源的公民，可以向发卡行申请信用卡。有时，法人也可以作为申请人。申领信用卡的对象可以分为单位和个人。申请的单位应为在我国境内具有独立法人资格的机构、企事业单位、“三资”企业和个体工商户。每个单位申请信用卡可根据需要领取一张主卡和多张（5～10 张）附属卡。个人申领信用卡则必须具有固定的职业和稳定的收入来源，并向银行提供担保。担保的形式包括个人担保、单位担保和个人资金担保。

申请方式一般是通过填写信用卡申请表，申请表的内容一般包括申领人的名称、基本情况、经济状况或收入来源、担保人及其基本情况等，并提交一定的证件复印件与证明等给发卡行。客户按照申请表的内容如实填写后，在递交填写完毕的申请书的同时还要提交有关资信证明。申请表都附带有使用信用卡的合同，申请人授权发卡行或相关部门调查其相关信息，以及提交信息真实性的声明，发卡行的隐私保护政策等，并要有申请人的亲笔签名。

2. 审查

发卡银行接到申请人交来的申请表及有关材料后，要对申请人的信誉情况进行审查。

审查的内容主要包括申请表的内容是否属实，对申请的单位还要对其资信程度进行评估，对个人还要审查担保人的有关情况。通常，银行会根据申请资料，考察申请人多方面的资料与经济情况，来判断是否发信用卡给申请人。考虑的因素有，申请人过去的信用记录、申请人已知的资产、职业特性等。发卡行审核的具体因素与过程属于商业机密，外界一般很难了解。各个发卡行的标准也不尽相同，因此，同样的材料在不同的银行可能会出现核发的信用额度不同，信用卡的种类不同，甚至会出现有的银行审核通过，而有的银行拒发的情况。

3. 发卡

申请人申领信用卡成功后，发卡行将为持卡人在发卡银行开立单独的信用卡账户，以供购物、消费和取现后进行结算。

4. 开卡

由于信用卡申请通过后是通过邮寄将卡片寄出等方式，所以并不能保证领取人就是申请人。为了使申请人和银行免遭盗刷损失，信用卡在正式启用前设置了开卡程序。开卡主要是通过电话或者网络等，核对申请时提供的相关个人信息，符合后即完成开卡程序。此时申请人变为卡片持有人，在卡片背后签名后可以正式开始使用。信用卡开卡后一般需同时为卡设立密码。信用卡特约商户或银行受理信用卡后，要审查信用卡的有效性和持卡人的身份。

5. 辨识

信用卡卡面上至少有如下信息：

正面：发卡行名称及标识、信用卡别(组织标识)及全息防伪标记、卡号、英文或拼音姓名、启用日期(一般计算到月)、有效日期(一般计算到月)，最新发行的卡片正面附有芯片，芯片账户与卡磁条账户为相对独立的两个账户。

背面：卡片磁条、持卡人签名栏(启用后必须签名)、服务热线电话、卡号末四位号码或全部卡号(防止被冒用)、信用卡安全码(在信用卡背面的签名栏上,紧跟在卡号末四位号码的后面的3位数字,用于信用卡激活、密码管理、电视、电话及网络交易等)。

6. 授权

商户、银行确认信用卡有效，根据与发卡行签订的合同与银行联系，请求授权。授权是要进一步证实持卡人的身份可以使用的金额。授权一般在超过合同规定的使用金额时进行。发卡银行收到授权通知后，根据持卡人存款账户的存款余额及银行允许透支的协议情况发出授权指令，答复是否同意进行交易。

7. 使用

信用卡通常仅限于持卡人本人使用，外借给他人使用一般是违反使用合同的。

8. 销卡

信用卡销卡前，账户余额必须清零，销卡在申请提出后的45天内完成全部流程。

延伸阅读

2015年中国消费信贷规模或达21万亿元①

仅用五年时间，中国的消费信贷市场规模将由7万亿元人民币扩张到21万亿元。美国波士顿咨询公司2011年8月31日对中国消费信贷市场作出了这一爆炸式的增长预期。

波士顿公司发布报告说，虽然经历了国际金融危机，中国的住房抵押贷款、信用卡、汽车贷款仍保持了强劲增长。从2005年到2010年，中国消费贷款余额以年均29%的速度增长。中国个人消费信贷的市场规模在2010年达到了7万亿元，成为亚洲仅次于日本的个人消费信贷贷款余额最大国。波士顿估计，今后五年中国的年均增速将达到24%。

虽然发展迅速，但中国的个人消费信贷市场仍处于初期阶段，消费信贷占GDP的比重不足两成。这一比例远远低于发达市场的水平。随着市场日渐成熟、需求快速上升，预计2015年中国消费信贷占GDP的比重将接近30%。波士顿咨询公司合伙人黄河表示，如果监管放松、银行风险控制能力提升，中国目前的消费信贷市场规模可能已达到14万亿元甚至21万亿元。

不断提高的城市化率以及由此增加的消费需求，也支持波士顿的预测。中国希望到2015年城镇化率由现在的47.5%提高到51.5%。目前在中国消费信贷市场上，规模最大的是住房抵押贷款。波士顿预测，到2015年中国住房抵押贷款的规模将由2010年的6万亿元增加到15.5万亿元。

（四）主要信用卡公司

国际上有五大信用卡品牌，威士国际组织(VISA International)及万事达卡国际组织(MasterCard International)两大组织及美国运通国际股份有限公司(America Express)、大莱信用卡有限公司(Diners Club)、JCB日本国际信用卡公司(JCB)五家专业信用卡公司。在各地区还有一些地区性的信用卡组织，如欧洲的EUROPAY、中国的银联、中国台湾地区的联合信用卡中心等。

1. 中国银联

中国银联是经中国人民银行批准的、由80多家国内金融机构共同发起设立的股份制金融服务机构，注册资本16.5亿元人民币。公司于2002年3月26日成立，总部设在上海。

2. 威士卡(VISA)

VISA是全球最负盛名的支付品牌之一，VISA全球电子支付网络——VisaNet是世

① 中国新闻网，研究报告：2015年中国消费信贷规模或达21亿元，http://www.chinanews.com/cj/2011/08-31/3297648.shtml。

界上覆盖面最广、功能最强和最先进的消费支付处理系统，不断履行使您的 VISA 卡通行全球的承诺。全世界有超过 2 000 万个特约商户接受 VISA 卡，还有超过 84 万个 ATM 遍布世界各地。因此，VISA 的全球网络让您不论身在何处，都能方便地使用 VISA 卡。

VISA 国际组织本身并不直接发卡。在亚太区，VISA 国际组织有超过 700 个会员金融机构发行各种 VISA 支付工具，包括信用卡、借记卡、公司卡、商务卡及采购卡。这些产品都能让您在消费时倍感安全、便利和可靠。

VISA 分别于 1993 年和 1996 年在北京和上海成立代表处。VISA 在国内拥有包括银联在内的 17 家中资会员金融机构和 5 家外资会员银行。截至 2005 年 3 月底，VISA 在中国大陆发行的 VISA 卡约 540 万张，自动柜员机达 17 000 台，VISA 在中国大陆交易额达 32 亿美元。

3. 万事达卡(MasterCard)

万事达国际组织于 20 世纪 50 年代末至 60 年代初期创立了一种国际通行的信用卡体系，旋即风行世界。1966 年，组成了一个银行卡协会(Interbank Card Association)的组织，1969 年银行卡协会购下了 MasterCharge 的专利权，统一了各发卡行的信用卡名称和式样设计。随后十年，将 MasterCharge 原名改名 MasterCard。万事达卡国际组织是一个包罗世界各地财经机构的非营利协会组织，其会员包括商业银行、储蓄与贷款协会以及信贷合作社。其基本目标始终不渝：沟通国内及国外会员之间的银行卡资料交流，并方便发行机构不论规模大小，也可进军银行卡及旅行支票市场，谋求发展。

VISA 和 MasterCard 是世界两大信用卡组织，一般美国用 VISA 比较多，欧洲用 Master 比较多。

4. 美国运通卡

自 1958 年发行第一张运通卡以来，迄今为止运通已在 68 个国家和地区以 49 种货币发行了运通卡，构建了全球最大的自成体系的特约商户网络，并拥有超过 6 000 万名的优质持卡人群体。成立于 1850 年的运通公司，最初的业务是提供快递服务。随着业务的不断发展，运通于 1891 年率先推出旅行支票，主要面向经常旅行的高端客户。可以说，运通服务于高端客户的历史长达百年，积累了丰富的服务经验和庞大的优质客户群体。

5. 大莱信用卡

1950 年春天，麦克纳马拉与他的合伙人施奈德合伙投资，在纽约注册成立了第一家信用卡公司——“大莱俱乐部”（Diners Club International)，后改组为大莱信用卡公司。大莱俱乐部实行会员制，向会员提供一种能够证明身份和支付能力的卡片。最初他们与纽约市的 14 家餐馆签订了受理协议，并向一批特定的人群发放了“大莱卡”。会员凭卡可以在餐馆实行记账消费，再由大莱公司做支付中介，延时为消费双方之间进行账务清算。信用卡的雏形由此诞生。

6. JCB 信用卡

JCB 卡和大莱卡是日本信用卡产业发展史上发行最早的两个卡品牌。当时美国的大莱信用卡公司于 1960 年在日本成立了日本大莱信用卡公司，主要向当地的高端客户发行大莱卡，发卡量微乎其微。JCB 成立之后，决定选择与大莱发行的高端用户卡不同的道路，把卡片定位于大众化的 JCB 卡。①

三、互联网中的信用消费

根据艾瑞咨询集团公布的首份消费金融报告数据显示，2013 年中国消费信贷规模达到 13 万亿元，2014 年中国互联网消费金融产业交易规模将突破 160 亿元，增速超过 170%。预计 2017 年，整体市场将突破千亿元，未来三年复合增长率达到 94%，互联网信用消费正以前所未有的高速增长横扫消费金融领域。

互联网信用是以互联网为载体，通过债权人与债务人借贷行为构建起来的债务链条，或称信用体系，其以资本组合及流动效率区别于传统信用关系形成模式，是未来社会再生产所需资金流通的大动脉。

互联网提升信息交流效率的特性是信用与互联网结合的原动力。债权人作为资本的供给方，债务人作为资本的需求方，互把对方作为实现自身利益增长的条件，而阻碍两者构建信用关系的是信息不对称，这种信息包含两部分内容，一是供求信息，二是偿债能力信息。当已有制度模式不能满足这一需要时，信用关系的载体选择了互联网作为提升资本组合效率的工具，债权人与债务人可以通过互联网无障碍地表达其诉求，快速构建信用关系，于是互联网信用体系就诞生了。生产与消费的矛盾推动了信用关系的模式创新，古老的单一借贷关系在人类的历史长河中为生产发展做出过贡献；近现代信用关系社会化对人类经济发展具有革命性意义；未来在互联网推动下的信用关系高速社会化必然成为人类经济增长的新动力。

基于互联网购买行为产生的信用记录日趋完善，虽然产生信用的本体是虚拟的，但依托于现实社会和人的活动，通过映射而产生的购买记录及文字评论等信息经过长时期积累，已然成为自然人在现实社会信用表现的一部分。消费者和商家开始消费互联网大数据储备的信用，选取互联网上零售信用记录良好的消费者，结合消费习惯的信用购买模式应运而生。

电商企业利用得天独厚的优势，使用互联网技术收集消费者在消费活动中产生的数据，涉及买卖双方和交易过程中的每一个细节，从基于事实的角度出发，这些宝贵的数据可以还原出购买过程中的重要行为节点，甚至可以通过挖掘大数据做出惊人的预测。

---

① 林钧跃．企业与消费者信用管理．上海：上海财经大学出版社，2005。

互联网信用是未来经济发展的基础。通过信用关系社会化形成新的消费能力已是推动现代经济增长的主要驱动力，因此信用关系的社会化程度攸关经济可持续发展。然而，现有制度模式已不能满足信用关系社会化的需要，运用互联网提升信用关系社会化效率是生产力发展的必然选择。互联网构建起来的信用体系是未来社会再生产和人类社会活动赖以正常进行的流动性支持体系，人类社会发展或将因互联网信用而改变。

延伸阅读

互联网金融

互联网金融是指以依托于电子支付、云计算、社交网络以及搜索引擎等互联网工具，实现资金融通、支付和信息中介等业务的一种新兴金融。互联网金融不是互联网和金融业的简单结合，而是在实现安全、移动等网络技术水平上，被用户熟悉接受后(尤其是对电子商务的接受)，自然而然为适应新的需求而产生的新模式及新业务，是传统金融行业与互联网精神相结合的新兴领域。互联网金融与传统金融的区别不仅仅在于金融业务所采用的媒介不同，更重要的在于金融参与者深谙互联网“开放、平等、协作、分享”的精髓，通过互联网、移动互联网等工具，使得传统金融业务具备透明度更强、参与度更高、协作性更好、中间成本更低、操作上更便捷等一系列特征。理论上任何涉及了广义金融的互联网应用，都应该是互联网金融，包括但是不限于为第三方支付、在线理财产品的销售、信用评价审核、金融中介、金融电子商务等模式。互联网金融的发展已经历了网上银行、第三方支付、个人贷款、企业融资等多阶段，并且越来越在融通资金、资金供需双方的匹配等方面深入传统金融业务的核心。

■ 本章小结

本章主要分析了金融领域、工商企业领域和消费信用领域信用活动的主要内容以及这些领域内的机构如何对它们面临的信用风险进行管理。首先介绍了商业银行、非银行金融机构和资本市场如何管理所面临的信用风险。其次阐述了企业信用风险和企业客户信用风险的表现形式，分析了信用风险的成因，并介绍了信用管理要点和基本方法。最后阐述了消费信用领域的信用风险管理，包括赊购中的信用管理、信用卡以及互联网中的信用消费管理。

■ 思考题

1. 商业银行信用风险有哪些?

2. 什么是“5C”信用分析法？
3.《巴塞尔协议Ⅲ》中规定如何控制流动性风险？
4. 影响网络银行信用风险的内部因素有哪些？
5. 保险公司的信用风险主要包括哪些方面？
6. 资本市场的信用制度体系包括哪些？
7. 企业信用风险产生的主要原因有哪些？
8. 简述企业信用管理的基本功能。
9. 简述客户资信调查的主要内容。
10. 简述Z计分方法的基本内容和主要参数。
11. 特征分析模型的主要指标有哪些？
12. 简述消费信用管理工作流程。

第五章

信用管理的行政监管与社会监督

章前导言

美国次贷危机后，全球都在对金融理论与监管实践进行深入反思，美国金融监管改革法案(《多德-弗兰克法案》)、《巴塞尔协议Ⅲ》的陆续出台成为全球金融监管改革进程中的里程碑，为我国金融业和信用行业的监管与发展提供了有价值的启示。什么是信用监管？一国应该建立怎样的信用监管体系？如何发挥政府对信用的行政监管职能？如何发挥行业组织的信用监管作用？通过本章学习，可以了解政府部门在信用管理中的基本作用、监管内容，以及我国职能部门的信用监管的职能与任务分工；理解政府信用的特征和政府守信的功能示范效应；认识我国行业协会信用监管的必要性、内容与作用；了解相关国家政府信用监管概况和国际行业组织监督概况。

专业名词

政府信用监管　行业信用监管　政府信用　政府守信　政府公信力　政府失信　信用约束机制　地方信用体系　行业信用体系　征信数据　征信数据库　信用信息共享　社会联防机制　信用管理行业协会　美国国际收账者协会　国际保理商联合会　国际保理业协会　国际信用协会

本章知识结构图

- 信用管理的行政监管与社会监督
  - 政府部门与信用管理
    - 政府部门在信用管理中的基本作用
    - 政府对信用监管的基本内容
    - 我国职能部门的信用监管
    - 政府信用与政府守信示范
  - 我国行业协会的信用监督
    - 行业协会信用监督的必要性
    - 行业协会信用监督的内容
    - 行业协会信用监督的作用
  - 国际信用监管与监督
    - 相关国家政府信用监管概况
    - 国际行业组织监督概况

第一节
政府部门与信用管理

一、政府部门在信用管理中的基本作用

社会信用体系建设是一个庞大的社会系统工程，涉及经济社会的方方面面，涉及的主体包括政府行政部门、司法机关、各类市场主体、各类社会成员，对应于政务诚信建设、商务诚信建设、社会诚信建设、司法公信建设四大领域；社会信用体系建设既需要企业、单位、社会中介机构、个人的积极参与，也需要社会舆论的有效监督，还需要政府的制度约束和监督给予充分保证。在社会信用制度建设中政府居于不可替代的地位。

研究发达国家的社会信用体系可以发现，政府涉足社会信用体系建设的目的是维护市场的公平竞争、保护消费者利益、维护国家经济安全、促进信用服务行业发展。从各个国家信用体系形成和建立过程的共性来看，政府的职能主要表现在两个方面：一是制定相关的法律法规和制度规则，以保证信用体系能够规范、健康地发展；二是对信用管理服务行业实施政府监督管理，以弥补市场机制作用本身的缺陷。无论是实行哪种信用管理模式的国家，政府的作用都离不开这两项职能。在其他方面，则根据不同国家的国情和信用管理理念，政府又承担不同的职能和作用。①

就社会信用体系的建设来说，美、英等国的社会信用体系完全是“自下而上”地被建立起来的。以美国为例，该国的社会信用体系是根据市场经济发展的需要自然而然地形成的，经过150多年的建设，“水到渠成”式地建立起来的。在社会信用体系的启动阶段，美国政府几乎没有做任何事情。直到20世纪60年代，为了解决信用交易而引发的社会问题，美国政府才被动地“扯进”社会信用体系的建设，其作用主要体现在建立和完善信用相关的法律体系，对各类授信人（包括金融机构的和商业信用的授信人）的信用投

① 全国整顿和规范市场经济秩序领导小组办公室．社会信用管理体系建设．北京：中国方正出版社，2004。

放行为和征信机构的业务操作进行规范。即对美国的社会信用体系建设，美国政府基本没有推动，财政基本没有进行任何的投入，社会信用体系的建设基本靠市场力量完成。

一些欧洲国家的社会信用体系是“自上而下”建立起来的，政府对社会信用体系建设涉足相对较深。例如，德国在希特勒统治的20世纪30年代中期就建立了公共信用信息登记系统，法国等欧洲七国在第二次世界大战结束后不久，就以政府的力量投入，建立起企业征信系统。当然，这些国家的政府财政也一直支持个人征信系统的运转和服务。

发展中国家社会信用体系的建设情况则更复杂些。有些发展中国家，如印度和一些东南亚国家，是自主建立自己的社会信用体系，其中仅有限地使用一些国际组织的技术支持及培训。有些发展中国家，如墨西哥等一些拉丁美洲国家、东欧国家、非洲国家和个别亚洲国家，其社会信用体系的设计和基础设施的建设完全由外国公司承担，尤其是企业和个人征信系统的设计和建设更是由外国的征信机构来负责，允许外国人投资或参股建立中央征信数据库或主流征信机构。也有一些发展中国家，如拉丁美洲和非洲的一些小国，其社会信用体系建设是由国际组织或机构援建的。因此，在不同社会信用体系设计的模式下，政府的角色和地位会有所不同。

虽然各国政府都涉足各自国家的社会信用体系建设工作，并在运转和长期维护方面发挥作用，但各国政府发挥作用的方式、时机和力度并不相同。就一国社会信用体系的运转来讲，发达国家与发展中国家政府的工作重点也存在差异。对于大多数发展中国家来说，政府的工作重点在于协调征信数据开放和建立信用信息源。但在发达国家，政府要发挥的作用主要在于适时修改和完善各项信用相关的法律法规及其实施细则，实时投放适合新经济形势的信用工具等。需要强调的是，在社会信用体系建设和运行的过程中，政府也不应越俎代庖，其财政也不能过度地负担信用体系的长期运转。在世界上很多国家，社会信用体系的绝大部分子系统的运作都是商业化的，依靠政府长期负担社会信用体系中个别子系统运转的情况也不十分普遍。

在国家信用管理体系中，政府的权力由行政管理部门行使。政府行政管理部门即政府对信用管理服务行业的监督管理部门，其法定地位、功能以及管辖范围由法律法规明确规定。对信用管理行业进行监督管理的政府行政管理部门可以是一个，也可以有多个，至于有多少个政府部门，视各国的具体情况而定，这往往取决于一国的大小、社会制度、法制健全程度、政府机构规模、是否设立了统一的专职信用管理行业监督管理部门、有无开放征信数据的文化传统等诸多因素。但是，如果一国没有在法律框架下设立统一的对信用管理实行监督管理的政府部门，则必然会涉及多个政府部门参与到国家信用管理体系和信用行业管理中。①

不论是征信国家，还是非征信国家，其负责信用行业监督管理的政府部门，至少都要发挥宏观调控和市场监督管理两个基本作用：一是宏观调控金融机构和零售信用授信

---

① 吴晶妹．信用管理概论．2版．上海：上海财经大学出版社，2011。

单位对市场的信用或信用支付工具的投放；二是促进或者规范包括征信行业在内的信用管理服务行业的发展，对其业务操作行为建立起监督管理机制。

二、政府对信用监管的基本内容

为推动信用管理服务行业的发展，政府监督管理部门应该加强监督功能，弱化直接管理功能，不介入市场竞争。

（一）引导、推动社会信用体系建设

在经济发展到相应的阶段时，政府需要适时启动社会信用体系建设工程，启动方式可以是财政支持，也可以是政策支持。政府引导、推动的形式包括宣传、调研、理论和政策研究、培训，培育征信市场，鼓励守信行为，惩戒失信行为，实施信用教育工程；也可以是带头使用信用报告，提高公众对信用产品的关注。在社会信用体系建设中，政府要根据国情，确定社会信用体系建设的基本模式，包括解决征信系统采取公共还是私营模式建设，是否允许外资直接介入，哪些部门具体对信用行业实施监管，应该培育什么样的信用文化，等等。

在社会信用体系建设初期，由政府出面负责制定社会信用体系建设的中长期规划是非常必要的。规划应包括社会信用体系建设的总体思路、建设的重点领域、诚信教育与诚信文化建设、信用信息系统建设和应用、社会信用体系运行机制、实施支撑体系。规划的作用主要是发挥其引导和导向作用。

值得注意的是，在社会信用活动中，政府既是管理者，又是参与者，政府的双重地位与作用决定了政府的唯一选择与定位就是明确自己的外因职能，不干涉、不越位、不替代，搞好立法建设，支持信用行业发展；作为内因一分子，在社会信用活动中诚实守信，正人先正己。①

（二）组织、实施信用立法与执法，并进行法律的权威解释

俗话说，没有规矩，不成方圆。一个行业要发展，必须获得规范。在本质上，一国发展信用经济的市场规则是由政府制定的，以法律、法规、条例、政令、惯例、判例等形式出现的，社会信用体系的建设和运行是在信用相关法律框架下进行的，政府的监管部门往往是法律法规的起草者。法律必须是可执行的，执法和维护法律的尊严是政府的天职，政府的执法作用具有不可替代性。

政府的执法工作是依据法律赋予的权力进行的。采用不同法系的国家定义政府的执

① 吴晶妹．谈信用法规建设与政府的作用．政策，2005(02)。

法责任的方式不尽相同。通常法律会指定负责执法政府部门，并划清各执法政府部门的执法范围。以美国为例，该国的信用相关法律的最主要的政府执法部门联邦交易委员会是应《联邦交易委员会法》和《克雷顿法》的要求而建立的。作为信用相关法律的第一执法机关，它主要通过所属的消费者保护局发挥法律赋予的监管功能和权威解释法律的功能。信用相关法律健全的美国，每部法律的实施细则部分都会指定一个主要的政府执法部门，以及若干个辅助执法部门。被法律指定的政府执法部门会对其管辖范围内的授信机构和征信机构进行监管，包括在法庭上技术性地解释某些法律条款。

（三）推动并实施征信数据的开放与共享

信用信息充分和有效的共享是征信体系运作的前提条件，也是征信体系建设的最终追求目标。有信息开放传统或信息市场化环境好的国家，通常存在面向社会服务的各类征信数据库，政府需要维护专业数据“呈缴”制度和数据库的运行。对于非征信国家，存在将相关政府部门掌握的信用信息开放的问题，也存在建立整合民间数据源的有效机制问题。

对于经济转型期的中国，为了建设社会信用体系，主管政府部门需要协调相关政府部门掌握的征信数据，并通过合法途径向征信市场开放。当政府的信息开放与保密制度有冲突时，为了保障公民获取信息来发展市场经济的权利，政府要协调信用信息公开和信息保密制度之间的松紧尺度，在保障国家安全、企业和个人基本权益的基础上，促进国家信息化建设和市场经济的发展。

（四）完善以奖惩制度为重点的社会信用体系运行机制

这是保障社会信用体系各系统协调运行的制度基础。其中，守信激励和失信惩戒机制是有效规范社会主体信用行为的核心机制。一方面在市场监管和公共服务中对守信主体实行优先办理、简化程序、“绿色通道”等激励政策；另一方面完善失信信息披露制度，建立失信行为责任人行业禁入制度，推动形成涵盖行政监管性约束和惩戒、市场性约束和惩戒、行业性约束和惩戒和社会性约束和惩戒，跨部门跨地区的综合性联合惩戒体系，使守信者处处受益、失信者寸步难行。

（五）加强对信用管理服务行业的监督管理

从国际经验看，政府对信用管理服务行业的管理方式与该国社会信用体系的建设模式密切相关。比如以实行市场主导型私营模式的美国，其信用服务活动主要依靠市场性约束和行业协会自律约束，政府只是进行信用立法和监督执法。实行会员制模式的日本，没有专门对信用服务行业进行监管的政府机构，政府各部门在各自的职能范围内对信用服务机构进行指导，主要通过行业协会进行监督。实行政府主导公共模式的欧洲，其信用监管更多地体现了代表政府的中央银行的监管意志和需要，其中央银行信贷登记系统由中央银行或者银行监管机构来管理。

（六）大力支持信用管理服务行业发展

健全的信用管理服务行业是社会信用与信用活动赖以健康生存与发展的基础。没有信用管理服务行业，就不会有统一规范的社会信用活动与行为，就不会有良好的社会信用秩序与环境。所谓“皮之不存，毛将焉附?”正如此。要重视信用、发展信用，就要加快建设与发展我国的信用管理服务行业。

当前的发展条件决定了我国既不能重复发达国家长期市场竞争和自然选择的历程，也不能单纯依靠财政资金或国有资本建立像邓白氏、环联那样超大规模的信用服务企业，应该坚持政府推动、社会共建，健全法制、规范发展，统筹规划、分步实施，重点突破、强化应用的原则指导下，积极培育中介机构，推动信用管理服务行业发展。

（七）支持和发挥行业协会等民间组织和机构的作用

在建立健全社会信用体系过程中，政府的另一重要任务是重视发挥信用行业协会等民间组织的作用，促进其发育，支持它们的发展。从国外来看，政府部门对信用体系的管理主要体现在立法和相关执法方面，而更多的行业自律和发展工作是由信用行业协会来完成的。行业协会的主要职能：制定行规行约，强化行业自律；制定从业标准和行业的各种规章制度；联系本行业的信用管理服务企业，为这些企业提供交流的机会和场所，替本行业争取利益；进行信用管理职业教育，举办从业资格证书的培训和考试；协调行业与政府及社会各方面的关系；发行出版物；募集资金支持信用管理研究课题；进行国际交流与合作等。①

（八）加强信用教育与信用文化建设

加强信用管理学科专业建设。支持有条件的高校设置信用管理专业或开设相关课程，在研究生培养中开设信用管理研究方向，开展信用理论、信用管理、信用技术、信用标准、信用政策等方面研究。

加强信用管理职业培训与专业考评。建立健全信用管理职业培训与专业考评制度。推广信用管理职业资格培训，培养信用管理专业化队伍。促进和加强信用从业人员、信用管理人员的交流与培训，为社会信用体系建设提供人力资源支撑。

加强信用文化建设。通过弘扬诚信文化、树立诚信典型、开展诚信主题活动和重点行业领域诚信问题专项治理，在全社会形成“诚信光荣、失信可耻”的良好风尚。

如前所述，在国家信用管理体系建立之初，政府作为这一体系的倡导者和构建者，

---

① 全国整顿和规范市场经济秩序领导小组办公室．社会信用管理体系建设．北京：中国方正出版社，2004。

起到了相当重要的作用。政府既要设计整个信用管理体系发展蓝图，又要着手按照科学可行的程序建设这一体系的各项基础环节。此外，在信用管理体系发展的初级阶段，还要监督管理各类信用管理行业的运作和发展，同时不断完善已有的环境和制度。

随着市场机制与法制环境的逐步完善，政府的作用应逐步减弱，使信用管理的各项活动按照相关法律法规并遵循市场法则运行。此时，政府在信用管理监管中的作用应有所收缩，逐渐从一些可以在法律约束下健康运行的环节中淡出，而主要致力于完善信用管理相关立法，提供一个良好的法律环境。从发达征信国家信用管理体系的发展过程也可以看出这一趋势。这正是征信国家同非征信国家的又一区别所在。

在我国当前信用管理发展的初级阶段，政府在行使信用管理体系构建者职能的同时，有必要也必须启动和承担一些有关信用管理的具体工作。

三、我国职能部门的信用监管

进入21世纪，社会信用问题得到了党中央、国务院的高度重视，我国社会信用体系建设得到了快速全面发展。2012年7月，国务院下发《国务院关于同意调整社会信用体系建设部际联席会议职责和成员单位的批复》(国函[2012]88号)，由国家发改委、中国人民银行牵头社会信用体系建设部际联席会议，办公室设在发改委和中国人民银行。2013年3月，国务院办公厅发布关于实施《国务院机构改革和职能转变方案》任务分工的通知，具体布置了2013年、2014年、2015年和2017年政府部门需要完成的任务，涉及社会信用体系的有9项，并做了详细分工。2014年6月26日，国务院向社会公布了《社会信用体系建设规划纲要(2014—2020年)》。2014年9月2日，国家发展改革委再次会同中国人民银行召开了全国社会信用体系建设工作会议，工作会议进一步明确了社会信用体系建设的时间表，各地规划或实施意见被要求在年底之前制定落地。《社会信用体系建设规划纲要(2014—2020年)》的实施将成为我国经济体制改革过程中“从市场体系向信用体系发展”具有里程碑意义的转折点。与此相对应的，信用监管除了中国人民银行和发展改革委两个牵头部门外，涉及商务部、公安部、工商总局等职能部门。

(一) 中国人民银行对征信业的监管

根据国务院有关规定，我国征信业的监管机构是中国人民银行。2003年，国务院《关于中国人民银行主要职责内设机构和人员编制调整意见的通知》(国办发〔2003〕14号)赋予中国人民银行“推动社会信用制度及体系建设，规范和促进信贷征信业的健康发展”的职责，2003年11月，中国人民银行据此在总行成立了征信管理局。2008年，《国务院办公厅关于中国人民银行主要职责内设机构和人员编制规定的通知》(国办发〔2008〕83号)对中国人民银行“管理信贷征信业”的职责进行了调整，赋予中国人民银行“管理征信业，推动建立社会信用体系”的职责。2013年3月15日颁布实施的《征信业管理条例》明确中国人民银行是国务院征信业监督管理部门，中国人民银行及其派出机构依照法律、行政法规和国务院的规定，履行对征信业和金融信用信息基础数据库运行机构的监督管理职责。

中国人民银行设置征信管理局，专司征信监管职责，具体包括：承办征信业管理工作；组织推动社会信用体系建设；组织拟定征信业发展规划、规章制度及行业标准；拟定征信机构、征信业务管理办法及有关信用风险评价准则；承办征信及有关金融知识的宣传教育培训工作；受理征信业务投诉；承办社会信用体系部际联席会议办公室的日常工作。

2006 年 3 月，经中编办批准，中国人民银行设立中国人民银行征信中心，2008 年 5 月，征信中心正式在上海举行了挂牌仪式，注册地为上海市浦东新区，并在北京和上海两地办公，目前，征信中心在全国 31 个省和 5 个计划单列市设有征信分中心。作为直属事业单位专门负责企业和个人征信系统（即金融信用信息基础数据库，又称企业和个人信用信息基础数据库）、应收账款质押登记和融资租赁登记公示系统的建设、运行和维护，负责组织推进金融业统一征信平台建设。2013 年《征信业管理条例》明确了征信系统是由国家设立的金融信用信息基础数据库定位。截至 2014 年 6 月底，征信系统共收录法人 1 940 多万户，自然人 8.5 亿人。征信系统已经成为中国重要的金融基础设施之一，在提高信贷效率、防范信贷风险、提高社会信用意识等方面发挥了重要作用。

（二）银监会对银行业金融机构的信用监管

2003 年 3 月 10 日，十届人大一次会议审议通过了国务院机构改革方案，决定设立银行业监督管理委员会（简称“银监会”）。同年 4 月 28 日，银监会正式挂牌成立。12 月 27 日，《银行业监督管理法》与修改过的《人民银行法》同时于十届人大常委会六次会议上通过，为银监会履行监督管理职责提供了明确的法律依据。

银监会作为国务院直属的正部级事业单位，负责对全国银行业金融机构及其业务活动监督管理，其监管目标是促进银行业的合法、稳健运行，维护公众对银行业的信心。其主要职责是：拟订有关银行业监管的政策法规，负责市场准入和运行监督，依法查处违法违规行为等。自此，中国人民银行不再承担金融监管职能，宏观调控社会信用总规模的任务仍将由中国人民银行负责，但对商业银行等金融授信机构进行监管，对这些信用经营机构的具体业务操作、授信工具和投放方向、信用风险的度量和控制等事宜将由新成立的银监会负责。

（三）国家发展与改革委员会的信用监管

国家发展与改革委员会牵头社会信用体系建设部际联席会议，其下设的财政金融司参与研究和指导全国社会信用制度建设，组织协调委内有关建立企业和个人征信体系的工作；研究和参与制定财政政策、货币政策及金融保险监管政策；负责企业债券发行管理工作，审核发债资金投向，监督发债资金使用情况；参与公司发行各类股票和可转换公司债券的审核工作；负责起草产业投资基金和创业投资企业管理法规，并组织实施；

指导和协调飞机、船舶等融资租赁业务；研究提出保险业、邮政储蓄发展和引导保险资金、邮储资金合理运用的政策建议。

根据国家发展与改革委员会有关文件规定，发债企业应聘请具有企业债券评级从业资格的信用评级机构出具信用评级报告，评级机构应在报告中同时公示债券信用等级和发行人长期主体信用等级。评级机构在开展评级业务过程中，应诚信尽责，严禁承诺评级级别、恶意价格竞争等不正当行为。发行人聘请评级机构后，原则上不得更换，如认为评级结果不公允，可以再聘请另一家评级机构进行评级，但两个评级机构的评级报告全文均应披露。在债券存续期内，评级机构至少应于每年企业年报公布后的两个月内开展一次跟踪评级，并公告评级结果。

（四）商务部的信用监管

商务信用是社会信用体系的重要组成部分，涵盖了企业之间以及企业与消费者之间的直接信用交易和相关的信用服务领域。商务诚信建设是社会信用体系建设四大领域之一，是社会信用体系建设的重点。为此，商务部专门成立了信用体系建设领导小组，领导小组下设办公室，名称为商务部信用工作办公室，设在市场秩序司。办公室的主要职责是：负责商务领域信用建设工作，制定发展规划，组织拟定法律法规和标准并组织实施；推动商务领域信用信息共享，组织实施商务信用分类监管；推动和规范商业信用销售和各类商业信用交易形式的发展，建立健全商业信用风险管理制度；指导和规范商务领域信用服务业发展；协调推动商业银行、担保公司、保险公司等金融机构创新金融产品，满足商贸企业和贸易活动的融资需求；组织开展商务领域诚信兴商宣传教育和诚信经营创建活动，指导和推进商会协会行业信用建设工作，促进行业自律。

2008 年年底，国务院办公厅下发了《关于搞活流通扩大消费的意见》，明确提出“大力发展信用销售，促进和规范商业信用服务的发展，有效防范信用风险”。为落实党中央、国务院关于推进社会信用体系建设的总体要求，2009 年 5 月 18 日，商务部发布了《关于进一步推进商务领域信用建设的意见》（商秩发〔2009〕234 号），提出了商务领域信用建设的总体目标和工作原则，从九个方面对商务领域信用建设做出了全面部署，其主要任务是：建立商务信用分类管理制度；完善商务领域信用信息管理系统；推动信用销售健康发展，扩大贸易融资；促进和规范信用服务业发展；深入推动行业信用建设工作；继续开展诚信宣传教育；组织多种形式的“诚信经营”创建活动；加强对外资信用服务机构的引导和监管；加强与有关方面的沟通协调，形成商务信用建设的合力。

虽然我国在商务信用建设方面做了许多工作，取得了一些成效。但市场秩序仍然较为混乱，不规范促销、不正当竞争、不合理收费、恶意拖欠贷款、随意毁约等违法失信行为时有发生，食品安全、假冒伪劣、侵犯知识产权、商业欺诈等问题较为突出。“十二五”期间，商务领域信用建设主要包括三个方面的内容：一是商务信用文化建设。讲诚信是企业生存发展的基础。诚信可以兴商。人无信不立，商无信不兴。二是商务信用制度建设。包括信用政策法规建设，信用信息系统建设，行业、企业信用建设和信用服务业建设。三是信用建设成果的应用。包括促进信用销售、商业预付消费和基于商业信用的融资活动。

近年来，商务部按照党中央、国务院的要求，扎实推进商务诚信建设工作，取得积极成效①：

一是加强顶层设计，研究制定商务诚信体系建设工作方案和实施意见。

二是加快制度建设，发布相关领域企业不良信用记录办法和不良行为评价办法。2013 年商务部会同外交部、工商总局、海关总署等 9 部门发布了《对外投资合作和对外贸易不良信用记录试行办法》，并制定实施了《对外援助成套项目实施企业不良行为内部评价办法》，对多家援外实施企业做出不良行为评价，追缴违约金 400 多万元。

三是完善信用信息平台建设，在商务部信用信息系统原有近 100 万条基本信息的基础上，2013 年以来整合录入行业信用等级评价信息、违法违规处罚信息(包括海关、税务、工商、质检等执法信息)、医药购销领域不良单位信用信息等 230 余万条，系统信用信息不断充实。

四是推动行业信用建设，在政府简政放权的背景下，如何培育行业商协会等社会组织，实现行业内部自律是有关职能部门面临的新课题。近年来，商务部会同有关部门，指导各行业商协会积极开展行业信用建设工作，推动信用评价结果应用，目前已有 181 家全国性商协会参与行业信用评价工作。

五是发展信用服务，积极推进商业保理试点。来自商务部的数据显示，截至目前，国内商业保理公司已达到 337 家，注册资本总计超过 280 亿元；通过实施国内贸易信用险补助政策，2013 年支持 23 个省市企业扩大信用销售近 1 200 亿元。

六是支持商贸融资和信用销售，继续实施中小商贸企业融资性担保和国内贸易信用险补助政策。

七是开展诚信宣传，连续 9 年开展“诚信兴商”宣传月活动，继续推进商务诚信建设试点工作。

2014 年 8 月中旬，商务部信用体系建设领导小组审议并原则通过了《商务领域企业信用信息数据库建设方案》。根据这一方案，商务部将逐步建立覆盖全国的商务领域企业信用信息数据库。这标志着商务系统全面开展诚信建设又迈出重要一步。

商务部有关负责人表示，下一步，商务部将继续重点抓好行政管理信息共享、综合信用评价和专业信用评价三个机制建设，扎实做好信用制度和信息系统建设工作。

（五）工商部门的信用监管

作为负责市场监督管理和行政执法的职能部门之一，国家工商行政管理总局和各级工商机关承担依法规范和维护各类市场经营秩序的责任，负责监督管理市场交易行为和

① 商务部召开 2014 年信用体系建设领导小组会议，http://www.mofcom.gov.cn/article/ae/ai/201408/20140800697849.shtml。

网络商品交易及有关服务的行为，并组织指导企业、个体工商户、商品交易市场信用分类管理，研究分析并依法发市市场主体登记注册基础信息、商标注册信息等，为政府决策和社会公众提供信息服务。其中，国家工商行政管理总局下设的企业注册局组织指导企业信用分类管理；承担全国企业登记管理信息库的建立、维护和内资企业登记注册信息的分析、公开工作。总局下设的市场规范管理司组织指导商品交易市场信用分类管理工作；组织指导市场专项治理工作。

2003 年 10 月，国家工商总局发出了《关于对企业实行信用分类监管的意见》(工商企字〔2003〕第 131 号)，该意见分为企业信用监管指标体系、企业信用分类标准、企业分类管理的措施、实行企业信用信息记录制度、实行企业信用信息披露制度、加快企业信用监管体系建设(简称“金信工程”)六大部分。其中，企业信用监管指标体系立足工商行政管理职能，由市场准入、经营行为和市场退出三方面的信用指标构成，同时将工商行政管理职能以外反映企业信用状况的指标作为参照；企业信用标准分为守信标准、警示标准、失信标准和严重失信标准；根据企业信用标准将企业相应地分为不同的管理类别，即 A、B、C、D 四级，针对四类企业分别建立企业信用激励机制、企业信用预警机制、企业失信惩戒机制、企业严重失信淘汰机制；实行包括公开企业身份记录、公开违法行为记录、公示典型违法企业在内的企业信用信息披露制度。

2011 年 9 月，国家工商总局出台了《关于进一步加强企业信用分类监管的意见》，提出要以信息共享、互联互通为重点，加强工商行政管理不同业务系统间企业监管信息的内联应用，大力推进监管方式集成创新，加强政府部门间企业监管信息的外联应用，积极推动社会信用体系建设。该意见计划，用 3 年左右的时间，建立完善综合业务平台，建成“国家经济户籍库”。

2014 年 2 月 7 日，国务院批准发布《注册资本登记制度改革方案》，自 3 月 1 日起把注册资本实缴登记制度改为认缴登记制度，同时取消了企业年检制度。随后，同年《政府工作报告》提出，要放管并重，加强事中事后监管，对违背市场竞争原则和侵害消费者权益的企业建立黑名单制度。伴随着注册资本登记制度改革在全国全面推开，被社会各界高度关注的全国企业信用信息公示系统也正式上线。

2014 年 8 月 7 日，国务院总理李克强签署国务院令，公布《企业信息公示暂行条例》(以下简称《条例》)，自 2014 年 10 月 1 日起施行。《条例》的最核心的内容就是确立了企业信息公示制度，并以此来促进企业诚信自律，扩大社会监督，营造公平竞争市场环境，开启了中国社会信用体系建设的新历程①，具有里程碑式的意义：

(1) 确立了企业信息公示制度。《条例》明确规定，工商部门、其他政府部门、企业作为不同的信息公示主体，承担不同的信息公示义务。工商部门和其他行政部门公示的

---

① 确立企业信息公示制度是中国社会信用体系建设的里程碑——《企业信息公示暂行条例》解答，http://www.gov.cn/xinwen/2014-08/27/content_2740804.htm。

信息，是在履行职责过程中形成的行政许可、行政处罚等反映企业信用状况的信息。企业公示的信息包括年度报告信息和其他公示信息，是企业在从事生产经营活动中形成的信息。这些信息都是客观存在的信息，是评价和判断企业信用状况的依据，企业信用就是在企业信息的归集、公示和使用过程中逐渐积累、产生的。

《条例》颁布实施后，政府部门不但要根据《政府信息公开条例》的要求履行信息公开责任，还要将其掌握的企业信息公示出来，而且《条例》还赋予了企业自行公示信息的义务。企业不但要公示年度报告信息和其他信息，还要公示其受到政府部门处罚的信息。《条例》同时赋予国务院工商行政管理部门推进、监督企业信息公示工作，组织企业信用信息公示系统的建设的职责。

（2）建立了信息监管制度。《条例》还建立了完善的信息监管制度，包括抽查制度、举报制度等。按照《条例》的规定，企业不但要主动公示信息，还要接受政府部门的监督管理。政府部门对企业信息公示进行监管的主要措施是抽查，也即工商部门通过注册号等随机摇号方式，对其在企业信用信息公示系统公示的信息进行监督检查。工商部门抽查企业通过企业信用信息公示系统公示的信息，可以采取书面检查、实地核查、网络监测等方式。抽查结束后，工商行政管理部门将检查结果通过企业信用信息公示系统统一公示。

建立公平规范的抽查制度，是工商部门转变监管方式的重要体现，是完善信用监管机制，构建事中事后监管模式的重要举措。

由于信息公示的主体不同，可能会产生同一项信息的公示内容不同的情形。对此，《条例》也进行了规定，可以按照三种情形分别处理：发现政府部门公示的信息不准确的，有权要求该政府部门予以更正；发现企业公示的信息存在隐瞒、弄虚作假情形的，可以向工商行政管理部门举报；无法确定哪项信息正确的，可以向公示信息的政府部门申请查询。

通过上述制度设计，一个企业自律、政府抽查、社会举报的“三位一体”的信息监管体系初步建立。这种监管体系不仅实现了对企业及时、真实公示信息的有效监管，而且又强化了对企业经营行为的监管，对于促进企业诚信自律，扩大社会监督，营造公平竞争市场环境，具有重大的积极意义。

（3）确立了信用约束制度。建立经营异常名录制度，一方面提醒企业履行公示义务，另一方面对社会提示风险；建立严重违法企业名单制度，企业被列入经营异常名录满3年未履行信息公示义务的，列入严重违法企业名单，并向社会公示，进一步强化了企业的诚信自律意识；实行公示信息抽查结果公示，将企业的信息状况公之于众，由社会判断企业的信用状况，选择是否与企业开展交易；实行不配合检查的企业名单公示，对不予配合情节严重的企业，工商行政管理部门应当通过企业信用信息公示系统公示，保证了抽查工作的顺利进行；强化企业法定代表人的个人信用约束，列入严重违法企业名单企业的法定代表人或者负责人3年内不得担任其他企业的法定代表人或者负责人；建立部门联动响应机制，在政府采购、工程招投标、国有土地出让、授予荣誉称号等工作中，将企业信息作为重要考量因素，对被列入经营异常名录或者严重违法企业名单的企业依法予以限制或者禁入。

通过实施企业信息公示、信息监管、信用约束，我国基本上建立了企业信息公示制度，强化信用监管，注重发挥信用在维护市场秩序中的作用，减少对企业的直接干预，从依靠传统行政监管手段向注重运用市场主体信用监管手段转变，这对于我国社会信用体系建设具有重大意义。

（六）质检部门的信用监管

质量诚信体系建设是社会信用体系的重要组成部分。近年来，按照党中央提出的“以完善信贷、纳税、合同履约、产品质量的信用记录为重点，加快建设社会信用体系，健全失信惩戒制度”的要求，以及国务院赋予质检总局承担产品质量诚信体系建设的职责，国家质检总局围绕推动企业诚信自律，以企业质量档案为基础，以产品质量信用记录为重点，为建立信用监管制度为核心，以质量信用电子信息化为手段，加快了产品质量的诚信体系建设步伐。[①] 2012 年 4 月，为深入贯彻落实党的十七届六中全会精神和国务院《质量发展纲要（2011—2020 年）》的要求，不断增强全社会的质量诚信意识，加快质量诚信体系建设，国家质检总局印发了《关于进一步加快质量诚信体系建设的指导意见》（以下简称《意见》）。

《意见》指出质量诚信体系建设的 10 项工作任务[②]，强调加强社会信用体系建设，要坚持“统筹规划、循序推进，政府推动、培育市场，完善法制、严格监管，企业自律、社会监督”的原则，以组织机构代码实名制为基础建立企业质量信用档案，以物品编码为溯源手段建立产品质量信用信息平台，健全质量信用评价体系，实施质量信用分级分类监管，完善质量信用奖惩机制，加大质量失信惩处力度，全面推进质量诚信体系建设，营造诚实守信、自律守法的社会环境。

（七）税务部门的信用监管

作为社会信用体系建设重要内容之一，纳税信用是指纳税人依法履行纳税义务，并被社会所普遍认可的一种信用。纳税信用等级评定管理制度，是税务机关根据纳税人履行纳税义务的情况，依法将纳税人评定为不同的纳税信用等级，进行分类管理的制度。

1999 年国家税务总局开始进行税收信用体系建设的探索与实践。2001 年新《税收征收管理法》颁布实施后，国家税务总局开始组织起草《纳税信用等级评定管理试行办法》，

① 吴晶妹．信用管理概论．2 版．上海：上海财经大学出版社，2011。

② 国家质量监督检验检疫总局网站，http://www.aqsiq.gov.cn/xxgk_13386/ywxx/cpzl/201205/t20120502_245642.htm。

并在部分地方进行了试点。试图通过健全完善依法纳税信用评价机制、激励机制和监督机制，为促进市场主体依法纳税、守法经营、公平竞争，创造良好税收环境。2003 年《纳税信用等级评定管理试行办法》(下称《办法》) 正式颁布实施。《办法》中规定纳税信用等级的评定内容为纳税人遵守税收法律、行政法规以及接受税务机关依据税收法律、行政法规的规定进行管理的情况，具体指标为税务登记情况、纳税申报情况、账簿凭证管理情况、税款缴纳情况、违反税收法律行政法规行为处理情况。依照其评定内容与标准，纳税信用等级设置 A、B、C、D 四个等级；主管税务机关根据纳税人的不同等级实施分类管理，建立纳税信用等级的激励与监控机制。

根据《社会信用体系建设规划纲要(2014—2020 年)》，税务领域信用建设的重点是建立跨部门信用信息共享机制。开展纳税人基础信息、各类交易信息、财产保有和转让信息以及纳税记录等涉税信息的交换、比对和应用工作。进一步完善纳税信用等级评定和发布制度，加强税务领域信用分类管理，发挥信用评定差异对纳税人的奖惩作用。建立税收违法黑名单制度。推进纳税信用与其他社会信用联动管理，提升纳税人税法遵从度。

2014 年 7 月 4 日，国家税务总局发布了《纳税信用管理办法(试行)》(以下简称《信用办法》)，自 2014 年 10 月 1 日起施行。《信用办法》共六章 34 条。第一章“总则”主要明确《信用办法》制定的依据、纳税信用管理的内容、适用对象、管理原则、信息化及参与社会信用体系建设等原则性内容，是《信用办法》的基础。第二章“纳税信用信息采集”明确纳税信用信息采集的主要内容、信用信息的组成、数据采集来源等，旨在统一纳税信用信息的构成和数据采集来源。第三章“纳税信用评价”主要明确纳税信用评价的方式、年度指标得分、直接判级的方法、纳税信用级别的设定、不参加本期评价、不能评为 A 级、直接判为 D 级以及不影响纳税信用评价结果的情形。第四章“纳税信用评价结果的确定和发布”明确纳税信用评价结果确定和发布的责任与时间、分级分类依法有序开放的原则、信用评价结果动态调整和申请复评等事项。第五章“纳税信用评价结果的应用”明确税务机关按照守信激励、失信惩戒原则对不同信用级别的纳税人实施分类服务和管理的相关措施。第六章“附则”明确《信用办法》的施行时间。

（八）公安部门的信用监管

我国现已建成的全国统一的企业和个人征信系统中的信息不仅与所有商业银行、政策性银行、信用合作社及其他金融机构联结，同时还与公安部的人口数据库联网，实现了个人身份信息真实性在线核查。公安部身份信息核查结果是个人信用报告中的六大信息之一。

根据 2013 年 3 月国务院办公厅发布关于实施《国务院机构改革和职能转变方案》任务分工的通知要求，2014 年、2015 年由公安部负责建立、出台并实施以公民身份号码为基础的公民统一社会信用代码制度。

（九）海关部门的信用监管

中华人民共和国海关是国家进出境监督管理机关，国务院下属的正部级直属机构，统一管理全国海关，担负着为国把关和服务经济、促进发展的神圣职责。其主要任务是出入境监管、征税、打私、统计，对外承担税收征管、通关监管、保税监管、进出口统计、海关稽查、知识产权海关保护、打击走私、口岸管理等。海关作为国家的进出境监督治理机关，改革开放以来，特别是我国加入世界贸易组织（WTO）以后，我国经济与世界经济迅速融合，对外贸易高速发展，进出口物流日益频繁，进出口业务量成倍增长。这就在客观上要求海关在履行职责中，必须正确把握把关与服务、监管与便利的平衡。因此，以企业为监管单元，运用风险和信用治理的理念和手段，以守法便利为核心原则，实施企业分类治理，就成为海关治理的必然选择。

2010 年 10 月 14 日，海关总署公布了《中华人民共和国海关企业分类管理办法》，自 2011 年 1 月 1 日起施行。作为国家的社会信用体系建设的重要组成部分，海关的企业分类治理是中国海关适应国家的社会信用体系建设需要，顺应国际贸易和国际海关发展潮流，深化中国海关治理、密切海关与企业关系的一项重要制度安排。

海关根据企业遵守法律、行政法规、海关规章、相关廉政规定和经营管理状况，以及海关监管、统计记录等，按照企业守法和信用度自高向低的顺序设置了 AA、A、B、C、D 五个管理类别，对有关企业进行评估、分类，并对企业的管理类别予以公开；按照守法便利原则，对适用不同管理类别的企业，制订相应的差别管理措施，其中 AA 类和 A 类企业适用相应的通关便利措施，B 类企业适用常规管理措施，C 类和 D 类企业适用严密监管措施。①

加强与外部的沟通协作，建立起与“大通关”相适应的，综合性、整体性海关大监管体系，是中国海关信用监管努力的方向。

（十）环保部门的信用监管

在社会信用建设中，国家环境保护总局以及各级环保部门引导企业自律，重点建立企业环境监督员制度、企业年度环境报告制度和企业环境行为信用评价制度，鼓励企业树立预防污染、自主守法的理念，架构环保部门与企业、公众与企业之间的伙伴关系。

2007 年上半年，国家环保总局和中国人民银行曾就“共享企业环保信息”联合发布文件，把企业环保信息纳入企业信用信息基础数据库。同年 7 月中旬，国家环保总局、中国人民银行、中国银监会联合出台了《关于落实环境保护政策法规防范信贷风险的意见》（以下简称《意见》），对不符合产业政策和环境违法的企业和项目进行信贷控制，以绿色

① 海关总署令第 197 号（关于公布《中华人民共和国海关企业分类管理办法》）。

信贷机制遏制高耗能高污染产业的盲目扩张。与之前措施相比，纳入企业信用信息基础数据库的环保信息，从之前的“整治违法排污企业保障群众健康环保专项行动”形成的企业环境违法信息，扩大到包括企业新建项目环评审批、环保设施“三同时”验收情况、现有企业超标排污、超总量排污、未依法取得许可证或不按许可证规定排污，以及环保认证、清洁生产审计、环保奖励等信息，形成了更为完整的环境信息系统。《意见》还明确提出了部门合作的工作机制，即建立环保部门和金融监管部门的联席会议制度，定期召开协调会交换信息。此外，银监会的加盟，将极为有利于把商业银行落实环保政策法规、控制污染企业信贷风险的情况纳入监督检查范围，对商业银行违规向环境违法项目贷款的行为实行责任追究和处罚。①

2013 年 12 月 18 日，环境保护部会同发展改革委、中国人民银行、银监会，联合发布了《企业环境信用评价办法(试行)》（以下简称《办法》），自 2014 年 3 月 1 日起实施。指导各地开展企业环境信用评价，督促企业履行环保法定义务和社会责任，约束和惩戒企业环境失信行为。

根据《办法》，应当纳入环境信用评价的企业范围，包括环境保护部公布的国家重点监控企业，地方环保部门公布的重点监控企业，重污染行业内企业，产能严重过剩行业内企业，可能对生态环境造成重大影响的企业，污染物排放超标、超总量企业，使用有毒、有害原料或者排放有毒、有害物质的企业，上一年度发生较大以上突发环境事件的企业，上一年度被处以 5 万元以上罚款、暂扣或者吊销许可证、责令停产整顿、挂牌督办的企业。

《办法》规定了企业环境信用评价的等级、方法、指标和程序。企业环境信用等级分为环保诚信企业、环保良好企业、环保警示企业、环保不良企业 4 个等级，依次以“绿牌”“蓝牌”“黄牌”“红牌”标示。评价指标主要包括污染防治、生态保护、环境监理、社会监督 4 方面 21 项。《办法》还规定了实行“一票否决”的 14 种情形，即在上一年度，企业有未批先建、恶意偷排、构成环境犯罪等情形之一的，实行一票否决，直接评为环保不良企业(红牌)。针对不同环境信用等级的四类企业，《办法》规定了相应的激励性与约束性措施。

延伸阅读

乘火车逃票将被纳入个人诚信记录

一次逃票可能影响终身信誉。芜湖火车站将正式施行新规：乘火车逃票纳入个人诚信记录。这意味着，逃票乘客一旦被发现将列入“黑名单”，不仅影响个人终身信誉，且可能对未来贷款、升学、出国产生不良影响。

① 吴晶妹．信用管理概论．2 版．上海：上海财经大学出版社，2011。

据铁路部门相关工作人员介绍，早在2014年4月底，上海铁路局就发出通知，对故意逃票、拒不补票等三类人员进行个人身份信息采集，并纳入个人信用信息系统。这在全国铁路范围内尚属首次。

资料来源：乘火车逃票将被纳入个人诚信记录，《芜湖日报》2014-8-27。

四、政府信用与政府守信示范①

现代市场经济是指政府干预的市场经济，政府及其代表者的行为影响着市场参与者或其他微观经济主体。政府作为经济活动主体介入市场，与其他市场参与者相比，有其特殊性，但共性是政府行为也存在信用问题。

由于政府在经济活动中的这种共性和特性，政府在国家信用管理体系中也会呈现出两种角色：一种是作为市场一般性主体，体现政府信用；另一种是作为宏观经济调控者和社会信用体系的管理者，行使经济管理职能。因此，在讨论政府在社会信用管理中的作用时，也应分成两个部分：一个是政府在国家信用管理体系中的构建者和监督管理者职能，即本节的前面部分所论述的内容；一个是政府信用与政府守信示范，即政府作为一般性市场主体的信用行为以及政府通过自身的守信行为在社会信用管理中起到示范的作用。

（一）政府信用

1. 政府信用的内涵与外延

广义的政府信用是指政府诚实守信的行为能力与被各界给予的信任度。广义的政府信用活动主要涉及的范围包括政府与各界关系往来和经济交易活动两大范畴。

狭义的政府信用是指上述两大范畴中的单个领域：

其一主要涉及政府的政策与规则及其贯彻执行的具体措施，表现为政府诚实守信的状况和承诺履约形象。主要通过其公共行政管理活动体现出来。

其二主要涉及政府的经济实力、偿债能力、守信水平，表现为社会各界最终授信于政府的交易总量，及由此形成的债权与债务关系。主要通过其经济交易活动体现。

2. 政府信用的一般特征

（1）政府信用具有社会性和示范性。洛克、霍布斯曾指出，信誉和信任是政府和社会秩序的主要原则基础。政府是权力机关，是社会的管理者，是政策的制定者与具体执行者，其言行对于社会的运行和发展具有重要的指导意义、影响意义和示范意义。因此，政府在执行权力、制定政策、执行与落实的过程中，要考虑社会各界的关系与利益分配，

---

① 吴晶妹．信用管理概论．上海：上海财经大学出版社，2011。

要做到公开、公平、公正，以体现政府在社会管理中的客观、公正与权威性。政府信用的社会性特征要求政府必须守信，必须给各界以信任和安全感，以此才能奠定政府与各界良好的社会关系，创造良好的信用环境，维护社会正常秩序。

（2）政府信用具有较强的扩散性。这是由政府的职能以及社会作用所决定的。如上所述，政府作为权力机构在制订政策和执行政策的过程中，要与社会各界打交道，其影响会在社会公众中扩散，甚至会产生连锁反应。政府信用强大的扩散性是其他信用形式所不能比的。政府信用的这种扩散性要求政府必须谨慎、严格维护自己的信用形象，以避免个别的失信行为被传播夸大，从而降低政府信誉，更要避免政府的失信在传播中被效仿，在扩散中导致社会各界心理失衡，从而出现不良信用行为，导致信用环境恶化。

（3）政府信用具有突出的政治性。这是由政府的社会地位决定的，政府是社会政治、经济政策的决策中心，是政治核心之一。政府信用直接影响和决定这个核心的基础，影响社会各界对这个核心的信赖程度，影响甚至直接决定公众对这个核心是否能行使权力的信心。政府信用这种突出的政治性，决定政府必须守信，不能失信于民，也不能变成霸道的政府，否则会动摇政府的根基，若如此，不仅会损害百姓利益，还会直接影响政府威信，造成很坏的政治影响，破坏投资环境，影响经济发展，最终动摇政府的领导地位。

（4）政府信用具有唯一性和不可替代性。这是由政府的地位和作用决定的。对于社会各界来说，政府是唯一的，是谁都替代不了的。与其他的信用形式相比，如银行信用、商业信用、消费信用等，受信与授信双方都可以选择，双方都可以根据对方信用能力高低、信誉形象好坏来决定是否受信或授信予对方，受信方与授信方都可以替代，并不是唯一的。但政府信用的好与坏，对公众来说无从选择。政府信用的这种不可替代性决定政府必须守信，必须维护自己的信用程度与信誉形象，不能使其降低到社会公众能够接受的临界点，否则就会导致社会公众在不能选择与替代时形成怨言，至由此激发愤恨，破坏社会稳定。

（二）政府守信示范

1. 政府守信的内涵与内容

政府守信是指政府维护和遵守政府信用，即维护与社会各界往来中诚实守信的形象、贯彻执行各项政策与规则、遵守经济交易活动惯例及由此形成的债权债务关系契约。简而言之就是政府践约、履行承诺。

相对于政府信用，政府守信也表现为两个范畴：一是政府的信用交易总水平，表现为债务总量；二是政府的一切公共行政管理活动与经济交易活动，涵盖政府的行政行为，即行政决策、行政执行、行政监督等。政府守信是政府的无形资产，是重要的社会信用资源，是现代信用体系建设的重要组成部分。

本书不讨论经济交易活动中的政府守信问题，即政府债务等，而主要探讨在公共行政管理活动中的政府守信问题。在公共行政管理活动中，政府守信的主要内容应包括以下几个方面：

（1）以政府红头文件形式出台的承诺的兑现和政策的前后一致性；

（2）政府主要负责人公开承诺慎重和及时兑现；

（3）政府班子换届与交接后政策的延续；

（4）改变或解除承诺应在合理、合法的情况下，需经公开、公正的程序；

（5）支持监督机构工作，愿意和接受监督，正确对待处罚；

（6）参与经济活动时，承诺与担保要有分寸，不超越政府行政职能；

（7）不作假；

（8）不支持作假；

（9）知错必改。

2. 政府守信的功能效应

政府守信的功能效应是由政府信用的特征决定的。

（1）政府守信具有示范效应。如果说政府是社会政治、道德、行为与文化的代表者与管理者，那么政府守信就是良好的社会信用行为、信用秩序的引导者。政府的信用行为会对社会各界产生一种示范效应，具有榜样的作用。这种效应与具体作用是一把“双刃剑”，可以产生良好的影响，也可以产生破坏力。这是由政府信用的社会性和扩散性决定的。

（2）政府守信具有效率功能。由于政府信用具有政治性，政府守信就可以维护政府的政治地位，维护政府的权威性，真正做到言必信，行必果，则政令易通，民心易顺，民心所向，由此可以形成政府与社会各界良好的关系，无形中直接或间接地提高了政府行政权力行使的效率。

（3）政府守信具有刚性。由于政府信用具有不可替代性，政府只能守信，而且只能越来越守信。政府信用只能向前伸展，不能有任何弯曲或回旋，绝不能下降，一旦下降，就会产生向下的加速度。这种刚性要求政府必须不断地建立和完善信用管理机制和监督机制，不断提升自己的信誉与能力，巩固自己的信誉形象，使政府在信用体系建设中发挥积极作用。

延伸阅读

20 世纪 60 年代以来，伴随着政府权力和政府职能的扩张，世界上许多国家都出现了不同程度的信任危机。2000 年一份由美国全国公共电台（National Public Radio）、亨利·凯泽家庭基金会(Henry J. Kaiser Family Foundation)以及哈佛大学肯尼迪政府学院(Harvard University Kennedy School)进行的联合民调中，三成(29%)受访者直指政府本身就是个问题，且这是联邦政府首先要解决的最大问题。众多民意测试都或深或浅地表达了公众对于政府的不满与不信任。哈佛大学教授 Nye 等通过对大量的实证数据研究后指出：“民众对政府的信任程度，在过去数十年中明显地下降。”这种公民对政府不信任的状况并非只出现在美国。欧债危机使得相关欧元区国家不但出现了财政赤字、绩效赤字，还出现了严重的信任赤字，政府公信力问题受到广泛关注。不到一年时间，爱尔兰、葡萄牙、希腊、意大利和西班牙都实现了政府更迭，爱尔兰前总理考恩、葡萄牙前总理苏格拉底、希腊前总理帕潘德里欧、意大利前总理贝卢斯科尼、西班牙前首相萨帕特罗先后宣布下台。可以说，政府信任危机已席卷全世界。几乎所有国家都面临着提升公民对政府的信心和满意度的挑战，中国也不例外。

知识链接

☞丹麦：“世界最诚信国家”是怎样炼成的，深圳信用网. http://bcp.12312.gov.cn/article?id=3434. 2013-08-29。

第二节

我国行业协会的信用监督

一、行业协会信用监督的必要性

行政执法与行业自律相结合，是完善市场监管体制的重要内容。行业协会担负着实施行业自律的重要职责。行业协会是由同业企业自愿组成，是行业性、自律性的非营利性社团组织，是非政府性质的企业联合自治组织，是联系政府与企业的桥梁和纽带，根本宗旨是为行业企业提供全方位的服务。行业协会信用监督是社会信用体系建设的重要组成部分。

（一）行业协会在各国社会信用体系建设中扮演着不可或缺的角色

从国际经验来看，美国市场得以有序运行的一个重要因素是依靠行业协会等民间组织的自律作用。行业协会通过法律保护企业经营的合法权益，支持企业平等、自由竞争，运用法律约束企业的不规范行为。不同的工商业部门都会成立相应的行业联盟，并制定相关的共同遵守的行业准则，对本行业进行自我监督、约束和管理，其中有不少甚至为政府立法所采纳，或者被法院审批而直接使用。同时，各行业协会为会员提供信息咨询服务和政府事务帮助，协调政府与企业之间、企业与消费者之间、行业组织内部各企业之间的三方面关系。

美国行业协会的上述职能产生了两方面的积极效果。对于所代表行业而言，起到了协调各方利益，保护行业发展的作用；对于整个社会而言，起到了降低政府管理成本，提高市场配置效率，推动市场有序竞争，维护社会稳定运行的作用。因此，美国的行业协会一般都具有较高的权威性和较强的凝聚力。①

社会信用体系实行会员制模式的日本，由行业协会为主建立信用信息中心，为协会会员提供个人和企业的信用信息互换平台，通过内部信用信息共享机制实现信息交换，信用服务活动主要依靠行业协会自律约束。

（二）行业协会信用监管是行业信用体系建设的重要组成部分

2001 年，针对我国市场经济秩序混乱的实际情况，国务院做出了关于整顿和规范市场经济秩序的决定，开展了一系列专项整治行动，不断研究治本之策，探索建立“行政执法、行业自律、舆论监督、群众参与”的长效机制。其中，实行行业自律，开展行业信用建设，是规范市场经济秩序的重要内容。行业的信用水平提高了，市场秩序才会逐步规范，社会交易成本就会下降，商品和生产要素的流动才会更加有序，行业的整体利益才会有充分的保障，进而才能够推动国民经济的持续快速健康协调发展和社会文明的进步。

通过建立商会协会对会员的自律和服务机制，建立行业信用体系，是对社会信用体系建设的极大推动，也将成为中国社会信用体系的一大特色。实行行业自律，开展行业信用建设，是商会协会履行自身职责的内在要求。建立和完善社会主义市场经济体制，规范市场经济秩序，必须充分发挥商会协会等行业中介组织的作用。

（三）行业协会开展行业信用监管是承接政府职能转移的需要

“转移政府职能”是在 20 世纪 90 年代政府在转变职能的基础上，提出在行政管理体制改革过程中，要把有关职能交叉重叠、不该管、管不了也管不好的职能移交给行业协会或社会其他中介组织。党的十八大确定，“要围绕构建中国特色社会主义管理体系，加快形成党委领导、政府负责、社会协调、公众参与、法制保障的社会管理体制……加快形成政社分开、权责明确、依法自治的现代社会组织体制”，作出了“五位一体”的重大战略部署。《国务院机构改革和职能转变方案》提出，要更好发挥社会力量在管理社会事务中的作用。这是党中央、国务院关于社团组织的重大改革举措，既为行业协会昭示了

① 冯赫．外国行业协会的业务职能及其对我国的启示．商务部研究院，http://www.mofcom.gov.cn/aarticle/s/200404/20040400205211.html,2004。

广阔的发展前景，又提出了更高要求。

2009年，工信部制定了《工业和信息化部关于充分发挥行业协会作用的指导意见》，提出大力支持协会承接政府委托工作，建立健全有效沟通机制，积极推动协会加强自身建设等具体措施。目前，已经将行业统计调查、信誉维护、技能培训、交流合作以及技术成果总结评定等这些行业的基础性工作交给行业协会承担。同时，推动建立了政府购买服务的制度。不完全统计，从2008年以来，已经累计安排了政府购买服务资金3亿多元，支持行业协会承担委托工作。比如国家取消了食品药品监管总局承担的职业药师职业教育职责，工作交给中国职业药师协会承担，这样的事很多。

二、行业协会信用监督的内容

商会协会在整顿和规范市场经济秩序、推动社会信用体系建设中具有重要作用。2005年，原全国整顿和规范市场经济秩序领导小组办公室(2008年后，此项职能划入商务部)和国务院国有资产监督管理委员会联合印发了《商会协会行业信用建设工作指导意见》，提出了要以商会协会为主体，全面推动行业信用建设的指导思想、基本原则，明确了六项建设任务：一是开展诚信宣传教育，二是制定行规行约并监督执行，三是利用信用信息为会员服务，四是开展信用知识方面的培训，五是帮助会员企业建立内部信用风险管理制度，六是开展行业信用评价。① 同年，国务院在被称为“非公经济36条”的《关于鼓励支持和引导个体私营等非公经济发展的若干意见》中指出：“按照市场化原则，规范和发展各类行业协会、商会等自律性组织。”2007年5月13日国务院办公厅下发了《关于加快推进行业协会改革和发展的若干意见》，意见提出了围绕规范市场秩序，要加强行业自律，大力推动行业诚信建设，建立完善行业自律性管理约束机制，维护公平竞争的市场环境。2013年4月25日，民政部发布了《关于开展行业协会商会行业自律与诚信建设活动》的通知(民函〔2013〕111号)，按照活动通知要求，各地要推进行业协会在职能、机构、人员、财务等方面与行政机关脱钩，逐步实现行业协会自我运作、自聘人员、自理会务；健全会员大会、理事会、监事会制度，完善内部组织架构，建立健全换届选举、议事决策、人事管理、财务管理、机构管理等内部管理制度。

（一）行业信用的制度建设

行业信用的制度建设，既包括行业企业信用体系建设，同时也包括行业协会商会内部的信用制度建设。根据《商会协会行业信用建设工作指导意见》中强化行业信用制度建设的内容要求，商会协会要根据行业信用建设工作的需要，制定本行业信用建设需要的

---

① 中国行业信用评价A级以上企业名录，中国商务信用平台，http://gftai.bcpcn.com/renzheng/index.html。

相关制度，如信用信息的采集、分类、保护、使用、发布、联网与交换等制度，对企业失信行为的举报制度，对不良信用信息甄别制度和被惩戒者申诉及复核制度，以及对守信企业的鼓励制度和失信企业的惩戒制度等，使信用建设工作纳入制度化轨道。同时要牵头制定行业的信用发展规划和以倡导企业诚信守法经营为核心内容的行规行约。

我国不少商会协会已经开始制定行业信用标准和行规行约，以加强对本行业的信用监管。例如，中国电力企业联合会先后制定了突出电力建设行业特点的《关于开展电力行业信用建设与评价工作的指导意见》《电力行业信用建设与评价管理办法》《电力行业信用评价师行为规范》等有关诚信体系建设的办法和制度，成立了“电力行业信用管理委员会”及相关工作机构，增设电力行业市场诚信体系建设领导小组，建设领导小组下设“电力行业市场诚信体系建设工作和技术委员会”“电力行业市场诚信体系建设办公室”，诚信办下设“综合部”“技术部”和“申投诉部”，从制度和组织上规范电力行业信用建设的开展。

（二）行业企业信用信息数据管理

根据《商会协会行业信用建设工作指导意见》中利用信用信息开展服务的内容要求，商会协会要根据自身的实际情况，建立行业内部信用信息收集渠道，依法收集和记录会员企业在生产、经营中产生的有关信用信息，包括会员企业自身的信用信息和交易伙伴的信用信息，通过建设行业信用数据库和重点企业的信用档案等手段和方式，开展对会员企业的服务。行业信用数据库的建设和运行以不侵犯企业的商业秘密和个人隐私为原则。

2014 年 8 月 22 日，中国施工企业管理协会以及中联重科等大型施工企业代表，在北京启动了“中国工程建设企业信用体系建设平台”。这也是首个响应国务院下发的《社会信用体系建设规划纲要(2014—2020 年)》的行业。正式上线的“中国工程建设企业信用体系建设平台”，是国内工程建设行业首个以统一代码为基础的信用信息共享平台，吸纳了国内施工总承包一级以上和与工程建设行业相关的勘察、设计、监理等企业，涵盖了企业基础信息、优良信息、不良信息及市场行为、质量安全、合同履约等方面的信息，具有广覆盖、多层次、信息全等特点。该平台将逐步与地方信用体系建设平台链接，与国家信用数据交换平台对接，实现行业信用信息互联、互通、共享。这也意味着，国内工程建设企业已戴上了诚信“紧箍咒”。

（三）行业信用评价

行业信用评价是行业协会进行信用监管的一项重要工作。根据《商会协会行业信用建设工作指导意见》中对会员企业开展信用评价的内容要求，作为鼓励企业守信的重要手段，商会协会可以根据会员企业的守法守规情况、履行行规行约情况等信用信息，对会员企业开展行业信用评价。信用评价内容可以依法进行公示，使信用优良的企业降低交易成本，获得更多的交易机会，从而在全社会范围内形成守信践诺的激励机制。

2006年4月24日，原全国整顿和规范市场经济秩序领导小组办公室(2008年后,此项职能划入商务部)和国务院国有资产监督管理委员会两部委印发了《开展行业信用评价试点工作实施办法》，引导和规范行业信用评价工作。2009年5月12日，两部委印发了《关于行业信用评价工作有关事项的通知》，明确了开展行业信用评价工作的原则、程序等内容。截至2014年7月，商务部和国资委共批准181家全国性的商会协会参与信用评价工作。根据商会协会制定的评价标准，并聘请第三方信用服务机构参与评价，参与评价的企业覆盖机械、电子、石化、电力、农业、水利、建筑、医药、内外贸流通等经济贸易领域的多数行业。

三、行业协会信用监督的作用

行业协会信用监督的作用取决于行业协会的性质与职能，其作用主要体现在行业协会“四个服务”宗旨目标之中。

（一）服务政府

一是承接政府委托和政府职能转移。党的十八届三中全会通过的《中共中央关于全面深化改革若干重大问题的决定》对社会组织改革做出了重要决定及部署；《国务院关于第六批取消和调整行政审批项目的决定》又专门强调，把适合事业单位和社会组织承担的事务性工作和管理服务事项，通过委托、招标、合同外包等方式交给事业单位和社会组织承担。从机构改革倒计时时间表看，到2015年，基本完成行业协会商会与行政机关脱钩，这意味着银行业协会将迎来新的重大机遇，新形势、新任务也对协会工作提出了更高要求。政府及有关行政管理部门委托行业协会承担公共管理事务的，要采取购买服务的方式进行。根据相关的规定，行业协会的机构、人事、财务应当与行政管理部门分开，独立运作，行业协会常设办事机构不得与行政管理部门的工作机构合署办公。

二是参与政府决策，当好政府参谋。参与相关法规、宏观调控和产业政策的研究、制定；积极参与制定和修订行业标准、行业发展规划和行业准入条件；深入开展行业调查研究，积极向政府和有关部门反映行业、会员诉求，提出行业发展和立法等方面的意见和建议。

（二）服务行业、企业

一是搞好行业协调。协调解决行业纠纷、贸易争议，调解会员关系。

二是加强行业自律。围绕规范市场秩序，制定和实施行规行约，完善行业自律约束机制；制定并实施行业职业道德准则，建立会员企业信用档案，评估会员企业信用，加强行业诚信建设；规范行业行为，反对不正当竞争，保护会员企业和消费者合法权益；

对侵害行业整体利益的行为，采取相应的行业自律措施，创造平等、有序、和谐的市场竞争环境。

三是强化行业服务。根据授权进行行业统计，为企业收集和发布行业信息，提供相关资料和行业政策；开展法律、政策、技术、管理、市场等咨询服务；组织人才、技术、管理、法规等培训；参与行业资质认证、新技术和新产品鉴定及推广、事故认定等相关工作；受政府委托承办或根据市场发展需要举办各种会展、商务考察和商务交流等活动。

（三）服务社会

行业协会与政府同属公共事务治理体系中的主体，它不属于政府，政府也不能干预行业协会的内部事务，行业协会推动公共管理社会化，由于其非营利性、服务性、自律性、自愿性等特点，成为政府管理与市场运作的中间层次，行业协会促使会员更好地开拓市场，并通过信息交流，促进行业的技术进步；通过人员培训，提高人员素质，增强企业竞争力，推动行业发展，同时，行业协会能够开展行业自律，规范行业秩序，维护公平竞争，因此，行业协会作为公益组织、非营利性组织，通过加强社会沟通、参与社会管理，积极参与市场经济秩序的治理，维护了公众权益与消费者利益，维护公共利益，最终促进社会和谐进步。

显而易见，行业协会作为社会公共服务体系中的重要组织，是建立和完善社会信用体系的重要组成部分，其自律性、自治性、非营利性的特点，使行业协会成为联结政府、企业、市场的重要桥梁和纽带；行业协会信用监管在节约社会交易成本、转变政府职能、加强市场体系建设、促进经济发展、构建和谐社会方面具有重要的作用。

延伸阅读

P2P行业首部自律公约面世

2013年8月26日，中国小额信贷联盟发布《P2P小额信贷信息咨询服务机构行业自律公约》，人人贷、拍拍贷等55家P2P机构签署了行业自律公约。据了解，这部P2P行业的首部自律公约，对P2P机构做到合法合规经营，提出准确的风险指标、严格的资金管理、杜绝虚假债权三方面要求，还提出P2P机构应引入第三方审计及监督制度，形成完善的业务报告和信息披露体系。

公约要求，P2P服务机构应只提供信息服务，不控制客户资金，杜绝虚假债权，引入第三方审计，定期向行业委员会披露风险指标、贷款成本等运营信息。

按照公约，P2P服务机构应严守本分，只提供风险评估、理财咨询等服务，不得占据、集取、挪用、控制客户的出资资金。P2P服务机构的运营资金与所服务的出资人、借款人的资金必须完全分离。P2P服务机构应有足够的资本覆盖基本的运营成本。P2P服务机构的资金管理、交易凭证、银行账单应经过审计机构的审核确认。

加入公约的55家P2P服务机构将选择具有一定资质的第三方机构进行审计，定期向P2P行业委员会披露运营情况。P2P平台须做好内部业务信息统计，包括风险指标、逾期90天以上的同账龄逾期率、平均贷款额度水平、客户承担的贷款成本、严重违约的客户及从业人员名单、现有业务可持续的时间等，通过独立审计形成完善的业务报告和信披体系。

P2P服务机构必须清楚地让出资人看到出资金额的实际走向和所处状态；债权匹配数据应经过审计机构的审核确认。P2P服务机构应设立专门的出资人账户，以保证在出资、借款、还款、赎回过程中的资金流向对于出资人完全公开透明。计息方法和全部贷款成本不得含有其他隐含成本，且全部贷款成本定期向行业委员会披露。

公约还意在推动行业的征信体系建设，增加P2P机构防范信贷风险的能力。公约支持建立涵盖借款人信息的征信管理系统平台，P2P服务机构定期将借款人数据报送征信系统。

P2P机构终止运营时，应至少提前三个月通知客户，并留有足够资金覆盖基本运营成本，采取有效措施保证在企业终止前借贷双方的贷款合同继续履行。

对于严重违约的P2P服务机构，将通报或取消会员资格。因严重违反职业道德被辞退的从业人员将被纳入“黑名单”，业内其他机构不应再接纳其从业。

资料来源：行业首部自律公约面世，中国证券报，2013-8-27。

第三节

国际信用监管与监督

一、相关国家政府信用监管概况

（一）发达征信国家的政府信用监管

在以欧美发达国家为代表的征信国家，社会信用体系完善，信用管理相关法律完备。其征信数据能够在法律的规范下公开、广泛地传播。其政府既是征信数据开放政策的保护者，也是信用管理相关法案的提案人，以及相关法案的解释者和法律执行的监督者。

1. 美国

美国是世界最发达的征信国家。其信用管理技术和教育水平堪称世界第一。美国有比较完备的涉及信用管理各方面的法律体系，将信用产品加工、生产、销售、使用的全过程纳入法律范畴。因此，政府在对信用行业管理中所起的作用比较有限，对信用服务机构的管理完全根据法律赋予的权力。美国的法律非常强调可执行性，每一项法律的有关条款或者附则都特别指出该法律的政府执行机关及其责任，行使监督管理的权限等。美国联邦政府并没有设立一个专门的信用管理机构对其信用行业进行监管，其信用管理功能是随着市场的发展及其相关立法的确立同步赋予相关部门，或自然分配给有关部门的。

美国的信用监督和执法机构主要分为与银行相关的（与联邦储备委员会有关的）和非银行相关的两类。前一类的职责在于对商业银行授信业务的监管，后一类的职责在于对整个信用管理行业的监管。

（1）与联邦储备委员会有关的监督执法机构。它主要包括财政部货币监理局（Office of Comptroller of the Currency, OCC）、联邦储备系统（Federal Reserve System, FRS）和联邦储蓄保险公司（Federal Deposit Insurance Corporation, FDIC）。其中财政部货币监理局（OCC）是资格最老的执法机构，它是依据1863年通过的《国家货币法案》建立的。它有权在商业银行作业违反《公平信用报告法》时，责令银行停业。它还有权撤免银行主要负责人及对商业银行罚款等。联邦储备委员会是美国的中央银行，与我国中国人民银行的部分功能类似，比如制定及负责实施货币政策、维护金融系统的稳定等，它在国家信用管理体系中的作用仅次于联邦贸易委员会（FTC），是规范银行信用管理的相关法律的执法和监督机构，例如《信用卡发行法》的政府执法机构就是联邦储备委员会和财政部货币监理局。

（2）非银行相关的监督执法机构。这主要包括司法部（Department of Justice）、联邦贸易委员会（Federal Trade Commission, FTC）、国家信用社管理局（National Credit Union Administration）、储蓄监督办公室（Office of Thrift Supervision）等。其中FTC是几个最主要信用管理有关法案的提案单位和法定的执法机构，例如《公平信用报告法》《公平债务催收作业法》和《平等信用机会法》等。该机构建立于1914年，是依据《联邦贸易委员会法案》（*Federal Trade Commission Act*）和《克雷顿法案》（*Clayton Act*）的要求而建立的。FTC最初的功能是反不公平竞争。作为信用管理相关的几个大法的第一执法机关，它主要通过其所属的消费者保护局（Bureau of Consumer Protection）发挥法律赋予的监管功能和权威解释法律的功能。在美国，征信机构和消费者最经常打交道的是该局下属的信用实务科（Division of Credit Practice）。它管辖的范围包括全国的零售企业、提供消费信贷的金融机构、不动产经纪商、汽车经销商、信用卡发行公司等。

以上信用管理有关立法的执法部门都是联邦政府直属的，或者是全国范围的组织。另外美国各州还会有自己的州法，州级政府部门具有对州法的监督功能。除此之外，美国其他协助信用管理的执法单位还有美国政府负责房屋贷款的部门、美国联邦调查局（FBI）以及美国财政部及其联邦财政办公室和各地财政局。①

美国政府在对信用行业进行管理的过程中，还注意为信用产品的应用创造市场需求。特别是金融监管机构和州政府越来越多地利用评级结果，作为确保银行、保险公司及养

① 刘红霞．信用管理概论．北京：北京大学出版社，2012。

老基金使其所持固定收入证券或证券组合维持在足够信用水平上的一种保障。美国证券交易所(SEC)规定，有价证券发行计划书中记载的评级情况，必须是SEC认可的评级机构作出的评级。美国全国保险协会要求各保险公司以评级机构的信用评级结果作为投资证券的标准。财政部货币监理局一再要求所有在联邦注册的国民银行和在各州注册的会员银行利用信用评级结果进行投资，只能对评级机构评定的第四等级(Baa或BBB)以上的债券进行投资，并且要求美联储利用信用评级机构对其会员银行进行定期评价考核。抵押债券或外国债券必须被评为AA级及其以上才可以作为贷款的担保。

对失信者的惩戒，政府管理部门主要有六种做法：根据法律对不讲信用的责任人进行适量惩处；教育全民在对失信责任人的惩罚期内，不要对其进行任何形式的授信；在法定期限内，政府工商注册部门不允许有严重违约记录的企业法人和主要责任人注册新企业；允许信用服务机构在法定期限内，长期保存并传播失信人的原始不良信用记录；对有违规行为的信用服务公司进行监督和处罚；制定执行法案的具体规则。除了上述做法外，政府还主要依靠大量销售各类信用服务公司生产的信用产品，对失信者产生强大的约束力和威慑力；依靠整个社会对失信者进行道德谴责，使人们与之交易时仅持有限信任；依靠对失信者信用产品负面信息的传播和一定期限内的行为限制，使失信者必须付出昂贵的失信成本。其产生的结果，一是不能让不讲信用的人自在、方便地生活在社会上，二是不能让不讲信用的人有机会将生意扩大。①

2. 欧洲

在欧洲的很多国家，政府是通过建立信用管理的相关法律，强制性地要求企业向公共机构提供征信数据的。如在意大利，无论企业是否是上市公司，其“资产负债表”必须能够公开索取。在英国，上市公司的财务报表必须在本财政年度结束后的7个月内公开，而非上市公司的财务报表则在本财政年度结束后的10个月内公开。而在美国却不同，个人和企业具有选择的权力，当征信公司要求一个非上市公司提供其财务报表时，被调查企业可以向征信公司提供相应的数据，也可以不提供，裁决办法只能是通过律师起诉。1995年10月，欧洲议会通过了《欧盟国家数据保护指令》，这是欧盟在信用管理领域的第一个公共法律。该指令主旨在于促进个人征信数据在同等数据开放水平的征信国家间传播，完全开放欧盟国家间的征信数据交换和商业化经营，数据保护法令还要求欧盟的成员国必须制定法律，禁止将个人数据传递给未能提供充分数据保护的非成员国家。一般说来，在欧美国家征信的效率是比较高的，即使政府不出面协调，其征信数据的收集也能得到保障。这里政府的主要任务就是设立相关的法律来更好地保护企业和个人的隐私数据不被泄露。

对于征信机构的监管，欧洲国家与美国的做法有较大的差别。欧洲国家的征信机构通常不是由私人部门设立，而是隶属于中央银行的机构，中央银行承担主要的监管职能，

① 谭中明．社会信用管理体系——理论、模式、体制与机制．合肥：中国科学技术大学出版社，2005。

有关信息的搜集与使用等方面的管制制度也由中央银行提供并执行。银行等金融机构需要依法向信用服务机构提供相关信用信息，这是一种强制性行为。以法国为例，法国不存在私营征信机构，征信服务由国家控制。1946 年，法国的中央银行法兰西银行(Banque de France)成立了信用调查服务中心，该中心建立了信贷登记系统，该系统分为企业信贷登记系统(FIBEN)和个人信贷登记系统(FICP)。企业信贷登记系统(FIBEN)拥有将近 250 万家公司和 150 万资金管理人的档案，并提供对资金管理人和公司的三种评级，即销售额评级、信用评级和付款评级。个人征信系统(FICP)负责搜集保管全国个人贷款拖欠记录。所有的金融信用机构必须按月报告有关分期付款、租赁、个人贷款、限额信用贷款、透支的拖欠情况。1993 年颁布的消费者保护条例授予法兰西银行的任务是：收集整理个人贷款偿还信息，其目的是让信贷机构掌握借款者还款难度。法兰西银行每年计算维持数据库的费用，由查询的金融机构负担，收费根据其使用的传送媒介来确定，数据以磁盘方式每月传送，则向金融机构收取年费，数据以电传方式传送，则根据查询次数收费。任何机构在法兰西银行登记了消费信贷信息之后，必须以口头方式答复消费者的查询，并且，消费者还可以到法兰西银行提出查询和修改要求。法国公营征信机构设立的主要目的是协助金融监管当局进行监管，中央银行根据征信机构提供的数据衡量货币政策的执行情况，对各金融机构的信贷资产质量、信用风险进行监控。

（二）非征信国家的政府信用监管

在非征信国家中，有些国家在策划建立或正在建立国家信用管理体系，其信用体系往往不够发达，政府常常直接介入推动信用体系的建设和完善。在这些国家中，其首要任务是使政府内高级别官员了解认知信用管理和信用管理体系的重要性。而在建立信用管理体系的过程中，首先要由中央政府强制性地要求相关政府部门开放被其控制的征信数据，这通常从中央银行做起；其次就是培育信用管理行业、征信市场和市场竞争机制。征信机构也通常由中央银行直接发起设立。比如，泰国第一家信用评级机构——泰国评级和信息服务公司(TRIS)，就是由泰国银行发起设立的。泰国政府通过财政部和政府储蓄银行参股，泰国银行负责协调信用评级机构与泰国产业金融公司的关系。孟加拉国的信用信息局则是中央银行的一个部门。菲律宾信用信息局最初由菲律宾中央银行、证券交易委员会和菲律宾金融学院在 1982 年联合建立，创立之初是一个非股份化、非营利的公司。后来，政府赋予菲律宾信用信息局在金融系统中建立并维持有效的信用评价和监督制度的责任，于是该公司从 1985 年开始发布对当地公司的信用评级商业报告。1997 年，菲律宾信用信息局(CIBI)将其主要业务分为两个独立的公司——菲律宾信用信息局评级公司和菲律宾信用信息局信息公司，继续提供信用报告和在线数据服务。菲律宾信用信息局提供的信用信息包括公司信息和消费者信息。其中，公司数据库的文件超过 5 万份，包含个人信息记录的数据库有 15 万条信用记录。印度等国家的信用中介机构也是在银行的推动下建立起来的。

征信管理的立法和监管工作也多是由中央银行推动的。由于这些国家信用行业的发展还处于初级阶段，征信机构的核心资料主要来自商业银行和其他金融机构，因此，常常由中央银行承担政府行业监管功能。特别是在一些信用管理的基本法律法规尚未建立的国家，中央银行更是作为主要的监管机构完成对征信行业的监督管理。比如，印度中央银行工作组提出了信用信息局法案的草案，准备提交议会审议。此外，一些发展中国家的政府为促进信用中介机构的健康发展，扩大市场对信用评级的需求，在政策上也给予一定支持，有些国家甚至有强制性规定。例如，马来西亚中央银行规定公司债券的发行必须经过信用评级机构的评级，以提高债券透明度，增强投资者信心。

总之，非征信国家的政府在国家信用管理体系建立初期的作用，主要体现在强制或协调征信数据的开放，发展信用管理行业以及推动立法；而政府的工作重点往往不在执法层面上。

二、国际行业组织监督概况

在社会信用管理制度建设过程中，信用管理行业组织作为信用管理制度的组成部分，其作用不可忽视。就目前来说，征信国家都有信用管理行业组织，这些行业组织通常被称为信用管理协会、追账协会、信用联盟等。这些信用行业组织大多都是非营利机构，主要发挥行业自律作用，具体职能是：联系会员单位，为业内的信用服务机构和从业人员提供交流的机会和场所；进行政府公关或议会的院外活动，为本行业争取利益；开展专业教育，举办培训，从业人员资格考试等活动；举办大型信用领域学术交流会议，出版本行业刊物；制定技术标准；为客户提供两账追收服务，向政府提出修改法律的建议，为授信机构提供决策咨询服务；等等。

（一）美国信用管理的行业协会组织

目前，征信国家的信用管理行业组织中，美国的信用管理专业协会组织发展比较早，规模比较大。其中比较著名的有全国信用管理协会（NACM）、全国零售商协会（NRMA）、消费者数据业联合会（CDIA）、美国银行公会（ABA）等。

1. 全国信用管理协会

全国信用管理协会（National Association of Credit Management，NACM），是全美最具公信力的专业信用管理自律性组织，其会员一般为代表各类经济主体进行信用和金融管理的机构。同时，NACM 也是世界上历史最悠久的信用管理协会，成立于 1896 年的 NACM 采用会员制的运作方式。正如 NACM 所宣扬的使命——“树立商业信用和金融管理的模范，成就商业信用职场的成功”，NACM 在提升、促进和保护商业信用和金融管理行业的整体利益，推进信用法律法规的完善，防止商业欺诈，促进信用信息交换，完善信用管理方式，设立信用行业基准和提升行业道德标准等方面做了大量的工作。每年，NACM 除向会员提供信用管理服务(包括商业信用报告、行业信用归类与分析、商账追收管理、债务清偿与调解、防止商业欺诈、担保品评估与管理)、对会员的信用等级进行评价外，其下属的信用研究基金会(Credit Research Foundation,CRF)还承担了对会员的教育培训任务，包括制订教育和培训计划、设立培训机构、举办研讨会、完善网上培训课程、设立研究奖学金等。NACM 发行的杂志《商业信用》(*Business Credit*)也是在美国发行量最大、最具影响力的专业杂志。[①] 2001 年 5 月 NACM 在中国举行会议，交流经验并商讨如何培训从业人员。除与大学合办本专业的研究生教育以外，NACM 还开办执照考试教育，主持信用管理经理人员的从业执照考试。NACM 下设海外分会，负责海外会员的服务和向国际提供信用管理服务。

2. 全国零售商协会

全国零售商协会(National Retail Merchants Association)，其会员包括百货商店、特种商店、杂货店以及服饰店。它通过研讨会、调查研究以及出版刊物的方式，向会员商店提供零售信用的适宜的管理技术。

3. 消费者数据业联合会

消费者数据业联合会(Consumer Data Industry Association, CDIA)，作为全球性的征信行业组织，其前身为美国信用报告协会(Associated Credit Bureaus,Inc.)，成立于 1906 年，总部设在美国首都华盛顿。CDIA 的主要身份是为消费者信息服务的征信公司提供代理。被代理的公司包括提供防欺诈、风险管理、信用和抵押报告、租赁和雇员筛选、欺诈调查以及账务催收等服务的各类征信机构。该协会承担着为征信业确立标准，为会员提供商业和职业培训的职能，同时也为消费者普及有关信用权益保护的相关知识，发挥征信机构和消费者征信需求的桥梁作用。目前 CDIA 的会员包括美国的征信机构、按揭报告公司、账款催收服务公司、资信调查公司、租赁人筛选和雇员报告公司在内的 300 家公司。CDIA 的使命是及时反馈消费者对征信行业的需求，为其会员提供更高品质的征信服务提供便利。

4. 美国银行公会

美国银行公会(America Bankers Association,ABA)创立于 1875 年，是全美实力最雄厚的专业组织之一。它提供金融从业人员教育及个人发展的机会，下设消费者信用部，执行银行业信用管理人员的教育计划，并经常印发有关授信政策与程序手册，举办全国消费者信用管理会议，使从业人员有机会相互交换意见和信息。美国银行公会设立美国银行研究所(American Institute of Banking)，为银行从业人员提供教育机会。

5. 信用研究中心

信用研究中心(The Credit Research Center)于 1974 年在美国印第安纳州普度大学成立，主要从事汇编、分析、摘述、发布一切有关信用管理行业的信息。

---

① 浙江省赴美国信用体系建设培训团，美国社会信用体系考察报告 . 2006。

案例分析

美国控制我2/3信用评级市场　威胁国家金融主权

美国评级机构对我国评级市场的掌控

2006年，美国评级机构开始了对中国信用评级机构的全面渗控。2006年，穆迪收购中诚信49%股权并接管了经营权，同时约定七年后持股51%。同年，新华财经(美国控制)公司收购上海远东62%的股权。2007年，惠誉收购了联合资信49%的股权并接管经营权；标准普尔也与上海新世纪开始了战略合作，双方亦在商谈合资事宜。穆迪、标准普尔、惠誉三大评级公司也都曾与大公洽谈合资，提出对大公控股或控制经营权但都遭到拒绝。在被美国收购的评级机构中，中诚信、联合在全国各省均设有分公司，它们可以从事国内的所有评级业务，市场份额合计超过2/3以上。美国评级机构借助被收购公司的分支机构，迅速将触角伸展到全中国，直接或间接从事所有评级和相关业务。

美国评级机构控制我国评级市场将直接威胁国家金融安全

长时期以来，美国评级机构有意压低我国的信用级别，增大了海外融资成本。如：2003年年底，正值我国银行业谋求海外上市之际，美国标准普尔宣布维持其10年来对中国主权信用评级的BBB级，即"适宜投资"的最低限。将中国13家商业银行的信用级别都评为不具备投资价值的"垃圾等级"，同时美国评级机构又高调肯定境外投资者参股中国银行，使其在与中国商业银行谈判时压低价格，为国际垄断资本攫取我国的国有资产大开方便之门。世界银行在2007年5月30日公布的《中国经济季报》中明确指出：中国银行股被贱卖，问题并不在IPO环节，而是出在此前引入战略投资者的定价上。较低的入股价格使得境外战略投资者们在中国金融股身上享受着暴利。近年来，美资机构加大了对我国香港金融市场的渗透与操纵，经常对香港上市的中资企业进行评级，每次都会引起香港股市的震荡。美国评级机构通过参与越来越多的中国国内重大债务融资评级，试图控制中国信用评级市场，通过主导中国金融市场定价权的方式渗控我国金融主权，实现其国家战略图谋。

美国评级机构控制我国评级市场将严重威胁国家经济技术信息安全

美国信用评级机构渗控我国评级业就可以方便地获取我国的政务信息、国有骨干企业、国防工业和特种行业乃至国家全面的经济和技术信息，从而掌握我国技术发展动态和重大商业机密，使我国在国际竞争中处于被动地位，这势必从根本上动摇国家的竞争力。事实上，美国评级机构正以所谓"权威"和"公正"招牌参与越来越多的中国重大债务融资评级(包括国防企业和特种行业)，悄然进入我国的经济腹地和敏感性行业，公开窃取中国最有价值的经济技术情报和政务信息。最可悲的是，我们还要为此支付高额服务费用。

美国评级机构控制我国评级市场将使中国难以在国际金融服务体系中获得话语权

目前美国在国际金融服务体系中占据了绝对主导地位，在国际金融市场上拥有绝对的话语权和垄断地位。信用评级没有国际标准，美国评级机构代表了美国的意识形态和国家利益，经常通过其拥有的绝对话语权影响和操控国际资本市场，协助美国企业和政府攫取经济和政治利益，成为美国政治和经济强权的新工具。1998 年亚太经合组织峰会上，马来西亚总理就此严词批评美国穆迪和美国标准普尔的评级缺乏客观性，在亚洲金融危机中助纣为虐。美国还对反伊战的德国企业连续降级，而对其支持者澳大利亚提升信用级别。事实证明，美国评级机构通过其拥有的绝对话语权影响和操控国际资本市场，经常“在关键时刻发挥关键作用”。

对策：扶持本国评级机构，维护国家金融安全

加强评级监管的共识已经形成，越来越多的国家正在制定更为严厉的评级监管法规，着手扶持保护本国评级机构发展，依赖自己的力量维护国家金融安全。如：俄罗斯总理普京宣布建立本土评级机构；马来西亚政府决定凡发行本币债券和银行借款必须由其唯一的本土机构进行评级；韩国加强了双评级管理，规定发债主体必须选择韩国的国家信息和信用评估有限公司作为双评级机构之一；日本政府出资支持其控制的亚洲评级协会扩大日本评级机构在亚洲的影响。这些迹象表明：信用评级正被提升到国家战略层面，通过掌握评级话语权抵制现行不公正的国际评级体系正在成为一种潮流，这就为我国参与后金融危机时代的国际评级规则制定，争取国际评级话语权，创造了一个难得的历史性机遇。

资料来源：吴红等，美国控制我 2/3 信用评级市场　威胁国家金融主权，经济参考报，2010(4)。

（二）国际著名信用管理行业协会组织

除了各国有自己本国的信用管理协会外，欧美国家还有一些国际性信用管理专业协会，许多行业协会具备商会的特征，例如，商账追收类公司会参加商业法律联盟联合会(Commercial Law League Association, CLLA)和美国国际收账者协会(American Collectors Association International)。而信用保险类公司会参加英国的 NCM、法国的科法斯(COFACE)、国际信用和投资保险商联合会(Berne Union)等组织。信用管理行业的国际性协会有不少，其中较为著名的有以下几个：

1. 美国国际收账者协会

美国国际收账者协会(American Collectors Association International)是从事商账追收服务业的国际性组织。它创立于 1939 年，有 11 000 个会员分布于 55 个国家和地区。协会会员与债务人接触时，必须恪守行规，具有高水准的服务方式和良好态度。协会总部设立的部门包括公共关系、公共事务、教育、通信、会员招募与服务、管理资讯、保险，以及销售等部门，并附设国际收账服务部门(International Association of Billing Services, Inc.)，专门替客户收账。美国国际收账者协会定期出版《收账者》(*Collector*)杂志，提供会员有关商账追收服务业(Collection Industry)的最新消息。该协会还向会员提供有关商账追收的技术类培训。培训分两个方向：商账追收法律与实践类和信用管理法律与实践类。1999 年，美国国际收账者协会兼并了国际信用协会，扩大了该协会的专业面和国际影响。

2. 国际信用协会

国际信用协会(International Credit Association)于1912年建立。当时，有些零售业的信用经理认为，同业间应建立紧密关系，同时应与提供消费者信用报告的组织保持密切联系，于是发起成立全国零售业信用人员协会(Retail Credit Men's National Association)。1985年该协会定名为国际信用协会，直至1999年被美国国际收账者协会兼并。其会员包括世界各国的万名信用管理经理人员，主要任务为教育消费者、产业教育、颁发专业证书，并协助信用管理相关法律的立法，在被兼并以后，该协会的主要业务和服务被保留下来。

3. 伯尔尼协会

伯尔尼协会(Berne Union)又称“国际信用和投资保险商联合会”，成立于1934年，由英国、法国、意大利和西班牙四国的出口信用保险机构发起。1998年，中国人民保险公司代表中国参加了伯尔尼协会，并被正式接纳为协会会员。在政策性的“中国出口信用保险公司”成立以后，取代中国人民保险公司成为伯尔尼协会的会员。

在伯尔尼协会成立早期，其会员都是信用保险或者信用担保机构。在1970年，开始接纳从事外商投资保险业务的机构，并正式成为国际信用和投资保险商联合会。伯尔尼协会下设三个专业委员会，分别是：短期出口信用保险委员会、中长期出口信用保险委员会、投资保险委员会。

4. 国际保理商联合会

国际保理商联合会(Factors Chain International,FCI)成立于1968年，总部设立在荷兰的阿姆斯特丹。目前，国际保理商联合会共有来自59个国家和地区的240多个会员。该协会吸纳会员的标准非常严格，截至2011年，我国有22家银行加入，中国银行、交通银行、光大银行和中信实业银行等是该协会的会员。国际保理商联合会的宗旨是帮助还没有保理服务的国家建立保理服务，以及加强会员之间的紧密合作。国际保理商联合会提供多种专业培训。

5. 信用专业国际社

信用专业国际社(Credit Professional International)是一个类似俱乐部的组织，该社设立的主要目的在于促进社员间的感情与联系，增强社员的专业知识。

6. 国际保理业协会

国际保理业协会(International Factoring Association)成立于1999年，总部暂时设在美国的加利福尼亚。该协会成立时间较短，正在积极发展会员。

在亚洲，各国信用管理行业的主流公司认为也有必要组成联盟，以促进本地的信用管理行业发展，并抵抗来自国际超强大型信用管理专业公司的竞争。由来自东南亚各国和地区的20多个主要信用管理和征信机构在中国台湾地区的台北成立了“亚洲信用联盟”，其总部设在台北市。

延伸阅读

环球银行金融电信协会(SWIFT)

环球银行金融电信协会(SWIFT)，或译环球同业银行金融电讯协会，是一个国际银行间非营利的国际合作组织，为国际金融业务提供快捷、准确、优良的服务，运营着世界级的金融电文网络，银行和其他金融机构通过它与同业交换电文，从而完成金融交易，还向金融机构销售软件和服务。环球银行金融电信协会利用金融交易大数据创建的SWIFT指数被视为一个预测世界经济产出的变量。这个协会还利用金融交易大数据创建了自己的销售指数，被称为是以预计世界产出的电站。

资料来源：环球银行金融电信协会，http://www.csai.cn/gupiao/365330.html。

■ 本章小结

不论在征信国家还是在非征信国家，政府在国家信用体系的建立与发展过程中都起着重要的作用。随着市场机制与法制环境的逐步完善，政府在社会信用管理体系中发挥的作用应是逐步减弱的。政府应主动遵守信用，并在社会信用管理中起到示范作用。中央银行在国家信用管理体系中具有重要作用，不同国家的中央银行在信用管理中的作用是不同的。信用管理的民间组织也是国家信用管理体系的组成部分。地方信用体系、行业信用体系与国家信用体系的覆盖范围是不同的，在其建立的过程中应处理好与国家信用体系的关系。

■ 思考题

1. 什么是政府信用？简述政府信用的特征。
2. 如何理解政府部门在信用管理中的作用？
3. 政府对信用监管的基本内容有哪些？
4. 如何理解我国职能部门信用监管的职能分工和作用？国外有何好的经验可供我们借鉴？请谈谈你的看法。
5. 什么是政府信用？政府信用有何特征？
6. 举例分析政府守信与失信的功能效应。
7. 行业协会信用监督的基本内容有哪些？请联系我国实际，分析新形势下，为什么要充分发挥行业协会信用监督的作用？如何发挥行业协会信用监督的作用？请谈谈你的看法。
8. 在非征信国家，我国的政府部门在社会信用体系建设中还有哪些工作要做？
9. 国际著名信用管理行业组织有哪些？请举例说明。

第六章

信用管理数据环境与技术支撑

章前导言

信息时代的象征是大数据，金融业每一分每一秒的运行都在生产数据，金融交易、业务报价、业绩报告、行业调查等全部都是数据来源。征信行业更是高度依赖信息技术，是典型的数据驱动行业，因此信用管理数据环境对征信行业的重要性不言而喻。同时，大数据时代一切在变，征信行业也必须随大数据共舞，在征信数据采集和信用分析过程中应用大数据技术来获取、管理和加工征信记录，例如，在获悉消费者行为后，可以将此发现应用于某些改变，如改变信用评分指标和权重，就会产生价值。在任意大的数据组中应用统计方法可以发现有用信息，将这些信息商业化即可获益。

专业名词

征信　　征信数据　　信用信息共享平台　　信息检索　　邓白氏编码

大数据　　黑名单系统　　荣誉榜信息

本章知识结构图

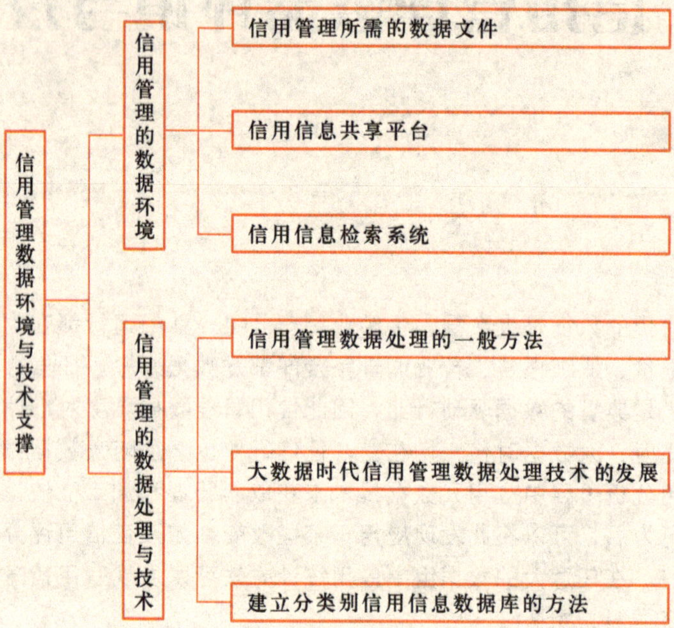
信用管理数据环境与技术支撑
信用管理的数据环境
信用管理所需的数据文件
信用信息共享平台
信用信息检索系统
信用管理的数据处理与技术
信用管理数据处理的一般方法
大数据时代信用管理数据处理技术的发展
建立分类别信用信息数据库的方法

征信活动是一个从信息搜集、信息处理到信息传播使用的过程，其本质是为信用市场提供信用信息交流与共享机制，以促进信用信息的合理使用以及信用资源优化配置。信用信息充分和有效地共享是征信体系运作的前提条件，也是征信体系建设的最终追求目标。我国信用信息共享机制不健全，信用信息无法实现最基本共享的问题相当突出，已成为制约我国征信体系乃至整个社会信用体系建设的最大障碍。因此必须大力改善我国的信用管理数据环境，建立各种类型的信用信息共享平台；同时营造良好的征信市场环境，着力发展有国际影响的征信机构。征信能够从制度上约束企业和个人行为，有利于形成良好的社会信用环境。

第一节 信用管理的数据环境

征信机构能否在一国或一个地区很好地开展征信业务活动，取决于该国或该地区的征信数据环境，即存在合法且商业化的数据供应。政府还要以法律法规的形式保证征信市场的开放、市场准入门槛设置合理、开放对信用调查业务的营业许可，营造公平有序的市场竞争环境。一些非征信机构也提供少量的信用调查服务，例如一些律师事务所或会计师事务所也给自己的客户提供一部分信用调查服务，但不能被定义为现代征信服务，因为它们不是以大型征信数据库方式进行，而是采取个案调查形式。

一、信用管理所需的数据文件

信用管理所需的数据文件又叫征信数据，是对信用信息专业化的称谓，主要用来制作调查报告类征信产品。企业征信数据用于生产各类企业资信调查报告；个人征信数据用于生产各类消费者信用调查报告。因此征信数据是用于生产企业资信调查报告和消费者信用调查报告等征信产品的原材料。由于资信调查报告的种类很多，不同种类的调查报告深度不一，制作调查报告所需要的基础征信数据也有所不同。以制作一份国际流行版本的企业资信调查报告为例，征信机构需要采集的企业征信数据包括企业的注册信息、财务报表、公共记录、进出口情况、银行往来情况、付款记录、主要经营者简历、企业发展史、经营状况、产品介绍、办公用品质量等。消费者信用调查报告种类更多，制作普通版当事人信用调查报告所需要的信用数据包括个人收入、资产、户籍、工作经历、教育水平、信用记录、公用事业服务记录、偿贷信息等，而且要符合法律允许采集和使用的范围内。

征信数据分量化数据和非量化数据。非量化数据是对一些事实的记录，用语言形式进行描述。量化数据可以直接用来进行定量分析，许多非量化数据通过一定的处理转换后可以被量化。

征信数据的采集不是随意进行的，为了降低数据采集、处理和征信数据库维护成本，提高征信数据库的工作效率，征信数据的采集是有选择的。征信数据是要支持报告类征信产品生产和信用评分数据模型工作的，采集什么样的数据，征信机构是根据需要设计“数据采集单”的。目前，没有通用的企业征信数据采集标准，各大企业征信机构都有自己设计的采集单，根据自己工作的实际需要来采集征信数据。个人征信数据的采集，各个征信机构也有各自不同的标准。2009 年中国人民银行制定的《中华人民共和国金融行业标准 JR/T 0042—2009》中对征信数据交换格式中的企业征信数据采集格式、个人征信数据采集格式和信用评级违约率数据采集格式都做了详细规定。

自 20 世纪 60 年代以来，征信数据主要存储在电子数据库。随着通信技术的发展，支持征信数据的更新速度加快。评价征信数据库优劣的基本指标：数据覆盖的完整性、供应的稳定性和真实性以及动态化程度，这些指标成为征信数据库价值的基本指标。

中国人民银行组织商业银行建成的企业和个人征信系统，已经为全国 1 300 多万户企业和近 8 亿自然人建立了信用档案，他们有关金融活动的信用数据已被人行征信系统记录，如果出现不诚信交易记录，例如贷款逾期未还、信用卡不良记录，都会影响信用状况。

二、信用信息共享平台

信用信息是一种重要的社会资源。信用信息的公开是建立社会信用体系的基础和前提，信用信息的共享是实现社会信用体系运行的重要手段。信用信息的开放和共享有利于减少市场主体交易过程中的信息不对称和信息不完整。只有当信用信息可查询匹配，市场主体的信用状况才能被识别，才能让失信者“一处失信，处处受制”，提高失信的机会成本，让诚信的主体真正享受到高效率和低成本的回报。信用信息共享机制的完善，有利于失信惩罚制度的真正建立和社会信用体系的正常运转。其最终目的是，促进“守信者奖、失信者罚”的诚信标准的树立，使其成为社会主义市场经济中一项根本性的行为准则。

围绕信用信息共享平台的建设，主要包括中国人民银行的金融业统一征信平台建设、各个征信机构的征信系统建设、各地方的信用信息系统建设和各行业的行业信用信息系统建设。

延伸阅读

信用信息共享的国际经验

1. 完善的信用法律制度，为信用信息共享提供了制度保障

信用信息涉及一些工商企业的商业秘密、消费者的个人隐私以及事关国家安全的机密等。因此，以完善的法律规范信用信息采集和使用各方的权利与义务就成为征信体系建设中的一个核心内容。

2. 专业化的征信机构，为信用信息共享提供了组织保障

征信机构是征信体系中的核心主体，把高度分散在社会各个部门信用信息采集起来，根据信用市场的需求将信用信息整理、加工成为信用报告、信用评级、信用评分、信用监控等一系列信息产品，为金融部门、工商企业、投资机构等提供信用信息的咨询服务，从而为信用信息的共享提供了先决条件。

3. 高度发达的现代信息技术，为信用信息共享提供了技术保障

计算机技术、数据库技术、图像技术、存储技术等的突飞猛进的发展，使得信用信息处理的电子化程度不断提高，海量化的信息处理成为可能。人们可以利用计算机网络瞬时发送和接收电子信息或快捷查询、浏览、获取分布于网络上的各服务器中所存储和提供的各种文本、图像和多媒体信息。

4. 有效的征信监管体系，为信用信息共享提供了行业环境

世界各国对征信业的监管都十分重视，并逐步形成了包括政府监管和行业自律相结合的比较完善的征信监管体系。

5. 较强的社会信用意识，为信用信息共享提供了社会环境

在西方发达国家，通过社会信用制度的确立，形成了全社会的信用文化，信用成为整个市场经济运行中的通行证。①

（一）中国人民银行的金融业统一征信平台建设

中国人民银行的金融业统一征信平台包括企业信贷基础数据库和个人信用基础数据库。

1. 企业信贷数据库

企业信贷数据库是中国人民银行从 20 世纪 90 年代初期开始在一些城市建立贷款企业经济档案试点的基础上逐步形成的。2001 年上半年银行信贷登记咨询系统在城市联网成功的基础上，信贷数据向省会城市数据库集中，实现了在全国 31 个省、自治区和直辖市辖区内的联网查询。2002 年底银行信贷登记咨询系统实现了全国联网查询，全国统一的

① 张丽红．信用信息共享的国际经验分析．广东经济，2006（3）。

企业信贷数据咨询系统初步建成。

近年来，银行信贷登记咨询系统基础数据库的功能和服务不断加强，通过提供关联企业信用信息查询、按行业分类的贷款信息查询等服务，使金融当局及时掌握信贷投向等信息，在重大案件处理中也发挥了重要作用。目前，该系统已经成为银行防范金融风险、降低信贷成本、提高贷款效率和提高金融监管水平的重要工具。

2. 个人信用数据库

我国个人信用数据库从2004年12月起在北京、浙江、广东、重庆、陕西、广西、四川和湖南八省市联网试行，目前已基本实现全国商业银行联网运行，与农村信用社的联网也已经完成，受到商业银行的热烈欢迎和社会各界的高度关注。目前，各商业银行已建立了依托该系统的信用风险审查制度，将查询申请人信用报告作为审查办理消费信贷和信用卡的固定程序。随着个人信用数据库的投入使用，任何人无论在国内任何地方，也无论在哪一个商业银行留下的借款和还款记录，商业银行信贷审查人员均可在经当事人书面授权后进行相关信息查询。

案例分析

中国人民银行个人信用数据库应用案例

- 某客户向银行申请个人住房贷款，信贷人员通过个人征信系统查询发现，该借款人信用记录良好，未发生逾期。银行同意发放个人住房贷款，并执行贷款利率下浮政策，使该客户降低了购房成本。
- 客户刘某向银行申请个人住房贷款50万元。经审查，申请人本身无贷款且收入稳定，具备一定还款能力。但是，通过个人征信系统的查询，发现其未婚夫作为本笔贷款的参贷人(所购房产同属两人名下)在异地建设银行的一笔国家助学贷款，截至2012年11月，已累计逾期20期。该行判定其未婚夫的个人信誉存在问题，提出拒贷意见。

（二）征信机构的征信系统

征信机构开展征信业务，都需要建立以企事业单位及其他社会组织、个人为对象的征信系统，依法采集、整理、保存、加工企事业单位及其他社会组织、个人的信用信息，并采取合理措施保障信用信息的准确性。

企业征信机构提供关于企业的信息，这些企业包含个人独资企业、合伙企业和公司制企业，并通过公共渠道、直接调查、供货商和贸易债权人提供的付款历史来获取信息。如国外著名的征信机构邓白氏，其企业数据库收集了全球将近2亿个企业的信用数据。企业征信机构所覆盖的企业在规模和经营收入上都小于信用评级机构所覆盖的企业，其采集的信息一般用于信用风险评估或信用评分，或是用于贸易信用展期等其他用途。企业征信机构也可能会采集小企业的信息，但由于其报告的数据项并不适合小企业，所以采集的信息往往有限。正如前面提到的，由于小企业往往不会公开自身的财务信息，所以其企业主的信用记录对评估小企业的信用情况非常有用。但企业征信机构并不采集个人数据。此外，由于微型或小型企业的信用信息采集成本往往较高。

个人征信机构(credit bureau)通常是私营的，是按照现代企业制度建立、完全市场化运作的征信机构，主要为商业银行、保险公司、贸易和邮购公司等信息使用者提供服务。美国是典型的私营征信机构模式，商业化征信机构拥有全面的信用信息系统。如全球著名的三大个人征信机构益佰利、伊科法克斯和环联都建立了自己的个人信用信息系统。

个人征信机构主要为信贷机构提供个人借款人以及微型、中小型企业的信用信息。它们从银行、信用卡发行机构和其他非银行金融机构等各类信贷机构采集标准化的信息，同时还采集各类公共信息，如法院判决、破产信息、电话簿信息，或担保物权登记系统等第三方数据库的信息。此外，它们也会采集一些非传统信用数据，如零售商对消费者的赊销信息，以及煤气、水、电等公共事业缴费信息，有线电视、电话、网络等其他先使用服务后付费服务的缴费数据，以便提供更好、更完善的信用报告。对从未与银行发生过信贷关系的个人以及微型、中小型企业而言，不断拓宽信息来源非常有益，可以帮助它们在没有银行信贷记录的情况下建立起信用档案，从而有效解决因为没有信用档案而无法获得银行贷款的难题。

一直以来，个人征信机构主要采集个人信息。近年来，随着微型以及中小企业信贷业务的发展、信息技术的进步，越来越多的个人征信机构开始采集微型以及中小企业的信用信息，并提供其信用报告。根据世界银行《2012 全球营商环境报告》对全球 100 家个人征信机构的调查，超过 80% 或多或少都采集企业信息。这样做的好处是可以把对企业与业主的信用评估结合起来，因为微型和中小企业的业主经常把个人财务和企业财务混在一起，所以企业业主的信用记录是评估小企业信用风险的重要参考因素。

个人征信机构通常采取数据提供者自愿报数(通过签署数据共享互惠协议)的模式，广泛采集各类信用数据，并提供多样化的征信产品和服务，帮助信贷机构做出信贷决策。在一些国家和地区，通常是在征信业的发展初期，法律会强制要求有关各方进行数据共享，并使用征信机构的服务，此外，还会赋予监管机构相应的权利，以督促信贷机构加入征信系统并监控其加入情况。①

(三) 地方性信用信息平台的建设

各地区对本地区各部门、各单位履行公共管理职能过程中产生的信用信息进行记录、完善、整合，形成统一的信用信息共享平台，为企业、个人和社会征信机构等查询政务信用信息提供便利。各地区通过制定政务信用信息公开目录，形成信息公开的监督机制。大力推进本地区各部门、各单位政务信用信息的交换与共享，在公共管理中加强信用信

① 征信知识——征信机构的主要类型，中国人民银行征信中心，2014。

息应用，提高履职效率。①

比如北京市首先在中关村科技园区进行信用制度改革试点，政府控股公司出资成立北京信用管理公司，财政投资由北京市工商局承建“北京市企业信用信息系统”，为解决中小企业融资难问题开展“金融支持工程”等；江苏和浙江的做法是直接由财政资金利用浙江省经济信息中心搭建信用数据平台，数据系统对外提供查询；深圳模式是在企业信用领域由政府部门(工商局)搭建信用数据平台，向社会提供服务，在个人信用领域以中国人民银行数据为基础，由公司按市场化方式提供服务；武汉市则以武汉信用风险管理公司积累的数据库为基础，政府财政资金给予一定支持建立个人信用信息体系等。与此同时，全国各地一批以信用信息公开为主旨的信用网站相继开通，为加强信用监管、扩大信息共享、实现信息开放发挥了积极作用。

(四) 行业的行业信用信息系统建设

在国际上，发达国家的行业协会一般都建有自己同行业的信用数据库，掌握大量的企业信用信息。企业在查询客户信用信息时，行业协会可以提供非常有用的行业整体信息、企业基本情况信息、企业交易记录信息。

目前，我国行业协会掌握的企业信息十分有限。但是，这种情况正在逐渐改变，根据商务部和整规办出台的《商会协会行业信用建设工作指导意见》，“商会协会要根据自身的实际情况，建立行业内部信用信息采集渠道，依法采集和记录会员企业在生产、经营中产生的有关信用信息，通过建设行业信用数据库和重点企业的信用档案等手段和方式，开展对会员企业的服务”。

除了行业商会协会以外，目前我国各政府部门开展了重点领域信用记录建设。以工商、纳税、价格、进出口、安全生产、产品质量、环境保护、食品药品、医疗卫生、知识产权、流通服务、工程建设、电子商务、交通运输、合同履约、人力资源和社会保障、教育科研等领域为重点，完善行业信用记录和从业人员信用档案，积极建立行业信用信息数据库。整合行业内的信用信息资源，实现信用记录的电子化存储，加快建设信用信息系统，如税务部门的“金税工程”和海关的“金关工程”。各部门要以数据标准化和应用标准化为原则，推进行业间信用信息互联互通。

三、信用信息检索系统

大型征信数据供应商都有自己专业的征信数据库，用来更好地存储和使用所掌握的征信数据。信用管理人员从征信数据供应商处采购时需要检索，使用大型征信数

① 国家发展改革委，中国人民银行．《社会信用体系建设规划纲要(2014—2020年)》任务分工，2015年1月。

据库时更需要了解检索。因此确定信用信息的检索方法对于有效采集信用信息是非常重要的。

信息检索是指人们在计算机或计算机检索网络的终端机上，使用特定的检索指令、检索词和检索策略，从计算机检索系统的征信数据库中检索出所需的信息，继而再由终端设备显示或打印的过程。

上机检索征信数据库有一套固定的检索方法，学会检索技巧对于信用管理人员节约时间是非常重要的。通常，上机检索要经过以下操作程序：

（一）分析信息检索课题

检索信用信息时应首先分析信息需求，全面了解所要采集的信息内容以及对检索的各种要求，从而有助于正确选择检索系统、制定合理的检索策略。分析检索课题时应从以下几个方面进行：

（1）信息需求的目的和意图。

（2）课题涉及的范围和主题要求。

（3）课题所需信息的内容及其特征。

（4）课题所需信息的类型，包括财务信息、注册信息、销售信息、采购信息、银行偿贷信息、行业信息等。

（5）课题对查新、查准、查全的指标要求。

（二）选择检索系统和征信数据库

在全面分析检索课题的基础上，根据用户要求得到的信息类型、时间范围、课题检索经费支持等因素进行综合考虑后，选择检索系统和征信数据库。正确选择征信数据库，是保证检索成功的基础。选择征信数据库时必须从以下几个方面考虑：

（1）征信数据库收录的信息内容。

（2）征信数据库收录的信息数量、时间范围以及更新周期。

（3）征信数据库所提供的检索途径、检索功能和服务方式。

（三）确定检索词

检索词是表达信用信息需求的基本元素，也是征信数据库检索系统中进行匹配的基本单元。检索词选择正确与否，直接影响着检索结果。在全面了解检索课题的相关问题后，需要提炼主要概念与隐含概念并排除次要概念，以便确定检索词。检索词的确定，一般有以下几种方法：

（1）选用主题词。当所选的征信数据库具有规范化词表时，应优先选用该征信数据库词表中与检索课题相关的规范化主题词，从而可获得最佳的检索效果。

（2）选用征信数据库规定的代码。许多征信数据库的文档中使用代码来表示各种主题范畴，有很高的匹配性。例如，邓白氏信息征信数据库中的邓白氏编码。

延伸阅读

邓白氏编码①

邓白氏编码(D-U-N-S® Number，是 Data Universal Numbering System 的缩写)。它是一个独一无二的 9 位数字全球编码系统，相当于企业的身份识别码（就像是个人的身份证)，被广泛应用于企业识别、商业信息的组织及整理。

通过邓白氏编码可以起到以下几个方面的作用：①国际认可作为电子商务中一个国际认可的、常用的公司识别符号，因此，邓白氏编码早已成为国内企业开启海外贸易的敲门砖！②管理规范一些财富 500 强企业也都通过各种方式将邓白氏编码嵌入其内部运作系统和流程，对其业务伙伴的信息进行管理。这些机构和企业可以通过邓白氏编码，从邓白氏全球数据库(约拥有 2 亿家企业信息)调取企业的资信档案(如果有的话)。③识别外企邓白氏编码是成功建立企业族系树的关键。由于同一企业在各地的实体都有自己的邓白氏编码，一个庞大企业的族系树里就有可能包含许多不同的邓白氏编码。通过邓白氏编码将全球 2 亿家企业的母公司和子公司、总部和分公司链接组成族系树。④加速通关。美国海关于 2010 年 1 月 26 日起正式执行的新安全报关方案 ISF(10+2) (Importer Security Filing)，要求进口商在货物于装船前 24 小时内必须申报 10 项信息，其中有关供应商的信息如果企业有邓白氏编码，则根据规定可免填企业名称、地址等烦琐信息，大大简化申报流程。

(3) 选用常用的专业术语。在征信数据库没有专用的词表或词表中没有可选的词时，可以从一些已有的相关专业信息中选择常用的专业术语作为检索词。

(4) 选用同义词与相关词。同义词、近义词、相关词、缩写词、词形变化词等应尽量选全，以提高查全率。

(四) 构建检索提问式

检索提问式是征信数据库信息检索中用来表达用户检索提问的逻辑表达式，由检索词和各种布尔逻辑算符、位置算符、截词符以及系统规定的其他组配连接符号组成。检索提问式构建是否合理，将直接影响查全率和查准率。构建检索提问式时，应正确运用逻辑组配运算符。

(1) 使用逻辑“与”算符可以缩小命中范围，起到缩检的作用，得到的检索结果专

① 邓白氏网站，http://www.huaxiadnb.com/online_trust/duns_resigtered/duns_number.html。

指性强，查准率也就高。

(2) 使用逻辑“或”算符可以扩大命中范围，得到更多的检索结果，起到扩检的作用，查全率也就高。

(3) 使用“非”算符可以缩小命中范围，得到更切题的检索效果，也可以提高查准率，但是使用时要慎重，以免把一些相关信息漏掉。

另外，在构建检索提问式时，还要注意位置算符、截词符等的使用方法，及各检索项的限定要求和输入次序等。

(五) 上机检索并调整检索策略

构建完检索提问式后，就可以上机检索了。检索时，应及时分析检索结果与检索要求是否一致，根据检索结果对检索提问式作相应的修改和调整，直至得到比较满意的结果。

(1) 检索结果信息量过多。产生检索结果信息量过多的原因可能有以下两点：一是主题词本身的多义性导致误检；二是对所选检索词的截词截得太短。在这种情况下，就要考虑缩小检索范围。为了提高检索结果的查准率，可以按照如下方法调整检索策略：

① 减少同义词与其他相关词。

② 增加限制概念，采用逻辑“与”连接检索词。

③ 使用字段限定，将检索词限定在某个或某些字段范围。

④ 使用逻辑“非”算符，排除无关概念。

(2) 检索结果信息量过少。造成检索结果信息量少的原因有以下几点：一是选用了不规范的主题词或某些产品的俗称作为检索词；二是同义词、相关词、近义词没有完全运用；三是上位概念或下位概念没有完整运用。针对这种情况，就要考虑扩大检索范围，提高检索结果的查全率。调整检索策略的方法如下：

① 选全同义词与相关词并用逻辑“或”将它们连接起来，增加网罗度。

② 减少逻辑“与”的运算，在逻辑“与”运算中丢掉一些次要的或者太专指的概念。

③ 去除某些字段限制。

(六) 输出检索结果

根据检索系统提供的检索结果输出格式选择需要的记录以及相应的字段，将结果显示在显示器屏幕上或存储到磁盘或直接打印输出，网络数据库检索系统还提供电子邮件发送。至此，完成整个检索过程。

第二节

信用管理的数据处理与技术

征信数据主要包括原始调查数据和经过技术处理的数据。征信数据既可以通过直接调查获得，也可以向数据供应商采购，还可以通过与相关数据交换方式取得。原始征信数据不能直接应用于征信产品的生产，必须经过技术处理才能使用。征信机构对数据进行技术处理的过程主要包括数据核实、数据清理、数据转换和数据加工。最基本的数据处理，包括核实、分类、剔除不良的数据项、筛选出不真实的数据等；深加工的数据处理，包括误差修正、形成中间变量、配以符号等。经过深加工的征信数据主要用于量化分析企业和个人信用评价的数学模型。

一、信用管理数据处理的一般方法

1. 信用信息核实的必要性

信用信息的来源很多，采集方法各异，内容也异常丰富，这些因素都直接影响到信用信息质量的好坏。因此，在采集到信用信息之后，对信用信息的核实和整理就显得尤为重要。

信用管理人员对客户企业的印象首先来自客户企业的销售部门，一般包括它们提供的企业简介、销售人员对客户进行的实地访问、知情人士的介绍等。这种信息一般是不完整的、非即期的，有些甚至含有明显的夸张和欺骗成分。关于这一点，在客户提供的企业简介资料和网页上体现得尤为突出。因为任何企业都有出于宣传目的而掩饰自己不足的倾向，而销售人员又出于成交的考虑，从主观和客观上都有可能忽视客户企业的一些不良记录。如果说销售人员是用加法来衡量客户企业的话，经过训练的信用管理人员要学会用减法来衡量客户企业。因此，信用管理人员经常需要对采集来的信用信息进行修正。

通常，从政府采集来的信息应用于宏观统计和宏观管理，不可能提供针对客户资信方面的信息和分析。这就需要信用管理人员从中筛选出符合信用管理工作需要的信用信息，同时还要对信用信息进行适当的处理，以符合客户信用档案的编制要求。

从公众媒体得到的信息大多是有一定倾向的信息，因为媒体报道也有它宣传或批驳的目的。虽然媒体报道比客户自己编写的简介在内容上要客观、公正，但它属于不完整的信息，仅靠一两条报道是不能得出客户全面评价的。如果针对某企业的媒体报道进行长期积累，信息的价值会增值很多，但这样工作的成本较高，对于一般企业的信用管理工作来说难度不小。

来自第三方的信息一般会更加杂乱，有些只有只言片语。这些信息可能是非常重要的信用信息，但也有可能对反映客户企业的情况毫无意义。基于以上分析，各种来源的信用信息都存在一定的局限，因此，对于信用管理人员而言，信用信息的核实工作是必不可少的。

2. 信用信息核实的方法和途径

（1）电话核实。对于客户基本概况和一些可以公开的信息，电话核实是最便捷、成本最低的方法。通过直接给客户打电话，可以核实企业的注册信息、经营者信息、大致的销售和采购情况等信息。通过给其客户企业的供应商打电话，可以核实客户对供应商的付款情况。

（2）实地调查核实。对于一些比较重要或难于通过二手资料了解的信息，需要采用实地调查核实的方法。通过到客户所在地进行调查，可以核实以下内容：

① 经营管理能力、领导者行事风格以及将来的发展方向。

② 办公环境、地理位置、外围设施、内部整洁及办公条件以及厂区规划。

③ 设备状况、经营是否活跃、生产秩序效率、仓库产品是否积压、企业业务是否繁忙等。

④ 员工知识水平、工作士气、市场意识、宣传资料真实程度等情况。

（3）利用政府公务信息开放政策和渠道核实信用信息。有些政府部门会开放一些企业的信息，要充分利用这些免费的公务信息开放政策和渠道核实信用信息。例如，法院会公布一些企业的诉讼情况、担保抵押情况，这些情况对于评价企业的信用状况是非常重要的。目前，有些地方政府建立了区域信用体系，在其信用网站上会公布一些信用良好的客户和信用差的客户，这对于核实信用信息有重要的参考价值。工商行政管理局的企业注册信息可以对外开放，企业可以查询核实客户的注册信息是否属实。

（4）委托第三方核实信用信息

信用管理部门的人员编制有限，不太可能也没有必要经常派人下现场核实信息。通常，信用管理部门可以采取委托他人的方式来解决信息的核实问题。在企业内部，信用管理部门可以根据信用政策要求销售部门和采购部门的帮助，取得上述部门人员的分管客户名单。信用管理人员要培训上述部门的业务人员，向他们交代核实信息的方法和少许技巧，并提供内容简单明了的信用信息核实表。当销售人员或采购人员出差时，就可以顺便对所拜访的客户信息进行核实，并将核实后的信息转给信用管理部门。

委托作为第三方信息中介的征信机构也是一种方法，大型征信机构可以向企业提供信息核实服务。使用征信机构的信用信息核实服务时，要注意它们所采用的方式。不同征信机构的成本、可靠性、时间都不一定相同。使用征信机构的征信数据库核实数据，速度是非常快的，收费也非常低廉。有的征信机构提供自助式的征信数据库检索服务，信用管理人员可以直接连接征信机构的数据库进行搜索和查询。通常，如果信用管理人员需要核实的信息属于基本信息，使用征信数据库核实是一种好办法。但是，如果需要核实的信息是企业经营类信息，征信数据库中的数据不见得足够新，有可能需要下现场核实。信用管理人员可以委托征信机构，由征信机构派人下现场核实。特别是所需要核实的信息是外地客户的信息时，委托征信机构下现场就是不可避免的了。决定使用征信机构的信息核实服务之前，信用管理人员要对征信机构的收费进行比较，有时使用征信机构下现场核实信息的费用比较高，还不如购买一份资信调查报告。

3. 对矛盾信息的处理

从不同信用信息源采集的信息可能会互相矛盾。矛盾信息的形成有两种情况：一种情况是两个信用渠道的信用都是真实可靠的，如供应商反映的客户付款情况可能和银行反映的客户还款情形完全不同，从供应商处得到的信息可能反映出企业总是延迟付款，但从银行得到的信息可能是相反的情形。在这种情况下，处理的方法是全面综合分析信用信息。在上面的例子中，信用人员可以分析企业的财务报表，重点关注应付账款、经营性现金流、银行借款，我们发现上述例子中的企业资金支付能力往往没有问题，但是故意拖延对供应商的付款，同时为了获得银行的支持，积极偿还银行贷款。另一种情况是矛盾信息的一方存在虚假信息，这种情况下可以采用上面介绍的四种信息核实的方法和途径，对矛盾信息进行重点调查，从而达到去伪存真的目的。

4. 数据清理

征信机构在采购征信数据时，会向数据供应商提供“数据采集单”和数据质量要求。如果征信机构自行直接调查，信息采集人员也会根据“数据采集单”进行调查。随着计算机和IT技术的迅猛发展，征信机构也会交换来大量的非标准数据，它们往往先行将庞杂无序的数据放进数据仓库，然后，经过特殊的过滤器，将征信数据筛选出来，经过数据清理的信用记录，再输入征信数据库。相对而言，企业资信调查报告的单位价格较高，而企业征信数据项目又比较少，有时也需要专项采集。所以，企业征信机构经常以一种标准或流行版本的资信调查报告为蓝本设计数据采集单，对目标企业和个人就其信用状况进行逐项调查。

5. 数据转换和数据加工

原始的征信数据经过核实以后，剔除一些不良数据项和筛选出不真实的数据，仍然属于原始记录类数据，必须进行数据转换和数据加工。征信机构还会对原始数据进行转换，比如对征信数据进行分类、定性数据的标准化和量化、误差修正、配以符号等。同时，征信机构还需要用原始数据进行深加工，建立有用的中间变量——特征变量，用于对客户信用风险进行预测，这个是各个征信机构的关键技术。中间变量通过对客户资本、能力、行为习惯等各方面特性定义，经过计算和变形，形成一系列刻画频度、近期性、数额、百分比、变化趋势等变量集。经过数据转换和深加工的征信数据主要用于量化分析企业和个人信用价值的评分数学模型。换言之，征信数据除了被用于各类调查报告产品的信用记录之外，还用于支持各种预测用的数学模型。

二、大数据时代信用管理数据处理技术的发展[1]

数据一直是信息时代的象征。2011 年 5 月麦肯锡全球研究院发布了报告《大数据：创

① 雷曜，陈维．大数据在互联网金融发展中的作用．中国改革，2013(7)。

新、竞争和生产力的下一个新领域》后，大数据的概念备受关注。金融业是大数据的重要产生者，交易、报价、业绩报告、消费者研究报告、官方统计数据公报、调查、新闻报道无一不是数据来源。征信行业更高度依赖信息技术，是典型的数据驱动行业。互联网金融环境中，数据作为征信行业的核心资产，将撼动传统的征信产品和征信服务。例如，信用卡消费记录中早就包含消费时的位置信息，现在就可以被互联网金融利用。

在麦肯锡报告中，大数据的“大”通常是指数据量大到超过传统数据处理工具的处理能力，是相对和动态的概念。后来，大数据又被引申为解决问题的方法，即通过收集、分析海量数据获得有价值信息，并通过实验、算法和模型，从而发现规律、收集有价值的见解和帮助形成新的商业模式。

一般认为，大数据有四个特点(4 个“V”——Volume，Variety，Value，Velocity)：第一，数据体量巨大，目前数据级别已从 TB 跃升到 PB(petabytes = 1024terabytes，terabytes = 1024gigabytes；gigabyte = 1024 megabytes)。随着底层技术的发展，从各类互联网设备和应用中产生信息的增长速度惊人，大量信息来源于金融交易、客户互动和物联网。第二，数据类型繁多。物联网、云计算、移动互联网、车联网、手机、平板电脑、个人计算机以及遍布地球各个角落的各种各样的传感器，都在产生各种类型的数据。移动互联网、各类搜索及社交网络(如 Facebook、网络日志、微博)兴起，地理位置、音频、文本、视频、图片等非结构化数据出现，使得人们的思想言论、日常行为和情绪等生活信息的细节化测量和大量收集，这也被称为用户生成内容(UGC，User Generated Content)。企业从合作伙伴、客户、业务部门甚至员工收集信息的能力也越来越强。第三，价值密度低，商业价值高。一条数小时的监控视频，可能有用的数据仅有一两秒。但如果能从海量数据中发掘出更符合用户兴趣和习惯的产品和服务，大数据将成为企业竞争力的重要来源。第四，处理速度快。这和传统的数据挖掘技术有着本质的不同。

(一) 大数据有助于打破交易双方的信用信息不对称

大数据有助于提升金融市场的透明度。金融客户的信用状况将随着其资产、经营和各类交易状况的变化而变化，传统商业银行利用投入大量人力和财力，建立特有的信息收集、分析和决策体系，以解决信息不对称问题。近年来，互联网金融平台直接收集潜在的金融交易双方信息，形成了新的金融信息来源模式，金融客户信息、交易价格信息和社会经济状况等数据更为精细和透明，使利率形成更为准确和市场化。

新一代互联网金融企业更可能在价值链中扮演中介角色。例如，一家运输公司在经营过程中意识到自己正在收集全球产品运输的海量信息，已开始专门销售这些信息产品。与之相类似的，第三方支付企业也发现了海量支付信息的巨大商业价值。随着价格信息在网上及线下大量扩散，包括基金销售机构在内的各类企业正在提供自动编辑数百万种商品信息的比价服务，这对消费者创造了巨大价值。

新兴市场欠缺成熟的征信机构，有些公司利用申请者的社交网络，加以分析后得出信用评分。例如，德国 Kreditech 贷款评分公司、美国 Movenbank 移动银行、中国香港 Lenddo 网络贷款公司以及 Connect. Me、TrustCloud 、Briiefly、Reputate 等新型中介机构试图设计打造能反映大数据时代互联网金融信用的平台：说服 LinkedIn、Facebook 或其他社交网络开放资料，结合用户在各网站的活动记录，通过自行开发的软件、算法等，分析客户的同事、好友信息(特别是信用状况)，建立归纳与收集信用资料的标准化格式，作为客户获得信用评分的重要依据，将社交网络资料转化成个人互联网信用。Movenbank 对客户进行风险评估的核心概念称为 CRED，除了参考个人传统信评分数，也纳入 eBay 等平台的交易评价、网络汇款记录等因素，还会计算 Facebook 好友人数、LinkedIn 人脉对象、Klout 影响力分数等社交参与联结程度。

（二）大数据推动跨职能部门的数据整合

企业各部门都在积累各种征信数据，如财务部门积累交易结算信用信息，仓储部门积累了发货验货等物流信息，合同部门积累了赊销合同管理的信息等，大数据促进了企业内部跨职能部门的数据整合。以金融机构为例，金融机构中不同部门都在不断积累大量数据：抵押贷款部门储存和处理能充分描述其贷款客户的海量数据；外汇、债券、货币和股票及衍生品交易部门从全球收集能影响资产价格变化的信息，并试图建立前瞻性模型；零售银行部门则在收集和分析客户行为实时信息；研发、客户交易、市场开发或服务运营等各个部门也隐藏了海量数据。由于缺乏大数据分析技术和跨部门沟通战略，各部门难以了解不同金融市场之间的关系，或者对同一客户的看法发生分歧，妨碍了信息的及时利用。

已经有一些企业正试图打破这样的切割，推动跨职能部门的数据整合，甚至寻求外部供应商和客户的外部信息。例如，美国纽约的 Movenbank 移动银行通过与传统商业银行合作开拓移动银行新业务，帮助其解决内部机构割裂问题。英国 ERN 公司计划利用用户的交易历史、消费习惯，参照交易位置和时间数据，向银行和商家提供相关数据服务和咨询。

（三）大数据将支撑更迅速、更科学的信用决策

互联网金融借助社交网络等新平台产生了海量用户和数据，记录了用户群体的情绪，但大数据库无法自己总结人类行为模式的规律。计算机科学家、统计学家正在开始与社会科学家协作，找到把大数据策略和小数据研究相结合的新途径。利用互联网，征信机构也可以对其客户行为模式进行分析(比如事件关联性分析)，这类似于工程上的“对照实验”，即观察、测试不同条件下，企业客户或普通金融消费者对产品的反应，识别其中的因果关系，提高赊销决策的科学性。例如，征信机构希望能够收集和分析大量中小微企业用户日常交易行为的数据，判断其业务范畴、经营状况、信用状况、用户定位、资金需求和行业发展趋势，解决由于小微企业财务制度的不健全，无法真正了解其真实的经营状况的难题。

比如，阿里小贷首创了从风险审核到放贷的全程线上模式，将贷前、贷中以及贷后三个环节形成有效联结，向通常无法在传统金融渠道获得贷款的弱势群体批量发放“金

额小、期限短、随借随还”的小额贷款。首先，通过阿里巴巴、淘宝、天猫、支付宝等电子商务平台，收集客户积累的信用数据，利用在线视频全方位定性调查客户资信，再加上交易平台上的客户信息(客户评价度数据、货运数据、口碑评价等)，并对后两类信息进行量化处理；同时引入海关、税务、电力等外部数据加以匹配，建立数据库模型。其次，通过交叉检验技术辅以第三方验证确认客户信息的真实性，将客户在电子商务网络平台上的行为数据映射为企业和个人的信用评价，通过沙盘推演技术对地区客户进行评级分层，研发评分卡体系、微贷通用规则决策引擎、风险定量化分析等技术。再如，Progressive 保险公司通过精细化分析客户风险、财富变化、家庭资产价值等数据并不断更新其背景资料，向客户提供量身定制的保单。

案例分析

用大数据解决信用风险

在互联网企业发展消费金融的路上，业界更多关注的就是如何控制信用风险。互联网企业在控制这一风险方面具有先天优势，依托电子商务板块累积的海量消费数据，可以以个人信用观测、评级的结果为依据为消费者提供信用。

以“京东白条”为例。京东消费金融业务高级总监许凌表示：“‘京东白条’自公测上线以来仅有半年时间，目前的坏账率远低于同类金融业务的水平。”京东是怎么做到这一点的？秘密就在于，京东金融通过对消费、金融大数据的深入分析和理解，对用户的消费记录、配送信息、退货信息、购物评价等数据进行风险评级，从而建立了一套自己的信用体系。大数据的发展为消费金融提供了技术支持。通过大数据不仅可以查询用户消费记录，还可通过用户的消费轨迹更深层次地了解用户。以百度为例，其在搜索领域积累了大量用户，而用户60%的搜索需求与消费有关。百度在搜索方面所具有的天然消费特质、广泛的链接能力、大数据和金融技术，使其具备做消费金融的优越条件。事实上，无论是阿里还是京东，最开始都是依据以电商为基础的生态系统来开发上下游的金融需求且提供服务，在此之后再根据个人用户定制需求，并依据大数据来搭建信用评级体系。①

（四）在风险监管方面，开发了网络人际爬虫系统

突破地理距离的限制，捕捉和整合相关人际关系信息，并通过逐条规则的设立及其关联性分析得到风险评估结论，结合结论与贷前评级系统进行交叉验证，构成风险控制的双保险。如阿里小贷凭借互联网技术监控贷款的流向：如果该客户是贷款用于扩展经营，阿里小贷将会对其广告投放、店铺装修和销售进行评估和监控。

① 亚文辉．消费金融成“蓝海” 利用大数据规避信用风险．中国高新技术产业导报，2014(10)。

（五）大数据对个人信息的大量获取导致了隐私和安全问题

随着个人所在或行经位置、购买偏好、健康和财务情况的海量数据被收集，再加上金融交易习惯、持有资产分布以及信用状况以更细致的方式被储存和分析，机构投资者和金融消费者能获得更低的价格、更符合需要的金融服务，从而提高市场配置金融资源的能力。但同时，金融市场乃至整个社会管理的信息基础设施将变得越来越一体化和外向型，对隐私、数据安全和知识产权构成更大风险。就个人隐私而言，大数据的隐私问题远远超出了常规的身份确认风险的范畴。例如，最近对欧洲150万手机用户的数据进行的研究表明，只需要4项参照因素就可以确认其中95%的个人身份。又如，人们在城市中走过的路径存在唯一性；针对个人研制药物和疗法等个性化医疗是基于对患者基因信息的掌握；RunKeeper和Nike+等应用正在收集大量个人健康数据；等等。

（六）大数据技术不能代替人类价值判断和逻辑思考

大数据只是分析工具，是人类设计的产物，不应过分迷信。大数据的工具（如Hadoop软件）并不能使人们摆脱曲解、隔阂和成见，数据之间相关性也不等同于因果关系，大数据还存在选择性覆盖问题。以P2P借贷行业为例，目前借贷业务不仅需要网络审核，更需要线下审核，信贷员的从业经验和责任心是信贷安全的重要保障。另外，除了个别企业，大部分互联网金融企业目前的用户规模和交易额都不大，缺乏大数据基础，也无力承担所需的基础设施和处理成本。在信用管理数据处理技术的发展过程中，如何发挥大数据的优势，避免其劣势，将决定信用管理数据处理技术的未来。

延 伸 阅 读

什么是大数据?

“大数据”这个术语最早期的引用可追溯到阿帕奇基金会（apache org）的开源项目Nutch。当时，大数据用来描述为更新网络搜索索引需要同时进行批量处理或分析的大量数据集。随着谷歌MapReduce和Google File System（GFS）的发布，大数据不再仅用来描述大量的数据，还涵盖了处理数据的速度。

美国互联网数据中心指出，互联网上的数据每年将增长50%，每两年便将翻一番，而目前世界上90%以上的数据是最近几年才产生的。对于“大数据”（Big data）研究机构Gartner给出了这样的定义。“大数据”是需要新处理模式才能具有更强的决策力、洞察发现力和流程优化能力的海量、高增长率和多样化的信息资产。

大数据技术的战略意义不在于掌握庞大的数据信息，而在于对这些含有意义的数据进行专业化处理。换言之，如果把大数据比作一种产业，那么这种产业实现盈利的关键，在于提高对数据的“加工能力”，通过“加工”实现数据的“增值”。

从技术上看，大数据与云计算的关系就像一枚硬币的正反面一样密不可分。大数据必然无法用单台的计算机进行处理，必须采用分布式架构。它的特色在于对海量数据进行分布式数据挖掘，但它必须依托云计算的分布式处理、分布式数据库和云存储、虚拟化技术。

大数据需要特殊的技术，以有效地处理大量的容忍经过时间内的数据。适用于大数据的技术，包括大规模并行处理（MPP）数据库、数据挖掘电网、分布式文件系统、分布式数据库、云计算平台、互联网和可扩展的存储系统。

延伸阅读

大数据的数据开放与共享①

大数据应用的基础是数据足量全面。为加强各部门所掌握的海量数据资产开放与共享，促进社会应用创新，美国、英国、澳大利亚、法国等国政府均制定政府数据开放共享政策。具体统计如表 6-1 所示。

表 6-1　国外政府数据开放与共享主要政策

国家	数据开放与共享政策	颁布时间	核心内容
美国	开放政府指令	2009.12.8	各政府机构要在线发布政府信息，提升政府信息的质量，营造一种开放政府文化并使其制度化，相关机构为开放政府制定可行的政策框架
	13526 号总统令	2009.12.29	要求政府机构减少对政府信息的过度定级，并要定期进行信息解密，促使政府信息的定密和解密程序上具有更大开放性和透明度
	13556 号总统令	2010.11.4	为敏感但非涉密信息创建开放、标准的系统，减少对公众的过度隐瞒
	实现政府信息开放和机器可读取总统行政命令	2013.5.9	要求政府数据的默认状态应该是开放的和计算机可读的，增强数据的可获取性和可用性
	全球变化研究数据管理政策	1991.6	首次明确提出将“完全与开放”的数据共享政策作为国家科学数据共享的基本国策，为科学研究建立强有力的数据保障
	美国信息共享与安全保障国家战略	2012	国家安全依赖于正确的时间将正确的信息分享给正确的人。战略旨在确保信息可以在负责、无缝、安全的环境中共享

① 张勇进，王璟璇．主要发达国家大数据政策比较研究．中国行政管理，2014（12）。

续表

国家	数据开放与共享政策	颁布时间	核心内容
英国	开放数据白皮书	2012.6	政府各部门应增强公共数据可存取性，促进更智慧的数据利用。各政府部门均需制定更为详细的两年期数据开放策略
	开放政府联盟：英国国家行动计划（2013—2015）	2013.10.30	承诺将制定政府拥有的所有数据集列表；发布地方政府数据透明性法案，要求地方政府开放关键信息和数据；到2015年使英国成为开放政府联盟中透明度最高的国家
澳大利亚	开放政府宣言	2010.7.16	加强公众获取政府信息的权利，创新在线方式使政府信息更易于存取和使用，营造一种信息开放的文化环境。修改完善《信息自由法》并建立澳大利亚信息委员会办公室，制定更为详细的信息开放方案
	开放公共部门信息原则	2011.5	信息的默认状态应是可以开放存取的；增强在线与公众的交流；将信息作为核心战略资产进行管理，实现高效信息治理；确保信息被公众及时查找与方便利用；明确公众对信息的再利用权利等
法国	政府部门公共信息再利用	2011.5	配合法国数据开放门户 data.gouv.fr 的运行，规定了政府部门所掌握信息和数据的开放格式和标准、收费、开放数据集的选择以及数据使用许可
	公共数据开放和共享路线图	2013.2	更广泛便捷开放公共数据，促进创新性再利用，为数据开放共享创造文化氛围并改进现有法规框架等
	政府数据开放手册	2013.9	全面指导公共部门对于开放数据政策的理解

表6-1中所述国家在政府数据开放政策上具备两个共性特征：一是数据开放政策均建立在开放政府行动之下，使得数据开放有了更高的战略支撑；二是建立数据开放门户成为普遍趋势，有力保证政策得以落地。

美国是政府数据开放与共享的领头者。从其政策制定脉络来看，数据开放共享分为两大维度：一是对公众和社会，大力推动政府数据开放，制定一系列确保公众平等获取数据、开发利用数据的政策法规；二是对政府自身业务管理，积极制定信息共享战略法规，特别是在国家安全等方面，要确保在正确的时间将正确的信息分享给正确的人。英国政府数据开放强调政策的执行力度。《开放政府白皮书》明确要求各政府部门每隔2~3年就要制定详细的数据开放策略，阐述他们将要对外开放的数据内容、首次开放时间、数据更新频率，以及促进市场使用这些数据的政策、原则，并定期进行数据开放总结汇报。

延伸阅读

大数据的隐私与数据安全保护①

大数据所带来的一个全新挑战就是对个人隐私与数据安全的威胁。因此，需要通过法规政策强化大数据应用过程中对个人隐私与数据安全的保障。当前大数据应用所适用的隐私与数据安全保护法规政策大多沿用多年前的法规文件。个别国家已经开始针对大数据特点制定专门的隐私与数据安全政策。在个人隐私保护方面，英国《开放数据白皮书》一是明确将在公共部门透明度委员会(监督各部门数据开放的核心机构)中设立一名隐私保护专家，确保数据开放过程中及时掌握和普及最新的隐私保护措施，同时还将为各个部门配备隐私专家；二是内阁办公室强制要求所有政府部门在处理涉及个人数据时都要执行个人隐私影响评估工作(Privacy Impact Assessments)，为此还专门制定了非常详细的《个人隐私影响评估手册》，三是各政府部门开放数据策略中均明确将开放数据划分为大数据(big data)和个人数据(my data)，大数据是政府日常业务过程中收集到的数据，可以对所有人开放，而个人数据仅仅对某条数据所涉及的个人自己开放。在数据安全方面，澳大利亚政府于2012年7月发布了《信息安全管理指导方针:整合性信息的管理》为海量数据整合中所涉及的安全风险提供了最佳管理实践指导。

三、建立分类别信用信息数据库的方法

为了方便人们查询信用信息，将信用信息数据库分为若干子库，如黑名单信息、荣誉榜信息、公开投诉信息、独享信息、欠款人信息等。下面重点介绍一下黑名单信息库和荣誉榜信息库的建立方法。

(一) 黑名单信息库

在发达国家，当一笔住房贷款的借款人在60天内没有履约偿贷，放贷的金融机构就会通知担保机构，担保机构即开始向借款人催款。如果借款人连续270天没有履约偿贷，则构成严重违约。对于失信消费者的这种分类方法是有法律依据的。

① 张勇进，王璟璇．主要发达国家大数据政策比较研究．中国行政管理，2014 (12)。

所谓的客户“黑名单系统”，并不是简单地将处于拖欠状态的客户都划定为“坏客户”，而是就客户的失信情况进行的连续性的记录和分类型的记录，从“灰色记录”过渡到“黑色记录”。由此可见，黑名单系统中至少要包括两个名单，即“灰名单”和“黑名单”。

被列入“灰名单”中的客户一般都是初犯，拖欠付款的时间在60天以内，欠款的额度不大。对于内勤催账人员来说，被列入“灰名单”的客户都能取得联系，没有贸易纠纷并且客户认错的态度较好，拖欠很可能是有客观理由的。

对于拖欠客户，只要不在“灰名单”上，就应该属于“黑名单”上。被列在黑名单上的客户基本上都是“坏客户”。一旦将一个客户定义为“坏客户”，企业将永远不再与其做信用交易，这是相当慎重的事情。被列入“灰名单”和“黑名单”客户的拖欠情况大致如下：

1. 灰名单

（1）初次出现拖欠情况。

（2）能够取得客户的联系方式。

（3）没有贸易纠纷。

（4）拖欠时间不超过60天(或根据所在行业的情况设定)。

（5）拖欠额度不大。

（6）申请延期付款。

（7）主动向信用管理或销售人员认错。

（8）向催款人员认错，态度很好。

（9）已经偿还部分欠款，显示还款诚意。

（10）愿意制定分期付款方案。

（11）愿意以货抵债(拖欠银行贷款的情况不包括在内)。

（12）有客观理由，而且理由比较充分。

2. 黑名单

（1）拖欠货款超过91天(或根据所在行业的情况设定)。

（2）对本企业的拖欠行为出现两次以上。

（3）虽然对本企业是初次出现拖欠行为，但发现曾经对别的企业有严重拖欠行为。

（4）不断变换联系方式。

（5）实际负责人四处躲避或推托，不与企业信用管理人员或销售人员直接通话或见面。

（6）验货时没有问题，但在还款时提出货物质量问题，而且比较牵强。

（7）大举抛售库存货品，有破产嫌疑。

（8）申请歇业。

（9）申请破产。

(10) 老板个人犯罪被抓或已经外逃。

(11) 受到严重的行政处罚(如税务或海关的处罚)。

(12) 被政府监管部门列入黑名单。

(13) 对催账人员态度恶劣，咆哮或发脾气。

(14) 有诈骗嫌疑。

在制作“黑名单系统”时，为了慎重起见，信用管理人员必须依据处理失信客户的原则行事，包括事前征求销售部门的意见等。对于拖欠天数在 60 ~ 90 天的客户，要以企业的信用政策或行业状况为标准，决定将其留在“灰名单”中还是列入“黑名单”。另外，为了适应法律的相关规定以及照顾到企业信用管理与消费者信用管理在技术操作方面的差异，需要制作两份客户失信记录，它们分别是“企业客户失信记录”和“消费者失信记录”。

(二) 荣誉榜信息库①

为了肯定、表彰、鼓励做出较大信用行为的企业和个人，推动社会信用体系建设、降低社会交易成本，增加人类福祉，根据国际通行法律原则和惯例，建立荣誉榜信息库。荣誉榜信息是信用监管部门认可并公布的对有关单位和个人的表彰性信息。荣誉榜信息的来源条件包括：

(1) 媒体公布的令人感动的人和事；

(2) 受省部级以上国家机关表彰的单位与个人；

(3) 按信用管理体系规范评定的各类荣誉；

(4) 其他经信用监管部门认可的各类荣誉。

信用监管部门及其授权的信用中介服务机构积极搜集荣誉榜信息。对于积极提供荣誉榜信息的企业和个人，信用监管部门给予一定的奖励。各类社会组织颁发的荣誉证书，可由该组织按以下程序向信用监管部门申请认可：第一步，向信用监管部门提交认可申请、颁发荣誉证书的规范、申请单位的简介和注册证书、法定代表人身份证、经办人身份证复印件(复印件上应有单位和经办人的公章与签名，复印时间，并注明“与原件复制无误”和“仅用于信用管理体系荣誉榜认可申请”的字样)；第二步，信用监管部门组织相关的专家进行书面或会议形式的论证和审查；第三步，规范科学、合法的，发给认可通知书和认可证书，并予以公告；审查未通过的，发给不予认可或暂缓认可通知书，并提出原因与建议。

荣誉榜信息发布后，出现以下情况之一的，任何单位和个人均可申请删除该信息：① 荣誉榜信息被原始提供方书面确认或正式声明不正确的；② 荣誉榜信息被法院判决书或其他显而易见的证据证明是错误的。

① ICE8000 国际信用标准体系，荣誉榜信息管理规则(版本号：ICE8000-009-20040301-20130501-18)。

延伸阅读

中央文明办、高法等八部门发布对失信被执行人采取信用惩戒措施①

2014年1月16日下午，中央文明办、最高人民法院、公安部、国务院国资委、国家工商总局、中国银监会、中国民用航空局、中国铁路总公司等八部门在北京举行“构建诚信　惩戒失信”首次发布会，发布对失信被执行人采取限制高消费等信用惩戒措施。

1. 最高人民法院与相关部门联合惩戒失信被执行人

中央八个部门和企业近期会签《“构建诚信　惩戒失信”合作备忘录》，备忘录规定信用惩戒的对象包括两类人：一是最高人民法院失信被执行人名单库中所有的失信被执行人；二是被法院发出限制高消费令的其他被执行人。惩戒的具体范围主要是三个方面：一是禁止乘坐飞机、列车软卧；二是限制在金融机构贷款或办理信用卡；三是失信被执行人为自然人的，不得担任企业的法定代表人、董事、监事、高级管理人员等。

2. 公安部承担失信被执行人身份信息核实工作

在“构建诚信　惩戒失信”工作中，公安部主要承担核实失信被执行人身份信息的工作。

3. 各航空公司不向失信被执行人出售机票

民航行业认真落实限制失信被执行人高消费等行为的惩戒措施，不向失信被执行人出售机票等法律明确禁止的高消费服务。

4. 失信被执行人不得担任企业法定代表人、董事、监事、高级管理人员等

国家工商总局将立足职能推动联合惩戒机制的建立健全，进一步完善信用监管机制。

5. 商业银行对失信当事人限制发放贷款、办信用卡及其他融资形式

银监会将会同最高人民法院等有关部门，抓紧推动相关法律制度、行政法规的落实。

6. 失信被执行人限制购买列车软卧车票

铁路部门对于限制失信被执行人高消费等行为高度重视，要求全路各单位列入重点工作内容，切实履行好社会责任。

本章小结

当前，信用状况差是我国社会主义市场经济发展的一个薄弱环节，已成为影响和制约经济发展的突出因素。面对这种情况，建立和健全国民经济的信用体系就成为当务之急。征信系统作为社会信用体系建设的有效载体，信用管理数据环境的好坏和信用管理

① http://www.wenming.cn/xj_pd/yw/201401/t20140116_1698023.shtml。

数据处理技术的优劣，就成为征信系统和征信行业能否发挥重要作用的关键。随着互联网金融和大数据技术的兴起，互联网大数据社会征信新模式将不断向前发展，真正使政府、企业和个人具备了“一诺千金”的社会效应，还社会公正信用环境。

思考题

1. 什么是征信数据？应该怎样界定征信数据？
2. 我国目前有哪些类型的信用信息共享平台，它们之间的相互关系是什么？
3. 了解和分析中国的信用管理行业发展现状。
4. 请分别列出个人征信与企业征信的3～5个异同点。
5. 大数据技术对我国信用管理行业有哪些影响，试举几个实例来说明。
6. 通过查询资料，介绍一个国内外知名的征信机构，如有可能提供一份这个征信机构的征信报告样本。

参考文献

[1] ICE8000 国际信用标准体系——荣誉榜信息管理规则(版本号:ICE8000-009-20040301-20130501-18). 世界信用组织(WCO), http://www.ice8000.org/china/gc/9.htm.

[2] 巴曙松, 朱元倩. 巴塞尔资本协议3研究. 北京: 中国金融出版社, 2011.

[3] 巴曙松. 巴塞尔新资本协议研究. 北京: 中国金融出版社, 2003.

[4] 董才生. 美国社会信用体系建设的经验教训对我国的启示. 东北亚论坛, 2008(11).

[5] 杜栋. 信息管理学教程. 北京: 清华大学出版社, 2007.

[6] 弗瑞迪·萨林格. 保理法律与实务. 北京: 对外经济贸易大学出版社, 1995.

[7] 傅强, 张宜松. 中国社会信用体系建设的基本架构与设想. 经济问题探索, 2004(6).

[8] 国际保理商联合会(FCI)官网: http://www.fci.nl/home.

[9] 国际保理商组织(IFG)官网: http://www.ifgroup.com.

[10] 国家发展改革委, 中国人民银行.《社会信用体系建设规划纲要(2014—2020年)》任务分工, 2015.

[11] 韩家平. 美国信用信息服务业的发展及其借鉴意义. 国际经济合作, 2012(7).

[12] 韩家平. 我国商务征信征信体系建设模式研究. 征信, 2014(10).

[13] 韩家平. 中国商业保理行业发展报告. 中国服务贸易协会商业保理专业委员会, 2015.

[14] 洪玫, 吴晶妹. 资信评级. 北京: 中国人民大学出版社,

2006.

[15] 洪玫. 金融创新的社会信用环境. 北京: 社会科学文献出版社, 2011.

[16] 呼晶. 我国信用中介机构的政府监管问题研究. 长春: 吉林大学, 2013.

[17] 贾忠杰, 韩家平, 蒲小雷. 新编信用知识读本. 北京: 中国人事出版社, 2007.

[18] 康博. 央行解读社会融资规模: 非银行金融机构作用壮大. 中国经济网: http: // finance. ce. cn/rolling/201209/13/t201209 13 _ 16947570. shtml, 2011-11-30.

[19] 雷力均. 新巴塞尔资本协议: 我国商业银行风险管理的新理念. 财政金融, 2006(18).

[20] 雷曜, 陈维. 大数据在互联网金融发展中的作用. 中国改革, 2013(7).

[21] 李建华, 李向罡, 王颖. 失信惩罚机制的功能、设计与实施. 工业技术经济, 2004(4).

[22] 李兴法. 信用风险理论、模型及应用研究. 大连: 东北财经大学, 2007.

[23] 林江鹏, 王武新. 建立和完善我国信用体系的思考. 重庆工商大学学报: 社会科学版, 2003(2).

[24] 林钧跃. 企业赊销与信用管理. 北京: 中国经济出版社, 2008.

[25] 林钧跃. 企业与消费者信用管理. 上海: 上海财经大学出版社, 2005.

[26] 林钧跃. 社会信用体系原理. 北京: 中国方正出版社, 2002.

[27] 林钧跃. 失信惩罚机制的设计和维护. 经济社会体制比较, 2002(3).

[28] 林钧跃. 消费者信用管理. 北京: 中国方正出版社, 2005.

[29] 刘红霞, 王晨. 信用管理概论. 北京: 北京大学出版社, 2012.

[30] 刘莉, 彭建坤. 保险公司信用风险研究. 特区经济, 2005(6).

[31] 刘儒昞, 金秋霞. 浅谈我国社会信用制度的建设. 兵团教育学院学报, 2005(1).

[32] 罗月领. 大数据时代上海进一步完善信用数据统一平台的思

考．征信，2014(7).

[33] 米什金．货币金融学.4版．北京：中国人民大学出版社，2000.

[34] 蒲小雷，韩家平．企业信用管理典范．北京：中国对外经济贸易出版社，2004.

[35] 全国整顿和规范市场经济秩序领导小组办公室．社会信用管理体系建设．北京：中国方正出版社，2004.

[36] 谭中明．社会信用管理体系——理论、模式、体制与机制．合肥：中国科学技术大学出版社，2005.

[37] 唐雪漫．政府信用理论与我国信用政府的建设．成都：西南财经大学，2012.

[38] 王曼怡．金融企业信用风险管理．北京：中国经济出版社，2003.

[39] 王志刚．转型期非银行金融机构风险及其防范研究．成都：西南财经大学，2000.

[40] 吴灏文，陈国斌，迟国泰．网络银行信用风险潜析．大连理工大学学报：社会科学版，2009(6).

[41] 吴晶妹，关伟．信用不良可能遭遇一票否决．人民日报，2014-08-25(22).

[42] 吴晶妹，薛凡．为何要高度重视信用建设．人民日报，2014-05-20.

[43] 吴晶妹．信用体系是构建和谐社会的创新制度安排//和谐·创新·发展——首届北京中青年社科理论人才“百人工程”学者论坛文集，2007.

[44] 吴晶妹.2015展望：网络征信发展元年．征信，2014(12).

[45] 吴晶妹．科学认识信用本质，深入推进信用建设．中国经济导报，2014-06-10.

[46] 吴晶妹．三维信用论．北京：当代中国出版社，2013.

[47] 吴晶妹．未来中国征信：三大数据体系．征信，2013(1).

[48] 吴晶妹．现代信用学．北京：中国金融出版社，2002.

[49] 吴晶妹．现代信用学．北京：中国人民大学出版社，2009.

[50] 吴晶妹．信用管理概论.2版．上海：上海财经大学出版社，2011.

[51] 吴晶妹．信用管理师基础知识．北京：中国劳动社会保障出版社，2006.

[52] 吴晶妹. 信用管理学. 上海：上海财经大学出版社，2011.
[53] 吴晶妹. 资信评估. 北京：中国审计出版社，2001.
[54] 信托投资机构的信用风险防范. 我的律师网：http://club.1688.com/article/32362538.html,2013-07-23.
[55] 亚文辉. 消费金融成"蓝海" 利用大数据规避信用风险. 中国高新技术产业导报，2014-10-13.
[56] 杨旭，汤海京，丁刚毅. 数据科学导论. 北京：北京理工大学出版社，2014.
[57] 姚存祥. 简析世界各国征信体系. 中国信用卡，2010(8).
[58] 于中宁，赵瑜. 信用是资本市场的根基——中国经济发展战略转型系列文章之六. 财经，2013(13).
[59] 余海霞.《征信业管理条例》出台后个人信用记录的维护与提升. 征信，2013(11).
[60] 张丽红. 信用信息共享的国际经验分析. 广东经济，2006(3).
[61] 张世卿. 中国企业征信业的发展历史、现状和趋势. 财经界，2005(10).
[62] 张勇进，王璟璇. 主要发达国家大数据政策比较研究. 中国行政管理，2014 (12).
[63] 章彰. 商业银行信用风险管理，兼论巴塞尔新资本协议. 北京：中国人民大学出版社，2002.
[64] 征信知识——征信机构的主要类型. 中国人民银行征信中心：http://www.pbccrc.org.cn/zxzx/zxzs/201401/25b4227df19c 43bca8e1eec203295378.shtml201,2014-01-14.
[65] 中国就业培训技术指导中心. 信用管理师(国家职业资格培训教程). 北京：中国劳动社会保障出版社，2006.
[66] 中国人民银行金融稳定分析小组. 中国金融稳定报告(2014). 北京：中国金融出版社，2014.
[67] 中国银行业协会保理专业委员会. 中国保理产业发展报告(2012). 北京：中国金融出版社，2013.
[68] 中国征信业发展报告编写组. 中国征信业发展报告(2003—2013). 中国人民银行，2013.
[69] 周宏，李大伟. 非银行金融机构信用风险分析方法研究. 工业技术经济，2005(4).
[70] 朱海滔. 信用管理师：市场诚信的仲裁者. 中国大学生就业，2006(18).

郑重声明